WILDBLUMEN IM HAUSGARTEN

John Stevens

WILDBLUMEN IM HAUSGARTEN

Aufzucht · Pflege · Gartengestaltung

Weltbild Verlag

Für Louise, Nikki und Charlie

Aus dem Englischen übersetzt
von Angelika Feilhauer
Redaktion: Vera Murschetz
Korrekturen, Register: Irmgard Perkounigg
Herstellung: Dieter Lidl
Satz: Josef Fink GmbH, München

Genehmigte Lizenzausgabe für Weltbild Verlag GmbH,
Augsburg 1991

Die Originalausgabe unter dem Titel
The National Trust book of wild flower gardening
wurde erstmals 1987 im Verlag Dorling Kindersley Ltd.,
London, in Verbindung mit The National Trust veröffentlicht.

Farbillustrationen: Vanessa Luff / Fotos: Geoff Dann
Druck und Bindearbeiten: Arnoldo Mondadori, Verona
Printed in Italy

ISBN 3-89350-368-4

INHALT

Unter einem »wilden« Garten verstehen wir keinen vernachlässigten, verwilderten, sich selbst überlassenen Garten, sondern einen sorgfältig geplanten, angelegten und gepflegten Naturgarten, in dem die Schönheit und ungeheure Vielfalt unserer heimischen Wildblumen zur Geltung kommt. Mag es von einem übergeordneten Standpunkt darum gehen, den Fortbestand vieler vom Aussterben bedrohter Pflanzen (und damit Tiere) zu sichern, so ist es das vorrangige Anliegen dieses Buches, anhand zahlloser konkreter Beispiele zu zeigen, wie wir – selbst in der Großstadt und auf kleinstem Areal – ein Stückchen Natur zur Bereicherung unseres eigenen Lebens schaffen können.

Nachdem Wildblumen bei der Gartengestaltung lange Zeit ein »Stiefmütterchendasein« führen mußten, scheint es, daß ihnen jetzt mehr und mehr wieder die Beachtung zuteil wird, die sie verdienen. Über den richtigen Umgang mit ihnen soll im folgenden informiert werden.

Waldlichtung *(oben) mit Türkenbund- und Pyrenäenlilien.*

Küstenblumen *(rechts) Teil eines über 600 Kilometer langen Küstenreservats für Wildblumen.*

Schattiger Stufenweg *(ganz rechts), zu beiden Seiten von wilden Farnen gesäumt.*

Eine Frühsommerwiese *(links) in einem Schloßgarten.*

Einleitung

Vor zehn Jahren wäre die Idee, einen Wildblumengarten anzulegen, den meisten Menschen absurd erschienen. Und vor fünfzig Jahren, als Wildpflanzen in ihrer unendlichen Vielfalt und Üppigkeit noch die Landschaften schmückten, hätte sie jeden Sinnes entbehrt. Ich weiß, daß viele Gärtner Wildblumen nach wie vor als »Unkraut« betrachten und ihnen der Gedanke an all die Pusteblumen, deren Samen vom Wind davongetragen werden, Alpträume bereitet. Doch der Zeitgeist ändert sich rasch, und in unseren Gärten findet eine stille Revolution statt.

Die natürlichen Lebensräume für Pflanzen und Tiere schwinden in unserer Landschaft so schnell, daß heute viele Gärtner das Bedürfnis verspüren, den vom Aussterben bedrohten Wildpflanzen eine neue Heimat zu bieten. Sie haben herausgefunden, daß es möglich ist, auf wenigen Quadratmetern eine Blumenwiese anzulegen, die überraschenderweise schon nach wenigen Jahren einer traditionellen Mähwiese gleicht, oder an einem schattigen Flecken einen Teppich aus Hasenglöckchen oder Rotem Leimkraut zu ziehen, der an einen blumenübersäten Waldboden im Frühjahr erinnert. Und Wildblumen sind nicht nur schöne, bunte Gartenpflanzen, von denen ein großer Teil mehrere Möglichkeiten zur Nutzung bietet (s. S. 151), sie locken auch eine wundervolle Vielfalt an Tieren in den Garten.

Die schwindende Landschaft

Daß sich die Kultur von Wildblumen im Garten heute zu einem Bereich des Naturschutzes entwik-

Ein natürlicher Lebensraum *(oben), in dem Blumen durch Selbstaussaat eigenwillige Gemeinschaften bilden.*

Eine alte Mähwiese *(rechts) beheimatet eine reiche Vielfalt an Blumen.*

Farbkombinationen der Natur *(links): Hasenglöckchen, Echte Sternmiere und Rotes Leimkraut.*

Traditionelle Feldbegrenzungen *wie diese gemischte Hecke sind sowohl für Pflanzen wie für Tiere herrliche Oasen.*

kelt hat, der immer mehr an Bedeutung gewinnt, ist eine traurige Konsequenz der Art und Weise, in der mit unserer Landschaft während der vergangenen vierzig Jahre umgegangen wurde.

Vor Tausenden von Jahren, im Neolithikum, begann man die Urwälder zu roden. Und seitdem wird unsere Landschaft durch Ackerbau und Viehzucht geprägt. Ursprünglich betrieb man eine wandernde Rodungskultur. Das heißt, man beackerte das Land, solange es sich lohnte, dann überließ man es wieder Hecken, Sträuchern und Bäumen und zog weiter.

Doch während der letzten Jahrhunderte wird die Natur - zumindest im Flachland - von der Landwirtschaft dominiert, und vor allem seit Ende des Zweiten Weltkriegs hat sich die landwirtschaftliche Nutzung auf dramatische Weise intensiviert. Mit ihrer Mechanisierung - Tiefpflügen, Drainage und immer größeren Feldern, die mit immer größeren Maschinen bearbeitet werden - und der Verwendung riesiger Mengen anorganischen Düngers für endlos steigende Erträge sind Wiesen, Niederwälder und hügelige Weiden in erschreckendem Tempo verschwunden. Seit 1945 gingen ein Großteil unserer Laubwälder, unserer Heide und nahezu alle alten Wiesen sowie Hunderttausende von Kilometern Hecke verloren und mit ihnen natürlich die Lebensräume vieler unserer wilden Pflanzen und Tiere.

Heute gilt es, die verbliebene Natur für zukünftige Generationen zu bewahren. Viele Naturschutzorganisationen tun ihr Bestes, unberührte Land-

Klippenblumen *(oben) an einer noch ursprünglichen Küste.*

Ein Feldrain *(unten), der dem Spritzwagen entgangen ist.*

Seltene Blumen *(links) Mit etwas Glück siedeln sich im Garten ganz von selbst weniger verbreitete Blumen an, wie dieses Knabenkraut. Aber Vorsicht vor Angeboten seltener Pflanzen: Sie sind vielleicht zu Lasten bedrohter Wildbestände illegal gesammelt oder eingeführt worden.*

Ackerblumen *(links) sind den Methoden moderner Intensivwirtschaft zum Opfer gefallen. Ihre Kultur in Gärten und Reservaten ist heute unsere einzige Chance, wundervolle Blumen wie die rosa Kornrade im Hintergrund vor dem Aussterben zu bewahren.*

schaften in Naturschutzgebieten wie auch anderswo zu erhalten. Aber Naturschutz kann auch zu Hause in unserem Garten, ja sogar auf der Terrasse oder dem Balkon beginnen.

Gärten im Dienste des Naturschutzes

Wer Wildblumen im Garten zieht, die einst üppig in der Umgebung wuchsen, heute aber selten geworden oder sogar ausgestorben sind, leistet damit einen wichtigen Beitrag zur Ökologie und hilft vor allem auch jenen Tieren, die diese Pflanzen zum Überleben brauchen.

Fragwürdig ist es dagegen, seltene Pflanzen im eigenen Garten zu kultivieren.

Viele Leute fragen bei mir an, ob ich seltene Pflanzen in meinem Sortiment habe oder Samen davon verkaufe. Meine Antwort lautet: Lassen Sie seltene Pflanzen zum Überleben in ihrem eigenen Lebensraum, dem sie auf besondere Weise angepaßt sind. Wer seltene Pflanzen im Garten zieht,

Wildblumen in einer Rabatte *Jahrhundertelang haben Gärtner heimische Pflanzen kultiviert. Hier bilden Akelei und Frauenmantel, die man beide in der Natur nur noch selten sieht, mit Süßdolde und weißen Nachtviolen vor einer Mauer eine romantische Gruppe.*

Die Bedeutung von Teichen *(links außen) Selbst im kleinsten Stadtgarten lockt ein Teich Tiere an.*

Blumen für Schmetterlinge *(links) Es ist wichtig, eine große Vielfalt von Wildblumen zu ziehen, vor allem sollten Nahrungspflanzen zahlreich vorhanden sein. Hier ein Rapsweißling an einer Vogelwicke.*

Bienen *(links) werden sich in Ihrem Wildblumengarten einfinden und die Luft mit ihrem Summen erfüllen.*

Beobachtungen am Teich *Wer seine Augen an die Spiegelung des Wassers gewöhnt hat, wird über und unter Wasser Insekten beobachten können. Hier klettern zwei gut getarnte Frösche aus dem Wasser.*

Blattliebhaber, *wie diese schöne Raupe des Braunen Bären, gehören zu einem Naturgarten.*

muß zumindest anfangs die Samen in der Natur sammeln. Und wer eine Nachfrage nach seltenem Saatgut erzeugt, handelt nicht im Sinne des Naturschutzes, sondern fördert nur jene Art von Snobismus und Künstlichkeit, die man in herkömmlichen Gärten antrifft. Ich persönlich ziehe die unkomplizierten und häufigeren Wildblumen vor, nicht zuletzt wegen ihrer unvergleichlichen Schönheit.

Tiere im Wildblumengarten

Viele Gärtner fangen an zu begreifen, welch ungeheure Vielfalt an Tieren durch einen Garten angelockt werden kann. Als die Natur noch voller Leben war und es in jeder Gemeinde noch einige Blumenwiesen, Niederwälder, Gestrüppe, Hecken, einen Wald und Teiche gab oder andere Oasen für Blumen, Vögel, Insekten und Säugetiere, konnten wir uns in freier Natur an den Tieren erfreuen. Heute ist der Garten für viele ein Zufluchtsort geworden, und ein Wildblumengarten kann ein tatsächliches Naturreservat sein.

Heimische Pflanzen sind bei weitem am besten geeignet, Tieren das Überleben zu ermöglichen, und je größer die Vielfalt, desto besser.

Ein Wildblumengarten sollte im Einklang mit der Natur stehen. Das Wachstum von Wildpflanzen braucht nicht durch Düngergaben künstlich gefördert werden, auch leiden Wildpflanzen kaum unter ernsthaftem Schädlingsbefall. Und wenn man Tiere in seinen Garten lockt, werden die Schädlinge ohnehin von natürlichen Feinden in Schach gehalten.

Eine Wildblumenrabatte *Ursprünglich wuchsen hier in großen Gruppen violette, blaue und fliederfarbene Blumen mit einer Reihe Kleinblütiger Königskerzen im Hintergrund. Kontrastierende Strukturen und Formen der speerartigen Agastache und des filigranen Rittersporns beleben die Gruppe ebenso wie der rote Mohn, der sich willkürlich ausgesät hat und die Pflanzung auflockert.*

Das Ziehen von Wildblumen

Es ist nicht notwendig, für jede Pflanze einen Lebensraum zu schaffen, der genau den natürlichen Bedingungen entspricht. Auch wenn die meisten Pflanzen wildwachsend nur in ganz speziellen Lebensräumen vorkommen, so sind sie doch erstaunlich anpassungsfähig. Wildpflanzen setzen sich gegen die Konkurrenz anderer Blumen und Gräser durch und können daher ganz anders als Gartenblumen behandelt werden. (Wer möchte, kann sie auch wie Gartenblumen ziehen: Viele werden dann einfach sehr viel größer und auffälliger als in freier Natur.)

Wildblumen sind heimische Pflanzen und oft harten Umweltbedingungen angepaßt, anders als viele Gartenblumen, die vielleicht Tausende von Kilometern von ihrem natürlichen Lebensraum entfernt sind und sehr viel mehr Pflege brauchen, um wirklich gut zu gedeihen. Wer einen natürlich wirkenden Wildblumengarten anlegen will, wählt für die Pflanzen am besten einen Boden, der mager, trocken oder naß ist.

Wildblumen einbürgern *(oben) In diesem Garten wurde Fingerhut unter eine Rose gepflanzt.*

Die Natur als Vorbild *(rechts) Die kräftigen Farben und Strukturen des Heidekrauts ergänzen sich wunderbar mit denen des Geißblatts und Stechginsters.*

Die Einstellung zu Wildblumen

Wildblumengärten erfordern vom Gärtner eine ganz andere Einstellung als die herkömmlichen »ordentlichen« Gärten. Nach dem anfänglichen Säen und Pflanzen sollte man zulassen, daß sich alles weitere von allein entwickeln kann. Durch Selbstaussaat entstehen zwanglose, natürliche Gemeinschaften, wie sie durch das Pflanzen niemals geschaffen werden können. Ihr Ziel sollte sein, die Dinge in die richtige Richtung zu lenken und das übrige der Natur zu überlassen. Dafür erwarten Sie überall Überraschungen: Da sprießt an unerwarteten Plätzen Klatschmohn, dort erheben sich Königskerzen majestätisch über benachbarte Pflanzen, und wie durch Zauberhand stellen sich Schmetterlinge und Vögel ein.

Neue Wege einschlagen

Ich bin überzeugt, daß uns die Kultur von Wildblumen im Garten auch sensibler macht für ihre Schönheit in freier Natur. Welch ein Vergnügen ist

Blühende Wege *(oben) Lassen Sie Wildblumen als Zierde den Weg säumen.*

Vom konventionellen zum wilden Garten *(links) In dieser Ecke meines Gartens umgibt ein Blumenrasen eine kleine Konifere und einen Steinteich.*

Eine prachtvolle Gruppe Margeriten *(unten) vor einem Wildblumenbeet.*

***Eine verborgene Ecke** In diesem waldigen Garten fällt ein Sonnenstrahl auf eine Gruppe Alpenveilchen hinter einem alten Baum. Wildblumengärten sind voller Überraschungen; denn sobald sich Pflanzen und Tiere eingewöhnt haben, entwickeln sie sich eigenständig.*

es, unerwartet auf eine Blume zu treffen und sie beim Namen nennen zu können oder zu wissen, warum sie gerade an diesem Platz gedeiht.

Wildblumengärten sind ein Quell ständiger Freude und bieten stets Raum für Experimente: Warum sollte man nicht einmal probieren, beispielsweise Küstenpflanzen im Binnenland zu ziehen oder zur falschen Jahreszeit Samen in ein Pflanzgefäß zu säen, in dem die Blumen - im Haus oder draußen - außerhalb ihrer Saison zur Blüte kommen. Wer besonders beschränkt ist mit dem Platz, kann sogar versuchen, einen Miniatur-Wildgarten anzulegen. Auch wenn es unglaublich klingt: Man kann eine Miniaturwiese von der Fläche eines großen Tabletts wachsen lassen und sie mit der Schere »mähen«. Dagegen halte ich persönlich beispielsweise nichts von einem Bonsaiwald, aber über Geschmack läßt sich streiten.

***Farbtupfer** (links) Leuchtendblaue Kornblumen, Klatschmohn und Kamille schmücken diesen Ackergarten zum Höhepunkt der Saison. Selbst ein Blumenkasten oder Topf mit diesen einjährigen Blumen würde jede langweilige Ecke beleben.*

***Ein »wilder« Teppich** (links) Diese Mischung aus Bachminze und Hahnenfuß zeigt, wie wunderschön einzelne Elemente des Wildblumengartens sein können. Um Wildpflanzen zu ziehen, braucht man weder einen Wald noch eine riesige Wiese.*

Die Anlage von Wildblumengärten

WILDBLUMEN FÜR

Sonnige Gärten

Das Überleben von Blumen, die an sonnigen Standorten gedeihen, ist meist vom Menschen abhängig. Diese Blumen entwickelten sich, als Bauern nach und nach die Urwälder abholzten, um Feldfrüchte anzubauen und ihr Vieh weiden zu lassen. Doch genau diese Areale sind am stärksten betroffen von den radikalen Veränderungen in der Landnutzung, die in den letzten vierzig Jahren infolge intensiver Bewirtschaftung, Stadtentwicklung und Straßenbau stattfanden. Viele Lebensräume gingen vollkommen verloren, und auf den landwirtschaftlichen Nutzflächen wurden jene Wildblumen ausgerottet, die mit den Ackerfrüchten konkurrierten oder, wie im Fall der Kornrade, die Ernte vergifteten. Den einstmals so vertrauten Anblick von Kornfeldern, in denen Klatschmohn, Kornblumen, Kornraden und Saatwucherblumen leuchteten, findet man heute kaum mehr. Riesige Weideflächen wurden umgepflügt und kultiviert. Die phantastische Flora der hügeligen Weidegebiete wurde durch Umpflügen und breitangelegte Spritzaktionen immens reduziert. Die alten, blumenreichen Mähwiesen wurden in vielen Teilen des Landes beinahe vollkommen vernichtet und existieren nur noch in Naturreservaten. Viel Land, auf dem einst üppig Blumen wuchsen, wurde mit Hilfe schwerer Maschinen, giftiger Herbizide und Drainagetechniken bestellt, die vor Jahren noch nicht zur Verfügung standen beziehungsweise noch nicht bekannt waren. Selbst die Feldraine, einst Heimat zahlloser Wildblumen, sind bis zur äußersten Grenze umgepflügt.

Aufgrund dieser Veränderungen finden wir heute bei einem Spaziergang auf dem Land - vor allem dort, wo Intensivwirtschaft betrieben wird - Wildblumen nur noch an Straßenrändern und auf kleinen brachliegenden Flächen. Viele der wunderschönen Wiesen- und Ackerblumen aber konnten sich diesen Lebensräumen nicht anpassen und sind einzig und allein noch in Naturschutzgebieten zu sehen. Andere fristen ein unsicheres Dasein, häufig entlang von Straßenrändern, und bedürfen dringend des Schutzes. Diese Straßenrand-Gemeinschaften sind oft die letzten Überlebenden einer lokalen Wiesenflora, die für immer verloren ist.

Ein sonniger Garten kann daher ein wichtiger Lebensraum werden, voll von summenden Bienen und großartigen Schmetterlingen, und eine wunderbare Vielfalt an Wiesenblumen beheimaten, etwa als farbenfrohe Mischung in einem Beet oder zusammen mit Gräsern auf einer kleinen Wiese. Die einjährigen Ackerblumen sorgen schon wenige Monate nach der Aussaat für großartige Farbenpracht.

Wie groß Ihr Garten auch sein mag, die meiste Zeit werden Sie dort vermutlich an den sonnigsten Stellen verbringen, um auszuspannen, den Vögeln zuzuhören, die Schmetterlinge zu beobachten oder sich vom Summen der Insekten einlullen zu lassen. Hier können Sie die Früchte Ihrer Arbeit genießen und ein wenig träumen.

Eine verlorengegangene Landschaft *(links) Ein Reservat mit blühenden Ackerblumen zeigt die Fülle und Farbenpracht eines heimischen Pflanzenparadieses, das durch moderne Methoden intensiver Landwirtschaft vernichtet wurde.*

Wiesengärten im Frühsommer

Die Kultivierung natürlichen Grünlandes durch moderne landwirtschaftliche Methoden hat die Vernichtung der meisten farbenprächtigen Wildblumen zur Folge. Legen Sie sich deshalb eine Wiese an, auch wenn die Fläche sehr klein ist.

Die auf dieser Doppelseite gezeigten Pflanzen wurden alle im Garten gezogen. Wildwachsende Pflanzen sollten weder gepflückt noch ausgegraben werden.

Hopfenklee (oben)
Er wächst auf der Wiese dicht am Boden.

Gemeines Hornkraut (links)
Es trägt im Juni winzige Sternblüten.

Echtes Labkraut und **Kleine Braunelle** (links)
Beide Pflanzen blühen im Spätsommer. Das Labkraut (farnartige Blätter) hat gelbe Blüten, die Kleine Braunelle violette.

Zittergras (unten links)
Es ist eines der schönsten einheimischen Gräser.

Johanniskraut (unten)
Seine goldgelben Blüten öffnen sich zu Beginn des Sommers.

Spitzwegerich (rechts)
Sein tiefreichendes Wurzelsystem verträgt Trockenheit.

Wiesenmargerite (rechts)
Auf neuen Wiesen dominiert sie häufig ein bis zwei Jahre lang und lockt Bienen und Schmetterlinge an.

Kuckucksblume (links)
Man findet sie vor allem an Waldrändern. Auch rosa Formen treten häufig auf.

Wiesenstorchschnabel (rechts)
Einmal eingebürgert, breitet er sich rasch aus.

Weidewegerich (unten)
In großen Gruppen wirkt er am schönsten.

Kriechender Hahnenfuß (links)
Unter allen Hahnenfuß-Arten wuchert er am stärksten.

Saatwicke (oben)
Sie klettert zwischen anderen Pflanzen empor und entwickelt leuchtende Blüten.

Viersamige Wicke (rechts)
Ihr hübsches Laub wirkt ungewöhnlich zart.

Gemeiner Hornklee (oben) Er bevorzugt mageren, durchlässigen Boden.

Wiesenprimel (links)
Diese Pflanze blüht, bevor die Gräser hoch stehen, und bildet dann Samen aus.

Zaunwicke (rechts)
Unter den Wicken kommt sie als erste zur Blüte. Sie wächst auch an schattigen Wegen und Hecken.

Wundklee (rechts)
Er ist besonders schön und lockt Bienen und Schmetterlinge an.

Wiesenplatterbse (unten) Diese Kletterpflanze hat leuchtende Blüten.

Rotklee (unten)
macht jede Wiese bunt und lockt Bienen an.

Kleiner Wiesenknopf (unten) Eine Blattpflanze, die nach Gurken schmeckt.

Gelber Klappertopf (links)
Er wächst als einjähriger Halbschmarotzer nur in Gesellschaft von Gräsern und sät sich immer wieder selbst aus.

Kleines Habichtskraut (unten) Eine reizvolle kleine Pflanze, die sich üppig aussät und an trockenen, sonnigen Plätzen ganze Teppiche bildet.

Gemeines Ferkelkraut (rechts)
Es hat bunte Blüten und entwickelt dem Löwenzahn ähnliche Samenstände.

Weißklee (unten)
Er eignet sich gut als Bodendecker und lockt viele Bienen an.

Wiesengärten im Hochsommer

Auf Blumenwiesen sieht man im Hochsommer vorwiegend die warmen Rosa- und Violettöne von Ackerwitwenblume, Skabiosenflockenblume und Moschusmalve, während Echtes Lab- und Gemeines Ferkelkraut heitere gelbe Farbtupfer setzen.

Die auf dieser Doppelseite gezeigten Pflanzen wurden alle im Garten gezogen. Wildwachsende Pflanzen sollten weder gepflückt noch ausgegraben werden.

Gemeines Ferkelkraut (unten) Es ist widerstandsfähig, hat lange Wurzeln und verträgt Trockenheit.

Skabiosenflockenblume (links) Sie wächst am besten auf leichten oder kalkigen Böden.

Wiesenstorchschnabel (links) Er entwickelt sich in fruchtbarem Boden zu einer buschigen Pflanze mit zahlreichen Blüten. In Wiesen ist er weniger auffällig, aber ebenso schön.

Knäuelglockenblume (unten) Sie gedeiht nur auf leichten, kalkreichen Wiesen gut.

Moschusmalve (unten) Sie kann auch weiß blühen. Das Laub duftet moschusartig.

Speerdistel (rechts) Sie wuchert auf kultiviertem Boden und zieht Bienen und Schmetterlinge an.

Wirbeldost (rechts) Er bevorzugt kalkreichen Boden.

Echtes Tausendgüldenkraut (links) Es wächst in trockenen Wiesen und lichten Wäldern.

Ackerwitwenblume (unten) Sie lockt zahlreiche Schmetterlinge an.

Echtes Labkraut (unten) Es ist eine niedrige, sich ausbreitende Pflanze für leichte Böden, die goldene Teppiche bildet.

Wiesensilau (unten) Er hat einen intensiven schwefelartigen Geruch.

Gemeine Braunelle (unten) Eine Kriechpflanze, die auch im Blumenrasen kurz gehalten werden kann.

Dorniger Hauhechel (unten links) Er ist eine farbenfrohe Futterpflanze für den Hauhechelbläuling.

Stumpfblättriger Ampfer (links) Seine hübschen Samenstände müssen entfernt werden, damit er nicht wuchert.

Schafgarbe (unten) Eine Heilpflanze, die sich schnell ausbreitet.

Rundblättrige Glockenblume (unten) Sie bevorzugt magere Grasböden.

Gemeiner Dost (unten) Er ist für Bienen und Schmetterlinge sehr verlockend.

Weidewegerich (unten) Er duftet fein und zieht viele Bienen an.

Ackergärten im Sommer

Die leuchtenden Farben der Ackerblumen – Blau, Weiß, Scharlachrot und Gelb – sind im Juni und Juli Mittelpunkt jedes Wildblumen-Gartens. Und während der langen Sommertage stellen sich dort scharenweise Schmetterlinge und summende Bienen ein.

Die auf dieser Doppelseite gezeigten Pflanzen wurden alle im Garten gezogen. Wildwachsende Pflanzen sollten weder gepflückt noch ausgegraben werden.

Erdrauch (oben)
Er läßt sich leicht aus Samen ziehen und wächst auf jedem Boden, in Sonne oder Halbschatten.

Saatwucherblume
(links) Sie stammt aus dem Mittelmeerraum, wächst auf Äckern und bevorzugt leichten Boden.

Weißes Leimkraut
(links)
Es muß mit anderen Pflanzen zusammen wachsen, die seine schwachen Stengel stützen. Es sät sich selbst aus.

Ackerhahnenfuß
(unten) Er ist der kleinste Hahnenfuß und hat hübsche Früchte.

Geruchlose Kamille
(unten) Sie beginnt zu blühen, wenn die ihr ähnliche Echte Kamille verwelkt. In nacktem oder kultiviertem Boden sät sie sich rasch aus.

Kornblume
(rechts) Diese für ihr leuchtendes Blau berühmte Blume kommt in freier Natur immer seltener vor.

Ackergärten im Sommer

Klatschmohn (unten) Seine Samen können viele Jahre im Boden ruhen.

Kornrade (unten) Eine geschützte Pflanze, die heute von den Äckern fast ganz verschwunden ist.

Ackergauchheil (rechts) Er hat manchmal ziegelrote und manchmal blaue Blüten.

Weizen (unten) Die Grannen dieses Grases halten die Vögel davon ab, die Körner zu fressen.

Gerste (rechts) Sie wird im allgemeinen auf mageren, durchlässigen Böden angebaut.

Kamille (unten) Sie besitzt intensivduftende Blüten und gehört zu den zeitig blühenden Korbblütlern.

Flughafer (unten) Dieses Gras ist für den Bauer mitunter ein Plage.

Ackerlöwenmaul (unten) Es sieht hübsch aus und sät sich im Garten selbst aus.

Ackerstiefmütterchen (rechts) Es kreuzt sich im Garten mit anderen wilden Stiefmütterchen wie mit Gartensorten, wodurch eine wunderbare Vielfalt entsteht.

Sonnige Wildblumengärten

Die Wahl der Pflanzen
In einem sonnigen Garten können Sie eine enorme Vielfalt an Wildblumen ziehen. Nicht jeder Garten hat Raum für eine Blumenwiese, aber Wildblumen begnügen sich mit verblüffend wenig Platz.

Selbst wenn Sie nur einen gepflasterten Hinterhof besitzen, kann dort jede Lücke im Pflaster zur Heimat für eine Wildpflanze werden. Garben, Wilde Möhren, Echtes Labkraut, Glockenblumen und sogar hohe, stattliche Königskerzen wachsen in winzigen Pflasterspalten. Und eigentlich brauchen Sie überhaupt keinen Garten. Auch in Fensterkästen, Holzkübeln oder selbst Terrakottatöpfen können Sie eine bunte Blumenpracht ziehen, und bei den meisten Arten lohnt sich sogar eine Aussaat im Haus, obwohl die Blumen dort recht schnell welken. Da viele Wildblumen an unwirtlichen Standorten und auf mageren Böden wachsen, kommen sie mit dem begrenzten Platz in einem Pflanzgefäß gut zurecht.

In einem Stadtgarten erinnern Wildblumen nicht nur an das Ambiente eines friedvollen Wochenendes auf dem Land, sondern locken auch zahlreiche Tiere an. Wollen Sie in Ihrem Garten eine ordentliche Rasenfläche beibehalten, können Sie sich auch auf eine gemischte Wildblumenrabatte von vielleicht nur einem Meter Breite beschränken. Und wenn sich die Blumen aussäen und im Rasen ansiedeln, überlassen Sie ihnen einen Streifen, damit dort eine natürliche Wiese entstehen kann.

Ein Wildblumenbeet
Hier können Sie ganz unbekümmert die Wildblumen zusammenpflanzen, die Sie am liebsten mögen. Damit das Beet möglichst lang schön aussieht, beginnen Sie mit frühen Zwiebelblumen, wie etwa Schneeglöckchen und Trompetennarzissen, denen dann im Laufe des Jahres leuchtende Schmetterlingsblumen wie Silberblatt und Nachtviole folgen. Vorn kann weißblühender Knöllchensteinbrech wachsen. Im Frühsommer sind weiße und blaue Himmelsleitern an der Reihe, die beispielsweise zusammen mit Kümmel und den lange blühenden Ackerstiefmütterchen gut zur Geltung kommen. Im Hochsommer wirkt nichts schöner als eine Mischung aus Moschusmalven (rosa und weiße Formen), malvenfarbenen Taubenskabiosen und violetten Skabiosenflockenblumen. Auch wenn Wildblumen offenbar in jeder Farbkombination zu harmonieren scheinen, ist eine schlichte Zusammenstellung, wie die eben beschriebene, besonders schön.

Da Wildblumen oft eine kürzere Blühperiode und auch kleinere Blüten als Gartenblumen haben, sollten sie gruppenweise gepflanzt werden, damit sie entsprechend ins Auge fallen. Die meisten werden, sofern man dies nicht verhindert, selbst ihre Samen ausstreuen. Aufregend wird die Wildblumengärtnerei vor allem dann, wenn man mit dem – wie ich es nenne – »schöpferischen« Jäten beginnt, was nicht so lächerlich ist, wie es klingt. Gemeint ist das zufällig entstehende Nebeneinander von Blüten und Blättern im Wildblumengarten, das zweifellos die größte Wirkung hat.

Pflanzung in Violett und Blau *Leuchtender Rittersporn und Agastache im Vordergrund bieten eine hübsche Abwechslung zu den gelben Königskerzen und scharlachroten Mohnblüten.*

Ein Mischbeet *Ein Beet mit einer großartigen Mischung einheimischer Blumen und Kräuter aus dem Mittelmeerraum. Eine zarte Farbgebung mit kräftigen Akzenten. Da sich die Blumen selbst aussäen, hat das Beet jedes Jahr ein neues Gesicht.*

Eine bunte Hochsommer-Rabatte
Borretsch, ein Gewürzkraut, wächst hier zusammen mit Ackerskabiose, violettem Felberich und dichtstehenden goldgelben Saatwucherblumen im Hintergrund.

Wenn also im Herbst und Frühjahr all die neuen Sämlinge erscheinen, sollten Sie versuchen, die Pflanzen zu bestimmen, um dann zu entscheiden, ob Sie da eine Gruppe von dieser Pflanze und dort ein Einzelexemplar von jener stehen lassen. Zu dieser Auswahl kommen dann noch jene Pflanzen, die Sie übersehen haben oder aus Zeitmangel nicht jäten konnten. Auf diese Weise erhält Ihre Rabatte jedes Jahr ein vollkommen neues Gesicht, und das Gärtnern wird zum Abenteuer. Zwar haben Sie nicht die vollkommene Kontrolle, dafür aber das größere Vergnügen. Manche Menschen ertragen eine solche Ungewißheit nicht, doch für den wirklichen Wildblumengärtner liegt gerade darin die Kunst und der Reiz.

Schenken Sie auch den traditionellen Regeln der Gartengestaltung nicht allzuviel Beachtung. Wenn sich eine riesige Königskerze von allein vorn in der Rabatte ansiedelt, so sieht dies sicher großartig aus. Natürlich wissen wir alle, daß große Pflanzen stets hinten und kleine Pflanzen vorn wachsen sollten, aber für Wildpflanzen muß diese Regel nicht unbedingt gelten. Ein wichtiger Bestandteil der Wildblumenrabatte ist das Laub, das den Hintergrund für die oft kurzlebigen Blumen bildet. Sehr dekorativ sind beispielsweise Farne, Wohlriechende Süßdolde, Wilde Möhren, Kleine Bibernelle und Frauenmantel.

Wildblumen und Gartenpflanzen

Wildblumen lassen sich auch sehr schön mit anderen Blumen zusammenpflanzen. Und wenn man sich dabei auf Kräuter und traditionelle Bauernblumen beschränkt, kann gar nichts schiefgehen. Solche Kombinationen gelingen schon deshalb fast immer, weil Kräuter Wildpflanzen sind und von den Gärtnern durch Züchtung nur wenig verändert wurden. Auch unsere Bauernblumen haben meist einfache Blüten und mit ihren wilden Vorfahren noch relativ große Ähnlichkeit. Für den Wildblumengarten ungeeignet sind dagegen überzüchtete Sorten und Exoten.

Vor einer sonnigen Wand
Blauer Natternkopf, umgeben von Wiesenmargeriten und rosa Saatwicken.

Pflanzgefäße für sonnige Standorte

Im Frühjahr bilden in ein Pflanzgefäß gesetzte Wiesenprimeln einen großartigen Blickfang. Säen Sie darüber hinaus einige leuchtendbunte Einjahresblumen, die ihre Blüten öffnen, wenn die Primeln verwelkt sind. Ackergauchheil, Vergißmeinnicht, Ackerstiefmütterchen, Klatschmohn und Kornblumen wirken sowohl als Lückenfüller als auch allein sehr schön. Wicken aller Art kann man über die Seiten eines Gefäßes ranken lassen, oder man sät pro Topf nur eine Pflanzenart, etwa Saatwucherblumen oder Glockenblumen.

Beschränkter Platz *Töpfe mit Zwiebelblumen (vorn), ausdauernden Pflanzen (links) und Einjahresblumen.*

Empfehlenswert sind besonders farbenfrohe Pflanzen wie Muskatellersalbei, Borretsch, Gartenringelblume, Ysop, sämtliche Thymianarten, Salbei, Kümmel, Indianernessel, Agastache, Hundskamille, Fenchel, Mutterkraut, Oregano und Pycnanthemum. Viele von ihnen duften und sollten deshalb unter Fenster oder entlang wilder Wege gepflanzt werden.

In heutigen Hausgärten findet man eine große Vielfalt farbenprächtiger Blumen, aber das hat noch keine lange Tradition. Auch wenn heutige Gärtner viel Zeit und Geld investieren, um farbenfrohe, romantische Gärten anzulegen, so hatte man dazu vor der industriellen Revolution gewöhnlich weder die Muße noch genügende Auswahl an Gartenblumen. Vielmehr zog man aus praktischen Gründen Pflanzen, und die Palette war relativ beschränkt. Neben Gemüse wurden Küchen- und Heilkräuter, Färbepflanzen und eine kleine Zahl schlichter Blumen kultiviert. Dabei handelte es sich meist um Wildblumen.

Aufzeichnungen über Gartenblumen aus dem 15. Jahrhundert zeigen, daß Borretsch, Kamille, Gottvergeß, Lavendel, Salbei, Thymian und Eberraute sowie viele Wildblumen kultiviert wurden. Im 16. Jahrhundert hat uns dann Thomas Tusser weitaus genauere Listen hinterlassen, auf denen Rosen (insbesondere Wein- und Essigrose), die meisten Mittelmeerkräuter, Gartennelke, Akelei, Kornblume, Nachtviole, Mutterkraut, Tagetes, Gartenringelblume, Stockmalve, Rittersporn, Jungfer im Grünen, Löwenmäulchen, Levkoje, Bartnelke und Goldlack zu finden sind.

Eine farbenfrohe Gartenmischung
Lauchblüten wachsen hier zusammen mit Salbei und Schwarzer Königskerze. Im Hintergrund abgeblühter Mohn.

Eine bunte Pflanzenvielfalt
Sie enthält rosa und weiße Nachtviolen, Leimkraut, Nesseln und Klatschmohn. Diese Blumen und Gräser des Frühsommers ziehen viele Bienen und Schmetterlinge an.

Im 17. Jahrhundert entstanden durch Selektion gefüllt blühende Formen bekannter Blumen wie Mutterkraut, Kamille und Maßliebchen.

Welche Gartenarten man mit Wildblumen mischt, ist eine Frage des persönlichen Geschmacks. Ich ziehe verschiedene dekorative nordamerikanische Kräuter, wie Agastache und Pycnanthemum, beides gute Bienenweiden, die zusammen mit unseren heimischen Blumen sehr hübsch aussehen.

Wenn man im Wildblumengarten kultivierte Pflanzen zieht, müssen sie »wild« wachsen. Sie sollten sich praktisch ungehindert entwickeln und selbst aussamen können, damit sie natürlich wirken. Jäten ist nicht empfehlenswert. Statt mit der Unkrauthacke tätig zu werden, sollten Sie lieber ausruhen und den sich entwickelnden Naturgarten bewundern.

Rasen

Rasen spielt von jeher eine wichtige Rolle bei Gartenbesitzern. In die zwanglose Umgebung eines Wildblumengartens paßt am besten ein Blumen- oder Kräuterrasen. Sofern Ihr Rasen nicht regelmäßig gedüngt und mit Unkrautvernichter behandelt wurde, was das Wachstum der Gräser fördert und Blütenpflanzen zerstört, oder neu angelegt ist, kann er in einen blühenden Teppich verwandelt werden. Wenn Sie sich einmal niederknien und den Rasen genau betrachten, werden Sie neben den Gräsern eine Vielzahl anderer Pflanzen entdecken. Wahrscheinlich können Sie sie ohne ihre Blüten nicht bestimmen. In den meisten Rasen findet man jedoch Wegerich, Ehrenpreis, Schafgarbe, Löwenzahn, Hahnenfuß, Gänseblümchen, Braunelle, Klee, Hopfenklee und vielleicht Veilchen. Weitere hübsche Pflanzen, deren Einbürgerung sich lohnt, sind: Kleines Habichtskraut, das früh im Mai zu blühen beginnt und sich sowohl durch Ausläufer als auch durch Samen ausbreitet; Ferkelkraut, eine löwenzahnähnliche Pflanze, die bis zu 60 cm hoch werden kann, im Rasen aber mit etwa 15 cm Größe blüht; und Frühblühender Thymian, der jedoch nur in magerem Boden überlebt.

Lassen Sie den Rasen – oder einen Teil von ihm – im Frühjahr einfach wachsen, und Sie werden erstaunt sein, wie viele Blumen sich entwickeln. Falls Sie einen neuen hochwertigen Rasen haben, müssen Sie sich's genau überlegen, ob Sie darin einige Blumen einbürgern wollen.

Behandeln Sie den Rasen wie eine Frühlingsblumenwiese, die – abgesehen von einem Schnitt im März – bis Juni oder sogar Juli ungehindert wachsen kann, dann aber für den Rest des Jahres

Ein im Frühling blühender Rasen
bei einer Eibenhecke. Unter den Blumen finden sich Löwenzahn, Scharbockskraut, Fadenehrenpreis, Primeln und Gänseblümchen.

gemäht wird. Beim Märzschnitt sollten Sie die Messer ganz hoch stellen – dann werden nur die Spitzen der Blumen abgemäht, die später alle wieder blühen.

Verwechseln Sie den Rasen nicht mit einer richtigen Wiese. Damit die rosettigwachsenden und sehr niedrigen Blumenarten überleben, muß er die meiste Zeit im Jahr kurz gehalten werden. Läßt man ihn so hoch wie eine Wiese werden, verschwinden Gänseblümchen und andere kleine Pflanzen.

Rasen aus einzelnen Pflanzenarten

Einzelne Kräuter- und Wildblumenarten sind dichte, oft duftende Bodendekker, und eine kleine, mit ihnen bepflanzte Fläche bildet einen reizvollen Kontrast zu Gras.

Seit dem 15. Jahrhundert ist der nach Äpfeln riechende Kamillenrasen wichtiger Bestandteil von Duftgärten. Die Römische Kamille (*Chamaemelum nobile*) läßt einen schönen Rasen entstehen, muß aber regelmäßig gemäht werden, weil die Pflanzen andernfalls 45 cm hoch werden. Als Alternative bietet sich eine blütenlose Form mit der Bezeichnung »Treneague« an, die angeblich aus dem Garten des Buckingham Palastes stammt. Sie erfordert keinen Schnitt. Da sie aber nicht blüht, kann sie auch nicht aus Samen gezogen werden. Es sind jedoch Pflanzen erhältlich. Beide Arten brauchen fruchtbaren, durchlässigen und ziemlich leichten Boden, um gut zu gedeihen. Da gejätet werden muß, sollten Sie sich nicht zu viel vornehmen. Eine quadratmetergroße Fläche ist empfehlenswerter als ein ganzer Rasen.

Manche der teppichbildenden Thymianarten lassen wunderhübsche Rasen entstehen, und der Frühblühende Thymian ist dafür ideal. Am besten pflanzt man zunächst einige kleine Exemplare, die sich ausbreiten oder geteilt und vermehrt werden können. Auch hier sollten Sie anfangs nicht zu ehrgeizig sein. Sehr dekorativ kann eine Mischung aus Thymianarten mit unterschiedlichen Blattfarben und Strukturen wirken.

Dem Thymian macht es nichts aus, wenn man über ihn läuft. Sollten Sie aber barfuß über einen Blumenrasen gehen, denken Sie immer an die Bienen. Thymian gedeiht am besten in durchlässigem, sandigem Boden.

Ein dekorativer, sich rasch ausbreitender Bodendecker ist auch niedrig gehaltene Schafgarbe. Läßt man sie hin und wieder etwas höher werden, kommt sie auch zur Blüte.

Blühende Böschungen und Hügel

Es gibt kaum einen großartigeren Anblick als eine Böschung voller Wildblumen. Wer in seinem Garten eine grasbewachsene Böschung hat, kann diese mit vielen wunderhübschen Wildblumen bepflanzen. Die meisten Böschungen sind gut drainiert, und der Boden ist gewöhnlich mager, so daß die Gräser nicht zu üppig gedeihen und wahrscheinlich nur einmal pro Jahr, und zwar im Herbst, geschnitten werden müssen. Dort können auch alle Wiesenblumen wachsen, die durchlässigen Boden bevorzugen, insbesondere kalkliebende Pflanzen. Der Gemeine Hornklee liebt den leichten, mageren Boden, und das Echte Labkraut mit seinen winzigen, leuchtendgelben Blüten breitet sich dort schnell aus. Das Gemeine Leimkraut sieht an einer Böschung wunderhübsch aus, und wenn diese teilweise im Schatten liegt, gedeiht dort auch Fingerhut. Die vielleicht schönste Blume für Böschungen aber ist die Rundblättrige Glockenblume, die sich an einer Stelle, wo der Grasbewuchs nicht zu dicht ist, problemlos aussät.

Befindet sich eine Tonschicht unter der Böschung, so daß sie den ganzen Sommer über recht grün bleibt, gedeihen dort auch Wiesenblumen schwererer Böden gut. Eröffnen Sie die Wachstumsperiode mit Wiesenprimeln, die sich üppig aussäen, wenn ihnen der Boden zusagt. Margeriten, Flockenblumen, Ackerwitwenblumen, Teufelsabbiß, Wundklee, Vogelwicken und Wiesenplatterbsen können im Sommer folgen. Weißklee ist ein ausgezeichneter Bodendecker, und der gelbblühende Hopfenklee bildet schon zu Beginn der

Eine Kalkböschung voller Blumen
Die kurzen, feinen Gräser sind typisch für den mageren Boden, auf dem sich die Blumen optimal entwickeln.

Wachstumsperiode Teppiche. Etwas Rotklee setzt leuchtende Farbtupfer, und der Dornige Hauhechel trägt im Juli nicht nur ungewöhnlich hübsche rosa Blüten, sondern sorgt auch dafür, daß man nicht von der Böschung abrutscht.

Ein Kalkhügel

Auf hügeligen, kalkreichen Weideflächen gedeiht häufig eine sehr vielfältige, wunderschöne Flora aus niedrigen, meist farbenprächtigen Pflanzenarten. Sie wachsen zwischen kurzem, von Schafen abgeweidetem Gras, und da der Boden nährstoffarm ist, können die kräftigen Gräser und Kräuter die kleineren Pflanzen nicht ersticken. Diese Bedingungen lassen sich bis zu einem gewissen Grad künstlich schaffen, indem man einen Kalkwall oder -hügel anlegt (s. S. 136). Erde ist dazu nicht erforderlich.

Die Oberschicht des geplanten Hügels sollte pulverisiert werden, damit ein Saatbett entsteht. So ist es möglich, direkt in den Kalk zu säen.

Gras- und Blumenmischungen für Kalkböden sind bei Wildblumenspezialisten erhältlich. Man sollte sie im Herbst direkt aussäen, leicht einrechen und festwalzen. In den folgenden Jahren können dann viele andere Pflanzen eingebürgert werden, von denen Samen nur schwer oder gar nicht erhältlich sind. Wirklich lohnend sind Zittergras, Knäuelglockenblume, Gemeines Sonnenröschen, Wiesenprimel, Kleines Mädesüß, Rundblättrige Glockenblume, Echtes Labkraut, Gemeiner Dost, Kleiner Wiesenknopf, Bergjasione, Taubenskabiose, Wilde Möhre und Frühblühender Thymian.

Eine so wenig fruchtbare Fläche muß nur hin und wieder gemäht werden. Wälle oder Hügel dieser Art wirken selbst im kleinsten Garten dekorativ und lockern darüber hinaus oft langweilige, flache, rechteckige Grundstücke auf.

Ein gemähter Grasweg, *gesäumt von Rauhem Löwenzahn, üppig blühenden Rundblättrigen Glockenblumen und zarten Gräsern.*

Frühsommerwiesen *sind voll leuchtender Farben. Hahnenfuß, Margeriten, Rotklee, Ampfer und Gräser heben sich großartig vor dem strahlendblauen Himmel ab.*

Blumenwiesen

Die Mähwiese ist in meinen Augen die Fläche in einem Wildgarten, die die größte Befriedigung verschafft. Wenn die Sonne scheint und die vielen Blumenarten in prächtigen Farben leuchten, Schmetterlinge, Bienen und andere Insekten von einer Blüte zur nächsten summen und sich die zarten Gräser im Wind wiegen, ist dies der schönste Bereich des Gartens. Hier wird deutlich, wie leicht man Tiere in den Garten lokken kann. Meine kleine Wiese, die nur wenige Quadratmeter groß ist, zieht jedes Frühjahr Blauhechelbläulinge an, die sich sonst nirgendwo im Garten sehen lassen. Auf ihr gibt es Nektar und Pollen, Gräser und andere Nahrungspflanzen für die Raupen, Samen für die Vögel und Schutz für kleine Säugetiere.

Mähwiesen brauchen nur minimale Pflege, und wenn die Aussaat erfolgt ist, können Sie die Hände in den Schoß legen und sie genießen. Saatmischungen bekommt man heute bei vielen Saatgutspezialisten. Manche davon sind Mehrzweck-Mischungen, die sich für die meisten Böden eignen, doch gibt es auch Mischungen für bestimmte Bodentypen und Lebensräume. Die Auswahl der Blumenarten in einer Mischung für kalkreiche Böden unterscheidet sich erheblich von einer, die sich mehr für saure Böden eignet. Im Garten sollten sich Mischungen in der Regel als anpassungsfähig erweisen, am besten testet man aber zuerst den Boden (s. S. 132).

Vor allem Mischungen für kalkreiche oder sandige Böden benötigen nährstoffarme Bedingungen und im Winter eine gute Drainage.

Wer eine Wiese anlegen will, sollte auch lernen, wie man eine Sense handhabt. Man kann sich eine Motorsense leihen, und kleine Flächen lassen sich auch mit einem Rasentrimmer mähen. Am besten aber ist immer noch die Handsense. Und wenn man einmal einen gleichmäßigen Rhythmus beim Mähen gefunden hat, ist die Benutzung der Handsense völlig unproblematisch.

Die Art der Wiese hängt nicht allein von der Saatmischung ab, sondern auch davon, wann Sie mähen. Grundsätzlich unterscheidet man zwischen Spätfrühjahr beziehungsweise Frühsommerwiesen und Spätsommerwiesen. Die Frühsommerwiese ist traditionell eine Mähwiese, auf der die Mehrzahl der Blumen bis Juli ihre Samen entwickelt hat. Normalerweise wird eine solche Wiese Anfang Juli oder sogar schon Ende Juni geschnitten, doch um sicherzustellen, daß sich alle Blumen und Gräser aussäen, kann das Mähen bis Mitte oder Ende Juli hinausgeschoben werden. Auf diesem Wiesentyp entwickelt sich die größte Artenvielfalt. Einer meiner Freunde hat eine alte Mähwiese, auf der über achtzig Blumen- und Grasarten wachsen. Wenn die Saatmischung späterblühende Arten enthält und man diese im Juli vor der Blüte mäht, wachsen sie wieder nach und blühen im Herbst, allerdings sehr viel niedriger – statt mit 60 vielleicht mit 30 cm Höhe.

Die Spätsommerwiese ähnelt eher einem Straßenrand, wo im Juli und August zahlreiche Blumen blühen, die sich erst im Herbst aussamen. Auf einer solchen Wiese können beispielsweise die wundervollen Flockenblumen und Ackerwitwenblumen wachsen. Gemäht werden sollte im September/Oktober, wenn die meisten Samenstände reif sind. Sofern auf der Wiese keine Frühlingsblumen stehen, kann man sie, falls die Gräser zu üppig wachsen, auch im Frühjahr mähen. Die späteren Blumen nehmen dadurch keinen Schaden. Ihre Entwicklung wird sogar gefördert, wenn man das Gras früh im Jahr kurz hält.

Natürlich kann jedes Jahr anders gemäht werden. Hier eröffnet sich ein großartiges Experimentierfeld, und Sie werden feststellen, daß die Blumen – abhängig von der Art des Mähens – in sehr unterschiedlicher Zusammensetzung erscheinen. Auf S. 130 ist beschrieben, wie eine Wiese eingesät wird, auf S. 144f. finden Sie Einzelheiten über die Pflege.

Eine Ackerfläche

Der blühende Acker mit einem Meer roten Klatschmohns, Teppichen aus goldenen Saatwucherblumen, leuchtendblauen Kornblumenmatten und der rosavioletten Kornrade ist heute fast vollkommen aus unserer Landschaft verschwunden. Wirksame Saatgutreinigung und selektive Herbizide sorgen dafür, daß heute praktisch nur noch das Getreide hochkommt. Wenn gelegentlich der Spritzwagen eine Stelle nicht erreicht hat, färbt sie sich im Sommer dennoch rot mit Klatschmohn, dessen Samen zwanzig oder sogar fünfzig Jahre in der Erde geruht haben. Auf leichten, sandigen Böden sieht man gelegentlich Saatwucherblumen, insbesondere in Zuckerrübenäckern, wo nicht so stark gespritzt wird. Kornblumen und Kornraden sind dagegen für immer von den Feldern verschwunden.

Es gibt deshalb viele gute Gründe, in einem Bereich des Gartens Ackerblumen zu ziehen. Hauptgrund sollte aber sein, daß jedes Jahr wieder eine wundervolle, rasch wachsende, farbenfrohe Fläche entsteht. Die Voraussetzungen sind denkbar einfach: Ein 6 m^2 großes Stück kultivierter Boden und eine geeignete Saatmischung, erhältlich beim Spezialisten für Wildblumensaaten, ist alles, was man braucht. Die Aussaat erfolgt am besten im September. Aus vielen Samen werden sich schon vor dem Winter einige Zentimeter hohe Sämlinge entwickeln, andere, insbesondere Mohnsamen, keimen dagegen besser, wenn sie einen Winter lang im Boden geruht haben. Wer im Herbst sät, braucht sich auch keine Gedanken wegen Trockenheit zu machen, und darüber hinaus kommen die Blumen auch noch einen Monat früher zur Blüte als bei einer Frühjahrssaat. In Gegenden mit mildem Klima öffnen sich die ersten Blüten Anfang Juni, und die Blüte dauert bis tief in den August fort. Ist eine Aussaat im Herbst nicht möglich, erfolgt sie im Frühjahr. Die Blüte verschiebt sich dann einfach um einen Monat, und der Klatschmohn wird nicht so dicht stehen, da die Samen keine Winterkälte hatten.

Die Pflanzen des Ackerbereichs samen sich jedes Jahr selbst aus; allerdings ist es möglich, daß man den Boden immer wieder von Unkräutern befreien muß, die überhand nehmen. Anleitungen, wie man einen Ackerbereich anlegt und pflegt, finden Sie auf S. 130.

Eine Ackermischung im Hochsommer *Dicht an dicht drängen sich die Blüten von gelben Saatwucherblumen, blauen Kornblumen, rosa Kornraden sowie rotem Klatschmohn und bilden ein herrliches Spektrum der Primärfarben.*

Einfarbige Flächen *Hier wächst überwiegend einjähriger Klatschmohn, dessen kräftiges Rot da und dort von Weißem Leimkraut und gelbem Klappertopf unterbrochen wird.*

Leitpflanzen für sonnige Standorte

Zu den schönsten Blumen für Wiesen, Büsche und Hecken gehören Butterblume, Margerite, Klatschmohn, Schlüsselblume und Moschusmalve. Verwenden Sie diese Blumen, um frische Farbtupfer zu setzen oder blassere Farbzusammenstellungen zu beleben.

Gemeine Schafgarbe

Achillea millefolium

Die Schafgarbe hat filigranes, zartes Laub und flache, weiße Blütenstände, die aus vielen winzigen Blüten bestehen und manchmal von einem Hauch Karminrot überzogen sind. Auch getrocknet sind die Blütenstände sehr dekorativ. Schafgarben wachsen an Straßenrändern, auf Wiesen und im Gartenrasen. Da sie einen kriechenden Wurzelstock haben und sich selbst aussäen, überleben sie in fast allen Böden. Sofern die Garbe im Bereich der Wiese bleibt und sich nicht in den kultivierten Teil des Gartens ausbreitet, ist sie, meiner Ansicht nach, eine besonders dekorative Pflanze für den Wildblumengarten. Man kann auch einen Rasen aus Garben anlegen, der, außer im Spätsommer zur Blütezeit, kurz gehalten werden soll, damit er niedriger ist als im Normalfall.

Blütezeit: Juni bis September. **Höhe:** 8 bis 40 cm.

Kultur: Die Schafgarbe ist ausdauernd und gedeiht in durchlässigem Boden am besten, ist aber sehr anpassungsfähig. Die Pflanzen sollten im Abstand von 20 bis 30 cm gepflanzt werden, da sie sich ausbreiten. Die Aussaat erfolgt zwischen Frühjahrsbeginn und September in vorbereiteten Boden. Wer Garben in einer existierenden Grasfläche einbürgern will, soll sie in Schalen ziehen und im Frühjahr oder Herbst auspflanzen. Ist der Grasbewuchs nur dünn und nackter Boden sichtbar, lockert man die Fläche mit einem Rechen, streut die Samen darauf und drückt sie in die Erde.

Andere Standorte: Küstengärten.

Kornrade

Agrostemma githago

Die Kornrade ist auf unseren Getreidefeldern fast völlig verschwunden und insgesamt so selten geworden, daß sie unter Schutz gestellt wurde. Heute erinnern sich hauptsächlich ältere Bauern noch an sie, weil ihre giftigen Samen einst das Getreide verunreinigten.

Aufgrund ihrer Höhe muß die Kornrade entweder vor einer Mauer oder einem Zaun beziehungsweise zwischen anderen kräftigeren Pflanzen wachsen. Eine kleine Fläche mit Ackerblumen sieht großartig aus. Ziehen Sie dort Kornraden, zusammen mit Kornblumen, Echter und Geruchloser Kamille, rotem Mohn und eventuell goldgelben Saatwucherblumen. Sie können auch etwas Weizen oder Gerste einbeziehen. Auf diese Weise entsteht eine herrliche und farbenfrohe Pflanzengemeinschaft im Garten.

Sie brauchen sich keine Sorgen zu machen, daß sich Kornrade aus Ihrem Garten auf nahegelegenen Feldern ansiedelt. Ihre großen, schwarzen Samen werden von den Vögeln nicht gefressen und sind zu schwer, um vom Wind fortgeweht zu werden. Sie fallen auf den Boden und gehen nahe der Mutterpflanze auf.

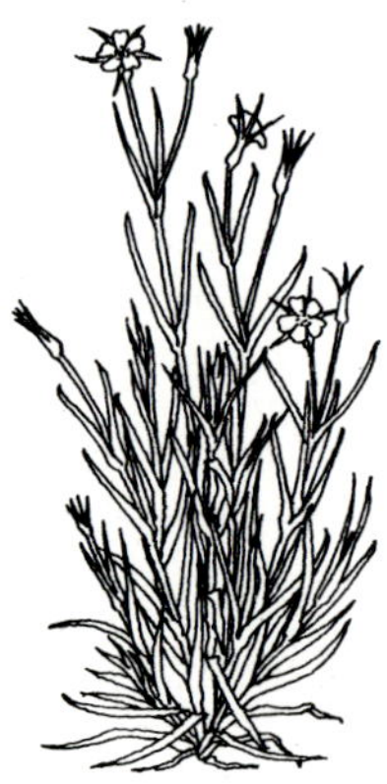

Blütezeit: Juni bis August.

Höhe: 30 bis 120 cm.

Kultur: Die Kornrade ist einjährig. Die Samen werden im Garten an vorgesehener Stelle gesät und mit Erde bedeckt. Im August und September gesäte Blumen blühen im folgenden Juni; Saaten zu Frühjahrsbeginn kommen von Juli bis August zur Blüte.

Andere Standorte: Keine.

Zittergras
Briza media

Viele Gärtner betrachten Gras als etwas, das gemäht werden muß. Das Zittergras ist jedoch eines unserer schönsten Gräser und sollte in jedem Garten einen Platz finden. Vermutlich werden es heute nur noch wenige Menschen kennen, denn es wächst ausschließlich auf alten, wenig gedüngten Wiesen. Auf dem heutigen ertragreichen Grünland dagegen fehlt es ganz. Diejenigen, die die zitternden, schimmernden Köpfchen schon einmal auf einer alten Mähwiese oder einem Gebirgshang gesehen haben, werden diesen Anblick nicht vergessen.

Da dieses Gras auf den meisten Böden und sogar im Schatten gedeiht, sollte es in keiner Blumenwiesen-Mischung fehlen. Besonders gut wächst es auf Kalk- und Tonböden sowie in lichten Wäldern. Sie können es aber auch in die Blumenrabatte setzen, wo es mehr Aufmerksamkeit auf sich ziehen wird als viele der Blumen. Getrocknet eignet sich das Zittergras großartig für Trockenarrangements.

Blütezeit: Juni bis August. **Höhe:** 20 bis 80 cm.

Kultur: Zittergras ist ausdauernd und blüht erstmals ein bis zwei Jahre nach der Aussaat. Es wächst auf den meisten Böden und unter fast allen Bedingungen. Gesät wird im Frühjahr oder Spätsommer in gut vorbereiteten Boden. Wer Zittergras in einer bereits existierenden Grasfläche einbürgern will, sät es in Schalen und pflanzt das junge Gras zu Frühjahrsbeginn oder im Herbst aus, und zwar im Abstand von mindestens 30 cm.

Andere Standorte: Halbschattige.

Knäuelglockenblume
Campanula glomerata

Die Farbe der *Campanula glomerata* ist von kaum zu überbietender Intensität. Wenn man diese Glockenblume im Garten an einem Platz zieht, an dem weder Gräser noch andere Pflanzen mit ihr konkurrieren, kommt sie großartig zur Geltung. Im Naturgarten ist sie zweifellos eine Pflanze für leichten oder kalkigen Boden. In der üppigen Vegetation fruchtbarer, schwerer Erde kann sie sich dagegen nicht durchsetzen, und auch in kalten, nassen und schweren Böden übersteht sie den Winter nicht. Um diese Pflanze in Gras anzusiedeln, muß man einen Hügel mit kalkigem Boden anlegen oder zumindest eine Fläche mit recht magerer, durchlässiger Erde schaffen, wo nur spärlich Gras wächst. Hier werden die Stengel nur etwa halb so hoch wie im Garten, doch sieht die Blume so noch schöner aus.

Blütezeit: Juni bis August. **Höhe:** 10 bis 30 cm.

Kultur: Die Büschelglockenblume ist ausdauernd. Die winzigen Samen keimen nur langsam, deshalb sät man sie nicht direkt aus, sondern in Saatschalen, in denen sie nicht mit Erde bedeckt wird. Legen Sie statt dessen Glasscheiben über die Schalen und stellen Sie diese an einen schattigen Platz ins Freie. Im Herbst gesäte Samen keimen spätestens zu Frühjahrsbeginn. Sind die Pflänzchen groß genug, werden sie pikiert und dann einzeln in Töpfe gesetzt. Im folgenden Herbst oder Frühjahr pflanzt man sie aus.

Andere Standorte: Keine. Die Büschelglockenblume braucht volle Sonne.

Rundblättrige Glockenblume
Campanula rotundifolia

Diese Glockenblumen sind erstaunlich anpassungsfähige Pflanzen. In freier Natur gedeihen sie sowohl an feuchten, torfigen Plätzen als auch auf trockenen Kalkböden. Ihre nikkenden zarten Blüten stehen an schlanken Stengeln. Die *Campanula rotundifolia* sieht man häufig zusammen mit dem reizvollen Mädesüß. In südlicheren Gegenden findet man die Glockenblumen auf kalkigen Weiden, wo sie in Gesellschaft von Frühblühendem Thymian und Gemeinem Hornklee wachsen; alle drei Pflanzen gedeihen aber auch auf saurem Heideboden.

Die Rundblättrige Glockenblume eignet sich besonders für den Garten. Sie ist so klein und zart, daß sie auch im kleinsten Eckchen Platz hat. Am besten zieht man sie im Steingarten oder an einer grasbewachsenen Böschung zusammen mit Gemeinem Leimkraut und Gemeinem Hornklee oder auf Kalkboden, wo sie mit Frühblühendem Thymian wachsen kann. Auch in Blumenkästen oder Kübeln gedeiht diese Glockenblume gut.

Rundblättrige Glockenblumen säen sich üppig aus. Wenn Sie einige in ein kleines Fleckchen Erde setzen, zeigen sich innerhalb kurzer Zeit neue Sämlinge. Manchmal erscheinen auch weißblühende Pflanzen, die erhalten werden sollten, da sie sich aus Samen nicht sortenecht vermehren lassen.

Blütezeit: Juli bis September. **Höhe:** 15 bis 40 cm.

Kultur: Die Rundblättrige Glockenblume ist ausdauernd und läßt sich leicht aus Samen ziehen. Diese sind staubfein und sollten im Frühjahr an vorgesehener Stelle oder in eine Saatschale gesät werden. Festdrücken oder leicht einwässern. Pflanzen können im Herbst oder Frühjahr in kurzes Gras gesetzt werden.

Andere Standorte: Halbschattige; Steingärten; Küstengärten.

Wiesenschaumkraut
Cardamine pratensis

Das Wiesenschaumkraut blüht zeitig im Frühjahr. In der Natur bildet es gewöhnlich auf feuchten Wiesen große Blütenteppiche. Die einzelnen Blüten sind unterschiedlich gefärbt: Die meisten haben eine so blasse Farbe, daß sie weiß wirken, tatsächlich aber sind sie blaßlila oder -rosa und in einem dunkleren Lila geadert.

Die Pflanze kommt recht häufig vor, vor allem in noch undrainierten Wiesen. Auf feuchten Wiesen läßt sie sich leicht einbürgern, und einmal angesiedelt, breitet sie sich rasch aus.

Das Wiesenschaumkraut ist eng mit der Wasserkresse verwandt und ebenfalls eßbar. Früher verwendete man es für Salate, und manche tun das auch heute noch. Darüber hinaus ist es eine wichtige Nahrungspflanze für den Aurorafalter.

Im Garten sollte man es in ein Fleckchen feuchtes Gras oder in die feuchte Erde bei einem Teich setzen. Da es gern etwas schattig steht, gedeiht es im Halbschatten von Bäumen, Mauern oder Zäunen gut. Pflanzen Sie es zusammen mit Kuckucksblumen, um im Frühjahr bunte Farben zu erzielen.

Blütezeit: April bis Juni.

Höhe: 15 bis 40 cm.

Kultur: Das Wiesenschaumkraut ist ausdauernd und läßt sich leicht aus Samen ziehen. Diese im Frühsommer oder Herbst in feuchte, fruchtbare Erde säen und festdrücken oder einwässern. Die Pflanze sät sich üppig aus und kann auch vermehrt werden, indem man ein Grundblatt auf eine Saatschale mit Erde legt und es feucht hält. Es wird rasch Wurzeln entwickeln.

Andere Standorte: Halbschattige; Wassergärten.

Kornblume
Centaurea cyanus

Kornblumen sind wunderschöne, schlichte Blumen mit intensivblauen Blüten, die an langen schlanken Stengeln stehen. Der Dichter John Clare faßt unsere Gefühle gegenüber dieser herrlichen Pflanze gut zusammen, wenn er sagt, »... die blauen Kornblumen überziehen mit ihrer phantastischen Farbe das Land ... und bedrängen die Kornfelder mit zerstörerischer Schönheit«. Deshalb werden die Bauern diese leuchtenden Blumen auch kaum wieder auf ihren Äckern wachsen lassen, um die Landschaft neu zu beleben. Aber unser Land ist auch so keineswegs farblos. Mit den vielen Hektar leuchtendgelben Rapses und vereinzelten blauen Borretschfeldern bietet es einen wunderhübschen Anblick.

Kornblumen werden schon seit Jahrhunderten im Garten kultiviert. Manchmal treten natürliche violette, weiße und rosa Formen auf, die bei den Gärtnern sehr beliebt sind. Eine gefüllte Sorte wird heute vor allem als Schnittblume gern verwendet.

Kornblumen können in sonnigen Gärten überall wachsen, doch biegen sich ihre schlanken Stengel, wenn sie nicht von anderen Pflanzen gestützt werden. Deshalb zieht man sie am besten mit Mohn und Römischer Kamille. Zusammen bieten diese Pflanzen einen phantastischen Anblick: Rot, Weiß und Blau sind stets eine großartige Kombination.

Blütezeit: Juni bis August.
Höhe: 20 bis 100 cm.
Kultur: In kultivierter Erde wächst die Kornblume einjährig. Die Samen im Herbst oder Frühjahr dünn auf den Boden streuen und einharken oder dünn mit Erde bedecken. Frühjahrssaaten blühen recht spät, deshalb sät man am besten im Herbst. Dies gilt auch für Ackerblumen-Saatmischungen. Wenn Kornblumen auf nacktem Boden wachsen, samen sie sich üppig aus.
Andere Standorte: Keine.

Skabiosenflockenblume
Centaurea scabiosa

Die Skabiosenflockenblume ist eine nahe Verwandte der Kornblume, aber ausdauernd. Meist findet man sie in Gras auf leichten Böden. Zweifellos gehört sie zu den attraktivsten Wildblumen für den Garten, da sie im Juli und August zahlreiche wunderschöne große, karminviolette Blüten trägt. Sie sieht der Schwarzen Flockenblume sehr ähnlich, ist aber noch auffälliger. Die Blütenköpfe bestehen aus vielen Brakteen, die sich ziegelartig überlappen. Wenn die Blüten verwelkt und die Samen ausgestreut sind, bleiben hübsche silbrige Hüllen zurück, die im Winter sehr dekorativ wirken.

Die Skabiosenflockenblume lockt zahlreiche Insekten, vor allem Bienen, an. In meinem Garten sah es an einem sonnigen Tag im frühen August schon manchmal aus, als würde auf jeder Blüte eine Biene sitzen. Während sich einige Blüten öffnen, welken andere dahin, und auf die welkenden stürzen sich die Goldfinken, um Samen zu ergattern.

Die Skabiosenflockenblume wurde früher zur Herstellung von Stärkungsmitteln verwendet und galt auch als gutes Wundkraut.

Blütezeit: Juli und August.
Höhe: 30 bis 80 cm.
Kultur: Diese Blume ist ausdauernd und läßt sich leicht aus Samen ziehen. Die Aussaat erfolgt im Frühjahr in Schalen. Die Samen dünn mit Erde bedekken. Von Herbst bis Frühjahr kann in Gras ausgepflanzt werden, in kultivierte Erde jederzeit. Oder man sät im Herbst oder Frühjahr an vorgesehener Stelle und bedeckt die Samen dünn mit Erde. Sämlinge auf 60 cm Abstand verziehen.
Andere Standorte: Halbschattige.

Saatwucherblume
Chrysanthemum segetum

Die goldgelben Saatwucherblumen kommen vor allem in großen Mengen sehr schön zur Geltung. Obgleich diese Pflanze leichte Böden bevorzugt, zeigt sie sich im Garten recht anpassungsfähig. Wie viele Ackerblumen ist auch sie bei uns nicht wirklich heimisch. Wahrscheinlich kam sie während der Jungsteinzeit mit Getreide aus Südeuropa. Im Garten wirkt die Saatwucherblume mit ihren zahlreichen großen, goldenen Blütenköpfen, die über buschigem Laub stehen, außergewöhnlich schön. Zusammen mit anderen Ackerblumen, wie Kamille und Klatschmohn, sieht sie besonders reizvoll aus.

Interessanterweise versuchen die Bauern schon seit Jahrhunderten, diese farbenprächtige Blume von ihren Feldern zu verbannen. Während der Regierungszeit Heinrichs VI. wurden die Lehnsleute in England hart bestraft, wenn sie dieses Unkraut nicht bekämpften. In Dänemark verordnete man seine Vernichtung per Gesetz. Streuen Sie also keine Wucherblumensamen in ein nahegelegenes Feld, um es etwas zu beleben! Sie machen sich damit nicht beliebt, und schlimmer: Sie bringen den Naturschutz in Mißkredit.

Blütezeit: Juni bis September.
Höhe: 20 bis 50 cm.
Kultur: Die Samen im Frühjahr an Ort und Stelle säen oder als Bestandteil einer Acker-Saatmischung im Herbst. Dünn auf den Boden streuen und einharken oder mit wenig Erde bedecken. Pflanzen säen sich üppig selbst aus.
Andere Standorte: Keine.

Zichorie
(Gemeine Wegwarte) *Cichorium intybus*

Immer wieder werde ich nach dieser wunderhübschen Blume gefragt – gemeint ist die Wegwarte mit ihren herrlichen himmelblauen Blüten. Ein naher Verwandter erfreut sich in Gemüsegärten immer größerer Beliebtheit, und auch er entwickelt, wenn man es zuläßt, die gleichen blauen Blüten. Der natürliche Standort der Wegwarte sind kalkreiche oder sandige Böden an Straßenrändern sowie kultivierte Erde. Die Wegwarte gedeiht in ganz Europa und wurde vermutlich bereits in biblischen Zeiten als Salat gegessen.

Die Wegwarte wächst in jedem Boden, auch in sehr leichtem, wo viele andere Pflanzen nicht gedeihen. Da sie ziemlich hoch wird, kommt sie als Hintergrund eines Beetes oder vor einer Mauer oder einem Zaun sehr gut zur Geltung. Sie braucht Morgensonne, da sich die Blüten bei Sonnenaufgang öffnen und um die Mittagszeit wieder schließen. Bei trübem Wetter bleiben sie den ganzen Tag geschlossen.

Blütezeit: Juli bis Oktober.
Höhe: 30 bis 100 cm.
Kultur: Die Wegwarte ist eine widerstandsfähige, ausdauernde Pflanze, die sich leicht aussäen läßt. Die Samen im Frühjahr oder Spätsommer dünn an vorgesehener Stelle säen und mit wenig Erde bedecken. Die Sämlinge auf mindestens 30 cm Abstand verziehen.
Andere Standorte: Keine.

Wilde Möhre
Daucus carota

Die Wilde Möhre ist eine sehr weit verbreitete Wildpflanze, die man an Wegrändern, auf grasbewachsenen Kalkböden, leichten und sandigen Böden, alten Wiesen und nahe bei Küsten findet. Ihr Aussehen ist unverwechselbar: Sie hat wunderschöne flache weiße Blütenköpfe und dekorativ geteiltes Laub, ähnlich wie kultivierte Möhrensorten. In gutem Gartenboden wird sie sehr hoch und entwickelt bis zu einem Dutzend Stengel. Man kann die Wilde Möhre auch mit einer Wiesen-Saatmischung säen, da sie sich gut einbürgert und den ganzen Sommer über blüht. Wenn die Blüten verwelkt sind, bilden sich hübsche Samenstände, die auch noch im winterlichen Garten den Blick auf sich ziehen.

Die Wilde Möhre galt zu allen Zeiten als vielseitige Heilpflanze. Die Samen wurden zur Behandlung von Husten, Koliken, Blähungen und Schluckauf sowie bei Nierenerkrankungen und Blaseninfektionen verwendet. Darüber hinaus läßt sich aus der Pflanze kräftiggrünes Färbemittel herstellen.
Blütezeit: Juni bis August/September. **Höhe:** 45 bis 60 cm.
Kultur: Die Wilde Möhre ist zweijährig oder begrenzt ausdauernd. Sie gedeiht auf fast allen Böden, scheint aber auf Kalk- oder leichten Sandböden länger zu bestehen, sofern sie in Gras wächst. Die Samen zu Herbstbeginn oder im Frühjahr säen und ganz dünn mit Erde bedecken. Pflanzen säen sich üppig aus.
Andere Standorte: Steingärten; Küstengärten.

Weberkarde
Dipsacus sativus

Die Weberkarde ist eine stattliche, auffällige Pflanze, die bis 2 m Höhe und mehr erreicht. Sie ist zweijährig, aber im ersten Jahr sieht man nur eine riesige Rosette aus stacheligen Blättern, die sich an den Boden schmiegt. Im folgenden Frühjahr erscheint dann ein dicker, mit Stacheln besetzter Stengel, der von Blättern becherförmig umschlossen wird. Die langen, stacheligen Blütenköpfe mit ihren malvenfarbenen Blüten locken Bienen an, und später picken Vögel die Samen heraus. Danach können die Köpfe als Winterdekoration geschnitten oder als Weihnachtsschmuck golden und silbern besprüht werden.

Eine Abart dieser Karde hat Fruchtstände mit hakenförmigen Stacheln. Sie wird seit vielen Jahrhunderten für die Stoffindustrie kultiviert, die sie zum Aufrauhen von Stoffen verwendet. Bis heute hat man noch keinen Ersatz gefunden.

Weberkarden pflanzt man dort, wo sich ihre Silhouette vor dem Himmel abzeichnet. So kommen sie am besten zur Geltung.
Blütezeit: Juli und August; die Köpfe werden im Herbst und Winter geerntet.
Höhe: 2 m.
Kultur: Die Weberkarde ist zweijährig; sie blüht ein Jahr nachdem sie gesät wurde und geht anschließend ein. Man sät am besten zwei Jahre hintereinander und läßt die Pflanzen anschließend sich selbst aussäen. An vorgesehener Stelle säen, vorzugsweise in Tonboden oder eine Erde, die im Sommer nicht austrocknet.
Andere Standorte: Halbschattige.

Gemeiner Natternkopf
Echium vulgare

Diese herrliche Blume gedeiht im allgemeinen auf Brachland wie auf sandigen oder kalkreichen Böden in Küstennähe, und obwohl sie hauptsächlich auf leichten Böden zu finden ist, kann sie sich allen Bodentypen anpassen. Wo sie im Garten gezogen wird, macht sie mit ihrer Farbe und Blütenfülle selbst den prächtigsten Blumen Konkurrenz.
Bei genauerem Hinschauen stellt man fest, daß die Blüten wunderschön gezeichnet sind. Die Bienen lieben sie, und über mehrere Wochen hört man um sie herum ein ununterbrochenes Summen.

Der merkwürdige Name der Pflanze ist darauf zurückzuführen, daß man früher aus dem Natternkopf ein Mittel gegen Schlangenbisse herstellte. Die Blüten verwendete man – ähnlich wie die ihres nahen Verwandten, dem Borretsch – für Herzstärkungsmittel, aber man kandierte sie auch. Mit Wein vermischter Sud von Natternkopfsamen soll außerdem Schwermut vertreiben. Der Versuch lohnt sich vielleicht.
Blütezeit: Juni bis September. **Höhe:** 80 cm.
Kultur: Der Natternkopf ist eine zweijährige Pflanze, die im Spätsommer, zur Blütezeit, problemlos gesät werden kann. Sämlinge auf 45 cm Abstand verziehen. Pflanzen säen sich üppig aus. Mit seiner langen Pfahlwurzel übersteht der Natternkopf jede Trockenheit, doch kann er nur im Frühstadium verpflanzt werden. Er verträgt auch leicht saure Böden.
Andere Standorte: Sonnige.

Grauheide
Erica cinerea

Die Grauheide ist im Gegensatz zu Heidekraut und Moorheide eine bei uns nicht sehr verbreitete Heideart. Alle drei aber sind gute Gartenpflanzen, brauchen jedoch unterschiedliche Bedingungen. Am anpassungsfähigsten ist das Heidekraut. Die Moorheide wächst auf nassen Böden, die Grauheide findet man dagegen in trockenen Heidelandschaften. Sie ist ein Kalkflieher.

Mit ihren hängenden rotvioletten Glockenblüten ist die Grauheide die dekorativste der drei Pflanzen. Wie alle Heidearten ist sie ein ausgezeichneter Bodendecker. Bienen lieben die Blüten, und Heidehonig ist mit Recht berühmt.

Die Grauheide wurde von den Landbewohnern Schottlands und, wie ich vermute, auch anderer Gegenden vielseitig verwendet. Man deckte mit ihr Dächer und stabilisierte – wie anderswo mit Flechtwerk – die Wände. Es wurden Seile daraus gefertigt, schöne gelbe Holzbeizen gewonnen und sogar Betten hergestellt. Darüber hinaus diente sie zum Gerben von Leder. Früher also war die Grauheide einmal lebenswichtig. Damit die Heide den notwendigen sauren Boden erhält, legt man am besten einen Torfgarten an (s. S. 132).
Blütezeit: Juli bis September. **Höhe:** 30 cm.
Kultur: Grauheide ist ein ausdauernder Strauch. Zur Vermehrung wird im August von einer alten Pflanze ein blütenloser Trieb abgerissen (nicht geschnitten!) und in einen kleinen Topf mit Saat- oder Stecklingserde gesetzt. Es ist hilfreich, wenn man ihn zuvor in Bewurzelungsmittel taucht. Bei Spezialanbietern bekommt man auch Pflanzen.
Andere Standorte: Halbschattige.

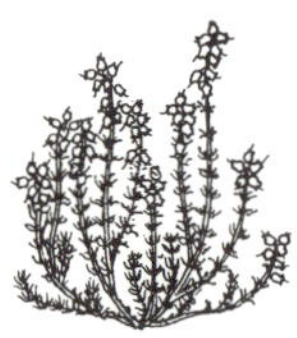

Kleines Mädesüß

Filipendula vulgaris

Das Kleine Mädesüß ist eng mit dem Echten Mädesüß verwandt, blüht aber noch schöner. Es ist eine Pflanze für leichte Böden, und man findet es auf kiesiger und kalkreicher Erde. Im Garten gedeiht es aber auch auf schwerem Ton, und bei mir hat es im Winter selbst große Nässe überstanden. Die Blütenknospen sind tiefrosa und bilden einen herrlichen Kontrast zu den geöffneten weißen Blüten, die in duftigen Trugdolden zusammenstehen.

Das Mädesüß ist eine großartige dekorative Pflanze für den Garten, die in jedem Beet und jeder gemischten Rabatte gut zur Geltung kommt. Sie siedelt sich auch in Gras an, doch gedeiht sie dann nur auf leichten oder kalkigen Böden gut. Wer in seinem Garten Platz für eine Gruppe von Pflanzen hat, kann mit ihnen einen wunderschönen Blickfang schaffen.

Blütezeit: Juni bis August. **Höhe:** 10 bis 50 cm.

Kultur: Mädesüß ist ausdauernd und leicht aus Samen zu ziehen. Man sät es im Frühjahr oder zu Herbstbeginn entweder an vorgesehener Stelle oder in Schalen und bedeckt die Samen ganz dünn mit Erde. Direkt in Gras sollte nicht gesät werden. Hier setzt man besser Jungpflanzen ein.

Andere Standorte: Keine.

Schachbrettblume

Fritillaria meleagris

Schachbrettblumen sind wunderhübsche Blumen mit einer sehr typischen Zeichnung auf den Petalen, der sie ihren Namen verdanken. Im 15. und 16. Jahrhundert waren sie beliebte Gartenblumen, und möglicherweise handelt es sich bei der Wildform um einen Gartenflüchtling. In Frankreich und Jugoslawien ist die Pflanze jedoch heimisch. Die meisten der unkultivierten Wiesen, auf denen sich einmal Schachbrettblumen befanden, sind in diesem Jahrhundert unter den Pflug gekommen.

In freier Natur wachsen Schachbrettblumen auf feuchten Wiesen, auch auf solchen, die im Winter überschwemmt werden. Auf einem guten Lehmboden siedeln sie sich bereitwillig an und breiten sich durch Samen aus. Am besten steckt man zunächst wenige Zwiebeln an eine Stelle. Mit der Zeit verbreiten sie sich selbst.

Die Blumen ziehen Bienen an, leider aber auch Kaninchen, die die Pflanzen häufig auffressen.

Blütezeit: März bis Mai. **Höhe:** 20 bis 40 cm.

Kultur: Schachbrettblumen sind ausdauernd und entwickeln sich aus Zwiebeln. Brutzwiebeln können im Herbst abgenommen und in einen Topf gesetzt werden. Oder man sät dünn in einen kleinen Topf und bedeckt die Samen mit wenig Erde. Über den Winter, mit Glas abgedeckt, ins Freie stellen. Aus Samen gezogene Pflanzen blühen mitunter erst nach fünf Jahren und sollten auch nicht eher verpflanzt werden. Geeignet ist feuchter Grasboden.

Andere Standorte: Wassergärten.

Wiesenstorchschnabel
Geranium pratense

Diese außergewöhnlich schöne Pflanze – die größte unter den Storchschnabelarten – trägt im Sommer prächtige violettblaue Blüten. In kultiviertem Boden entwickelt sie zahlreiche Triebe und ein Meer von Blüten. Darüber hinaus wird sie viel höher als in freier Natur. Manchmal treten auch weiße Formen auf.

Der Wiesenstorchschnabel ist bei uns weit verbreitet und gedeiht sehr üppig, insbesondere an Straßenrändern, wo er einen wundervollen Anblick bietet. Auch wenn die Pflanze es in freier Natur mit ihrem Standort sehr genau nimmt, so läßt sie sich im Garten recht leicht einbürgern. Vor allem in Wiesen siedelt sie sich rasch an, wobei sie leicht kalkigen Boden bevorzugt.

Wenn dieser Storchschnabel Samen ausbildet, sollte man ihn einmal näher betrachten. Die reifen, braunen Samen nämlich werden von der Pflanze weit fortgeschleudert. Auf diese Weise breitet sie sich jedes Jahr in sämtliche Richtungen aus.

Blütezeit: Juni und August. **Höhe:** 30 bis 80 cm.

Kultur: Der Wiesenstorchschnabel läßt sich leicht aus Samen ziehen. Die Samen zwischen Sandpapier reiben, um die Keimung zu beschleunigen. Im Spätfrühjahr oder Sommer mit 6 bis 15 cm Abstand ins Freie säen und dünn mit Erde bedecken. In Saatschalen sollte der Abstand 1 bis 2 cm betragen.

Andere Standorte: Halbschattige.

Rauher Löwenzahn
(Wiesenmilchkraut) *Leontodon hispidus*

Der Rauhe Löwenzahn ist eng mit dem Gemeinen Löwenzahn verwandt und ihm in Aussehen und Eigenschaften sehr ähnlich. Seine gelben Blüten sind auf unkultivierten alten Wiesen, insbesondere auf Kalkböden, ein vertrauter, farbenfroher Anblick.

Die leuchtendgelben Blüten des Rauhen Löwenzahns sind ein wesentlicher Bestandteil jeder Blumenwiese, und am besten entwickeln sie sich in voller Sonne auf ziemlich trockenen, alkalischen Böden mit mittlerer Fruchtbarkeit. Die Pflanze siedelt sich rasch und problemlos an und blüht bei einer Herbstsaat oft schon im folgenden Jahr. Sie breitet sich schnell aus und sorgt über viele Wochen für Farbe.

Auch diese Art hat die für den Löwenzahn typischen Samenstände, doch sind sie nicht ganz silbrigweiß, sondern bräunlich überlaufen. Die Samen lassen sich einfacher sammeln als die des Gemeinen Löwenzahns, weil sie nicht so leicht vom Wind davongetragen werden. Wie beim Gemeinen Löwenzahn sind auch hier die Blätter eßbar. Früher wurden aus dieser Pflanze Mittel zur Behandlung von Gelbsucht und Nierenbeschwerden hergestellt. Darüber hinaus glaubte man, Falken würden ihre Blätter fressen, um ihre Sehkraft zu stärken.

Blütezeit: Juni bis September. **Höhe:** 10 bis 40 cm.

Kultur: Der Rauhe Löwenzahn ist ausdauernd, und kann im Frühherbst oder Frühjahr an vorgesehener Stelle gesät werden. Will man die Pflanzen später in Gras setzen, sät man die Samen zwischen Frühjahrsbeginn und Herbst dünn in eine Schale, drückt sie in die Erde und stellt sie in ein kaltes Frühbeet, bis die Keimung erfolgt ist.

Andere Standorte: Keine; die Pflanze braucht volle Sonne.

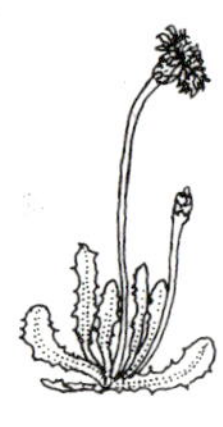

Wiesenmargerite

Leucanthemum vulgare (syn. Chrisanthemum leucanthemum)

Die Wiesenmargerite gehört im allgemeinen zu den ersten Pflanzen, die sich einbürgern, wenn man eine Naturwiesen-Mischung sät. Während der ersten Jahre wird sie wahrscheinlich auf der Wiese dominieren, doch nach und nach beginnen sich viele andere Blumen einzubürgern, die sich in die Pracht von weißen Blütenköpfen mischen. Wiesenmargeriten blühen im Frühsommer und sehen vor allem mit Gräsern sehr schön aus. Versuchen Sie es beispielsweise mit Rotschwingel, Kammgras, Wiesenfuchsschwanz, Wiesenrispengras und Goldhafer. Um die Blühperiode der Wiese zu verlängern, läßt man auf die Margeriten Flockenblumen, Skabiosen und Garben folgen, die bis in den August hinein für bunte Vielfalt sorgen. Einem alten Volksglauben nach bestand zwischen Wiesenmargerite und Unwettern ein Zusammenhang. Deshalb hängte man früher Margeritensträuße über die Tore der Scheunen, um diese vor Blitzschlag zu schützen. Wurzeln und Blätter nahm man zum Würzen von Suppen und Eintöpfen. Die Blätter wurden auch für Salate verwendet, doch scheint mir dies nur in Notzeiten empfehlenswert.

Blütezeit: Mai bis September. **Höhe:** 20 bis 80 cm.

Kultur: Wiesenmargeriten sind ausdauernd und problemlos aus Samen zu ziehen. Man sät im Frühherbst oder Frühjahr am vorgesehenen Standort und bedeckt die Samen dünn mit Erde. Sie keimen bereits nach zwei bis drei Wochen. Um Margeriten in einen existierenden Rasen einzusäen, mäht man diesen im Frühherbst und streut die Samen breitwürfig aus.

Andere Standorte: Halbschattige.

Gemeines Leinkraut

Linaria vulgaris

Das Leinkraut ist eine robuste, sich schnell ausbreitende Kriechpflanze, die so üppig blüht, daß während der Blütezeit die kleinen, flachsähnlichen Blätter kaum noch zu sehen sind. Die Blüten sehen wie winzige Löwenmäulchen aus und scheinen einzig dazu geschaffen, Bienen anzulocken, die den Nektar tief aus dem Innern der Blüten holen.

Jede Pflanze entwickelt Zehntausende von runden, flachen, schwarzen Samen. Allerdings breitet sie sich auch durch unterirdische Ausläufer aus, insbesondere in trockenen oder lockeren Böden, wo sie mitunter zu wuchern beginnt. Auf keinen Fall in kultiviertem Boden ansiedeln, da sie dort alle anderen Pflanzen unterdrückt. Das Leinkraut wächst besser auf natürlicheren Wiesenflächen, wo es durch andere wildwachsende Pflanzen im Zaum gehalten wird.

Aus den Blüten läßt sich, entsprechend der beim Färben verwendeten Beize, gelbe, orange, grüne oder braune Farbe gewinnen. Eine interessante Anregung kommt auch aus Schweden: Dort legt man die Pflanzen in Milch, wobei sich ein starkes Fliegengift entwickeln soll. Angeblich sterben die Fliegen, wenn sie in Berührung mit der giftigen Flüssigkeit kommen. Einen Versuch jedenfalls ist diese Anregung wert.

Blütezeit: Juli bis Oktober. **Höhe:** 30 bis 80 cm.

Kultur: Vorsicht! Am besten wächst diese Pflanze auf einer Naturwiese; in kultiviertem Boden läßt sie sich nur schwer kontrollieren. Die Samen werden im Frühjahr oder Frühherbst an Ort und Stelle oder in Schalen gesät und dünn mit Erde bedeckt. Große Pflanzen können auch im Frühjahr oder Herbst geteilt und im Abstand von 60 cm neu gepflanzt werden. Man kann ihre Ausbreitung begrenzen, indem man die Blüten abknipst, sobald sie verwelkt sind.

Andere Standorte: Keine.

Gemeiner Hornklee

Lotus corniculatus

Diese niedrige, bodendeckende Pflanze mit ihren leuchtendgelben Blüten ist im Mai und Juni am schönsten. Obwohl sie sehr häufig vorkommt, verliert ihr Anblick nie an Reiz. Die Blüten sehen auf den ersten Blick eidottergelb aus, sind aber oft wunderschön orange und braun überlaufen, die jungen Knospen fast karminrot. Der Gesamteindruck ist sehr farbenfroh.

Der Gemeine Hornklee ist eine sehr anpassungsfähige Pflanze, die man in vielen verschiedenen Lebensräumen antrifft. Er gedeiht auf kalkreichen Weideböden, wo das Gras fein und kurz ist, aber auch in trockenen Heiden findet man ihn häufig, zusammen mit Fingerkraut, Glockenblume, Spitzwegerich und Frühblühendem Thymian. Daneben gedeiht er auf den mageren, sandigen und kiesigen Böden der Küste, in Gesellschaft von Echtem Labkraut, Kleinem Habichtskraut, Mauerpfeffer und Echtem Tausendgüldenkraut. Auf den Küstenklippen wächst er mit farbenfrohen Blumen wie der Gemeinen Grasnelke und dem Strandleimkraut.

Alle diese Pflanzenzusammenstellungen sehen auch im Garten (an einer Stelle mit magerem oder sandigem Boden) hübsch aus. Beim Entwerfen eines Pflanzplans sollte man stets schlichte, aber schöne Wildpflanzengemeinschaften als Vorbild nehmen, denn sie sind kaum zu übertreffen.

Der Gemeine Hornklee ist eine wichtige Nahrungspflanze für den Hauhechel-Bläuling und gehört zu den besten Nektarpflanzen für Bienen.

Blütezeit: Mai bis August. **Höhe:** 10 bis 40 cm.

Kultur: Dieser Hornklee ist ausdauernd. Die Samen zwischen Sandpapier reiben, um die Keimung zu beschleunigen. Dann im Spätsommer oder Frühjahr dünn an vorgesehener Stelle säen und die Samen in die Erde drücken, oder mit 2 cm Abstand in eine Saatschale. Die Pflanze mag feuchte oder fruchtbare Erde, der grober Sand zugesetzt wurde.

Andere Standorte: Steingärten; Küstengärten.

Kuckucksblume

Lychnis flos-cuculi

Eine große Gruppe erblühter Kuckucksblumen bietet im Garten einen großartigen Anblick. Die gefransten rosafarbenen Blumenblätter geben den Blüten ein ungemein dekoratives Aussehen. Die Kuckucksblume kommt heute in freier Natur auch nicht mehr allzu häufig vor, weil viele nasse Flächen drainiert und kultiviert wurden. Doch wo sie wächst, findet man sie häufig zusammen mit Sumpfdotterblume, Flügelhartheu und Mädesüß.

Kuckucksblumen können problemlos in jeder feuchten Erde oder in solcher, die Feuchtigkeit hält, angesiedelt werden. Am schönsten sehen sie in Gras aus, und es gibt keinen besseren Platz für eine Gruppe dieser farbenfrohen Blumen als eine sumpfige Stelle bei einem Teich. Sie blühen im Spätfrühjahr und Frühsommer.

Die Kuckucksblume bildet eine große Menge winziger dunkler Samen aus, die in kleinen, braunen Kapseln klappern, bis sie reif sind. Nachdem sich die Kapseln geöffnet haben, werden die Samen von den sich im Wind wiegenden Stengeln ausgestreut. Die Pflanze gehört zur gleichen Familie wie Nelken und Leimkraut und trägt den gleichen Typ Samenkapseln.

Blütezeit: Mai bis August.

Höhe: 30 bis 50 cm.

Kultur: Die Kuckucksblume ist ausdauernd. Ihre Samen im Frühjahr oder Spätsommer säen und festdrücken oder einwässern. Sie können auch zwischen Frühjahr und Herbstbeginn dünn in Schalen gesät werden. Die Samen festdrücken, aber nicht bedecken.

Andere Standorte: Halbschattige; schattige; Wassergärten.

Moschusmalve

Malva moschata

Die Moschusmalve gehört zu den reizvollsten Wildblumen und wird seit vielen Jahren als Gartenpflanze gezogen. Sie hat einen buschigen Wuchs und entwickelt eine Vielzahl großer, reinrosa Blüten. Außerhalb der Blütezeit bieten die hellgrünen, feingeteilten Blätter einen großartigen Anblick.

In einer Wildblumenrabatte kann sie gut mit einjährigen Blumen wie Mohn, Rittersporn und Hundskamille wachsen. In der Wiese sieht sie zusammen mit Margerite, Wicke, Witwen- und Flockenblume hübsch aus. Die Moschusmalve bevorzugt gutdrainierten, fruchtbaren Boden und siedelt sich auch auf Schutt an, wenn die darunterliegende Erde etwas feucht und fruchtbar ist.

Nach der Blüte entwickeln sich sehr dekorative Samenstände. Sie sind ähnlich wie die der Algiermalve geformt. Besonders schön ist auch eine weiße Form der Moschusmalve.

Kultur: Die Moschusmalve ist ausdauernd und leicht aus Samen zu ziehen. Diese im Spätsommer, zu Herbstbeginn oder im Frühjahr an vorgesehener Stelle säen und in den Boden drükken, oder aber zwischen Frühjahr und Herbst mit 2 cm Abstand in Schalen säen und dünn mit Erde bedecken.

Andere Standorte: Halbschattige.

Blütezeit: Juli bis September. **Höhe:** 30 bis 75 cm.

Kriechender Hauhechel

Ononis repens

Der Kriechende Hauhechel ist eine bunte Staude, die in einer Wildblumenrabatte gut zur Geltung kommt mit Pflanzen, die auf leichtem Boden oder an der Küste beheimatet sind, wie Gemeiner Hornklee, Kleines Habichtskraut, Echtes Lab- und Strandleimkraut. Seine kriechenden Stengel breiten sich rasch auf dem Boden aus und bewurzeln sich in Abständen. Die kleinen, behaarten Blätter der Pflanze haben einen harzigen Duft, die rosaroten Blüten dagegen duften nicht.

Den Kriechenden Hauhechel trifft man auf recht mageren, trockenen und alkalischen Böden an, das heißt auf grasbewachsenem Sandboden oder an Klippen nahe am Meer und im Binnenland auf leichten Kalkböden.

Früher war diese Pflanze eine Plage für die Bauern, denn in ihren festen Faserwurzeln blieben Egge und Pflug hängen. Und wenn das Vieh die Wurzeln fraß, verfärbten sich Butter und Käse. Doch auch wenn die Bauern die Pflanze nicht mochten, so aß man ihre jungen Triebe entweder gegart oder roh in Salaten, und manchmal legte man sie sogar ein.

Der Kriechende Hauhechel galt auch als Heilpflanze: Er diente einst als Mittel gegen Gallensteine, Geschwüre und Delirium.

Blütezeit: Juni bis September. **Höhe:** Bis 30 cm.

Kultur: Die Pflanze ist ausdauernd. Da der Samenmantel hart ist, sollte man die Samen vor der Aussaat zwischen Sandpapier reiben, um die Keimung zu beschleunigen. Im Spätsommer oder Frühjahr mit mindestens 2 cm Abstand säen und nur dünn mit Erde bedecken. Vor dem Auspflanzen muß sich ein kräftiges Wurzelsystem entwickeln.

Andere Standorte: Küstengärten.

Gemeine Eselsdistel

Onopordum acanthium

Die Eselsdistel ist eine großartige Pflanze von bis zu 3 m Höhe. Sie ist sehr dekorativ und bildet in jedem Garten, in einer Rabatte oder vor einer Mauer, einen faszinierenden Anblick. Man zieht sie weniger ihrer Blüten als der wunderschönen silbrig-grünen Blätter wegen. Diese haben tückische Stacheln und einen weißen, wolligen Überzug, der sich abreiben läßt. An den kräftigen, stark verzweigten Stengeln befinden sich attraktive flügelartige Fortsätze. Die reizvollen hellvioletten Blüten werden gern von den Bienen besucht.

Man findet die Eselsdistel häufig auf Brachland und an Straßenrändern, insbesondere auf sandigen und kalkigen Böden. Sie sät sich üppig aus.

Die Kultur dieser Pflanze aber hat noch andere Vorteile, die wenig bekannt sind: Man kann die jungen Triebe schälen und essen, und auch die Knospen können verzehrt werden, wie Artischocken, mit denen die Eselsdistel eng verwandt ist.

Blütezeit: Juli bis September.
Höhe: 45 bis 300 cm.
Kultur: Die Pflanze ist zweijährig und blüht gewöhnlich im zweiten Jahr. Danach stirbt sie ab. Am vorgesehenen Standort jeweils zwei oder drei Samen zusammen in die Erde drücken und dünn bedecken. Sollte mehr als ein Sämling erscheinen, werden die anderen frühzeitig mit mindestens 1 m Abstand verpflanzt.
Andere Standorte: Keine.

Gemeiner Dost

(Wilder Majoran) *Origanum vulgare*

Der wildwachsende Gemeine Dost ist vermutlich weniger bekannt als sein naher Verwandter, der Gartenmajoran. Mit seinen reizvollen purpurrosa Blüten eignet er sich ausgezeichnet als Farbtupfer für Gebüsche, für Wiesen oder Rabatten, wo er sich üppig aussät. In Gras, auf ziemlich leichtem Boden, siedelt er sich am besten an, in der Rabatte ist er aber auch gegenüber schwereren Böden sehr tolerant.

Viele seiner früheren Lebensräume sind heute zerstört, aber man findet ihn noch, zusammen mit Frühblühendem Thymian, auf Kalkhügeln, wie auch an Straßen- und Waldrändern mit kalkigem Boden, wo er in Gesellschaft von Wirbeldost und Steinquendel wächst. In Griechenland und anderen Mittelmeerländern, in denen verschiedene Dostarten gedeihen, sieht man oft an den Berghängen ganze Teppiche aus seinen rosa und weißen Blüten.

Die Blätter haben einen intensiven Duft, weshalb man sie von jeher in der Küche verwendet. Man nahm sie früher zum Aromatisieren und Haltbarmachen von Bier, heute bereitet man aus ihnen einen angenehmen Tee, der viele gute Eigenschaften hat.

Schon die alten Griechen erkannten seine Heilkraft bei einer großen Zahl von Leiden. Seine Blätter enthalten stark antiseptisch wirkende Öle, mit denen man Husten, Koliken und Verdauungsstörungen behandelte. Darüber hinaus besitzt die Pflanze sedative Eigenschaften und eignet sich für Bäder, Umschläge und als Inhalationsmittel.

Bienen und Schmetterlinge besuchen den Dost sehr gern. Aus seinen Blüten kann violette Farbe hergestellt werden, die man früher zum Färben von Wolle verwendete.
Blütezeit: Juli bis September.
Höhe: 30 bis 60 cm.
Kultur: Der Gemeine Dost wächst buschig und ist ausdauernd, ältere Teile verholzen. Die staubfeinen Samen zwischen Frühjahr und Spätherbst dünn an vorgesehener Stelle oder in eine Saatschale säen. In die Erde drücken, aber nicht bedecken.

Andere Standorte: Halbschattige.

Klatschmohn

Papaver rhoeas

Klatschmohn gehört zu den farbenprächtigsten Blumen, die im Garten wachsen, und wenn er sich ungehindert aussäen kann, bildet er mit anderen Blumen viele aufregende Farbkombinationen. Klatschmohn darf, ebenso wie Kornrade und Kornblume, im Ackergarten nicht fehlen. Mit Goldgelb zusammen sehen die großen scharlachroten Blumenblätter besonders schön aus.

Klatschmohn ist seit den Anfängen der Zivilisation bekannt und wird als Blume des Überlebens, der Nostalgie und der Erinnerung betrachtet.

Eigentlich ist er weniger ein Unkraut als ein Begleiter des Korns. Oft baute man ihn aus wirtschaftlichen Gründen an, denn wenn seine Samen auch nicht so wertvoll sind wie die des Schlafmohns, aus denen Opium gewonnen wird, so verwendete man sie als Würzmittel für Kuchen und Brot. Das aus ihnen gewonnene Öl diente als Ersatz für Olivenöl. Darüber hinaus sammelten einst die Kinder die Blumenblätter zur Herstellung von Sirup.

Blütezeit: Juni bis August. **Höhe:** 20 bis 60 cm.

Kultur: Klatschmohn ist einjährig und kann leicht aus Samen gezogen werden. Die Aussaat muß aber vor dem Winter erfolgen, weil zur Keimung eine Kälteperiode notwendig ist. Die Samen am vorgesehenen Standort dünn auf kultivierten Boden streuen und nicht bedecken. Klatschmohn sät sich üppig aus.

Andere Standorte: Keine.

Wiesenprimel

(Wiesenschlüsselblume) *Primula veris*

Diese wundervollen nickenden Blumen fühlen sich vor allem in unkultivierten Wiesen wohl und an Straßenrändern, wo sie vor Pflug und Spritzwagen sicher sind.

Im Wiesengarten bieten sie im April und Mai einen wunderschönen Anblick. Zu dieser Jahreszeit sind Gräser und andere Blumen noch niedrig, so daß sich die Primelblüten im Frühlingswind wiegen können. Man kann Wiesenschlüsselblumen auch an eine halbschattige Böschung pflanzen. Sie wachsen sogar in lichten Wäldern und auf Waldlichtungen. Die Pflanzen bevorzugen Kalkböden und gedeihen auf kalkreichem Geschiebelehm.

Im Knospenstadium stehen die Primelblüten aufrecht, doch wenn sie sich öffnen, sinken sie herab, um Nektar und Pollen im Innern zu schützen. In dieser Zeit verströmen sie auch einen süßen Duft. Sobald die Befruchtung stattgefunden hat, stellen sich die Blüten wieder aufrecht. Die reifen Samenstände bewahren ihre Samen viele Wochen und können sogar noch Ende Juli geerntet werden.

Blütezeit: April bis Mai. **Höhe:** 10 bis 20 cm.

Kultur: Wiesenprimeln sind ausdauernd und leicht aus Samen zu ziehen. Diese während des Herbstes im Freien in ein Anzuchtbeet säen und in die Erde drücken. In Schalen gesäte Samen müssen, mit Glas abgedeckt, an einem geschützten Platz im Garten überwintern. Die Keimung erfolgt im Frühjahr. Sät man etwas unreife Samen, keimen sie oft innerhalb weniger Wochen. Die Jungpflanzen setzt man im folgenden Herbst oder Winter in Gras. Alte Pflanzen können im Herbst geteilt werden.

Andere Standorte: Halbschattige.

Gemeine Braunelle

Prunella vulgaris

Die Gemeine Braunelle ist eine ungewöhnlich schöne Blume, die dekorative Blütenteppiche bildet. Sie schickt Ausläufer aus, die sich bewurzeln und dann Blütentriebe entwikkeln. Das satte Violettblau der Blüten ist wunderschön, manchmal treten jedoch auch rosa oder sogar weiße Formen auf. Wenn Sie diese Braunelle im Rasen oder an einer Böschung in ein Fleckchen niedriges Gras pflanzen, entstehen lebendige Farbtupfer. Und bald werden sich dort auch zahlreiche Insekten einfinden, denn die Braunelle wird häufig von Bienen und Schmetterlingen besucht.

Die Gemeine Braunelle ist in vielen Teilen der Erde ein vertrauter Anblick. Sie wächst fast in ganz Europa und Nordamerika und findet sich selbst im Himalaya. John Gerard stuft sie in seinem Kräuterbuch neben dem Günsel als wirksamstes Kraut für die Wundheilung ein, und auch Culpeper preist ihre Eigenschaften. Auch heute noch spielt die *Prunella vulgaris* in der Kräutermedizin eine sehr wichtige Rolle.

Die Gemeine Braunelle ist eine Pflanze, die sich leicht ansiedeln läßt, denn sie breitet sich nicht nur durch Ausläufer, sondern auch durch zahlreiche Samen aus. Sie ist ein wichtiger Bestandteil jeder Wiesen-Saatmischung. In hohem Gras allerdings übersieht man sie leicht. Daher eignet sie sich am besten für einen Blumenrasen.

Blütezeit: Juni bis Oktober. **Höhe:** 10 bis 30 cm.

Kultur: Die Gemeine Braunelle ist ausdauernd und kann, hat sie sich einmal eingebürgert, im Frühjahr geteilt und im Abstand von 15 bis 20 cm entweder in eine existierende Grasfläche oder in nackten Boden neu eingepflanzt werden. Sie läßt sich auch leicht aus Samen ziehen, die man im Frühjahr oder Spätsommer an Ort und Stelle sät und dünn mit Erde bedeckt. Jungpflanzen können im Frühjahr oder Herbst in kurzes Gras umgesetzt werden. Diese Braunelle wächst in fast allen, selbst in recht sauren Böden, gedeiht aber am besten in fruchtbarer Erde.

Andere Standorte: Halbschattige.

Butterblume

(Scharfer Hahnenfuß) *Ranunculus acris*

Die Butterblume und der ihr sehr ähnliche Knollenhahnenfuß (der einen Monat früher, im Mai, blüht) sind vielleicht die bekanntesten Wildblumen überhaupt. Wiesen mit gelben Butterblumen rufen bei vielen Erinnerungen an die Kindheit wach, als sie durch Frühsommerwiesen streiften, die mit goldgelben Blüten übersät waren. Heute jedoch findet man diese leuchtendgelben Blütenteppiche immer seltener, und tatsächlich gelten sie als Merkmal nicht kultivierter Naturwiesen, denn die Butterblume wird vom Vieh nicht gefressen und deshalb im allgemeinen durch Gräser ersetzt, um die Wiese ertragreicher zu machen. Dagegen sind die Knollen des Knollenhahnenfußes bei Schweinen sehr beliebt.

Eine andere bekannte Hahnenfuß-Art ist der Kriechende Hahnenfuß, den man auf nassen, schlecht drainierten oder sauren Böden findet. Er breitet sich so stark aus, daß er im Garten oft zur Plage wird, aber ebenso wie die anderen Hahnenfuß-Arten bietet auch er einen großartigen Anblick, wenn er in voller Blüte steht.

Die Butterblume, auch Scharfer Hahnenfuß genannt, enthält einen ätzenden Saft, der Blasen verursachen kann. Früher wurde sie in der Medizin verwendet.

Blütezeit: Juni bis August.

Höhe: 20 bis 50 cm.

Kultur: Die Butterblume ist ausdauernd und wird am besten zusammen mit einer Blumen-Gräser-Mischung gesät. Wenn Sie sie einzeln ziehen möchten, säen Sie die Samen im Frühjahr oder Herbst an Ort und Stelle und bedecken Sie sie dünn mit Erde. Jungpflanzen können im Frühjahr oder Herbst in kurzgeschnittenes Gras umgesetzt werden.

Andere Standorte: Halbschattige.

Kleiner Klappertopf

Rhinanthus minor

Der Klappertopf ist eine recht ungewöhnliche, hübsche Pflanze, deren Vorkommen in freier Natur immer seltener wird, je mehr urwüchsige Weiden und Mähwiesen umgepflügt oder kultiviert werden. Doch wo er wächst, da gedeiht er üppig. Der Klappertopf ist ein Halbschmarotzer, der nur in Gesellschaft bestimmter Pflanzen, hauptsächlich Gräsern, zu finden ist. Es wäre daher sinnlos, ihn in ein Blumenbeet, nackten Boden oder eine Saatschale zu säen. Auch eine Frühjahrssaat geht nicht auf. Sät man ihn hingegen im Herbst, zusammen mit einer Mischung aus Wiesengräsern, blüht er im folgenden Juni. Ich habe einmal im September in ein vier Hektar großes Feld eine Mähwiesen-Mischung eingesät, und im folgenden Juni blühte keine andere Pflanze so üppig wie der Klappertopf.

Seinen ungewöhnlichen Namen verdankt der Klappertopf dem Umstand, daß seine reifen Samen in ihren Kapseln klappern, wenn der Wind sie bewegt oder jemand sie streift.

Da der Klappertopf ein Halbschmarotzer und einjährig ist, reagiert er außerordentlich empfindlich auf die sich wandelnde Landwirtschaft. Er gehört zu den Pflanzen, die eines ganz besonderen Schutzes bedürfen.

Blütezeit: Juni bis August. **Höhe:** 10 bis 50 cm.

Kultur: Der Klappertopf ist einjährig. Er gedeiht in fast allen, sogar in sehr sauren Böden. Säen Sie ihn im Herbst, zusammen mit einer Wiesengras-Mischung. Hat er sich einmal angesiedelt, sät er sich selber aus.

Andere Standorte: Keine. Der Klappertopf braucht volle Sonne.

Knöllchensteinbrech

(Körnersteinbrech) *Saxifraga granulata*

Den reizvollen Knöllchensteinbrech findet man nur selten wildwachsend. Im allgemeinen trifft man ihn, zerstreut, auf unkultivierten Wiesen an. Abgesehen von einer grundständigen Blattrosette, besitzt er nur wenige Blätter. Seine großen, weißen Blüten, die an zahlreichen Stengeln stehen, kommen deshalb besonders gut zur Geltung.

Es lohnt sich, diese Pflanze im Garten anzupflanzen. Sie sieht sowohl mit anderen Blumen als auch in Gras hübsch aus und stellt eigentlich keine besonderen Bodenansprüche, bevorzugt aber neutrale, kiesige Böden. Bei jeder Störung des Bodens breiten sich die winzigen Brutzwiebeln aus, die sich an den Wurzeln der Pflanzen bilden, und tragen so zur Vermehrung bei. Man kann aber auch im Herbst den Wurzelstock ausgraben und teilen.

Blütezeit: April bis Juni. **Höhe:** 10 bis 30 cm.

Kultur: Knöllchensteinbrech ist ausdauernd. Er entwickelt sich leicht aus Samen, die staubfein sind, aber in großer Menge produziert werden. Man sät im Frühjahr oder Herbst in sandiges Substrat. Die Samen werden auf die Erde gestreut und nicht bedeckt. Sobald die Sämlinge groß genug sind, setzt man sie in einzelne Töpfe. Im folgenden Frühjahr werden sie in gut durchlässigen Boden gepflanzt.

Andere Standorte: Halbschattige; Steingärten.

Taubenskabiose

Scabiosa columbaria

Die Taubenskabiose ist eine außergewöhnlich hübsche Pflanze. Ihre Blüten sind blasser und zarter als die der ihr sehr ähnlichen Ackerwitwenblume. Darüber hinaus ist sie kleiner und stärker verzweigt als diese. Von Juli bis September entwickelt sie ein Meer großartiger Blüten. Sowohl knospig als auch erblüht ist sie sehr dekorativ, und nach der Blüte erscheinen hübsche grüne Samenstände, die wie Honigwaben strukturiert sind.

Mit ihrem buschigen, robusten Wuchs paßt die Taubenskabiose gut in Wildblumenrabatten. Sie siedelt sich aber auch in einer Wiese auf kalkreichem oder ziemlich leichtem Boden an. Sie hat eine lange Pfahlwurzel, mit der sie auf ihrer Suche nach Feuchtigkeit und Mineralstoffen tief in die Erde eindringt. Deshalb kann sie auch große Trockenheit gut überstehen. In freier Natur findet man sie auf recht trockenen, kalkreichen Weideböden, oft zusammen mit Zittergras, Wundklee und Sonnenröschen.

Als buschige Pflanze muß die Taubenskabiose nach der Blüte oder der Samenbildung zurückgeschnitten werden. Schneidet man sie vor der Samenentwicklung fast bis auf Bodenhöhe zurück, treibt sie noch einmal aus und kann bis in den Spätherbst blühen. Die Pflanze ist eine gute Bienenweide und wird von allen späten Schmetterlingen besucht.

Blütezeit: Juli bis September. **Höhe:** 15 bis 70 cm.

Kultur: Die Taubenskabiose ist ausdauernd und bildet zahlreiche Samen aus. Diese werden gesammelt, wenn die grüne Farbe der Fruchtstände verblaßt ist und die Samen sich leicht in der Hand zerdrücken lassen. Entweder Stengel abschneiden und zum Trocknen aufhängen oder Fruchtstände sammeln und in einer Papiertüte ausreifen lassen. Da sich die Vögel auf die Samen stürzen, wenn sie zu reifen beginnen, ist dies ein sicherer Hinweis auf die richtige Erntezeit. Die Samen im Frühjahr oder Spätsommer säen. In den Boden drücken, aber nicht mit Erde bedecken. Umsetzen sollte man nur junge Pflanzen, da bei alten die lange Pfahlwurzel abbrechen kann. Im Herbst oder Winter in Gras pflanzen.

Andere Standorte: Keine.

Wiesenklee

(Rotklee) *Trifolium pratense*

Mit seinen herrlichen intensivroten Blüten ist der Wiesenklee eine farbenfrohe Ergänzung aller Wiesenblumen-Saatmischungen, in denen im allgemeinen weiße, gelbe und blaue Töne überwiegen. Achten Sie jedoch darauf, daß es sich tatsächlich um die Wildform handelt, denn die in der Landwirtschaft verwendeten Sorten sind häufig sehr wuchsfreudig und beginnen zu wuchern. Im Garten gedeiht der Wiesenklee in beinahe jedem durchlässigen Boden, und er verträgt auch unfruchtbare und recht trockene Standorte.

Der wilde Rotklee wird immer seltener, da die landwirtschaftlichen Sorten verwildern und ihn verdrängen. Er ist sehr viel kleiner und nicht so kräftig wie die Kulturformen, und seine Blüten haben ein intensiveres Rot. Er wächst auf alten Weiden und an Wegrändern, gewöhnlich auf Kalkböden. Es lohnt sich, auf einem Spaziergang einmal Ausschau nach ihm zu halten. Rotklee wird stets mit Honig in Verbindung gebracht, und früher lutschten die Kinder oft die süßen Blüten aus. Doch trotz seines hohen Nektargehalts ist der Rotklee keine gute Bienenweide, weil die Bienen nicht an seine Vorräte gelangen. Hummeln und Schmetterlinge dagegen haben längere Rüssel und laben sich gern an ihm. Allein aus diesem Grund lohnt sich seine Kultur.

Die Pflanze wurde lange in der Medizin verwendet, so zur Blutreinigung, Beruhigung der Nerven, Wiederherstellung der Fruchtbarkeit und als Schlafmittel. Es sieht übrigens sehr hübsch aus, wenn man mit den Blüten des Rotklees sowie denen von Stiefmütterchen, Veilchen und Borretsch grüne Salate dekoriert.

Blütezeit: Mai bis September. **Höhe:** 10 bis 40 cm.

Kultur: Rotklee ist ausdauernd und läßt sich leicht aus Samen ziehen. Diese zuvor zwischen Sandpapier reiben, um die Keimung zu beschleunigen. Auf festen Boden säen und die Samen in die Erde drücken.

Andere Standorte: Keine.

Schwarze Königskerze

Verbascum nigrum

Die Schwarze Königskerze ist eine wunderschöne Blume für den Garten. Aus einer dichten Rosette großer dunkelgrüner Blätter wächst ein hoher Blütenschaft, der sich gewöhnlich mehrmals aufrecht verzweigt. Jeder Blütenstand besteht aus dichtsitzenden gelben Blüten mit violetten Mitten, die meist viele Wochen halten. In einer gemischten Wildblumenrabatte setzt die Schwarze Königskerze einen kräftigen Akzent, und zur Blütezeit bietet sie einen aufregenden Anblick. Zweifellos wächst sie am besten in einer Gruppe, weil die Fülle der leuchtendgelben Scheinähren in unterschiedlichen Höhen und Stadien der Blüte außerordentlich wirkungsvoll ist.

Da jede der unzähligen Blüten Hunderte von Samen entwickelt, ist es unter Umständen ratsam, die Mehrzahl der Samenstände abzuschneiden, da sich die Pflanzen sonst zu üppig aussäen. Unerwünschte Sämlinge sollten frühzeitig umgepflanzt werden. In freier Natur findet man die Schwarze Königskerze gewöhnlich auf Kalk- und Sandböden. Trockenheit verträgt sie sehr gut, in fruchtbarer Erde erreicht sie eine imposante Größe. Auch sauren Bedingungen gegenüber ist sie tolerant.

Blütezeit: Juni bis September.
Höhe: 60 bis 120 cm.
Kultur: Die Pflanze ist zweijährig und blüht gewöhnlich im zweiten Jahr. Die Samen im Frühjahr oder Frühsommer am vorgesehenen Standort auf die Erde streuen. Wenn die Sämlinge zu zahlreich sind, werden sie verpflanzt, sobald sie vier Blätter entwickelt haben. Die Keimung erfolgt unregelmäßig.
Andere Standorte: Keine.

Wildes Stiefmütterchen

Viola tricolor

Stiefmütterchen waren schon immer Lieblingskinder der Gärtner, besonders reizvoll aber sind die winzigen Wilden Stiefmütterchen mit ihren dreifarbigen Blüten. Häufig sind sie gelb, violett und malvenfarbig, doch die Färbung fällt sehr unterschiedlich aus, da sich das Wilde Stiefmütterchen leicht mit dem winzigen Feldstiefmütterchen wie auch mit Gartenformen kreuzt. In meinem Garten begann ich mit drei Typen von Stiefmütterchen, und die Vielfalt an Blütenfarben und Farbkombinationen war verblüffend. Sie reichte von Blaßgelb über ein großartiges tiefes Violett bis hin zu Rosttönen. Wenn Sie die Natur nicht in ihrem Wirken behindern und Ihren Bestand durch ausgewählte Stecklinge vergrößern, können Sie einzigartige Blüten erhalten.

Viele Stiefmütterchen haben charakteristische Saftmale auf ihren Petalen – dunkle Linien, die von der Mitte der Blüten ausgehen und bestäubenden Bienen und anderen Insekten den Weg weisen.

Das Wilde Stiefmütterchen wächst in der Natur an vielen verschiedenen Standorten. In einer gemischten Rabatte gedeiht es gut, und auch auf kiesigem Boden siedelt es sich an. Rasch breitet es sich durch Samen aus, und einmal eingebürgert, zeigt es seine Blüten von Frühjahrsbeginn bis in den Winter.

Die Pflanze hat faszinierende Samenkapseln, die sich in drei bootartige Kammern teilen. In ihnen sitzen, ordentlich aufgereiht, die Samen. Reif sind sie rund, honigbraun und glänzend. Am besten werden sie mittags gesammelt, wenn sich möglichst viele Kapseln geöffnet haben.

Blütezeit: April bis November. **Höhe:** 10 bis 20 cm.
Kultur: Das Wilde Stiefmütterchen wird am besten einjährig behandelt. Die Samen zwischen Frühjahr und Herbstbeginn an Ort und Stelle säen. In die Erde drücken, aber nicht bedekken. Oder man sät breitwürfig in ein Saatbeet und setzt die Jungpflanzen später an ihren endgültigen Standort um – am besten zwischen Mai und August.
Andere Standorte: Halbschattige.

WILDBLUMEN FÜR
Halbschattige Gärten

In der Natur gibt es viele Plätze, die im lichten Schatten liegen oder nur die Hälfte des Tages Sonne bekommen – etwa Feldraine, Waldsäume, Hecken, Obstgärten oder Straßenränder. Diese geschützten, aber verhältnismäßig hellen Lagen bieten einer großen Vielfalt von Wildblumen eine Heimat. Häufig handelt es sich um Orte, die zu nutzen sich für die Menschen nicht lohnt, und so stellen sie letzte Zufluchtsorte für viele Pflanzen und Tiere dar, die aus den profitableren Äckern und Wäldern vertrieben wurden.

Am typischsten sind vermutlich die halbschattigen Standorte bei Hecken, an denen man das meiste Leben findet. Ich betrachte Hecken als das Rückgrat einer Landschaft. Jede Hecke erzählt eine Geschichte, und ein Spaziergang entlang der Hecken eines Anwesens kann zu einem Spaziergang durch eine tausendjährige Geschichte werden. Ursprünglich war das Land natürlich bewaldet, und als man den Wald rodete, blieben Bäume und Sträucher stehen, die Felder, Gehöfte, Herrschaftshäuser und Anwesen einschlossen. Viele dieser alten Hecken existieren noch, und sie folgen Gemeindegrenzen und alten Wegen. Oft pflanzte man sie auch auf die Böschungen tiefer Gräben, die wichtige Grenzen markierten.

Hecken haben stets eine große Rolle in der Ökologie gespielt, doch nie waren sie für das Überleben von wilden Tieren wichtiger als heute, insbesondere für die wunderbaren Singvögel, deren Nistplätze in Dikkichten und Gebüschen bereits weitgehend zerstört wurden. Oft sind auch Hecken für Tiere die letzte Verbindung zwischen zerstreut liegenden Lebensräumen. Darüber hinaus bieten sie einer enormen Vielfalt an Blumen eine Heimat. Nicht selten sind es Flüchtlinge aus alten Wäldern, die schon vor langer Zeit der Planierraupe zum Opfer fielen, oder sie wuchsen einmal auf Mähwiesen und an Feldrainen, die heute umgepflügt sind und Jahr für Jahr mit Herbiziden gespritzt werden.

Die Neuschaffung solch üppiger, halbschattiger Lebensräume im Garten ist deshalb ein wertvoller Beitrag zur Erhaltung wilder Tiere und Blumen und darüber hinaus eine Quelle ständiger Freude. Selbst eine kleine Gartenfläche, die mit einigen heimischen Sträuchern und Kletterpflanzen bewachsen und mit Gräsern und Wildpflanzen belebt ist, entwickelt sich rasch zu einem blühenden Lebensraum voller Vögel, Insekten und kleiner Säugetiere.

***Eine geheimnisvolle Welt** am Fuß einer Hecke. Primeln wachsen zwischen bemoostem, moderndem Holz, das im Winter Tieren lebenswichtigen Schutz bietet.*

Heckengärten im Frühjahr

Im Frühjahr gehören Hecken zu den interessantesten Bereichen des Gartens. Knospen brechen auf, Vögel und andere Tiere bauen fleißig an ihren Behausungen, und die Blumen nutzen Licht und Luft, ehe die Gräser so hoch werden, daß nur noch die großen von ihnen eine Chance gegen sie haben.

Die auf dieser Doppelseite gezeigten Pflanzen wurden alle im Garten gezogen. Wildwachsende Pflanzen sollten weder gepflückt noch ausgegraben werden.

Ruprechtskraut
(oben) Es samt sich üppig aus; die Sämlinge bilden einen dichten Teppich aus farnartigem Laub.

Kissenprimel
(oben) Sie ist sehr anpassungsfähig; ihre Blüten sind im Halbschatten am schönsten.

Rotes Leimkraut (rechts)
Es hat farbenfrohe Blüten, die Mitte Mai erscheinen.

Pyrenäen-storchschnabel
(links) Er entwickelt eine Fülle leuchtender Blüten.

Scharbockskraut
(oben) Es gedeiht gut in feuchtem Boden.

Große Sternmiere
(unten) Sie breitet sich rasch aus.

Efeu-Gundermann (unten)
Dieser Efeu bildet einen duftenden Teppich.

Knoblauchskraut
(unten) Es hat eßbare Blätter, die nach Knoblauch schmecken.

Wohlriechende Süßdolde (links) Sie ist robuster als der verwandte Wiesenkerbel und duftet süßlicher.

Weißdorn (oben) Er ist der ideale Strauch für Hecken. Im Mai trägt er süßduftende Blüten, im Herbst rote Beeren.

Kirschpflaume (rechts). Aus ihren grüngelben Früchten lassen sich köstliche Marmeladen bereiten.

Vielblütige Weißwurz (links) Sie hat anmutige, ausschwingende Stengel mit weißen Blüten.

Gemeiner Hopfen (links) Er ist ein kräftiger Kletterer mit schönen Blüten, die stark duften und leicht betäubend wirken.

Schlehdorn (links), Blühender Schlehdorn kündet oft schlechtes Wetter an.

Roter Hartriegel (oben) Im Winter fällt er durch seine attraktiven, roten Zweige auf.

Hundsveilchen (rechts) Einmal eingebürgert, bilden sie hübsche Blütenteppiche.

Weiße Taubnessel (unten) Sie lockt Bienen und andere Insekten an.

Brauner Storchschnabel (unten) Er blüht lange und samt sich leicht aus.

Holzapfel (rechts) Er eignet sich gut für Hecken und entwickelt im Frühjahr zahllose weiße Blüten.

Heckengärten im Sommer

Im Frühsommer sind Hecken am farbenprächtigsten. Rosen und Brombeeren stehen in voller Blüte, und Kletterpflanzen ranken sich zu den Heckenspitzen empor.

Die auf dieser Doppelseite gezeigten Pflanzen wurden alle im Garten gezogen. Wildwachsende Pflanzen sollten weder gepflückt noch ausgegraben werden.

Feldrose (oben) Sie wächst strauchig, oft kriechend und verbreitet einen moschusartigen Duft.

Brombeere (links) Sie hat rosa oder weiße Blüten und Früchte mit recht unterschiedlichem Geschmack.

Gemeiner Bärenklau (unten) Er ragt über die langen Sommergräser hinaus, und seine flachen weißen Blütenköpfe heben sich gut vor Hekken ab.

Weinrose (oben) Sie hat nach Äpfeln duftendes Laub, insbesondere nach Regenschauern.

Waldziest (links) Er wächst zwischen den langen Gräsern an Hecken hoch. Ein wirksames Wundkraut, das man für Umschläge verwenden kann.

Hundsrose (oben) Sie schickt häufig lange Triebe in Hecken empor oder hoch in einen Baum hinauf.

Tüpfelhartheu (unten) Er entwickelt unzählige goldene Blüten und ist ein wertvolles Kraut mit großer Heilwirkung.

Wiesenlabkraut (links) Eine aufsteigende Pflanze, die Hecken mit einem Meer von Blüten belebt.

Taumelkälberkropf (unten) Er ist das zarte sommerliche Pendant zum Wiesenkerbel.

Holunder (rechts) Er hat süßduftende Blüten, aus denen man köstlichen Wein bereiten kann.

Roter Hartriegel (oben) Er ist niedrig und sommergrün und zeigt im Winter seine dekorativen roten Stämme.

Schlehen (unten links) Dornige Sträucher mit duftenden weißen Blüten und blauschwarzen Früchten.

Gemeiner Liguster (rechts) Er ist immergrün und trägt im Herbst schwarze, glänzende Beeren.

Wolliger Schneeball (rechts) Im Frühjahr blüht er weiß, dann entwickeln sich rote Früchte, die später schwarz werden.

Gräser (unten) Zu schönen Hecken gehören auch Gräser, als Gegengewicht zu wuchernden Pflanzen.

Haselstrauch (oben) Er macht im Frühjahr mit Kätzchen und im Herbst mit Nüssen auf sich aufmerksam.

Große Brennessel (rechts) Eine überraschend dekorative Pflanze.

Vogelwicke (rechts) Sie ist sehr wuchsfreudig und klettert durch Hecken.

Rotbeerige Zaunrübe (oben) Ein kräftiger Kletterer für die Hecke.

Heckengärten im Herbst

Mit ihren leuchtendroten Hagebutten und Mehlbeeren, den violettschwarzen Holunderbeeren und schillernden Pfaffenhütchen kontrastieren sie wundervoll mit den warmen, goldbraunen Tönen von Blättern und anderen Fruchtständen.

Die auf dieser Doppelseite gezeigten Pflanzen wurden alle im Garten gezogen. Wildwachsende Pflanzen sollten weder gepflückt noch ausgegraben werden.

Stechpalme (links) Ein guter Heckenstrauch, der im Winter rote Beeren trägt.

Eingriffliger Weißdorn (rechts) Er ist die ideale Basis für eine Naturhecke.

Hopfen (unten) Hier ist die dekorativere weibliche Pflanze abgebildet.

Kirschpflaume (unten) Sie ist die »Mutter« der Gartenpflaume und ein dekorativer Heckenstrauch.

Weinrose (unten) Das Laub dieser wunderhübschen Pflanze duftet nach Äpfeln.

Schwarznessel (unten) Eine weit verbreitete, intensiv duftende Heckenpflanze.

Hundsrose (unten) Eine sehr wuchsfreudige Pflanze. Ihre langen, ausschwingenden Triebe klettern bis 6 m hoch.

Feldrose (oben) Sie ist schwachwüchsiger als andere Wildrosen und hat kleinere Hagebutten.

Schlehe (unten) Sie trägt Früchte und bildet eine dichte Hecke.

Pfaffenhütchen (links) Sein leuchtendgefärbtes Laub bietet im Herbst einen großartigen Anblick.

Feldahorn (oben) Er wächst in der Hecke leicht an und entwickelt sich mitunter zu einem kleinen Baum.

Schwarzer Holunder (rechts) Aus den Beeren dieses nützlichen Strauchs läßt sich unter anderem hervorragender Wein herstellen.

Roter Hartriegel (rechts) Er zeigt im Spätherbst violettes Laub und im Winter farbenfrohe rote Stämme.

Schwarze Flockenblume Sie kann auch im Herbst blühen (unten), darüber hinaus hat sie dekorative Samenstände (links).

Gemeiner Beifuß (rechts) Er hat silbriges Laub und duftet angenehm.

Efeu (rechts) Diese jungen Beeren färben sich später schwarz. Die Blütentriebe haben ovale Blätter.

Schafgarbe (links) Zeitweise blüht sie spät im Jahr. Die nachfolgenden Samenstände (rechts) sind braun.

Waldrebe (rechts) Mit ihren schönen Samenständen bereichert sie herbstliche Hecken.

Halbschattige Wildblumengärten

Gestaltungsmöglichkeiten

Die meisten Gärten erhalten nur zu bestimmten Tageszeiten Sonne, und einige Bereiche liegen bis zu einem halben Tag im Schatten des Hauses, einer Mauer oder eines Zaunes. (Sind sie noch länger ohne Sonne, werden sie als schattig eingestuft.)

Andere befinden sich im lichten Schatten von Spalieren, kleinen sommergrünen Bäumen oder Sträuchern. Sie alle sind mit den Lebensräumen von Hecken und Waldsäumen in freier Natur vergleichbar.

Ist in einem kleinen Garten nicht genug Platz, um eine Naturhecke zu pflanzen, kann man statt dessen einheimische Kletterpflanzen über Mauern und Zäune ranken lassen. Außerdem können Sträucher an einer Grundstücksgrenze einen Waldrand ersetzen. Wie groß oder klein der Garten auch immer sein mag, es lohnt sich, Platz für einige sommergrüne Gewächse mit Früchten zu finden, die in dieser Umgebung besonders gut gedeihen.

Sträucher für kleine Gärten

In einem sehr kleinen Garten haben nur wenige Sträucher Platz, und die dürfen auch nicht zu groß sein. Sie müssen daher mit Sorgfalt ausgewählt werden. Empfehlenswert sind vor allem solche, die möglichst lange Zeit des Jahres reizvoll aussehen.

Holunder entwickelt sich zu einem kleinen Baum, kann aber alle paar Jahre im Winter nach Bedarf zurückgeschnitten werden. Aus den wunderschönen, duftenden Blüten läßt sich ein ausgezeichneter Wein bereiten, ebenso aus den schwarzen Herbstbeeren, die auch sonst in der Küche Verwendung finden. Holunderbeeren ziehen vor allem Vögel an.

Hunds- und Weinrose sind außergewöhnlich dekorativ, und ihren rosa Blüten folgen im Herbst rote Hagebutten. Beide bieten Vögeln gute Nistmöglichkeiten. Auch der Gemeine Schneeball mit seinen weißen Blüten und roten Beeren ist sehr attraktiv.

Von Herbst bis Frühjahr fällt der Rote Hartriegel besonders auf, denn im Herbst trägt er herrlich gefärbtes Laub und schwarze Beeren, während im Winter und Frühjahr seine roten Stämme die Blicke auf sich ziehen. Ein weiterer wunderbarer Strauch für den kleinen Garten ist der Hasel mit seinen dekorativen Kätzchen und köstlichen Nüssen. Will man ihn klein halten, setzt man ihn gelegentlich auf den Stock.

Um eine Rabatte oder ein Gebüsch im Frühsommer mit leuchtenden Farben zu beleben, kann man beispielsweise gelbblühenden Besenginster pflanzen, der in leichtem Boden besonders gut gedeiht.

Eine halbschattige Rabatte im Sommer
Die hohen Pflanzen bilden ein Gegengewicht zu den Bäumen im Hintergrund, die den halben Tag Schatten werfen. Auf feuchtem Boden gedeihen hier Blutweiderich und Wasserdost, dahinter sieht man Weidenröschen und Platterbsen.

Ganzjährig schöne Sträucher
Holunder ist ein erstklassiges Beispiel für einen wertvollen heimischen Strauch. Im Spätfrühjahr trägt er süßduftende, cremeweiße Blüten, denen im Herbst violettschwarze Beeren folgen.

Sträucher unterpflanzen

Bei der Auswahl von Wildblumen für Gebüsche oder Hecken stehen Zwiebelblumen an erster Stelle. Sie sorgen vor allem zu Frühjahrsbeginn für Farbe, wenn die Sträucher noch ruhen. Als erster – oft noch im Schnee – erscheint der reizvolle Winterling (*Eranthis hyemalis*). Er ist in vielen Teilen Europas heimisch und hat sich bei uns eingebürgert. Ihm folgen Schneeglöckchen, die nach wenigen Jahren große Flächen bedecken, wenn ihnen der Boden behagt. Trompetennarzissen (*Narcissus pseudonarcissus*) ebenso wie Wilde Tulpen (*Tulipa sylvestris*) sorgen für freundliche Farbtupfer. Alle diese Zwiebelblumen pflanzt man am besten in lockeren Gruppen. Auch in Gras siedeln sie sich gut an. Es kann gemäht werden, wenn ihr Laub im Mai/Juni abgestorben ist.

Später im Jahr lohnt es sich, Sommerknotenblumen und Alpenveilchen zu ziehen. Zusammen mit den Sträuchern und Zwiebelblumen wachsen im Sommer auch Stauden. Dafür geeignete Pflanzen finden Sie auf Seite 62 ff. Denken Sie aber daran, daß sie in großen Gruppen am schönsten aussehen, weil die Farbeffekte wirkungsvoller sind.

Dann gibt es einige großartige Bodendecker für den Halbschatten. Walderdbeeren breiten sich durch Ausläufer aus und bilden schnell Teppiche, falls ihnen kein Gras Konkurrenz macht. Auch Kriechender Günsel ist sehr schön, braucht aber Feuchtigkeit. Unter guten Bedingungen lassen seine glänzenden, violettgrünen Blätter einen dekorativen Teppich entstehen. Eine andere farbenfrohe Blume ist die Gemeine Braunelle, die jedoch oft von Gräsern und größeren Pflanzen überschattet wird. Wenn sie in einer halbschattigen Rabatte ohne Konkurrenz wächst, ist sie aber ein ausgezeichneter Bodendecker.

Wilde Kletterpflanzen

Kletterpflanzen sind vor allem für kleine Gärten geeignet, in denen alle an fremde Grundstücke grenzenden Wände und Zäune genutzt werden können. Die meisten Kletterpflanzen wachsen rasch. Wenn man sie dicht zusammensetzt, etwa mit 30 cm Abstand, gelegentlich aufbindet, sonst aber sich selbst überläßt, bedecken sie bald jede kahle oder häßliche Fläche. So entsteht eine dichte Vegetation, die für Tiere ungefähr die Bedingungen einer Hecke bietet.

In einem größeren Garten lassen sich zusätzliche Stützen für Kletterpflanzen aufstellen. Ein mit dekorativem Laub und duftenden Blüten bewachsenes Spalier oder ein Bogengang sind interessante Elemente, die auch als Trennwand oder Windschutz dienen können.

Als Stützen am besten geeignet sind schlichte Stangen, denn sie wirken im Wildblumengarten am natürlichsten. Man kann sie einfach im Boden einlassen, gegeneinanderlehnen und oben zusammenbinden, so daß eine Art Zelt entsteht. Dies ist nicht nur für wilde Kletterpflanzen ideal, sondern auch für nostalgisch wirkende Wicken, wie *Lathyrus odoratus* »Painted Lady«, oder Stangenbohnen.

Für größere Konstruktionen, etwa Trennwände, nimmt man am besten einfache Pfähle. Oder aber man baut eine herkömmliche Wand aus gesägtem Holz, die mit dunklem Holzschutzmittel behandelt werden kann, damit sie sich natürlicher in den Garten einfügt. Für zusätzlichen Halt spannt man zwischen den senkrechten Stützen Drähte. Zwischen zwei Spalieren, die man zum Abteilen eines Gartenbereiches verwendet oder aber als eigenständiges Element integriert, kann zum Beispiel ein einfacher Gang entstehen. Wenn die Kletterpflanzen üppig wachsen und ein farbenfrohes Dickicht bilden, werden dort wahrscheinlich Vögel nisten und auch andere Tiere einen Lebensraum finden. In einem großen Garten kann man sogar eine richtige Pergola errichten.

Farbenfrohe Bodendecker *Gemeine Braunelle und Walderdbeere breiten sich unter Sträuchern und kleinen Bäumen rasch aus.*

Die Wahl der Kletterpflanzen

Zum Bewachsen von Spalieren, Zäunen oder unansehnlichen Flächen, die man verbergen will, gibt es verschiedene sehr dekorative wilde Kletterpflanzen. Sie finden dort den gleichen Halt wie in einer Hecke. Das heißt, Sie können alle kletternden und kriechenden Pflanzen, die in Hecken gedeihen, auch an diesen Stützen wachsen lassen.

Als Kletterpflanze für heckenähnliche Standorte empfiehlt sich als erste immer die Waldrebe. Sie wächst üppig, wird sehr hoch und bedeckt große Flächen, wenn man die langen Haupttriebe erzieht und richtig aufbindet. Im Frühjahr entwickeln sich frischgrüne Blätter, denen im Juli kleine grünliche Blüten folgen. Spektakulär aber sieht sie erst im Herbst aus, wenn sie ihre großartigen flaumigen Samenstände trägt, die die ganze Hecke beleben.

Hopfen wirkt ungemein dekorativ und windet sich, im Uhrzeigersinn, um alles, was ihm in den Weg kommt. Überläßt man ihn sich selbst, entwickelt er zahlreiche Triebe. Soll er dagegen an einem Zaun oder einer Mauer erzogen werden, wählt man ein oder zwei kräftige Triebe aus und schneidet die anderen frühzeitig ab. Die Hopfentriebe können wie Spargel zubereitet und gegessen werden. Am reizvollsten sind die weiblichen Pflanzen, die im Sommer und Herbst blaßgrüne, zapfenförmige Blüten tragen.

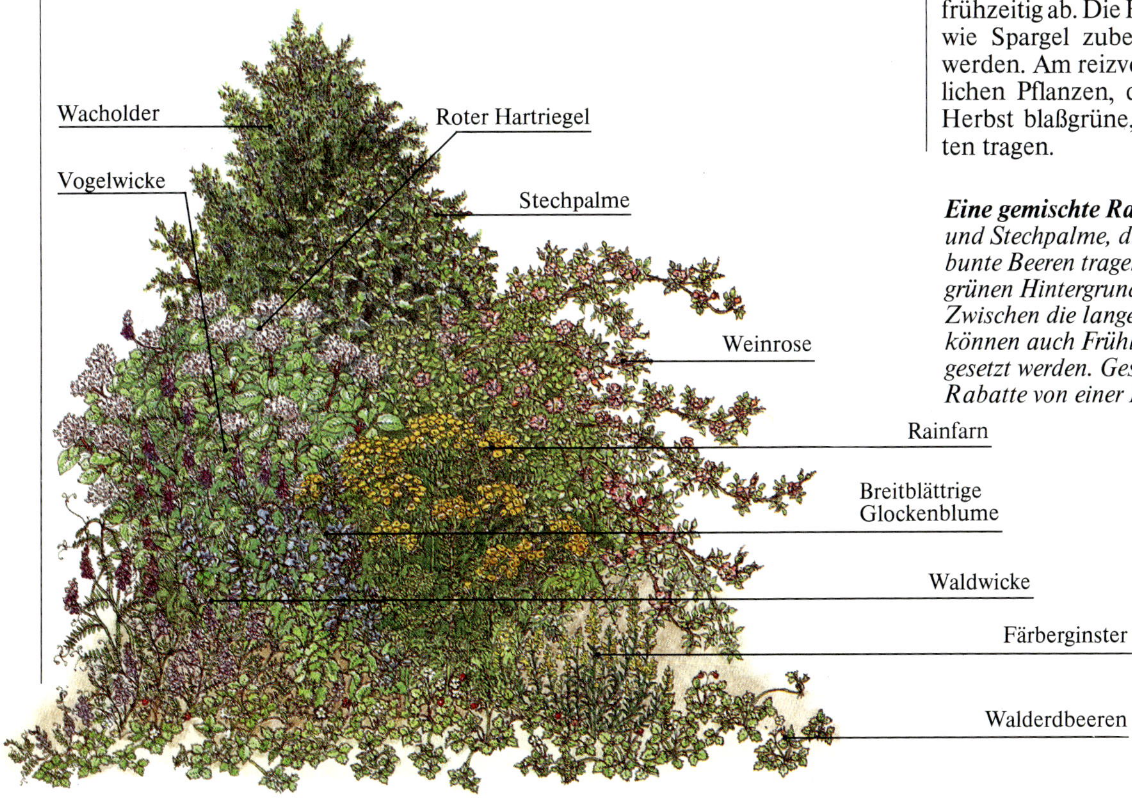

Eine gemischte Rabatte *Wacholder und Stechpalme, die im Herbst bunte Beeren tragen, bilden einen immergrünen Hintergrund für diese Rabatte. Zwischen die lange blühenden Stauden können auch Frühlingszwiebelblumen gesetzt werden. Gesäumt wird die Rabatte von einer Reihe Walderdbeeren.*

Ein anderer Favorit ist das Geißblatt, das sich sehr gut eignet, um an einer »Zelt«-Konstruktion oder einem Bogengang beziehungsweise mit anderen Kletterpflanzen an einem Spalier hochzuwachsen. Die rötlichcremefarbenen Blüten öffnen sich im Sommer und duften am stärksten, wenn sie von der Sonne beschienen wurden. Daher ist ihr Duft nach Einbruch der Dunkelheit am intensivsten. Die Pflanze läßt sich außerdem seht gut an einer Tür oder Hauswand erziehen, so daß ihr Duft die Zimmer erfüllt.

Eine andere wunderhübsche Kletterpflanze für halbschattige oder schattige Standorte ist die Waldwicke. In der Natur findet man sie selten, noch nie aber habe ich sie in einem Garten gesehen. Ihre Kultur allerdings lohnt sich. Sie klettert mindestens 2 m hoch und sieht in Sträuchern oder an einer »Zelt«-Konstruktion wachsend großartig aus. Ihre weißen Blüten sind blauviolett geadert und größer als andere Wicken.

Entstehung eines »Waldsaumes«

Wer genügend Platz hat, kann einen Lebensraum schaffen, der dem eines Waldsaumes gleicht und sich für Pflanzen halbschattiger Standorte sehr gut eignet.

Betrachten Sie den Waldsaum als eine von mehreren natürlichen Ebenen. Das hohe Blätterdach im Waldesinnern wird meist von höheren Bäumen, wie Eichen, gebildet. Darunter befindet sich eine Ebene mit niedrigen Bäumen, etwa Weißbirken, Feldahorn und Weißdorn. Dann kommt die strauchige Ebene, der Lebensraum am Waldsaum. Sie besteht aus kleinen Bäumen (die man im Garten zurückschneiden oder auf den Stock setzen kann, damit sie nicht zu groß werden) sowie kleineren Sträuchern und Kletterpflanzen.

Viele Waldblumen gedeihen einzig am Waldrand oder auf Lichtungen, wo Bäume gefällt oder auf den Stock gesetzt wurden und das Licht heller ist. Kissenprimeln und Rotes Leimkraut wachsen beispielsweise an solchen Stellen am besten.

Pflanzen des Waldes, die vollen Schatten vertragen, gedeihen auch an einem halbschattigen Platz gut, viele von ihnen sollten aber nicht praller Mittagssonne ausgesetzt werden.

Eine gemischte Rabatte mit Sträuchern und Stauden auf kleinstem Raum ist in etwa mit einem Waldsaum vergleichbar. Wenn die Sträucher dort einmal angewachsen sind, kann man Kletter- und Kriechpflanzen, wie die Waldwicke, an ihnen emporranken lassen und eine geeignete Blumen-Gräser-Mischung einsäen.

Ein Wildblumenbeet unter Bäumen
Zu dieser rosa-weißen Mischung von Wildblumen und Gräsern gehören Weidenröschen, Drüsige Balsamie (ein eingebürgerter Gartenflüchtling), Wiesenstorchschnabel und der stattliche Bärenklau. Eine schöne Weide für die Bienen aus den im Hintergrund sichtbaren Stöcken.

Bäume auf den Stock setzen

Nur wenige Gärtner machen sich die Vorteile dieses Verfahrens zunutze, das in der Forstwirtschaft seit vielen Jahrhunderten praktiziert wird: Alle zehn bis fünfzehn Jahre werden geeignete Bäume in Bodennähe abgesägt, um ihr Holz für Werkzeuggriffe, Zäune und Feuerholz zu verwenden. Setzt man eine Baumgruppe auf den Stock, kann man vor allem viele jener Waldbäume einbeziehen, die normalerweise zu groß für einen Garten werden. Sie können im Abstand von einigen Jahren gefällt werden, damit sie eine vertretbare Größe behalten und genügend Licht an die unter ihnen wachsenden Blumen gelangt. Ein solcher Bereich ist auch für Tiere sehr attraktiv, insbesondere für Vögel, die in den buschig wachsenden neuen Stämmchen ihre Nester bauen. Darüber hinaus läßt sich das geschlagene Holz im Garten verwenden, um Zäune oder Stützen zu bauen, oder man benutzt es als Brennholz.

Auf den Stock gesetzte Bäume sind meist sehr dekorativ. Die Stämme von Weiden und Hartriegel beispielsweise zeigen im Winter schöne Färbungen, und im Frühjahr erscheinen zahllose frischgrüne Knospen und Blätter. Auf den Stock gesetzte Bäume eignen sich auch für einen im Garten angelegten waldsaumähnlichen Bereich, wo sie als Sicht- und Windschutz dienen oder als natürliche Stützen für Kletterpflanzen (s. auch S. 181).

Der Obstgarten

Obstbäume werden seit Hunderten von Jahren kultiviert. In großen Gärten pflanzte man sie früher außer Sichtweite des Hauses, und zwar in Reihen ausgerichtet wie beim Militär. In kleineren Gärten dagegen standen sie oft in zwanglosen Gruppen nahe beim Haus. Möchten Sie heute einen einzelnen Obstbaum oder einen kleinen Obstgarten pflanzen, sollte er auf jeden Fall in den Wildblumengarten integriert werden, beispielsweise als natürliche Erweiterung eines Wiesengartens oder als dekorativer Hintergrund für einen Naturteich.

Die bekanntesten Obstbäume stammen von heimischen Bäumen ab – die Pflaume von einer Kreuzung zwischen Schlehe und Kirschpflaume, die Süßkirsche von der Vogelkirsche und die Birne von der eingebürgerten wilden Birne. Holzapfel und Schlehe wurden bereits in römischer Zeit gezüchtet. Der Apfel entstand durch Kreuzung des nordeuropäischen Holzapfels mit einer südeuropäischen Unterart und später mit verschiedenen asiatischen Arten. Der römische Schriftsteller Plinius erwähnt 22 Apfelsorten, und seit dieser Zeit hat man etwa 6000 weitere Sorten gezüchtet.

Der Obstgarten lockt zahlreiche ungewöhnliche Vögel an, beispielsweise den Kernbeißer, den man in Gärten sonst nur selten sieht. Er liebt Kirschen und knackt mit seinem mächtigen Schnabel ihre Kerne auf.

Ein alter Obstbaum ist eine vollkommene Stütze für Kletterpflanzen, insbesondere für Waldrebe, Hopfen, Geißblatt und Rotbeerige Zaunrübe. Eine unter einem alten Baum wachsende Hundsrose schickt oft viele Meter lange Triebe zum Licht hinauf, und ihre Blüten entfalten sich in den höchsten Zweigen des Baumes. So geschah es jedenfalls in meinem Garten, in dem einige uralte Apfelbäume stehen. Wenn ein alter Apfelbaum keine Früchte mehr trägt, läßt man Efeu an ihm emporwachsen, der während des ganzen Jahres grün ist und schließlich großartige Nistplätze bietet. Außerdem finden Schmetterlinge und Bienen während des Herbstes und bis in den Winter hinein in seinen Blüten reichlich Nektar. Anschließend entwickeln sich schwarze Beeren, die die Vögel anlocken, wenn andere Sträucher und Bäume längst keine Früchte mehr tragen.

Wenn man neue, reichtragende Bäume besitzt, empfiehlt es sich nicht, Kletterpflanzen an ihnen emporwachsen zu lassen, doch können unter ihnen zahlreiche Heckenblumen gepflanzt werden. Da Sie aber vermutlich im Sommer und Herbst das Gras kurz halten wollen, sollten Sie niedrige Arten verwenden, die früh blühen. Gräser-Blumen-Mischungen für Hecken oder halbschattige Bereiche sind bei Saatgut-Spezialisten erhältlich, oder Sie versuchen es mit einer im Frühjahr blühenden Wiesenmischung. In beiden Fällen können andere Pflanzen oder Zwiebelblumen Farbtupfer setzen. Trompetennarzissen sehen unter Bäumen großartig aus, und große Kissen aus Primeln gedeihen in ihrem lichten Schatten ausgezeichnet.

Naturhecken

Die gemischte Hecke ist im Garten einer der wichtigsten Lebensräume für Tiere. Herkömmliche Hecken dienen als formale Grundstücksgrenze, und zumeist bestehen sie aus einer einzigen Pflanzenart und sind »ordentlich« gestutzt. Auch diese Hecken können ein wertvoller Lebensraum für Tiere sein, insbesondere wenn es sich um Rotbuche, Stechpalme oder Eibe handelt, die im Winter ihr Laub behalten und Nistmöglichkeiten für Vögel sowie Schutz für Insekten und kleine Säugetiere bieten. Natürlicher aber – und in meinen Augen auch schöner – sieht im Naturgarten eine gemischte Hecke aus, die außerdem das größte Nahrungsangebot offeriert. Selbst eine kurze Hecke aus heimischen Bäumen, Sträuchern und Kletterpflanzen lockt mehr Tiere an als jeder andere Gartenbereich, den Naturteich einmal ausgenommen. Gemischte Hecken sind das ganze Jahr über dekorativ mit all ihren Knospen, Kätzchen, zarten Frühjahrstrieben, Blüten, herbstlichen Farben, Beeren und Hagebutten. Darüber hinaus dienen sie vielen wunderhübschen Kletterpflanzen als Stütze. Eine Hecke kann gleichmäßig geschnitten werden, oder man läßt einige Bäume zu voller Größe heranwachsen. Es gibt keinen besseren Windschutz als eine sommergrüne Hecke, die als dichte, laublose Barriere den Winterstürmen ihre Kraft nimmt.

Wirklich freiwachsende, gemischte Hecken sind nur in großen Gärten sinnvoll. Sie brauchen sehr viel Platz, und da sich ihre Wurzeln proportional zur Höhe ausbreiten, laugen sie den Boden zu beiden Seiten aus.

Hecken aus einer Pflanzenart

Hecken aus nur einer einzigen Art wirken steifer, aber auch sie sind für Tiere

Kletterpflanzen in Hecken
Ist eine Hecke einmal angewachsen, können Kletterpflanzen in ihr emporranken. Ein dekoratives Paar bilden die Waldrebe mit ihren cremefarbenen Blüten und Samenständen und der dunklere Weißdorn.

Früchte aus dem Naturgarten

Obststräucher sind eine schöne Ergänzung für Hecken und Gebüsche. Die meisten der Früchte werden vermutlich von Vögeln gefressen, und das ist auch Sinn der Sache. Dennoch bleiben für Sie einige übrig. Die Brombeeren mit ihren weißen oder rosa Blüten und schwarzen Früchten bilden dichte Büsche, und auch die heimische Himbeere (*Rubus idaeus*) mit ihren köstlichen Früchten ist ein dankbarer Strauch. Ebenfalls heimisch sind Rote Johannisbeere (*Ribes rubrum*) und Stachelbeere (*Ribes uva-crispa*). Wer die wilde Art nicht bekommt, kann statt dessen Gartensorten pflanzen, die aber nicht geschnitten werden sollten. Um den wilden Obstgarten zu vervollkommnen, können als Bodendecker Walderdbeeren gezogen werden.

Eine Auswahl an Wildfrüchten *für den sofortigen Verzehr, zum Kochen oder für die Zubereitung von Wein.*

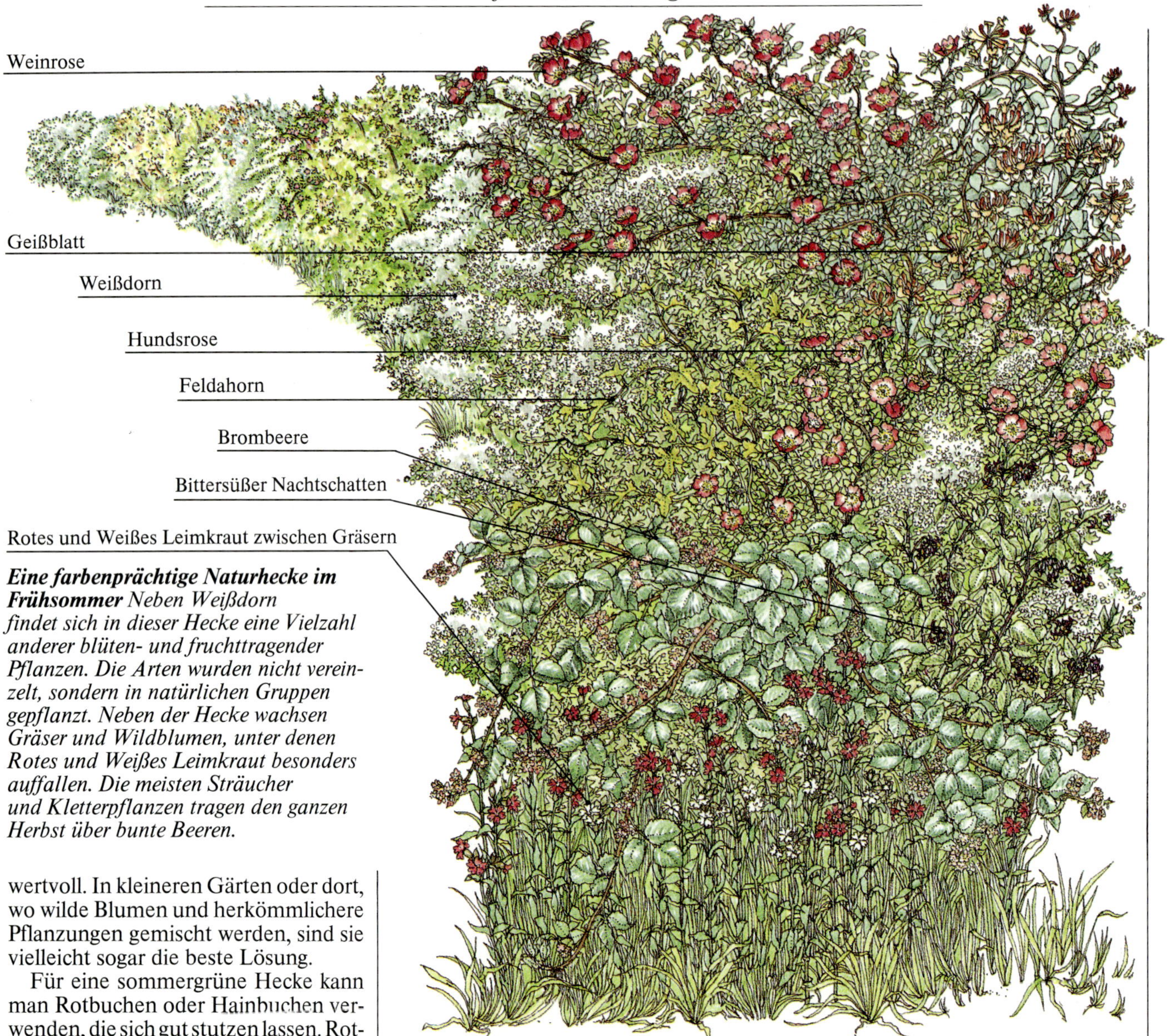

Eine farbenprächtige Naturhecke im Frühsommer *Neben Weißdorn findet sich in dieser Hecke eine Vielzahl anderer blüten- und fruchttragender Pflanzen. Die Arten wurden nicht vereinzelt, sondern in natürlichen Gruppen gepflanzt. Neben der Hecke wachsen Gräser und Wildblumen, unter denen Rotes und Weißes Leimkraut besonders auffallen. Die meisten Sträucher und Kletterpflanzen tragen den ganzen Herbst über bunte Beeren.*

wertvoll. In kleineren Gärten oder dort, wo wilde Blumen und herkömmlichere Pflanzungen gemischt werden, sind sie vielleicht sogar die beste Lösung.

Für eine sommergrüne Hecke kann man Rotbuchen oder Hainbuchen verwenden, die sich gut stutzen lassen. Rotbuchen behalten den ganzen Winter ihre goldbraunen Blätter und bieten Vögeln Schutz. Auch Weißdorn läßt sich ordentlich schneiden und wird sehr dicht. Nicht empfehlenswert ist Schlehdorn, der Wurzeltriebe bildet. Wilde Rosen und andere wuchsfreudige Rosenarten (die in anderen Teilen der Welt wild wachsen), können gepflanzt werden, um wirkungsvolle, heitere Einfriedungen entstehen zu lassen, die von Tieren gern aufgesucht werden. Da sie aber viele Stacheln haben, sind sie für die Haupthecke weniger geeignet. Rosen mischt man am besten mit anderen Sträuchern oder verwendet sie für ein kurzes Stück Hecke, vielleicht, um den Garten zu unterteilen.

Eiben bilden eine schöne immergrüne Hecke, die nicht allzurasch wächst und einmal im Jahr - im August - gestutzt werden muß. Sie eignet sich gut für Vögel, die dort nisten und sich an den roten Beeren gütlich tun. Dagegen sind die Blätter, vor allem getrocknet, für Tiere giftig. Die Beeren wiederum enthalten eine für den Menschen giftige Substanz. Kinder sollten deshalb frühzeitig vor ihnen gewarnt werden. Stechpalmen wirken recht düster und unfreundlich und sind darüber hinaus schwer zu schneiden. Deshalb benutzt man sie besser für eine gemischte Hekke oder als Solitärpflanzen.

Sträucher für gemischte Hecken

Eine gute Basis für jede Hecke bildet Weißdorn, denn er wird sehr dicht, entwickelt wunderbare Blüten und Beeren und bietet ausgezeichnete Bedingungen für Tiere. Mein Vorschlag: Bis zu 50 Prozent der jungen Pflanzen für eine gemischte Hecke sollten Weißdornsträucher sein. Auch Feldahorn wächst gut an und ist sehr dekorativ, vor allem im Herbst. Er kann bis zu 20 Prozent der Hecke ausmachen. Schlehen tragen im Frühjahr, einen Monat vor dem Weißdorn, wunderhübsche weiße Blüten und im Herbst Früchte. Sowohl Hasel als auch Salweide können großzügig gepflanzt werden, da sie dekorativ und für Tiere sehr geeignet sind. Im Frühjahr ist die Salweide von Honigbienen umschwärmt, die dort Pollen sammeln.

Es gibt noch viele andere interessante Sträucher und kleine Bäume, die man in die Hecke pflanzen kann, beispielsweise den Wolligen Schneeball mit seinen leuchtendrosa Früchten und dem prächtig gefärbten Herbstlaub. Nie fehlen sollte der Kreuzdorn, eine wichtige Nahrungspflanze für den wunderschönen Zitronenfalter. Hübsch ist auch eine Stechpalme, doch muß man wegen der Befruchtung neben der weiblichen beerentragenden Pflanze auch eine männliche pflanzen.

Es spricht nichts dagegen, auch einige größere Bäume zu pflanzen, die man durch regelmäßigen Schnitt buschig halten kann. Eichen ziehen mehr Tiere an als alle anderen Bäume, deshalb ist es wichtig, eine zu pflanzen und auf den Stock zu setzen. Esche, Hainbuche und

Rotbuche können ebenfalls gepflanzt werden. Und wenn genug Platz ist, läßt man da und dort einen Baum über die Hecke hinauswachsen. Dafür geeignet sind kleine Arten wie etwa Weißdorn oder Wolliger Schneeball. Dies wirkt natürlicher und lenkt außerdem die Blicke auf sich. Wenn Sie vorhaben, Solitäre in eine neue Hecke zu pflanzen, kaufen Sie 1 bis 1,2 cm hohe (bereits erzogene) Exemplare mit einem geraden Stamm.

Ist die Hecke einmal angewachsen, können kriechende und kletternde Pflanzen angesiedelt werden. Bittersüßer Nachtschatten, Brombeeren, Zaunwicke, Geißblatt, Hopfen, Waldrebe und Waldwicke sehen am schönsten aus, wenn sie - genau wie in der Natur - ungehindert durch die Hecke ranken.

Die Pflege junger Hecken

Um in den ersten Jahren nach dem Pflanzen das Unkraut zu unterdrücken und die Bodenfeuchtigkeit zu bewahren, wird mit reichlich organischem Material gemulcht, wie etwa altem Stroh, halbverrottetem Heu, Grasschnitt oder Lauberde. Andere Möglichkeiten sind alte Teppichreste, Filzunterlagen oder Bitumenpappe.

In den ersten ein oder zwei Jahren muß die Hecke gut geschnitten werden, damit sie unten buschig und dicht wird. Durch den Rückschnitt wächst sie kräftiger, treibt an der Basis neu aus und verwendet mehr Energie auf die Entwicklung von Wurzeln. Bevor Kletterpflanzen angesiedelt werden, sollte die Hekke einige Jahre wachsen können, weil sie sonst leicht erstickt wird.

Wildblumen für die Hecke

Wenn die Hecke einmal angewachsen ist, und konkurrierende Unkräuter und Gräser für die Sträucher keine Bedrohung mehr darstellen, können Sie damit beginnen, einige der zahlreichen Blumen zu säen oder zu pflanzen, die im Halbschatten einer Hecke gedeihen.

Gräser werden sich vermutlich von allein einstellen. Falls nicht, kann hier eine Gräsermischung für schattige Standorte gesät werden. Da diese Gräser nicht zu kräftig wachsen, können sich zwischen ihnen Wildblumen entwickeln. Auch Gräser-Blumen-Mischungen sind erhältlich und empfehlenswert. Achten Sie aber darauf, daß die Mischung Knoblauchskraut enthält. Es ist eine wichtige Nahrungspflanze für Schmetterlingsraupen wie die des Aurorafalters und Rapsweißlings und darüber hinaus eine reizvolle Blattpflanze, deren Wurzeln ein hervorragender Ersatz für Meerrettich sind. Weitere Wildblumen können entweder aus Samen gezogen und später ausgepflanzt oder als kleine Pflanzen in einer Spezialgärtnerei gekauft werden.

Wenn Sie die Basis Ihrer Hecke möglichst lang farbenfroh gestalten, entsteht gleichzeitig ein wertvoller Lebensraum für zahlreiche Tiere. Und es gibt viele wunderhübsche Wildblumen, die in dem Halbschatten am Fuß einer Hekke gut gedeihen. Zu Beginn der Wachstumsperiode im Februar/März, wenn sonst noch kaum etwas wächst, sorgen Trompetennarzissen für muntere Farbtupfer. Auch Primeln blühen sehr zeitig. In meinem Garten kommen einige im Herbst ein zweites Mal zur Blüte. Wiesenprimeln gedeihen sowohl im Halbschatten als auch in voller Sonne, doch brauchen sie einen Boden, der die Feuchtigkeit hält. Zu meinen Lieblingsblumen zählt im Frühjahr auch die Echte Sternmiere mit ihrem grasartigen, hellen Laub und ihren großartigen weißen Sternblüten. Eine weitere schöne Pflanze ist das Ruprechtskraut, das von Frühjahr bis Herbst dekorative Blätter trägt und im Sommer rosa Blüten entwickelt, die lange halten.

Zu den Maiblumen gehören Rotes Leimkraut und Zaunwicke. Pyrenäen- und Waldstorchschnabel, Bachnelkenwurz, Tüpfelhartheu, Gemeine Braunelle und Wiesenlabkraut beginnen im Juni zu blühen. Im Juli öffnen Schafgarbe, Echter Ziest, Schwarze Flockenblume, Mädesüß (sofern Feuchtigkeit vorhanden), Teufelsabbiß, Goldrute, Waldziest, Rainfarn, Vogelwicke und Nesselblättrige Glockenblume ihre Blüten, die bis in den Frühherbst für Farbe sorgen.

Dieser Heckenbereich muß bestenfalls einmal jährlich, und zwar im Spätwinter oder zu Frühjahrsbeginn, gemäht werden, bevor die Zwiebelblumen aus der Erde kommen. Und lassen Sie den Schnitt außerhalb des allgemeinen Blickfeldes auf einem Haufen liegen, damit dort Waldmäuse, Igel oder sogar Ringelnattern, die völlig harmlos und wunderschön sind, Schutz finden können.

Hohe Heckenblumen *Im Sommer können nur die kräftigsten Pflanzen mit den Gräsern konkurrieren. Zwischen Rotbeeriger Zaunrübe wachsen hier Waldziest und Klatschmohn.*

Eine Hecke im Frühjahr, *gepflanzt auf feuchtem Boden, zeigt hier weiße Taubnesseln, Hainveilchen und Bachnelkenwurz.*

Leitpflanzen für halbschattige Standorte

Viele unserer schönsten und beliebtesten Pflanzen, wie Kissenprimeln und Veilchen, gedeihen im Halbschatten eines Waldsaumes oder am Fuß einer Hecke. Ein solcher Bereich läßt sich im Garten leicht schaffen.

Kriechender Günsel
Ajuga reptans

Der Kriechende Günsel ist sehr reizvoll und ein hervorragender Bodendecker. Sein Laub hat eine dekorative dunkelgrüne Farbe mit leichter Violettönung, die Blüten sind im allgemeinen violettblau, aber man findet auch rosa, blaßblaue oder sogar weiße Formen.
Es handelt sich hier um eine sehr anpassungsfähige Pflanze, die in voller Sonne üppig gedeiht, aber auch ziemlich starken Schatten verträgt. Man kann sie im Schatten größerer Gewächse in ein Beet oder eine Rabatte setzen oder als Bodendecker in jede Erde pflanzen, die die Feuchtigkeit hält. Auch auf einer sumpfigen Fläche nahe bei einem Teich, an einem Gebüsch oder in einem schattigen Waldstück gedeiht dieser Günsel.
Blütezeit: April bis November. **Höhe:** 10 bis 15 cm.
Kultur: Der Kriechende Günsel ist ausdauernd und breitet sich durch Ausläufer aus. Seine Vermehrung ist unproblematisch. Man trennt im Herbst oder Frühjahr Ausläufer ab und pflanzt sie mit 60 cm Abstand neu. Samen im Herbst oder Frühjahr säen und nur dünn mit Erde bedecken. Sie keimen mitunter langsam und unregelmäßig. Man sollte reichlich Kompost oder Lauberde in den Boden einarbeiten, damit er die Feuchtigkeit hält und fruchtbarer wird.
Andere Standorte: Sonnige; schattige; Wassergärten.

Gefleckter Aronstab
Arum maculatum

Diese ungewöhnliche, attraktive Pflanze bietet schon zu Frühjahrsbeginn einen faszinierenden Anblick, wenn sich die glänzenden grünen Spathen aus dem Boden schieben. Aber auch im Spätsommer und Herbst ist sie noch reizvoll, bis die Vögel ihre leuchtendorangen Beeren gefressen haben. Der Gefleckte Aronstab wächst am besten in einem Gebüsch oder im dichten Schatten eines waldigen Gartens, allerdings verträgt er auch pralle Sonne. Zu trockenen Boden mag er nicht, außerdem braucht er fruchtbare Erde.
Besonders auf Kinder macht diese Pflanze schon von jeher großen Eindruck, aber Vorsicht, denn der Gefleckte Aronstab ist für den Menschen giftig. Vor allem die orangen Beeren sind gefährlich, und selbst das Rhizom, sofern es nicht ausgiebig gekocht wird. Vermutlich wegen seiner phallischen Form betrachtete man diesen Aronstab als Aphrodisiakum.
Blütezeit: April bis September. **Höhe:** 30 bis 50 cm.
Kultur: Der Gefleckte Aronstab ist ausdauernd und entwikkelt sich aus einem kurzen Rhizom, das nur eine Wachstumsperiode überdauert. Dann bildet sich ein neues Rhizom. Die orangefarbenen Beeren sollte man nach der Reife an vorgesehener Stelle säen und dünn mit Erde bedecken. Die Keimung erfolgt im Frühjahr.
Andere Standorte: Sonnige; schattige.

Echter Ziest

Betonica officinalis (syn. Stachys officinalis)

Der Echte Ziest ist eine dichte, buschige Pflanze mit zahlreichen Blütentrieben. Diese sind mit purpurrosa, von Bienen sehr begehrten Blüten besetzt. In freier Natur geht dieser Ziest immer mehr zurück, und in vielen seiner einstigen Lebensräume findet man ihn gar nicht mehr, was merkwürdig ist, da die Pflanze im Garten auf leichten und schweren Böden wie auch in Gras gleichermaßen gut gedeiht. Man trifft den Heilziest in lichten Wäldern und an Heckenböschungen, aber auch auf Wiesen in Gesellschaft von Pflanzen wie Echtem Labkraut, Margerite, Färberginster, Bibernellrose und Kleinem Mädesüß an. Seit Jahrhunderten wird er im Garten gezogen und kann als Bauernblume angesehen werden. Im Wildblumengarten wirkt er sehr farbenfroh, und er bürgert sich gut in einem gemischten Beet oder im Gras ein. Er toleriert die meisten Böden - in meinem Garten wächst er auf schwerem Ton. Nur ganz tiefen Schatten verträgt er nicht. Alles in allem eignet er sich ausgezeichnet für einen Hecken- oder waldigen Garten. Oft ist er auch Bestandteil von Blumenwiesen-Mischungen, doch außer in leichteren Böden siedelt er sich so nur schwer an.

Als Heilpflanze genoß der Echte Ziest bei den alten Griechen und Römern hohes Ansehen. Heute weiß man, daß seine heilenden Eigenschaften sehr gering sind.

Blütezeit: Juni bis August. **Höhe:** 10 bis 60 cm.

Kultur: Der Heilziest ist ausdauernd und läßt sich leicht aus Samen ziehen, die er in großen Mengen produziert. Man sät sie im Spätsommer oder Frühjahr an vorgesehener Stelle und bedeckt sie sehr dünn mit Erde. Die Aussaat kann auch in Schalen erfolgen. Die Sämlinge, sobald sie groß genug sind, pickieren.

Andere Standorte: Sonnige; schattige.

Zaunwinde

Calystegia sepium

Diese reizvolle Pflanze gehört zu den größten unserer Wildblumen, und das strahlende Weiß ihrer riesigen Blüten macht sie in jedem Gebüsch zu einem großartigen Blickfang. Die Knospen sind in zwei grünen Brakteen versteckt, und bei flüchtigem Hinsehen kann man zunächst gar keine Blüten entdecken. Aber wenn sich dann die Trichterblüten öffnen, blüht die Pflanze den ganzen Sommer hindurch bis in den Herbst hinein. Es muß jedoch erwähnt werden, daß die Zaunwinde gern wuchert und in einem kleinen Garten nur dann gepflanzt werden sollte, wenn man sie in Schach hält. Falls sie sich zu stark ausbreitet, kann man sie jedoch ohne weiteres ausgraben. Aufgrund ihres raschen Wachstums eignet sich die Zaunwinde gut, um unschöne Flächen zu verdecken, wie etwa einen alten Baumstumpf. In Hecken sollte sie nicht wachsen, da sie schnell dominiert. Die Triebe winden sich gegen den Uhrzeigersinn. Versuchen Sie daher nicht, sie andersherum zu erziehen.

Blütezeit: Juli bis Oktober.

Höhe: Bis 3 m.

Kultur: Die Zaunwinde ist eine ausdauernde Kletterpflanze, die wenig oder keine Samen entwickelt. Man kann sie jedoch leicht durch Stolonen (kurze Triebe in Bodenhöhe, die sich an der Spitze bewurzeln) vermehren. Diese steckt man im Herbst oder Frühjahr einfach in den Boden, wo sie Wurzeln schlagen.

Andere Standorte: Sonnige.

Nesselblättrige Glockenblume
Campanula trachelium

In freier Natur wächst die Nesselblättrige Glockenblume in schattigen Gebüschen und Wäldern. Bevor sie zu blühen beginnt, bleibt sie zwischen allem anderen Grün vollkommen unbemerkt, doch nur, um im Juli oder August um so überraschender ihre wunderschönen großen blauvioletten Blüten zu öffnen, die im tiefen Schatten leuchten. Im Garten sollte man ein paar dieser Glockenblumen an einen schattigen Platz - vor eine Mauer oder Böschung - pflanzen, wo sie sich, falls sie sich aussamen können, ausbreiten und im Spätsommer für willkommene Farbtupfer sorgen, wenn viele andere Blumen schon verblüht sind. Die Pflanzen vertragen auch Trockenheit, brauchen aber ziemlich fruchtbare Erde.

Obwohl sie tiefen Schatten bevorzugt, gedeiht die Nesselblättrige Glockenblume auch in voller Sonne, doch büßen dort die Blüten ihre intensive Farbe ein.

Blütezeit: Juli bis September. **Höhe:** 50 bis 100 cm.

Kultur: Die Nesselblättrige Glockenblume ist ausdauernd und entwickelt zahlreiche Samen. Diese werden im Spätsommer gesammelt, indem man einen Stengel abschneidet und mit dem Kopf nach unten über einem Behälter schüttelt, damit die winzigen braunen Samen aus ihren Kapseln fallen. Die Aussaat erfolgt im Frühherbst in fruchtbare Erde, entweder am vorgesehenen Standort oder aber in Schalen. Die Sämlinge erscheinen gewöhnlich im folgenden Frühjahr.

Andere Standorte: Sonnige; schattige.

Waldrebe
Clematis vitalba

Die Waldrebe ist uns in herbstlichen Hecken ein vertrauter Anblick. Die weißen »Bärte« der Samen wirken außergewöhnlich dekorativ und scheinen die Hecken in der sanften Herbstsonne neu zu beleben. Auf kalkreichen Böden wächst die Waldrebe im allgemeinen üppig, und oft versteckt sie ganze Teile einer Hecke unter sich. Die kleinen, grünlichweißen Sommerblüten sind ebenfalls sehr hübsch, wenn auch nicht so auffällig wie die flaumigen Samenstände.

Die Waldrebe ist eine kräftige Pflanze, die, an einem Holzspalier gezogen, rasch einen dichten Schirm bildet, und wer Platz für eine Naturhecke hat, kann dort die Waldrebe, zusammen mit Winde und Hopfen, ranken lassen. Für eine ordentlich geschnittene Gartenhecke ist sie aber nicht geeignet, weil ihre rankenden Triebe die Sträucher ersticken können.

Blütezeit: Juni/Juli; die Fruchtstände bleiben bis Dezember dekorativ.

Höhe: Bis 30 m.

Kultur: Die Waldrebe ist eine Kletterpflanze, die durch Aussaat, Stecklinge oder Absenker vermehrt werden kann. Samen im November sammeln, wenn sie sich leicht vom Fruchtstand lösen. Sie bleiben mehrere Jahre keimfähig. Im Herbst säen und nur dünn mit Erde bedecken. Die Keimung erfolgt unregelmäßig, gewöhnlich aber im Frühjahr. Von Mai bis Juli genommene halbreife Stecklinge sollten sich innerhalb von sechs Wochen bewurzeln. Zum Absenken steckt man im Winter einen verholzten Trieb auf der Erde fest. Bis zum Frühjahr sollte er sich bewurzelt haben.

Andere Standorte: Sonnige.

Walderdbeere
Fragaria vesca

Die Walderdbeere ist ein großartiger Bodendecker, der sich durch Ausläufer rasch ausbreitet. Ihre zarten weißen Blüten stehen zwischen leuchtendgrünen, glänzenden Blättern, die, getrocknet, einen moschusartigen Duft verströmen. Diese Pflanze sollte in keinem Garten fehlen. Sie gedeiht sowohl in Halbschatten als auch in voller Sonne und braucht einen fruchtbaren Boden, der im Sommer nicht austrocknen darf. Eine ihrer größten Vorzüge: Man kann den ganzen Sommer über die winzigen köstlichen Früchte ernten. Sie haben ein phantastisches Aroma, und viele Menschen ziehen sie der Kultur-Erdbeere aus Nordamerika vor. Frische Walderdbeeren mit Sahne sind köstlich, ebenso die aus ihnen hergestellte Marmelade.

Man findet die Walderdbeere in Wäldern und Gebüschen, insbesondere auf Kalkböden. Auch an Hängen gedeiht sie gut.

Früher wurde die Walderdbeere als Heilpflanze verwendet. Ihre Wurzeln lieferten ein Tonikum sowie ein harntreibendes Mittel, die getrockneten Blätter einen Schwarztee-Ersatz. Auch den Früchten hat man heilende Eigenschaften bei Blutarmut, Nervenschwäche und Magenbeschwerden zugeschrieben.

Blütezeit: April bis September.

Kultur: Die Walderdbeere ist ausdauernd und breitet sich durch Ausläufer rasch aus. Sich an den Ausläufern entwickelnde Jungpflanzen können im Herbst oder Frühjahr umgesetzt werden. Außen an der Erdbeere sitzen die Samen. Um sie zu sammeln, läßt man eine Frucht in der Sonne trocknen und reibt die Samen dann einfach ab. Diese im Frühjahr auf die Erde streuen. Sie sollten innerhalb weniger Wochen keimen.

Andere Standorte: Sonnige.

Schneeglöckchen
Galanthus nivalis

Schneeglöckchen gehören zu den ersten Frühjahrsblumen und schieben sich häufig bereits im Februar aus dem Schnee. Wenn ihre herabhängenden, reinweißen Blüten den Boden schmücken und ihre Köpfe im kalten Wind nicken, sind dies erste Zeichen, daß die Natur zu neuem Leben erwacht. Nur der kleine gelbe Winterling erscheint schon etwas früher, doch wenn sich die Bienen an ihm gelabt haben, suchen sie bei den Schneeglöckchen nach Nektar und Pollen.

Wer möchte keine Schneeglöckchen in seinem Garten haben, doch leider sind sie hinsichtlich ihres Standortes nicht problemlos. In meinem Garten wachsen sie allerdings überall und breiten sich von Jahr zu Jahr weiter aus. Ich habe schon Dutzende von Pflanzen verschenkt, und in vielen Gärten überleben sie sogar, aber sie vermehren sich nicht. Was ihr Geheimnis ist, weiß ich nicht. Auf jeden Fall brauchen sie einen fruchtbaren Boden und vertragen keine Trockenheit. Schneeglöckchen siedeln sich auch in kurzem Gras an und sind ideale Blumen für den Frühjahrsrasen. Wenn dieser im Juni gemäht wird, sind die Blätter längst abgestorben. Die Pflanzen vertragen ziemlich tiefen Schatten, und es gibt keinen schöneren Anblick als einen laubbedeckten Waldboden, der mit Schneeglöckchen übersät ist. Eine ähnliche Wirkung erreicht man im Garten, wenn man sie, zusammen mit Winterling, unter die ausladenden Zweige eines Baumes pflanzt, wo der Boden reich an Lauberde ist. Dort bilden sie einen wunderschönen Teppich. Die Blüten, deren Blätter außen reinweiß und innen an den Spitzen grüngerandet sind, sind von solcher Vollkommenheit, daß es sich lohnt, sie einmal genau aus der Nähe zu betrachten.

Blütezeit: Januar bis März. **Höhe:** 15 bis 25 cm.

Kultur: Schneeglöckchen sind ausdauernde Zwiebelblumen. Die Zwiebeln können nach der Blüte geteilt und verpflanzt werden. Oder man sät im Herbst in einen Topf mit handelsüblichem Substrat. Allerdings blühen die jungen Pflanzen erst im dritten oder vierten Jahr. Eine Aussaat im Freiland ist nicht ratsam, weil Mäuse die Samen holen oder Sie die Pflanzen vielleicht nicht erkennen und jäten.

Andere Standorte: Sonnige; schattige.

Pyrenäenstorchschnabel
Geranium pyrenaicum

Der Pyrenäenstorchschnabel ist nur eine von vielen Storchschnabel-Arten, die Heckenböschungen und Straßenränder verschönern. Wahrscheinlich ist seine ursprüngliche Heimat Südosteuropa; unterdessen aber ist er bei uns so weit verbreitet, daß man ihn als heimische Pflanze betrachten kann.

Seine violettrosa Blüten sind zwar recht klein, doch öffnen sie sich in so großer Zahl, daß die Pflanze einen großartigen Anblick bietet. Wie alle Storchschnabel-Arten sät sich auch diese üppig aus und bildet bald dichte Büschel, die die Pflanzen optimal zur Geltung kommen lassen. Der Pyrenäenstorchschnabel wird über 60 cm hoch, seine Stengel sind aber so zart, daß sie sich biegen, wenn sie nicht durch andere Pflanzen und Gräser gestützt werden.

Seine schnabelförmigen Samenkapseln platzen auf, wenn sie reif sind, und schleudern die Samen weit von der Pflanze fort. Kann sich der Pyrenäenstorchschnabel ungehindert aussäen, wird bald offensichtlich, welcher Standort und welche Pflanzengemeinschaft ihm am besten zusagt. Sollte er zu üppig gedeihen, kann man ihn einfach jäten.

Streuen Sie die Samen unter eine Hecke, und Sie werden erstaunt sein, welch eine Farbenpracht dort entsteht. Die Blüten heben sich vor einem Hintergrund aus dunklem Laub und Gräsern phantastisch ab. Pyrenäenstorchschnabel kommt auch an einer grasbewachsenen Böschung sehr gut zur Geltung. Dort streut man die Samen im Herbst in das kurzgeschnittene Gras, und im folgenden Frühsommer erscheinen rosaviolette Blüten. Wenn man die Pflanzen nach der Blüte abschneidet, kommen im Spätsommer oft noch einmal wenige Zentimeter über dem Boden neue Blüten.
Blütezeit: Juni bis August. **Höhe:** 30 bis 90 cm.
Kultur: Der Pyrenäenstorchschnabel ist ausdauernd. Die Aussaat sollte im Herbst oder Frühjahr an Ort und Stelle erfolgen. Denken Sie daran, daß Pflanzen in kultiviertem Boden 60 cm Durchmesser und bis zu 1 m Höhe erreichen können. Dieser Storchschnabel scheint in fast allen Böden zu gedeihen, auch in recht sauren.
Andere Standorte: Sonnige.

Ruprechtskraut
Geranium robertianum

Das Ruprechtskraut ist eine hübsche Pflanze, die von Frühjahrsbeginn bis Herbstende für Farbe sorgt. Im Frühjahr bilden die frischen neuen Blätter im Wald, unter Hecken und auf Brachland zarte Grünteppiche. Aufgrund ihrer Anpassungsfähigkeit kann diese wunderschöne Pflanze praktisch in jedem Garten wachsen, selbst in Stein- oder Küstengärten. Die ersten leuchtenden Blüten öffnen sich im Spätfrühjahr und die letzten, wenn der Herbst schon weit vorgerückt ist. Dann bekommen die Blätter einen karminroten Schimmer. Das Ruprechtskraut ist auch in vielen fernen Ländern heimisch, wie etwa Brasilien. Ein anderer Name für diese Pflanze lautet Stinkender Storchschnabel, da sie einen merkwürdigen, wenn auch nicht unangenehmen Geruch verbreitet.

Das Ruprechtskraut harmoniert mit fast allen Pflanzen, sieht aber besonders schön aus, wenn man höhere Blumen, wie beispielsweise blaue Akelei, zwischen dem filigranen Laubteppich wachsen läßt. Es eignet sich auch gut zum Verstecken von kahlen Flächen und Schutthügeln.
Blütezeit: April bis September. **Höhe:** 10 bis 40 cm.
Kultur: Säen Sie die Samen im Frühjahr oder Spätsommer an die vorgesehene Stelle. Die Keimung erfolgt rasch. Besonders gut entwickelt sich das Ruprechtskraut in sauren Böden. Es ist einjährig, sät sich aber üppig aus. Das sollte auch nicht unterbunden werden, denn die Sämlinge sind so zart, daß sie andere Pflanzen nicht ersticken, darüber hinaus können sie leicht entfernt werden.
Andere Standorte: Sonnige; schattige; Steingärten; Küstengärten.

Johanniskraut

(Tüpfelhartheu) *Hypericum perforatum*

In Nordwesteuropa gibt es acht oder neun verschiedene Hartheu-Arten, die alle ähnliche gelbe Blüten haben. Am weitesten verbreitet ist der Tüpfelhartheu, da er sich am besten unterschiedlichen Böden und Wachstumsbedingungen anpaßt. Im Sommer und Frühherbst schmückt er mit seinen leuchtenden Blüten Felder, Hecken und Waldwege.

Will man diese Hartheu-Art bestimmen, braucht man nur die Blätter gegen das Licht zu halten, und man erkennt nadelfeine Punkte, auf die sich auch der lateinische Name der Pflanze bezieht. Es handelt sich dabei um Öldrüsen, die der Pflanze – zusätzlich zu dem süßen Zitronenduft der Blüten – einen intensiven Geruch verleihen.

Das Johanniskraut dient von alters her bis zum heutigen Tag als Heilpflanze. Die alten Kräuterkundigen schrieben ihm Dutzende von Eigenschaften zu, darunter viel Erheiterndes und Absurdes. Die homöopathische Tinktur benutzt man vor allem zur Heilung von Schnittwunden und Schürfungen. Kocht man die Blüten mit Alaun, entsteht ein schönes Gelb zum Färben von Wolle.

Früher brachte man die Pflanze mit Johannes dem Täufer wie auch mit der Sommersonnenwende (Johannisnacht) in Verbindung.

Blütezeit: Juni bis September. **Höhe:** 30 bis 90 cm.

Kultur: Das Johanniskraut ist ausdauernd und läßt sich problemlos aus Samen ziehen, die entweder direkt in kultivierten Boden gesät werden oder in eine Saatschale. In letzterem Fall pflanzt man es aus, sobald es groß genug ist. Es eignet sich gut für Wildblumen-Gräser-Mischungen und kann in Wiesen eingebürgert werden. Johanniskraut wächst in fast allen Böden, sofern sie durchlässig sind.

Andere Standorte: Sonnige.

Goldnessel

Lamiastrum galeobdolon

Im Frühjahr ist die Goldnessel zunächst eine unscheinbare, sich flach ausbreitende Pflanze, die Ausläufer mit nesselähnlichen Blättern entwickelt. Dann aber erscheinen in Wäldern und Hecken plötzlich goldgelbe Blüten, die in dem sanften Schatten zu leuchten scheinen. Alle Mitglieder der Taubnessel-Familie sind reizvoll, diese jedoch ist besonders schön.

Es gibt viele Bereiche im Garten, wo sich die frischgrünen Blätter der Goldnessel gut als Bodendecker eignen, wie etwa Stellen, die im Schatten von Hecken, Zäunen oder überhängenden Bäumen liegen. Die Goldnessel verträgt auch tiefen Schatten, obwohl sie hellere Standorte bevorzugt. Aufgrund ihres lockeren Wuchses können andere Pflanzen zwischen ihren Stengeln hindurchwachsen.

Wie andere Taubnesseln ist auch die Goldnessel eine Heilpflanze, und Culpeper sagt, sie würde auch das Herz fröhlich stimmen, Schwermut vertreiben und munter machen.

Blütezeit: Mai bis Juni.

Höhe: 20 bis 60 cm.

Kultur: Die Goldnessel ist ausdauernd. Säen Sie die Samen im Herbst an Ort und Stelle oder teilen Sie zu Frühjahrsbeginn alte Pflanzen. Die Goldnessel bevorzugt relativ fruchtbaren Boden mit Lauberde. Sie toleriert auch leicht sauren Boden, steht aber nicht gern trocken.

Andere Standorte: Schattige.

Weiße Taubnessel
Lamium album

Lamium album ist eine weitere wunderschöne Taubnessel, auch wenn sich Gärtner meist alle Mühe geben, um sie auszurotten, weil sie kräftige, kriechende Wurzeln hat. In kultiviertem Boden breitet sie sich besonders rasch aus. Am richtigen Platz ist sie jedoch eine wunderhübsche Pflanze. Sie ist weitverbreitet, und wer sie im Garten zieht, kann in der Tat nicht als Snob bezeichnet werden. Großen Reiz haben ihre weißen Blütenquirle, die sehr lange halten.

Natürlich eignet sich die Weiße Taubnessel nicht für die Staudenrabatte, aber an einer Heckenböschung oder in einer trostlosen Ecke ist sie sechs Monate im Jahr ein hübscher Bodendecker. Darüber hinaus ist sie eine gute Bienenweide. Ich ziehe sie in einem dicht bepflanzten »Wildbeet«, wo sie durch die Konkurrenz anderer Pflanzen nicht außer Kontrolle gerät und sich relativ mühelos ausreißen läßt, falls sie zu wuchern beginnt.

Die Weiße Taubnessel besitzt die gleichen medizinischen Eigenschaften wie die Goldnessel (s. S. 67), und die Franzosen verwenden die jungen Blätter auch in der Küche, obwohl sie nicht so gut sind wie die jungen Brennesselblätter.
Blütezeit: Mai bis Dezember. **Höhe:** 20 bis 60 cm.
Kultur: Die Weiße Taubnessel ist ausdauernd und kann aus Samen gezogen werden, die man im Frühjahr auf den nackten Boden streut und mit Erde bedeckt. Wer allerdings schon eine Pflanze besitzt, braucht sie nur zu teilen. Die Weiße Taubnessel gedeiht sowohl in feuchten als auch trockenen Böden, die aber verhältnismäßig fruchtbar sein müssen. In kultivierter Erde gerät sie leicht außer Kontrolle.
Andere Standorte: Sonnige.

Waldgeißblatt
Lonicera periclymenum

Das Waldgeißblatt gehört wahrscheinlich zu den bekanntesten und beliebtesten Kletterpflanzen. Abends oder nach Regenschauern erfüllt es die Luft mit seinem intensiven Duft, und es hat Dichter von Chaucer bis Wordsworth inspiriert, unter ihnen auch Shakespeare. Im Frühjahr windet sich das Geißblatt leicht an den Bäumen empor, und der Poet Cowper behauptete:

. . . (she) does a mischief while she lends a grace,
Slackening its growth by such a strict embrace . . .

(. . . in ihrer Schönheit tut sie doch Böses und hemmt durch enge Umarmung seinen Wuchs.)

Tatsächlich aber richtet es keinen Schaden an. Diese so stark duftende Pflanze sollte nach Möglichkeit in eine Hecke gepflanzt werden, in der sie sich emporranken kann, oder vor einen Gartenzaun, wo sie allerdings eine Kletterhilfe braucht. Sie gedeiht auch an den trostlosesten Plätzen, denn sie verträgt magere, trockene oder sogar saure Böden und selbst tiefen Schatten. Im Februar entwickelt das Waldgeißblatt sein Laub, das es bis zum Spätherbst behält. Dann bildet es rote Beeren aus.
Blütezeit: Juni bis September.
Höhe: Bis zu 6 m.
Kultur: Das Geißblatt ist eine ausdauernde Kletterpflanze, die man in Gärtnereien bekommt. Vergewissern Sie sich aber, daß es sich wirklich um die wilde Art handelt. Gesät wird im Herbst; die Keimung erfolgt nur langsam. Im Sommer können auch blütenlose Triebe als Stecklinge genommen und in Stecklingssubstrat bewurzelt werden. Geißblatt wächst in recht magerem, trockenem Boden, der auch sauer sein kann.
Andere Standorte: Schattige.

Wohlriechende Süßdolde
Myrrhis odorata

Im Mai und Juni schmücken die großen, weißen Blüten der Süßdolde in höher gelegenen Gegenden die Ränder der Straßen. Die Pflanze ist mit dem Wiesenkerbel verwandt, hat jedoch größere, dichtere Blütenstände und farnartige Blätter, die sie zu einer attraktiveren Gartenpflanze machen. Auch die großen, glänzenden Samen wirken interessant, wenn sie reif sind und sich dunkelmahagonibraun färben. Bei uns verwendet man sie als Gewürz, im Norden Englands stellt man aus ihnen Politur für Eichendielen und Möbel her.

Die ganze Pflanze duftet stark nach Anissamen, und am intensivsten riechen die Wurzeln, die man früher in unterschiedlicher Form als Mittel gegen Pest oder als Tonikum für junge Mädchen verwendete. Da die gekochte Wurzel bei alten Menschen auch aphrodisisch wirken soll, ist bei der Einnahme unter Umständen Vorsicht geboten. Die Blätter eignen sich als Salatgewürz und werden häufig mit sauren Früchten, wie Rhabarber, gekocht, um deren Geschmack zu mildern.

Die Süßdolde findet sich in ganz Europa, von den Pyrenäen bis zum Kaukasus, und ihre Blüten locken Bienen an.
Blütezeit: Mai bis Juni.
Höhe: 60 bis 90 cm.
Kultur: Die Wohlriechende Süßdolde ist ausdauernd und läßt sich leicht aus Samen ziehen. Die Aussaat erfolgt im Herbst an vorgesehener Stelle. Für die Keimung sind Winterfröste erforderlich. Die Süßdolde wächst in fast allen Böden, die auch leicht sauer sein können, aber nicht zu sandig. Müssen Sämlinge verpflanzt werden, soll dies möglichst zeitig geschehen, und zwar bevor sie ihre langen Pfahlwurzeln in den Boden schicken. Große Pflanzen kann man zu Frühjahrsbeginn teilen.
Andere Standorte: Sonnige.

Trompetennarzisse, Osterglocke
Narcissus pseudonarcissus

Osterglocken sind allgemein bekannt, aber nur wenige Menschen haben sie schon wildwachsend gesehen und noch weniger in jener Üppigkeit, die Wordsworth in seinen berühmten »Selbstgesprächen« beschreibt:

> Ten thousend saw I at a glance,
> Tossing their heads in sprightly dance.
> *(Zehntausend sah ich auf einen Blick,*
> *ihre Köpfe in munterem Tanze wiegend.)*

Für mich ist die Osterglocke das Symbol des Frühlings. Ihr wunderschöner goldgelber Blütenteppich belebt nach dem langen Winter nicht nur den ganzen Garten, sondern heitert auch unsere Gemüter auf. Die wilde Osterglocke hat ungefüllte und etwas blassere Blüten als die meisten Gartenformen, ist aber deswegen nicht weniger schön.

Wildwachsend findet man Osterglocken in Wäldern und Gehölzen, aber auch auf feuchten Wiesen. Im Garten bürgern sie sich in Gras gut ein, das aber erst gemäht werden sollte, wenn die Blüten verwelkt sind. Es gibt nichts unnatürlicheres als Narzissen in einem kurzen Rasen, und wenn sie abgeblüht sind, bieten sie keinen schönen Anblick.

Narzissen kommen vor einem dunklen Hintergrund am besten zur Geltung und beleben schattige Flecken an Hecken, vor Zäunen oder unter Bäumen.
Blütezeit: März bis April. **Höhe:** 20 bis 25 cm.
Kultur: Spezialanbieter für Wildblumen und einige Lieferanten von Zwiebelblumen haben wilde Narzissen in ihrem Angebot. Man pflanzt sie – mit 9 cm Tiefe – möglichst im August, auf keinen Fall aber später als September. Sie gedeihen in fast allen Böden, die während der Frühlingsmonate ausreichend feucht sind. (Sehr leichte Böden, insbesondere an schattigen Stellen, sind daher unter Umständen nicht geeignet).
Andere Standorte: Sonnige; schattige.

Vielblütige Weißwurz

Polygonatum multiflorum

Die Vielblütige Weißwurz ist eine sehr reizvolle und anmutige Waldpflanze. Sie hat hohe, dekorativ ausschwingende Stengel, an denen weiße, wachsartige Blüten mit grünen Rändern hängen. Die Blüten duften süß. Ihnen folgen später schwarze Beeren, die sich anscheinend nur selten entwickeln. Mir ist es jedenfalls noch nicht gelungen, Samen zu sammeln.

Diese wunderhübsche Pflanze wird am besten in Gruppen auf relativ spärlich bewachsenem, waldigem Boden gezogen, wo andere Blüten und Blätter nicht von ihr ablenken. In einem Garten mit üppigerem Pflanzenwuchs kommt sie kaum zur Geltung. Zerschneidet man die Wurzeln, sollen sie angeblich an hebräische Buchstaben erinnern. Der Name bezieht sich auf die Heilwirkung der Pflanze: Man verwendete sie früher zur Wundbehandlung.

Blütezeit: Mai bis Juni.
Höhe: 30 bis 80 cm.
Kultur: Die Vielblütige Weißwurz ist eine ausdauernde Staude mit einem dikken kriechenden Rhizom. Man kann sie im Spätsommer oder Herbst an den vorgesehenen Standort säen, aber es ist einfacher, im Herbst oder Frühjahr das Rhizom zu teilen. Der Boden sollte leicht sein, damit sich die Pflanze ausbreiten kann.

Andere Standorte: Schattige.

Kissenprimel

(Schaftlose Schlüsselblume) *Primula vulgaris*

Die wildwachsende Primel kommt nur noch selten vor. Deshalb müssen Sie heute darauf verzichten, duftende Primelsträuße zu pflücken oder gar ganze Pflanzen auszugraben, um sie für den Garten mit nach Hause zu nehmen. Viele der einstigen Lebensräume sind heute zerstört. Wälder wurden gerodet, Gräben ausgefüllt, Hecken fielen der Planierraupe zum Opfer. Unlängst verabschiedete Naturschutzgesetze, die beispielsweise das Ausgraben von Wildpflanzen unter Strafe stellen, zeigen jedoch erste Wirkungen. Die Kissenprimel beginnt sich wieder etwas zu erholen, und Gemeinden könnten hier auch ihren Beitrag leisten, indem sie Flächen, auf denen Primeln wachsen, erst etwa Ende Juni mähen lassen, nachdem sich die Pflanzen ausgesamt haben.

Wenn man genau hinsicht, stellt man fest, daß es zwei unterschiedliche Arten von Primelblüten gibt. Durch nachtaktive Insekten findet hier eine Fremdbestäubung statt. So machen beispielsweise Falter auch in einer dunklen Nacht die blaßgelben Blüten in ihrem grünen Blätterbett ohne Schwierigkeiten aus. Die Pflanzen kreuzen sich im Garten leicht mit zahlreichen anderen Primelarten und lassen eine Vielzahl farbenfroher Formen entstehen. Blüten in Weiß, Rosa und Malvenfarben findet man besonders häufig. Primeln sehen in einer waldigen Umgebung am schönsten aus und vertragen auch starken Schatten gut. Nichts muntert uns an den trüben Wintertagen besser auf als diese Blumen.

Blütezeit: März bis Juni. **Höhe:** 8 bis 15 cm.
Kultur: Die Primel ist eine ausdauernde Pflanze, die sich – wenn man einige Regeln beachtet – leicht aus Samen ziehen läßt. Frische Samen werden ins Freie oder in eine Saatschale gesät, und zwar bevor sie vollkommen braun und trocken sind. Oft keimen sie innerhalb weniger Wochen. Reife oder getrocknete Samen säen Sie am besten im Herbst oder Frühwinter an den vorgesehenen Standort oder in eine Saatschale. Die Samen sollten in die Erde gedrückt werden. Saatschalen, mit einer Glasscheibe abgedeckt, an einem schattigen Platz im Freien überwintern. Die Keimung erfolgt im Frühjahr. Primeln mögen Boden, der nicht austrocknet.

Andere Standorte: Sonnige; schattige.

Scharbockskraut

(Feigwurz) *Ranunculus ficaria*

Das Scharbockskraut wäre vielleicht eine populäre Gartenblume, wenn es, unter bestimmten Bedingungen, nicht zu stark wuchern würde. Es gehört aber zu unseren frühesten und farbenfrohesten Frühlingsblumen, und mit seinen glänzenden, dunkelgrünen Blättern und leuchtendgelben Blüten, die sich während einer Zeit des Jahres öffnen, in der es sonst nur wenig Buntes gibt, ist es natürlich besonders willkommen. In kultiviertem Boden und Gras gedeiht es gut, manchmal zu gut. Wenn die Blüten verwelkt sind und sich die Samen entwickelt haben, verschwindet es unter Gräsern und anderen Blumen, und seine kleine Knolle im Boden speichert dann Nährstoffe für das kommende Jahr. Man kann das Scharbockskraut auch zwischen die Wurzeln von Laubbäumen pflanzen, die während der Zeit, in der es blüht, noch keine Blätter tragen. In kultiviertem Boden und ohne Konkurrenz durch andere Pflanzen wuchert es stark. Hat es sich erst einmal angesiedelt, wird man es nur schwer wieder los.

Das Scharbockskraut braucht zu Jahresanfang viel Feuchtigkeit und gedeiht sogar in sehr nassen Böden. Man sollte es nicht mit dem Großen Schöllkraut verwechseln, das ebenfalls gelb blüht, sich aber sonst in vieler Hinsicht unterscheidet. Früher hing man die Wurzeln des Scharbockskrautes im Kuhstall auf, weil sie ähnlich wie Kuhzitzen aussehen und die Blüten der Pflanze die Farbe von fettreicher Butter haben. In der Medizin verwendet man aus *Ranunculus ficaria* hergestellte Heilmittel gegen Hämorrhoiden.

Ich habe eine besondere Vorliebe für diese Pflanze, die an den feuchten Innenseiten einiger meiner Folientunnel wächst. Unter diesem Schutz blüht sie bereits im Februar.

Blütezeit: März bis Mai. **Höhe:** 8 bis 20 cm.

Kultur: Das Scharbockskraut ist mehrjährig und braucht zu Frühjahrsbeginn sehr viel Feuchtigkeit. Es bevorzugt neutralen Boden. Man kann es aus Samen ziehen, doch lassen sich die kleinen Knollen im Sommer oder Frühherbst auch leicht teilen und in Gras neu pflanzen. Das Gras kann gemäht werden, sobald die Blüten verwelkt sind.

Andere Standorte: Sonnige; schattige.

Weinrose

(Schottische Zaunrose) *Rosa rubiginosa*

Zweifellos gehört die Weinrose zu den schönsten unserer wilden Rosen und ist auch für den kleinsten Garten geeignet. Sie blüht nur einmal während Juni und Juli, doch dann bietet sie einen großartigen Anblick. Im Herbst entwickeln sich rote Hagebutten, die von den Vögeln gern gefressen werden. Eine weitere gute Eigenschaft sind die duftenden Blätter. Nach einem Regenschauer verströmen sie einen unvergeßlichen Duft, der frischen Äpfeln ähnlich ist.

Diese Rose läßt undurchdringliche Hecken von drei Metern Höhe entstehen und sieht auch in gemischten Hecken hübsch aus, rankt sich durch Baumkronen oder bildet einfach natürliche Büsche.

Blütezeit: Juni bis Juli. **Höhe:** 1 bis 3 m.

Kultur: Die Weinrose ist ein ausdauernder Strauch. Samen können ein bis zwei Jahre benötigen, um zu keimen. Man sät die frischen Samen im Herbst und bedeckt sie dünn mit Erde. Spezialanbieter haben auch Pflanzen im Angebot. Containerpflanzen können jederzeit gesetzt werden, Freilandpflanzen nur im Frühjahr. Vor dem Pflanzen sollte man aber stets etwas Mist oder Gartenkompost in den Boden einarbeiten. In den ersten Wochen muß gut gegossen werden.

Andere Standorte: Sonnige.

Rotes Leimkraut

(Rote Lichtnelke) *Silene dioica*

Das Rote Leimkraut öffnet seine ersten Blüten im Mai und blüht dann den ganzen Juni bis in den Juli hinein. Es gibt keinen schöneren Anblick als einen Waldboden, der mit einem Teppich aus Hasenglöckchen bedeckt ist, den leuchtendrosarotes Leimkraut säumt. Oft mischt sich noch das reine Weiß der Großen Sternmiere hinein. Es sind diese schlichten Farbkombinationen der Natur und vor allem auch Proportionen und Größen, die uns zeigen, wie Wildblumen im Garten am besten zur Geltung kommen. Das Blau zum Beispiel als Hintergrund, und vor ihm heben sich – wie funkelnde Juwelen – Rot und Weiß ab.

Wenn die Bäume eines dichten Waldes auf den Stock gesetzt werden, wodurch Licht auf den Boden fällt, erscheinen auf einmal, wie durch Zauberhand, riesige scharlachrote Teppiche aus Leimkraut. Wenn nach ein oder zwei Jahren der Schatten wieder zurückkehrt, zeigen sich nur noch wenige Blüten. Leimkraut gedeiht auch außerhalb des Waldes gut.

Die Farbnuancen der Blüten umfassen alle Rosaschattierungen bis beinahe Weiß. Die Art kreuzt sich auch leicht mit Weißem Leimkraut.

Blütezeit: April bis Juni.
Höhe: 30 bis 100 cm.
Kultur: Leimkraut ist ausdauernd und läßt sich leicht aus Samen ziehen. Man sät es im Frühjahr oder Frühherbst am vorgesehenen Standort. Leimkraut bevorzugt durchlässigen, fruchtbaren Boden. In schweren, nassen Tonböden gedeiht es nicht. Auch in Gras kann es eingebürgert werden, sofern der Boden nicht zu trocken ist.
Andere Standorte: Sonnige; schattige.

Bittersüßer Nachtschatten

(Bittersüß) *Solanum dulcamara*

Der Bittersüße Nachtschatten ist – entgegen der weitverbreiteten Annahme – nicht mit dem Tödlichen Nachtschatten identisch. Schon sein Aussehen ist sehr unterschiedlich. Der Tödliche Nachtschatten hat sehr große Blätter, große schwarze Beeren und ist auch nur selten zu finden. Das Bittersüß ist giftig, wenn auch bei weitem nicht so giftig wie der Tödliche Nachtschatten. Es gehört zur gleichen Familie wie Kartoffel, Tomate und Gemüsepaprika, und seine Wurzeln riechen nach Kartoffeln. Angeblich schmecken sie, wenn man sie kaut, zunächst bitter und dann süß, was den Namen erklärt.

Das Bittersüß ist in Europa und Nordamerika weitverbreitet. Es wächst in Hecken und im feuchten Boden neben Teichen und Gräben. Im Garten ist es in der Hecke am nützlichsten und dekorativsten, wo die langen Stengel durch das Blattwerk nach oben klettern. Sie tragen winzige exotische Blüten, denen später leuchtende Beeren folgen, die zunächst grün sind, sich dann aber orange und schließlich purpurn färben.

Blütezeit: Juni bis September, ab August entwickeln sich die Beeren.
Höhe: Bis zu 2 m.
Kultur: Bittersüß ist eine ausdauernde, strauchige Pflanze, die man am besten in fruchtbaren, feuchten, neutralen Boden pflanzt. Legen Sie die reifen Beeren 1 cm tief in eine Schale mit Aussaaterde und stellen Sie sie, abgedeckt mit Glas, an einen schattigen Platz, damit die Erde feucht bleibt. Die Samen müssen mindestens einen, wenn nicht zwei Winter im Freien stehen, bevor sie keimen.
Andere Standorte: Sonnige; schattige.

Echte Sternmiere
Stellaria holostea

Die Echte Sternmiere hat wunderschöne Sternblüten, die sich im April in Wäldern und Gebüschen öffnen. Diese reinweißen Blüten leuchten im Gras und an dunklen Waldrändern mit ganz besonderer Intensität. Die Echte Sternmiere kommt recht häufig vor. Sie ist so schön, daß sie in keinem Garten fehlen sollte. Zusammen mit Hasenglöckchen und Rotem Leimkraut entsteht ein vollkommenes Farbenspiel. Bei allen Hecken, Zäunen oder schattigen Böschungen ist sie ein ausgezeichneter Bodendecker, aber sie belebt auch jedes schattige Fleckchen Gras. Da ihre Stengel sehr schwach sind, benutzt sie Gräser als Stütze, um an ihnen emporzusteigen. Vor der Blüte sind die dünnen Triebe kaum von dem sie umgebenden Gras zu unterscheiden. Nach der Blüte (oder gegebenenfalls nach dem Ausstreuen der Samen) kann das Gras recht kurz geschnitten werden, ohne daß die Pflanze Schaden nimmt.
Sehr ähnlich, aber kleiner ist die Grassternmiere (s. S. 168). Man findet sie seltener als die Echte Sternmiere, doch wenn man Pflanzen bekommen kann, sehen beide Arten zusammengepflanzt sehr hübsch aus.
Früher glaubte man, die Echte Sternmiere könnte Seitenstechen heilen.
Blütezeit: April bis Juni. **Höhe:** 15 bis 60 cm.
Kultur: Die Echte Sternmiere ist ausdauernd und läßt sich leicht aus Samen ziehen. Diese sind recht groß und können im Frühjahr oder zu Herbstbeginn am vorgesehenen Standort gesät werden. Nur ganz dünn mit Erde bedecken. Oder man sät in Schalen und setzt die Pflanzen im Frühjahr oder Herbst in den Garten. Diese Sternmiere braucht etwas Feuchtigkeit und eine einigermaßen fruchtbare, nicht zu alkalische Erde.
Andere Standorte: Sonnige.

Teufelsabbiß
Succisa pratensis

Ein seltsamer Name für eine unserer schönsten Wiesenblumen. Er entspringt der Sage, der Teufel sei wegen der zahlreichen guten Eigenschaften dieser Pflanze außer sich vor Wut geraten und habe die Wurzel abgebissen, um sie zu zerstören. Die Wurzel der *Succisa pratensis* sieht tatsächlich so aus, als sei sie durchgebissen. Zum Ausgleich aber schickt sie zahlreiche Nebenwurzeln aus. Wir müssen dankbar sein, daß es dem Teufel nicht gelang, diese dekorative Blume zu vernichten. Keine andere Pflanze lockt im Spätsommer so viele Schmetterlinge in den Garten. Letzten Sommer sah ich auf dem Fleckchen, wo mein Teufelsabbiß wächst, über vierzig Schmetterlinge – Fleckenfalter, C-Falter und Admirale – sowie zahlreiche Bienen. Auch Vögel zieht er an. Das habe ich erfahren, als ich versuchte, Samen zu sammeln.
Diese Pflanze sollte in keinem Garten fehlen, selbst wenn sie gelegentlich sehr hoch wird. Sie ist jedoch sehr anpassungsfähig und gedeiht auf schweren Böden ebenso wie auf leichten. Durch ihren dichten, buschigen Wuchs unterdrückt sie unerwünschte Pflanzen. Auf kultivierter Erde ist sie ein guter Bodendecker, aber auch in Gras bürgert sie sich rasch ein.
Blütezeit: Juli bis September. **Höhe:** 60 bis 110 cm.
Kultur: Die Samen des Teufelsabbiß' im Frühjahr oder Herbst am vorgesehenen Standort säen oder – zum späteren Auspflanzen – in eine Saatschale. Nur dünn mit Erde bedecken. Sie keimen mitunter langsam. Von Wildblumenspezialisten angebotene Pflanzen können im Frühjahr oder Herbst in die Wiese gesetzt werden. Der Teufelsabbiß bevorzugt recht fruchtbaren, feuchten Boden, paßt sich aber auch trockeneren Bedingungen an.
Andere Standorte: Halbschattige.

Gamanderehrenpreis
Veronica chamaedrys

Ich habe eine kleine Grasfläche im Garten, auf der diese Blume während des Frühlings und Sommerbeginns blüht, und ich werde des Anblicks nicht müde. Sie wächst an einer schattigen Stelle, dicht bei einer Hecke, und das Blau der Blüten leuchtet voller Intensität. Die Fläche erfordert jedoch sorgfältige Pflege.

Hält man das Gras zu kurz, blüht der Ehrenpreis wahrscheinlich nicht, ist es zu lang, verdeckt es die Blumen. Wenn man aber regelmäßig in vernünftigen Abständen mäht, verlängert man dadurch die Blütezeit.

Der Ehrenpreis eignet sich für Blumenrasen oder schattige Böschungen. Hinter ihm sollte man hohe Pflanzen wachsen lassen, wie etwa Rotes Leimkraut. Weitere Wiesenblumen, die gut zu ihm passen, sind Gänseblümchen, Hahnenfuß, Hopfenklee und Löwenzahn. Zu Frühjahrsbeginn hält man das Gras kurz, damit Anfang Mai der Ehrenpreis zur Blüte kommen kann. Er gedeiht auch auf sonnigem Grünland gut, wo er selbst Beweidung überstehen sollte. Der Gamanderehrenpreis ist der am intensivsten gefärbte unter den Ehrenpreis-Arten.

Blütezeit: März bis Juni.
Höhe: Kriechend, bis zu 20 cm.
Kultur: Der Gamanderehrenpreis ist ausdauernd. Aus Samen läßt er sich im allgemeinen nicht ziehen, weil sie sehr schwer zu sammeln sind. Die Pflanze produziert sie nur in kleinen Mengen. Wer von einem Freund ein oder zwei Pflanzen bekommt (die meisten Gärtner werden sie gerne los), kann diese im Frühjahr leicht teilen und in kurzes Gras pflanzen. Dieser Ehrenpreis verträgt fast jeden Boden – er kann alkalisch oder leicht sauer, schwer oder tonig oder auch trocken und sandig sein.
Andere Standorte: Sonnige.

Vogelwicke
Vicia cracca

Alle Wicken sind sehr dekorativ, auch die Arten mit winzigen Blüten, denn sie haben durchweg ungewöhnlich reizvolles filigranes Laub. Die Vogelwicke entwickelt großartige violettblaue Blüten, die in dichten Trauben stehen, und selbst wenn sie an Straßenrändern wächst, lenkt sie den Blick sofort auf sich. Sie blüht später als die meisten anderen Wicken und verlängert dadurch insgesamt die Blütezeit bis in den August. Wenn die Vogelwicke in einer Hecke wächst, klettert sie zwischen den Zweigen empor, bis sich ihre Triebe schließlich von den obersten wieder herabranken.

Mit etwas Phantasie bietet diese Blume viele Möglichkeiten. So kann man unter ihrer Farbenpracht beispielsweise unansehnliche Flächen oder auch Zäune aller Art verschwinden lassen.

Weidetiere finden die Vogelwicke sehr schmackhaft; achten Sie daher auf Schafe und Ziegen. Für den Kleinbauern könnte es sich aber lohnen, sie als Futterpflanze zu einer Wiesen-Saatmischung zu geben.

Blütezeit: Juli bis September.
Höhe: 60 bis 100 cm.
Kultur: Die Vogelwicke ist eine ausdauernde Kletterpflanze, die sich leicht aus Samen ziehen läßt. Die Aussaat erfolgt im Frühjahr oder Frühherbst an Ort und Stelle, die Samen sollten zuvor aber zwischen zwei Blättern Sandpapier gerieben werden. Da sie sehr groß sind, kann man sie auch in Gras säen, obwohl es besser ist, ein Stück Grasnarbe zu entfernen, um den Jungpflanzen bessere Startbedingungen zu verschaffen.
Andere Standorte: Sonnige.

Kleines Immergrün
Vinca minor

Das Kleine Immergrün war ursprünglich keine einheimische Pflanze, hat sich aber unterdessen im ganzen Land eingebürgert. Seine eigentliche Heimat liegt in Nordeuropa. Das Große Immergrün sieht dem Kleinen zwar ähnlich, stammt aber aus südlichen Gefilden - aus Mittel- und Südeuropa sowie Nordafrika. Im Garten kann man es anstelle des Kleinen Immergrüns pflanzen.
Das Kleine Immergrün ist - zusammen mit Veilchen und Rosen - eine der ältesten Gartenpflanzen. Schon Chaucer erwähnt sie. Da das Immergrün kriecht, ist es ein äußerst dekorativer Bodendecker für schattige Plätze. Seine dunklen, glänzenden Blätter sind immergrün und das ganze Jahr hindurch schön. Im Frühsommer heben sich die hellblauen Blüten reizvoll davon ab. Zwischen den festen, kriechenden Trieben wachsen andere Blumen empor, die später im Jahr für Farbe sorgen. Diese Pflanze wächst sehr schön am Fuße eines Zauns, wo dichter Schatten ist und kaum etwas anderes gedeiht. Das Kleine Immergrün wird sich dort gut ausbreiten. Es kann aber auch in der Sonne wachsen, wo es üppiger blüht. Sowohl das Große wie das Kleine Immergrün sind wertvolle Heilpflanzen. Früher verwendete man sie zur Behandlung von Bluthochdruck, ferner als Gurgelmittel und um Halsschmerzen zu lindern. Da die Pflanze der Venus zugeordnet wird, nahm man sie auch ein, um die Fruchtbarkeit zu erhöhen.
Blütezeit: März bis Mai. **Höhe:** 30 bis 60 cm.
Kultur: Das Kleine Immergrün ist eine ausdauernde Kriechpflanze, die nur selten Samen entwickelt. Man kann aber im Oktober Stecklinge nehmen oder im Frühjahr Pflanzen teilen. Es bevorzugt fruchtbare, neutrale Erde und verträgt Trockenheit gut.
Andere Standorte: Sonnige; schattige.

Hainveilchen
Viola riviniana

Dieses Veilchen ist auf Waldlichtungen und an Böschungen schattiger Wege zu Hause. Die reizvolle kleine Pflanze erinnert an sonnige Waldlichtungen im Frühling oder an geruhsame Spaziergänge auf alten schattigen Pfaden.
Die verschiedenen Veilchenarten sind nur schwer zu unterscheiden, und mit Ausnahme des Duftveilchens werden sie oft kollektiv Hundsveilchen genannt. Tatsächlich aber sind die Blüten des echten Hundsveilchens (*Viola canina*) von einem blasseren Blau, und man findet es nur in Heiden, auf sauren Grasflächen und in trockenen Wäldern. Eine weitere Art ist das Waldveilchen (*Viola reichenbachiana*), das früher - manchmal schon im Februar - blüht und offene Lagen und Waldlichtungen bevorzugt. Da Veilchen aber bastardieren, ist die Verwirrung groß. Welche Veilchen Sie auch pflanzen, einmal angesiedelt, samen sie sich üppig aus. Am liebsten mögen sie waldartigen Boden und Stellen mit nur spärlichem Grasbewuchs. Unter den richtigen Bedingungen entwickeln sie bald einen dichten Blütenteppich.
Das Hainveilchen ist eine wichtige Blume für Schmetterlinge, die vor allem den Raupen von Kaisermantel, Märzveilchenfalter, Großem und Braunscheckigem Perlmutterfalter sowie dem Veilchen-Perlmutterfalter als Nahrungspflanze dient. Natürlich können Sie nur Schmetterlinge in den Garten locken, wenn diese in der Umgebung vorkommen. Es besteht aber auch die Möglichkeit, auf einer Schmetterlingsfarm Exemplare zu besorgen.
Blütezeit: März bis Mai. **Höhe:** 2 bis 10 cm.
Kultur: Das Hainveilchen ist ausdauernd. Die Aussaat ist problemlos und kann im Frühjahr oder Herbst an vorgesehener Stelle oder in eine Saatschale erfolgen. Es verträgt mageren Boden, dem aber etwas Lauberde zugesetzt werden sollte, da es Feuchtigkeit braucht. Der Boden kann sowohl alkalisch als auch sauer sein.
Andere Standorte: Sonnige.

WILDBLUMEN FÜR

Schattige Gärten

Pflanzen, die sich für schattige Gärten eignen, findet man in der freien Natur in Wäldern und unter alten, breiten Hecken. Von den unterschiedlichen Lebensräumen, die unsere Landschaft bietet, üben Wälder auf Menschen meist den größten Zauber aus, vielleicht, weil sie Erinnerungen an kindliche Spiele wachrufen oder friedvolle Spaziergänge durch duftende Teppiche aus Veilchen. Ganz sicher stellen unsere Wälder eine Verbindung zur Vergangenheit her. Selbst der kleinste Hain ist möglicherweise der Rest eines großen, jahrhundertealten Waldes – und unsere alten Wälder sind in der Tat Nachfahren der einstigen heimischen Urwälder.

Die erstaunliche Fülle unserer Waldflora läßt sich heute nur noch durch sorgfältige Pflege bewahren. Wenn das Blätterdach eines Waldes zu dicht wird und nicht mehr genügend Licht hindurchdringt, verschwinden die Blumen nach und nach. Werden dann aber Bäume herausgenommen oder auf den Stock gesetzt, tauchen die Blumen, wie durch Zauberhand, wieder auf. Sie sprießen aus Samen und Wurzeln, die im Boden ruhen und nur darauf warten, daß ihre Entwicklung durch Licht erneut in Gang gesetzt wird.

Waldblumen blühen, bevor sich das Laub der Bäume voll entfaltet und die Lichtverhältnisse schlechter werden. Einige Pflanzen, die erst später zur Blüte kommen, wie etwa der Fingerhut, wachsen am Waldrand oder auf Lichtungen. Im Sommer bieten waldige Gärten einen kühlen, grünen Zufluchtsort vor der sengenden Sonne. Und im Herbst entflammen sie durch Laub und Beeren in leuchtenden Farben.

Unser heimischer Wald vergrößert nicht nur die Schönheit der Landschaft, er ist auch wichtiger Lebensraum für zahlreiche Pflanzen und Tiere. Laubwälder und dichte Hecken bieten Tieren Nistmöglichkeiten und dienen ihnen darüber hinaus als schützende »Korridore«, in denen sie sicher von einem Platz zum anderen gelangen können. Heute sind so viele der alten Wälder verschwunden, daß die wenigen verbliebenen inmitten der riesigen landwirtschaftlichen Nutzflächen oder Koniferen-Monokulturen Oasen gleichkommen.

In dieser verarmten Landschaft spielen Gärten mit ihren Bäumen und Hecken als Zufluchtsort für Tiere eine wichtige Rolle. Ein eigenes kleines Wäldchen anzulegen, gehört vermutlich zu den dankbarsten und lohnendsten Beschäftigungen eines Hausgärtners. Sie werden verblüfft sein, wie viele Tiere von einer kleinen Gruppe von Bäumen und Sträuchern in den Garten gelockt werden. Es gibt zahlreiche heimische Baum- und Straucharten, die sich selbst für den kleinsten Garten eignen und mit ihren Kätzchen, Knospen, Blüten oder Beeren zu jeder Jahreszeit einen hübschen Anblick bieten. Wo kein Platz für Bäume ist, kann man mit einigen Sträuchern ein schattiges Fleckchen entstehen lassen. In den meisten Gärten wird auch durch eine Mauer oder einen Zaun Schatten geworfen, wo viele der sonst üblichen Gartenpflanzen nicht gedeihen. An allen diesen schattigen Plätzen lassen sich einige unserer schönsten und farbenprächtigsten Waldblumen ansiedeln. Damit ein großartiger Mittelpunkt entsteht, können Sie mit einer einzelnen Art, etwa mit Hasen- oder Maiglöckchen, einen duftenden Blumenteppich anlegen.

Ein idyllisches Bild *(links) In diesem Wald bilden Hasenglöckchen mit üppiger grüngelber Wolfsmilch und weißem Bärenlauch einen dichten Blütenteppich.*

Waldige Gärten im Frühjahr

Waldige Gärten sind im Mai am schönsten, wenn vor dem frischen Grün sich aufrollender Farne und junger Blätter Hasenglöckchen, Schlüsselblumen und Leimkraut ihre bunten Blüten öffnen. Auch viele Bäume tragen dann anmutige Blüten.

Die auf dieser Doppelseite gezeigten Pflanzen wurden alle im Garten gezogen. Wildwachsende Pflanzen sollten weder gepflückt noch ausgegraben werden.

Waldwicke (rechts) Ein guter Bodendecker, der sich durch das Unterholz windet.

Waldmeister (oben) Er hat attraktives Laub und sternähnliche Blüten.

Goldtaubnessel (unten) Mit ihren leuchtenden Blütenähren belebt sie jede schattige Ecke.

Hasenglöckchen (rechts) Sie färben sich im Schatten am intensivsten.

Farne (oben) Sie gedeihen auch an unwirtlichen Plätzen wie Nordwänden. Ihre filigranen Wedel lassen kühlgrüne Teppiche entstehen.

Efeu (links) Er ist immergrün und bedeckt Boden und Wände.

Echtes Lungenkraut (unten) Eine wunderschöne Pflanze für schattige Plätze. Ihre Blätter bilden dekorative Teppiche.

Maiglöckchen (rechts) Sie sind wegen ihres Duftes hochgeschätzt.

Weißbirke (unten)
Sie eignet sich gut für kleine Gärten und wirft nur wenig Schatten.

Eiche (rechts)
Ein für heimische Tiere besonders wertvoller Baum.

Vogelkirsche (rechts)
Freistehend entwickelt sie sich mit der Zeit zu einem schönen Baum.

Esche (rechts)
Sie kann in einem kleinen Garten auf den Stock gesetzt werden.

Traubenkirsche (rechts) Ein attraktiver Baum für kleine Gärten.

Kriechender Günsel (oben) Er breitet sich im Schatten auf nacktem, feuchtem Boden rasch aus.

Eberesche (rechts)
Sie hat hübsche Blüten, Blätter und Früchte.

Bachnelkenwurz (unten)
Eine Pflanze, die feuchte, schattige Standorte liebt.

Wacholder (rechts)
Die Beerenentwicklung erfordert männliche und weibliche Pflanzen.

Moos (rechts)
Moos auf totem Holz ist ein idealer Unterschlupf für kleine Lebewesen.

Waldprimel, Waldschlüsselblume (unten)
Eine allseits beliebte Blume, die anzupflanzen sich lohnt.

Himmelsleiter (links)
Sie gedeiht auch in der Sonne.

Waldige Gärten im Herbst

Wenn die Tage kürzer und die Nächte länger werden, bereiten sich die sommergrünen Pflanzen mit einem letzten farbenprächtigen Schauspiel auf die Winterruhe vor, bevor Herbststürme die Pracht hinwegfegen.

Die auf dieser Doppelseite gezeigten Pflanzen wurden alle im Garten gezogen. Wildwachsende Pflanzen sollten weder gepflückt noch ausgegraben werden.

Eiche (links) Sie bietet von allen heimischen Bäumen den meisten Insekten Lebensraum.

Eberesche (oben) Sie entwickelt im Spätsommer leuchtendrote Beeren.

Esche (oben) Ein hoher, schöner Baum, der lichten Schatten wirft.

Hainbuche (unten) Ein schöner, vor allem im Herbst prächtig gefärbter Baum.

Wolliger Schneeball (unten) Er hat rote Früchte, die beim Reifen schwarz werden.

Adlerfarn (links) Er wächst kräftig und nimmt im Herbst eine wunderschöne goldene Farbe an.

Brombeersträucher (unten) tragen im Herbst köstliche schwarze Früchte.

Pilze (unten) entwickeln sich in Wäldern auf lebendem und verrottendem Pflanzenmaterial.

Vogelkirsche (links) Sie hat eine dekorative, rötliche Rinde, die sich in Streifen abschält. Die winzigen Früchte werden von Vögeln gefressen.

Weißbirke (rechts) Sie trägt im Spätherbst goldene Blätter. Die sich abschälende silbrige Rinde sieht das ganze Jahr dekorativ aus.

Rotbuche (oben) Ein großartiger Baum, der tiefen Schatten wirft und kalkreichen Boden mag. Auch für Hecken eignet er sich gut.

Bachnelkenwurz (rechts) Sie wächst auch in tiefem Schatten.

Goldrute (rechts) Eine farbenfrohe Blume, die unter Koniferen oder in trockenem Schatten ebenso gedeiht wie an sonnigen, sandigen Plätzen.

Fingerhut (rechts) Er blüht mitunter bis in den Frühherbst hinein und gedeiht auch auf sehr mageren Böden.

Hasenglöckchen (links) existieren im Herbst nur noch als Blattskelette und haben die meisten ihrer schwarzen Samen ausgestreut.

Kissenprimel (unten) Sie kommt im Herbst – vor allem in Gefäßen – oft noch einmal zur Blüte.

Schattige Wildblumengärten

Vorschläge für schattige Gärten

Zwischen Halbschatten und Schatten läßt sich keine klare und eindeutige Grenze ziehen – die eine Fläche wird natürlicherweise in die andere übergehen. Echte Schattenbereiche erhalten die Sonne entweder nur gefiltert (etwa durch Laubbäume) oder ausschließlich frühmorgens oder spätnachmittags. In jedem Garten gibt es Schatten, meist sogar zuviel, und in einem herkömmlichen Garten werden solche Flächen häufig zum Problem. Im Wildblumengarten dagegen kann man den natürlichen Lebensraum Wald neu schaffen und ungewöhnliche, wunderschöne Wildblumen ziehen, die dort im allgemeinen gedeihen.

Wer genügend Platz hat, kann auch ein kleines Wäldchen anlegen. In kleineren Gärten läßt ein einzelner Baum eine ausreichend große schattige Fläche entstehen, oder man nutzt statt dessen den Schatten von Mauern und Zäunen. Der Boden nahe bei Mauern, Bäumen und Hecken liegt aber nicht nur schattig, sondern ist auch trocken. Achten Sie daher darauf, daß Sie wirklich die richtigen Pflanzen auswählen, denn an einem Platz mit schlechten Lichtverhältnissen ist es besonders wichtig, die Pflanzen dem speziellen Bodentyp anzupassen.

Stadtgärten: Der städtische »Wald«

In kleinen Stadtgärten geschaffene Lebensräume für Wildpflanzen können als künstliche Waldlichtungen angesehen werden. Umliegende Gebäude, Zäune und Mauern – und gelegentlich auch ein richtiger Baum – werfen Schatten wie ein Wald, und der Garten ähnelt einer kleinen Lichtung. Ist ein Garten sehr klein, behandelt man ihn am besten insgesamt als schattigen Bereich, und nur an den hellsten Stellen kann man versuchen, einige Pflanzen für halbschattige Standorte zu ziehen.

Eine weiche Wirkung ist am schönsten. Lassen Sie Mauern und Zäune unter Kletterpflanzen wie Geißblatt, Hopfen, Zaunwinde, Waldrebe, Bittersüßem Nachtschatten oder Rotbeeriger Zaunrebe verschwinden. Liegt eine Mauer oder ein Zaun ganztägig in tiefem Schatten, gedeiht dort Efeu. Sie sollten die Kletterpflanzen dicht zusammensetzen und ungehindert wachsen lassen. Dadurch werden nicht nur zahlreiche Tiere angelockt, insbesondere Vögel, die dort ihre Nester bauen, sondern auch die starren Konturen des Gartens verdeckt.

Anstatt zu versuchen, auf einer so kleinen schattigen Fläche einen Rasen anzulegen, behandeln Sie sie vielleicht besser wie einen Waldboden und pflanzen dort gruppenweise Waldblumen wie Duftveilchen, Buschwindröschen und Waldmeister. Dazwischen können Frühlingszwiebelblumen wachsen, und im Sommer und Herbst sorgen Akelei, Türkenbundlilien, Blauer Eisenhut und Alpenveilchen für eine exotische Note. Farne bilden einen reizvollen Hintergrund für die bunten Blumen, deren Plätze im Frühjahr Grüne Nieswurz und Mandelblättrige Wolfsmilch einnehmen können. Auch das Moschuskraut mit seinen zarten grünen Blüten ist eine wunderschöne Pflanze für kleine Gärten. Zwar bedeutet ihr lateinischer Name *Adoxa* »nicht auffällig«, aber dies heißt lediglich, daß man vielleicht in der Weite eines Waldes, wo Veilchenteppiche die Aufmerksamkeit fesseln, achtlos an ihr vorübergeht. Der Boden zwischen den Pflanzen kann mit Rindenschnitzeln abgedeckt werden, um einen Waldboden nachzuahmen und das Unkraut zu unterdrücken.

Eine neue Rabatte *Junge Akelei, Maiglöckchen, Kriechender Günsel und Waldmeister sind hier von Rindenmulch umgeben. Das verrottete Holz lockt Tiere in den Garten.*

Ein schattiger Stadtgarten, *ideal für Wildpflanzen wie Hasenglöckchen und Akelei. Farne vervollständigen das Bild einer Waldlichtung. Zwischendurch windet sich ein befestigter Weg, auf dem sich Wildpflanzen angesiedelt haben.*

Pflanzen für tiefen Schatten

Flächen, die ständig im Schatten liegen und nur wenig Licht bekommen, müssen sorgfältig gepflanzt werden. Die schönsten Blumen sind hier Hasenglöckchen, Breitblättrige Glockenblume, Grüne Nieswurz, Gundermann, Ruprechtskraut, Geißblatt, Scharbockskraut, Maiglöckchen, Gefleckter Aronstab, Echtes Lungenkraut, Blauer Eisenhut, Nesselblättrige Glockenblume, Waldprimel, Französischer Knollenkümmel, Bärenlauch, Vielblütige Weißwurz, Schwertlilie, Bachnelkenwurz, Waldengelwurz, Buschwindröschen, Nelkenwurz, Waldmeister, Waldsauerklee, Mandelblättrige Wolfsmilch, Waldwicke und Goldnessel. Achten Sie bei der Auswahl der Pflanzen darauf, ob sie einen trockenen oder feuchten Standort benötigen. Bei

Kontrastierende Strukturen *Unter den natürlichen Bodenbedingungen eines waldigen Naturgartens wachsen zarte Buschwindröschen in einem Moosbett.*

Sträuchern, Bäumen und Kletterpflanzen können Sie es mit Schwarzerle, Traubenkirsche, Bittersüßem Nachtschatten, Brombeere, Kreuzdorn, Holzapfel, Stechpalme, Hopfen, Efeu, Seidelbast, Vogelkirsche und Eibe versuchen. Efeu gedeiht auch im tiefsten Schatten und klettert ohne Hilfe an jeder Fläche empor.

Es gibt keine dekorativeren Blattpflanzen als wilde Farne, von denen die meisten in tiefem Schatten gedeihen. Viele müssen feucht stehen (aber nicht naß!) und auf leichtem Boden während Trockenperioden etwas gegossen werden. Es lohnt sich auch, ein wenig Kompost oder Lauberde in den Boden einzuarbeiten, damit er die Feuchtigkeit besser hält. Eine echte Augenweide ist der Gemeine Frauenfarn, der aber nur gezogen werden sollte, wenn der Boden feucht und neutral oder sauer ist. Auch der Gemeine Wurmfarn (*Dryopteris filix-mas*), der in Wäldern häufig zu finden ist, mag etwas Feuchtigkeit. Breitblättriger Dornfarn (*Dryopteris dilatata*), Dorniger Schildfarn (*Polystichum aculeatum*) und Hirschzunge (*Phyllitis scolopendrium*) sind alle sehr schön, ebenso der Königsfarn, der nasse, sumpfige Böden bevorzugt.

Einen einzelnen Baum unterpflanzen

Selbst ein einzelner Baum läßt eine waldige Pflanzfläche entstehen. Für einen sehr kleinen Garten, in dem vielleicht nur ein Baum Platz hat, gibt es keine bessere Wahl als eine Weißbirke. Sie gehört zu den schönsten heimischen Bäumen, wirft nur leichten Schatten, wächst rasch und sieht das ganze Jahr hindurch schön aus. Und wer genügend Platz hat, sollte ruhig mehrere Weißbirken pflanzen.

Weitere empfehlenswerte Bäume sind der Feldahorn, der sich im Herbst herrlich färbt und auf den Stock gesetzt werden kann, und die Eberesche, die im Frühjahr attraktive Blüten entwickelt. Die Salweide trägt dekorative Kätzchen und der Weißdorn Blüten, Beeren und wunderschönes Herbstlaub. Ebenso wie die Eiche, kann man auch die dekorative Gemeine Esche pflanzen und eventuell auf den Stock setzen, um sie in vertretbarer Größe zu halten. Die Stämme eignen sich gut als Brennholz.

Doch welchen Baum Sie auch wählen, an seinem Fuß können Sie bis dicht

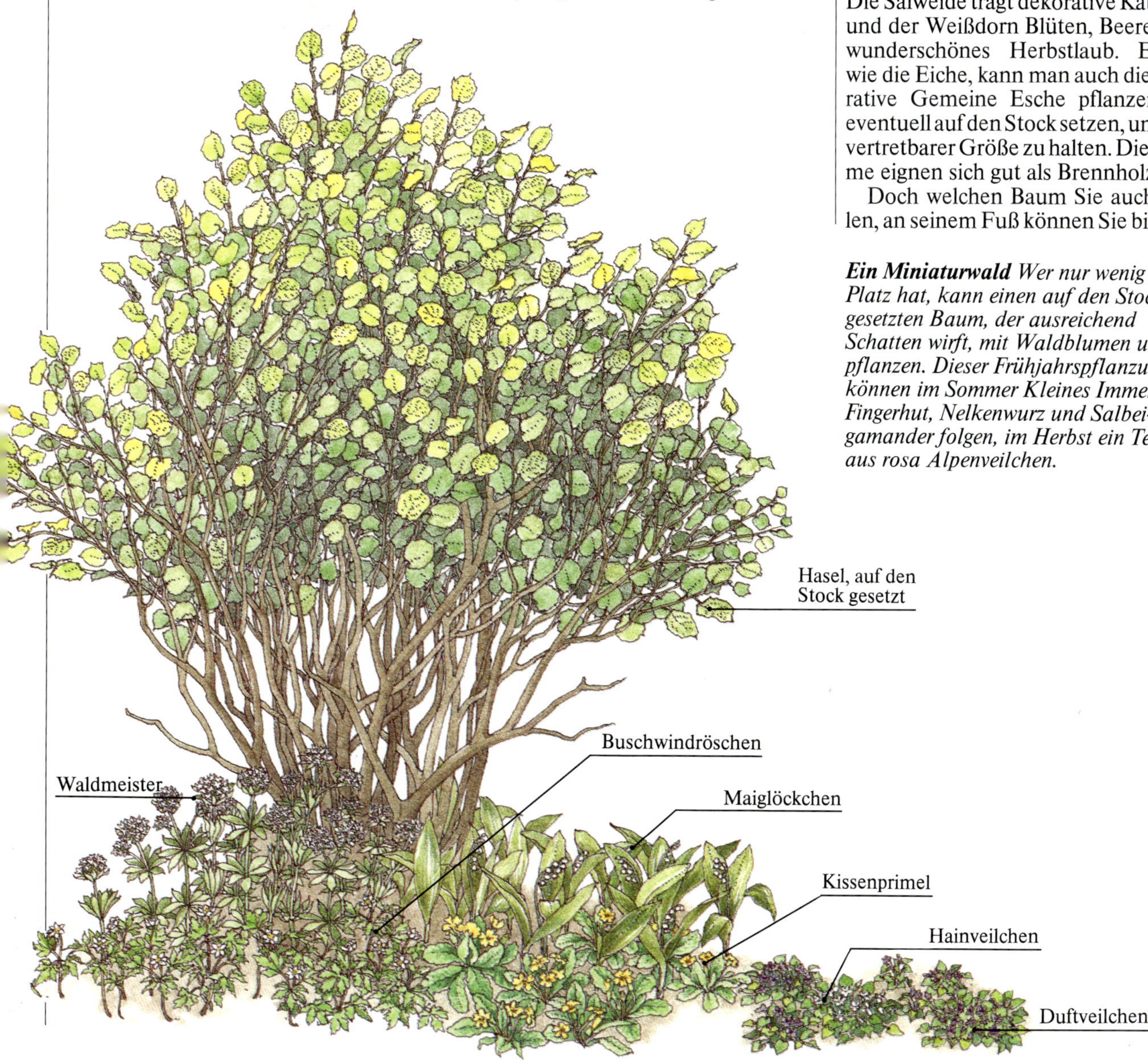

Ein Miniaturwald *Wer nur wenig Platz hat, kann einen auf den Stock gesetzten Baum, der ausreichend Schatten wirft, mit Waldblumen unterpflanzen. Dieser Frühjahrspflanzung können im Sommer Kleines Immergrün, Fingerhut, Nelkenwurz und Salbeigamander folgen, im Herbst ein Teppich aus rosa Alpenveilchen.*

an den Stamm Pflanzen setzen, um einen Miniaturwald entstehen zu lassen. Waldmeister ist ein großartiger, sich ausbreitender Bodendecker mit reizvollem dunkelgrünem Laub und weißen Sternblüten, die sich im Mai öffnen. Duftveilchen gedeihen hier ebenso wie Hainveilchen, Kissenprimeln und Gundermann. Andere Blumen, die in Frage kommen, insbesondere für leichte Böden, sind Waldsauerklee und Buschwindröschen. Beide sollten üppig gepflanzt werden, damit sie einen schönen Teppich bilden.

Wer einen großen, alten Baum besitzt, der so viel Schatten wirft, daß unter ihm kein Gras gedeiht, kann dort Alpenveilchen, Maiglöckchen, Nelkenwurz, Kissenprimeln und Gefleckten Aronstab pflanzen. Und wenn man eine schattige Fläche hat, die man nicht mit Blumen bepflanzen will, dann ist Efeu empfehlenswert, der sich selbst an den unwirtlichsten Stellen ausbreitet.

Ein natürlicher Waldbereich

Es ist möglich, innerhalb des Gartens einen eigenen kleinen Wald entstehen zu lassen. Freilich kann man nicht hoffen, jenen wundervoll komplexen natürlichen Lebensraum nachzubilden, wie er sich im Laufe von Jahrhunderten entwickelt hat, aber immerhin läßt sich ein kleiner Bereich schaffen, der reich an Waldblumen und Lebewesen ist.

Wer Platz für einige Bäume und eine Hecke hat, hat alles, was er für einen waldähnlichen Lebensraum in kleinem Maßstab braucht. Hecken gehören an sich zu den halbschattigen Standorten, doch als Hintergrund für ein Stückchen Wald werden sie zu einem Schattenbereich, der sich nicht für Pflanzen eignet, die üblicherweise an Hecken eines Waldsaumes wachsen. Die Hecke stellt gewöhnlich die Grundstücksgrenze dar. Vor ihr können mehrere Bäume oder eine ganze Baumgruppe gepflanzt werden, und im Idealfall geht dieser Miniwald in einige Sträucher über, zwischen denen Waldsaum- und Heckenpflanzen wachsen, die schließlich an einer kleinen Wiese enden, sofern genug Platz vorhanden ist. Kontinuität hat bei Lebensräumen große Bedeutung. Diese natürliche Aufeinanderfolge ist nicht nur ideal für Tiere, sondern auch Voraussetzung für einen richtigen Naturgarten. Außerdem ist die Pflege so viel einfacher, als wenn verschiedene wilde Bereiche über den Garten verstreut liegen.

Natürliche Farbvariationen *Viele Wildblumen, wie etwa diese Hasenglöckchen, erscheinen manchmal in unerwarteten Farben.*

Wildblumengärtnerei im großen Stil *Wer genug Platz hat, sollte auf jeden Fall einen waldigen Bereich entstehen lassen. Hier säumt hoher Fingerhut einen natürlichen Pfad durch den »Wald«.*

Wachsen bereits einige alte Bäume im Garten, kann man diese als Grundstock für einen waldigen Bereich wählen. Natürlich können neben heimischen Arten auch Zierbäume wachsen, aber sie bieten sehr viel weniger Tieren eine Heimat. Und halten Sie nicht zu viele Koniferen. Sie sind für tierisches Leben wenig nützlich und werfen so tiefen Schatten, daß Blumen unter ihnen nicht gedeihen.

Sind im Garten noch keine Bäume vorhanden, sollten Sie zunächst eine sorgfältige Auswahl treffen. Manche Bäume werden mit der Zeit sehr groß, auch wenn es lange dauert. Eine Eiche beispielsweise wächst in den ersten fünfzehn Jahren sehr rasch bis zu einer Höhe von 7,5 m heran, danach beginnt sie dann auch breiter zu werden. Wenn Sie Waldbäume pflanzen, haben Sie daher die Wahl, sie entweder alle zehn bis fünfzehn Jahre auf den Stock zu setzen oder ganz zu entfernen – was mitunter Überwindung kostet, wenn man Bäume liebt. Wollen Sie die Bäume auf den Stock setzen, so denken Sie daran, daß Sie ja einen schattigen Bereich schaffen wollen. Und dafür können die Bäume sehr viel höher werden als in einem halbschattigen Niederwald.

Es gibt viele Bäume, die sich für ein kleines Wäldchen eignen, ohne gleich den ganzen Garten in Anspruch zu nehmen (s. S. 83). Ich persönlich habe eine Vorliebe für die Weißbirke. Sie wirft nur leichten Schatten, ist zu jeder Jahreszeit reizvoll und lockt viele Tiere an. Ferner wächst sie sehr rasch und gedeiht in fast allen Böden. Einziger Nachteil ist ihr flaches Wurzelsystem, das dem Oberboden Feuchtigkeit und Nährstoffe entzieht.

Und denken Sie daran: Je kleiner ein Baum beim Einkauf ist, desto schneller wächst er an. Und kleine Exemplare holen jene, die in einem weiterentwikkelten Stadium gepflanzt wurden, in wenigen Jahren ein, ja manchmal überholen sie sie sogar. Diese jungen Bäumchen sind in Baumschulen und Gärtnereien preiswert zu bekommen.

Die Anlage eines Waldes erfordert Geduld. Am besten hält man die Fläche unter den Bäumen einige Jahre unkrautfrei, bis diese etwa 1,5 m Höhe erreicht haben. Auch kräftige Gräser, Zwiebelblumen und größere Pflanzen machen den Wurzeln der jungen Bäume Konkurrenz. Andererseits spricht nichts dagegen, unter den Bäumen Blumen zu ziehen, solange sie nicht zu dicht am Stamm stehen. Einige Blumen des Waldsaumes, die für halbschattige Standorte geeignet sind, wachsen hier solange gut, bis die Bäume das Licht ab-

***Der Waldboden** (oben) Ein wenig Unordnung ist in waldigen Bereichen sowohl für Pflanzen als auch für Tiere lebensnotwendig. Hier hat sich ein stattliches Knabenkraut selbst angesiedelt. Auch Waldprimeln und Waldbingelkraut gedeihen gut, und selbst »totes« Holz treibt wieder aus.*

***Waldharmonie** Das frische Grün der Mandelblättrigen Wolfsmilch hebt das intensive Blau der Hasenglöckchen besonders hervor. Beide Pflanzen wirken in großen Gruppen am besten.*

zuschirmen beginnen und echte Waldblumen gepflanzt werden können. Es schadet den Bäumen auch nicht, wenn man im ersten Frühjahr oder Herbst nach dem Pflanzen eine Waldblumen-Mischung oder einzelne Arten sät.

Pflanzen Sie Wildblumen im Waldbereich, so denken Sie stets daran, daß sie in größerer Zahl besser wirken. Nur die auffälligeren Arten sollten einzeln oder in kleinen Gruppen gepflanzt werden. Komplizierte Pflanzungen sehen meist gekünstelt und weniger reizvoll aus. Zeigen Sie daher Mut und bepflanzen Sie einen Bereich mit großen Gruppen von vielleicht zwei oder drei Arten. Da und dort kann zusätzlich ein farblicher Akzent gesetzt werden. Beispielsweise kann man zu einer dichtstehenden Gruppe von Hasenglöckchen mit wenig Rotem Leimkraut einen großartigen Farbkontrast setzen. Eine weitere wundervolle Pflanze für schattige Flächen ist die Mandelblättrige Wolfsmilch, die mit ihren leuchtendgelbgrünen Blüten jede dunkle Ecke freundlich gestaltet und einen phantastischen Hintergrund für Hasenglöckchen bildet. Der Bärenlauch ist ein ausgezeichneter Bodendecker für nasse Bereiche und bietet zur Blütezeit einen wunderhübschen Anblick. Das einzige Problem, wenn der Garten klein ist, ist sein starker Knoblauchgeruch.

Unter dem Blätterdach eines natürlichen Waldes befindet sich eine Ebene mit Sträuchern, die mit weiteren Nistmöglichkeiten eine noch größere Vielfalt von Vögeln anlocken. Aber lassen Sie nicht überall im Waldbereich Sträucher wachsen, sonst bleibt kein Platz mehr für Blumen. Ein oder zwei kleine Strauchgruppen, durch die eventuell Kletterpflanzen hindurchwachsen, wirken natürlich und lassen noch genug offene Flächen für Waldblumen. Zur Auswahl stehen zahlreiche heimische Sträucher. Wichtig vor allem ist der Hasel, dessen Nüsse bei Vögeln und kleinen Säugetieren gleichermaßen beliebt sind. Der Strauch läßt sich auch leicht auf den Stock setzen und wächst buschig, so daß er gute Nistmöglichkeiten bietet. Roter Hartriegel, Pfaffenhütchen, Gemeiner Liguster und Schwarzer Holunder sind ebenfalls für Tiere wertvoll, und Dickichte aus wilden Rosen sehen im Juni, wenn sie in voller Blüte stehen, oder im Herbst mit ihren roten Hagebutten großartig aus. Rosen bieten Tieren Nahrung und Vögeln gleichzeitig gute Nistmöglichkeiten.

Unterholz ist ein wichtiger Bestandteil jedes Wäldchens. Gelegentlich müssen Bäume gefällt oder auf den Stock gesetzt werden, aber dies sollte nach und nach und nicht innerhalb eines Jahres geschehen, damit den Tieren immer ausreichend dichte Vegetation zur Verfügung steht. Brombeergestrüpp bietet Tieren einen großartigen Lebensraum, und die Brombeeren sind natürlich immer willkommen.

Mit den Jahren wird das Fallaub auf dem Waldboden eine dicke Schicht bilden. Sie darf auf keinen Fall entfernt werden, denn sie ist lebenswichtig für die Tiere und außerdem eine gute Mulchdecke, die die Feuchtigkeit bewahrt. Und während sie verrottet, kehren Mineralstoffe und Mineralien wieder in den Boden zurück.

Totes Holz beherbergt zahlreiche Insekten und Pilze. Wenn Sie Rodungsarbeiten durchführen, lassen Sie einen Teil des Holzes und vielleicht auch einen Baumstumpf liegen. Schichten Sie alles zu einem Haufen auf, und Sie werden staunen, wie rasch dort Lebewesen einziehen.

Schälen Sie gelegentlich einmal ein Stück Rinde ab – es wird voller Insekten sein. Und vielleicht entdecken Sie unter einem Holzstoß sogar Molche, denen die dort herrschende Feuchtigkeit sehr behagt. Käfer werden sich in das Holz bohren, und Moose und Pilze beginnen zu wachsen. Wenn dann die Stämme weiter verrotten, siedeln sich auf ihnen auch höhere Pflanzen an, beispielsweise Ruprechtskraut und Gundermann. Ich habe ein Stammstück, auf dem eine gesunde Weißbirke wächst. Und irgendwann ist der Haufen vollkommen verrottet und hat sich in fruchtbare, krümelige Erde verwandelt.

Vorsicht ist allerdings beim Hallimasch (*Armillaria mellea*) geboten: Dieser goldgelbe Pilz erscheint im September an totem Holz und der Basis erkrankter Bäume. Man trifft ihn sehr häufig im Wald an, und oft lebt er auch im Garten, ohne Schaden anzurichten, aber er kann auch alte und kranke, mitunter sogar gesunde Bäume befallen. Wenn Sie ihn an totem Holz entdecken, ist es daher sicherer, ihn zu entfernen, insbesondere wenn sich in einer Umgebung von 3 m einer Ihrer bevorzugten Bäume und Sträucher befindet. Und schichten Sie Holzstöße nie in der Nähe lebender Bäume auf.

Leitpflanzen für schattige Standorte

Auch der kleinste Garten hat ein schattiges Fleckchen, wo hübsche Waldblumen eine Heimat finden können. Legen Sie unter einem Baum oder im Schatten einer Mauer einen Garten an.

Buschwindröschen
Anemone nemorosa

Wie Hasenglöckchen scheinen sich auch Buschwindröschen nicht mit halben Sachen zu begnügen: Wo sie sich ansiedeln, bilden sie bald große Teppiche. Die zarten, nickenden Blüten sind teilweise eher rosa als weiß, und das filigrane Laub ist auch ohne Blüten noch sehr schön.

In der Natur gedeihen Buschwindröschen in Laubwäldern und an Heckenböschungen, gewöhnlich in Gesellschaft von Primeln. Unter Umständen sind sie ein Hinweis darauf, daß die Böschung einmal zu einem nahegelegenen Wald gehörte. Buschwindröschen sind auch in Nordamerika heimisch, wo sie häufig zusammen mit dunkelrosa Storchschnabel wachsen, eine Kombination, die nachzuahmen sich lohnt.

Die Engländer nennen diese Blume auch *windflower* (Windblume), ebenso die Franzosen – *les herbes au vente.* Dieser Name ist zweifellos passend, denn häufig wachsen die Blumen an windgepeitschten Plätzen, und darüber hinaus blühen sie zu einer recht windigen Jahreszeit.

Blütezeit: März bis April. **Höhe:** 15 cm.

Kultur: Buschwindröschen sind ausdauernd und entwickeln sich aus unterirdischen Rhizomen. Am besten gedeihen sie an Standorten mit durchlässiger Erde, wo sie nicht der Konkurrenz anderer Pflanzen ausgesetzt sind. Arbeiten Sie reichlich Lauberde in den Boden ein und pflanzen Sie die Buschwindröschen im Abstand von 20 cm. Buschwindröschen breiten sich meist rasch aus. Obwohl sich Samen entwickeln, lassen sich diese nur schwer sammeln. Da man die Pflanzen aber leicht teilen kann, ist diese Vermehrungsmethode zu empfehlen.

Andere Standorte: In Sonne oder Halbschatten an Böschungen mit magerem Boden, wo Gras nur spärlich wächst.

Akelei
Aquilegia vulgaris

Die Akelei ist in vielen Gärten ein vertrauter Anblick, doch leider sind die heutigen Gartenzüchtungen kaum noch wiederzuerkennen. Diese vielfarbigen Hybriden können mit dem schlichten Charme der schönen Wildblume und ihren intensivblauen Blüten nicht mithalten. Nur wenige von uns kennen diese Blume aus der freien Natur, obwohl sie ein Gartenflüchtling ist. Ganz sicher gehört sie zu den sehr alten Gartenblumen, die in einschlägiger Literatur schon 1580 erwähnt wird. Wildwachsend bevorzugt sie schattige, waldige Standorte.

Die meisten Gärtner setzen Akelei nur in die Sonne, dabei sehen sie in lichtem Schatten besonders reizvoll aus. Es gibt auch rosafarbene und weiße Formen, die im Garten gern gepflanzt werden. Die Blätter wirken im Frühjahr am schönsten, wenn sie leicht rosa getönt sind.

Blütezeit: Mai bis Juli.

Höhe: 30 bis 90 cm.

Kultur: Akelei ist eine ausdauernde Pflanze, die problemlos aus Samen gezogen werden kann. Die Aussaat erfolgt im Frühjahr und Frühherbst am vorgesehenen Standort; die Erde sollte fruchtbar und alkalisch sein. Akelei wächst auch in relativ trockenen Böden.

Andere Standorte: Sonnige; halbschattige.

Maiglöckchen

Convallaria majalis

Das Maiglöckchen ist eine zarte, unaufdringliche Pflanze, die Schatten und trockene Stellen des Waldes bevorzugt. In altem Brauchtum symbolisierte das Maiglöckchen Bescheidenheit und Reinheit. Seine schneeweißen Blüten duften süß und werden für die Parfümherstellung verwendet.

Das Maiglöckchen ist außerdem eine wertvolle Heilpflanze mit ähnlichen Eigenschaften wie der Fingerhut und wird zur Herstellung herzstärkender Mittel verwendet. Es soll ungefährlicher, aber auch weniger wirksam sein. Die alten Heilkundigen empfehlen es für eine ganze Reihe von Beschwerden, unter anderem gegen ein schlechtes Gedächtnis.

An schattigen Stellen unter Bäumen oder neben einem Zaun bürgert sich das Maiglöckchen rasch ein, sofern die Konkurrenz durch andere Pflanzen nicht zu groß ist. In durchlässigem Boden, in den reichlich Lauberde eingearbeitet wurde, breiten sich die kriechenden Rhizome des Maiglöckchens leicht aus. Diese Pflanze findet auch im kleinsten Garten Platz und wächst sogar in einem Kübel auf der Terrasse. Nach der Blüte bilden die Blätter bis zum Winter eine dichte Bodendecke.

Blütezeit: Mai bis Juni.

Höhe: 10 bis 20 cm.

Kultur: Maiglöckchen sind ausdauernd und haben kriechende Rhizome. Samen reifen selten, doch werden die Pflanzen in allen Gärtnereien angeboten. Man kann auch vorhandene Pflanzen nach der Blüte teilen. Am schönsten blühen Maiglöckchen, wenn man den Boden vor dem Pflanzen gründlich umgräbt und reichlich Kompost oder Lauberde einarbeitet. Setzen Sie Maiglöckchen am besten im Spätseptember mit 15 cm Abstand in durchlässigen, sandigen Boden. Die Wurzelkronen (der Teil, an dem die Blätter aus den Wurzeln wachsen) sollten genau unter der Erdoberfläche sitzen.

Andere Standorte: Halbschattige.

Roter Fingerhut

Digitalis purpurea

Im Gegensatz zu vielen unserer Wildblumen, die von zarter, sanfter Schönheit sind, ist der Fingerhut auffällig, leuchtend und hoch. Im Garten können Sie ihn an vielen verschiedenen Plätzen pflanzen: im Schatten von Bäumen, vor einem Zaun, an einer Mauer oder schattigen Hecke oder in eine sonnige Blumenrabatte. Wo sehr leichter, sandiger Boden ist, kann man auch versuchen, den Fingerhut in Gras einzubürgern.

Aus dem Gift des Fingerhutes werden Medikamente gegen Herzerkrankungen hergestellt.

Blütezeit: Juni bis August.

Höhe: 30 bis 120 cm.

Kultur: Fingerhut ist zweijährig und kommt meist ein Jahr nach der Aussaat zur Blüte. Die Samen werden im Frühjahr oder Spätsommer an dem vorgesehenen Standort oder in Saatschalen gesät und mit wenig Erde bedeckt. Fingerhut gedeiht in fast allen Gartenböden, doch sollte der Boden durchlässig und vorzugsweise sauer sein.

Andere Standorte: Sonnige; halbschattige.

Hasenglöckchen

Endymion nutans (syn. Hyacinthoides non-scripta)

Diese Pflanze ist auch auf dem europäischen Kontinent heimisch, aber die großen blauen Teppiche von Hasenglöckchen in Wäldern sind vor allem für die Landschaft Großbritanniens typisch. Zu dem Zeitpunkt, zu dem diese Pflanzen ihre Samen ausgebildet haben, ist ihr Laub oft unter Adlerfarn verschwunden, was zeigt, daß sie leichten, ein wenig sauren Boden bevorzugen. Die Blüten der Hasenglöckchen können auch weiß oder rosa sein und haben einen ebenso wunderbaren intensiven Duft wie ihre orientalischen Verwandten, die Hyazinthen. In der freien Natur wachsen Hasenglöckchen in Wäldern, auf Grasflächen und selbst an Klippen. In kleinen Gärten sieht ein Blütenpolster von Hasenglöckchen, zum Beispiel in der Nachbarschaft von Primeln, unter einem Baum oder im Schatten einer Hecke wunderhübsch aus. Oder man pflanzt die kleinen Blumen dicht zusammen in einen kurzen Rasen. Eine Mischung aus blauen, weißen und rosa Formen sieht, zwischen die Platten eines Weges gesetzt, besonders dekorativ aus.

Blütezeit: Mai. **Höhe:** 30 cm.

Kultur: Hasenglöckchen sind ausdauernd und wachsen aus Zwiebeln. Sie sind leicht zu ziehen und bevorzugen gut drainierten, im Idealfall leicht sauren Boden. Die Zwiebeln im Herbst mit 15 cm Abstand voneinander 5 cm tief pflanzen. Hasenglöckchen säen sich bereitwillig aus, doch brauchen die Samen Frost, um zu keimen. Es dauert mehrere Jahre, bis sich blühende Pflanzen entwickelt haben.

Andere Standorte: Die Blumen gedeihen auch in Halbschatten oder Sonne gut, doch je heller sie stehen, um so blasser ist ihre Farbe.

Mandelwolfsmilch

Euphorbia amygdaloides

Die schöne Mandelwolfsmilch wird recht groß, und durch ihre lindgrünen Blüten scheinen die Waldflächen, auf denen sie wächst, fast zu leuchten. Offenbar bevorzugt sie alte Wälder. Im Garten muß sie im Schatten, sogar in tiefem Schatten gezogen werden, und sie braucht einen dunklen Hintergrund. Pflanzen Sie mehrere Exemplare zusammen in den Schatten eines Zaunes oder einer Wand oder beleben Sie mit ihnen eine trostlose Ecke. Wolfsmilch bildet auch einen großartigen Hintergrund für intensiv gefärbte Blumen wie Primeln oder Hasenglöckchen.

Die Familie der Wolfsmilchgewächse ist sehr groß: Sie besteht aus beinahe tausend Arten und umfaßt sowohl Stauden wie die Mandelwolfsmilch, als auch Sukkulenten, die in heißen Wüstengebieten heimisch sind. Die meisten von ihnen, auch die Mandelwolfsmilch, enthalten einen Milchsaft, der, je nach Art, entweder zu Heilzwecken oder als Gift verwendet wird. Um sich nicht zu gefährden, sollte man keine der Arten mit Eßbarem in Berührung bringen.

Blütezeit: April bis Mai. **Höhe:** 30 bis 80 cm.

Kultur: Mandelwolfsmilch ist ausdauernd. Man kann sie leicht aus Samen ziehen, die im Frühjahr oder Frühherbst 1 cm tief am vorgesehenen Standort eingesät werden. Es gibt auch Pflanzen zu kaufen. Diese Wolfsmilch-Art gedeiht am besten in waldbodenähnlicher Erde, in die viel Laub und etwas Kompost eingearbeitet wurde. Sauren Boden mag sie nicht. Außer zu Frühjahrsbeginn, braucht sie nicht viel Feuchtigkeit.

Andere Standorte: Halbschattige.

Waldmeister

Galium odoratum

Diese Blume findet man im tiefen Wald. Es ist eine Blume der Freude, der guten Laune und selbst der Liebe (sie soll leicht aphrodisisch wirken). Ein anderer Name für sie ist Wohlriechendes Labkraut, und tatsächlich duftet die ganze Pflanze. Getrocknete Blätter riechen stark nach frisch gemähtem Heu.

Die reinweißen Blüten sehen vor dem dunklen Hintergrund des Waldes wie Sterne aus, und die interessant angeordneten Blätter bilden sternähnliche Quirle. Der Waldmeister ist ein naher Verwandter des Echten Labkrauts wie auch des Klettenlabkrauts, das in Hecken und Gebüschen oft zur Plage wird. Abgesehen von der Anordnung der Blätter, haben Waldmeister und Klettenlabkraut nichts gemein.

Nach Möglichkeit sollten Sie diese Pflanze im Schatten ziehen, denn in der Sonne verliert sie viele ihrer guten Eigenschaften. Die Blätter werden gelbgrün, und die sternähnlichen Blüten kommen nicht mehr zur Geltung. Waldmeister eignet sich für problematische Standorte, denn er liebt trokkene Schattenplätze unter Bäumen und wächst auch gut direkt am Stamm. Seine tiefgrünen Blätter bilden dichte, sehr dekorative Teppiche, und am richtigen Platz breiten sich seine unterirdischen Ausläufer rasch aus.

Von den Blättern kann man im Mai herrliche Bowlen zubereiten; man kann sie auch trocknen und in den Wäscheschrank oder in eine Kommode legen. Früher streute man sie auf den Fußboden und füllte sie in Kissen und Matratzen, und noch heute werden sie für Duft-Potpourris verwendet.

Blütezeit: Mai bis Juni. **Höhe:** 15 bis 30 cm.

Kultur: Waldmeister ist ausdauernd und läßt sich leicht durch unterirdische Ausläufer vermehren. Sie werden zu Frühjahrsbeginn abgetrennt und verpflanzt. Auch das kleinste Stück geht an. Waldmeister mag fruchtbaren, alkalischen Boden und etwas Feuchtigkeit, insbesondere während des Frühjahrs. Er entwickelt nur wenige Samen, falls sie aber gesammelt werden, sollte man sie gleich säen und damit nicht bis zum nächsten Jahr warten.

Andere Standorte: Halbschattige.

Waldstorchschnabel

Geranium sylvaticum

Der Waldstorchschnabel ist eine unserer schönsten Storchschnabel-Arten und so leuchtend gefärbt, daß Abbildungen ihm kaum gerecht werden. Er ist geeignet, schattige Stellen im Garten mit Farbe und dekorativem Laub zu beleben. Man kann ihn aber auch in ein freiliegendes Beet oder eine Rabatte pflanzen. Am besten setzt man mehrere Exemplare zusammen. Da nicht alle Pflanzen genau zur gleichen Zeit blühen, verlängert sich die Blütezeit.

Wie alle Storchschnabel-Arten verbreitet auch diese ihre dunklen, runden Samen über beachtliche Entfernungen, weil sie sie sozusagen abschießt. Wollen Sie die Samen sammeln, ist es wichtig, den Zeitpunkt genau abzupassen. An einem Tag scheinen die Samen noch nicht ganz reif und am nächsten sind sie nicht mehr da. Binden Sie deshalb eine Papiertüte oder ein Musselinsäckchen um eine Blüte oder sammeln Sie die Blüten kurz vor der Samenreife und legen Sie sie in einen mit Musselin abgedeckten Behälter.

Blütezeit: Juni bis Juli. **Höhe:** 30 bis 80 cm.

Kultur: Der Waldstorchschnabel ist eine buschige, ausdauernde Pflanze, die sich leicht aus Samen ziehen läßt. Um die Keimung zu beschleunigen, reibt man die Samen vor der Aussaat fest zwischen zwei Stücken Sandpapier. Die Aussaat erfolgt im Frühjahr oder Frühherbst, und zwar 1 cm tief am vorgesehenen Standort oder in eine Saatschale. Schalen werden bis zur Keimung mit Glas abgedeckt. Die Erde sollte fruchtbar sein, sauer und Feuchtigkeit halten.

Andere Standorte: Sonnige; halbschattige; Wassergärten.

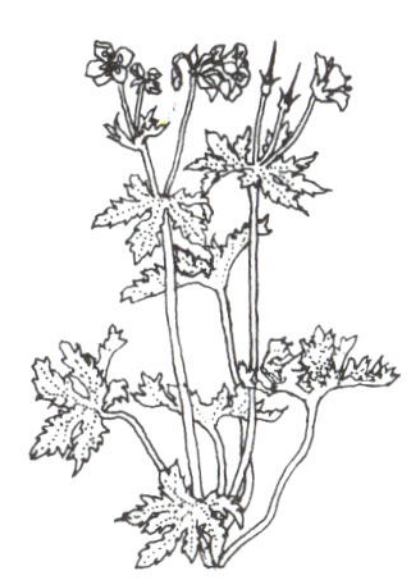

Grüne Nieswurz
Helleborus viridis

Diese zauberhafte, wenn auch zunächst unauffällige Pflanze liefert ein gutes Beispiel dafür, daß jede Wildblume ihre Zeit und ihren Platz hat. Würde sie blühen, wenn auch Hasenglöckchen und Leimkraut ihre leuchtenden Blüten öffnen, nähme man sie wahrscheinlich kaum wahr, doch vor dunklen Wäldern, die gerade aus dem Winterschlaf erwachen, wirkt sie wie ein Juwel. Pflanzen Sie die Grüne Nieswurz in Gruppen vor einem dunklen Hintergrund, damit ihr frisches Grün besonders gut zur Geltung kommt. Schön, wenngleich nicht so eindrucksvoll, wirkt sie auch mit Schneeglöckchen oder blauem und rosa Lungenkraut.

Im Herbst sterben die oberirdischen Teile der Pflanze ab, doch zu Frühjahrsbeginn treibt die Grüne Nieswurz wieder aus. Immergrün ist dagegen die Stinkende Nieswurz, eine andere, bei uns heimische Helleborus-Art, die leicht mit einem Strauch verwechselt werden kann, da sie bis zu 60 cm Höhe erreicht. Ihre Blätter sind handförmig geteilt und das ganze Jahr über dekorativ, ihre Blüten kleiner als die der Grünen Nieswurz und braunviolett gerändert. In milden Wintern kann sie bereits Anfang Dezember blühen, und ihre büschelig stehenden Blüten halten mitunter viele Monate. Die Pflanze riecht nicht so unangenehm, wie der Name vermuten läßt, doch sollte man die Blätter nicht zerdrücken, weil sich der Geruch dann verstärkt. Er lockt Bienen und andere Insekten an; daher ist die Nieswurz als frühe Nektarpflanze sehr wertvoll. Wildwachsend kommen sowohl Grüne als auch Stinkende Nieswurz nur selten vor. Beide wachsen im allgemeinen in Wäldern auf Kalk- oder Kreideböden, wo sie steile Hänge bevorzugen.

Blütezeit: Februar bis März. **Höhe:** 45 cm.

Kultur: Die Nieswurz ist ausdauernd und gedeiht sowohl in gut drainiertem als auch feuchtem Boden, in den Sie reichlich Lauberde einarbeiten sollten. Falls Sie statt dessen Torf verwenden, achten Sie darauf, daß der Boden nicht zu sauer wird, denn die Nieswurz bevorzugt alkalische Bedingungen. Gepflanzt wird mit etwa 20 cm Abstand. Wenn Boden und Situation den Ansprüchen der Pflanzen gerecht werden, streuen sie selber ihre Samen aus. Man kann auch im Frühherbst aussäen. Die Pflanzen kommen erst nach einigen Jahren zur Blüte.

Andere Standorte: Halbschattige.

Türkenbundlilie
Lilium martagon

Die Türkenbundlilie ist in Mittel- und Südeuropa heimisch. Bei uns findet man sie in manchen Gegenden Süddeutschlands, doch kommt sie nur noch selten vor. In Großbritannien – wo sich die Botaniker nicht darüber einig sind, ob es sich tatsächlich um eine heimische Pflanze handelt – wird sie von John Gerard bereits 1596 als Gartenblume erwähnt, und in vielen alten Landgärten sieht man sie dort auch heute noch.

Die roten, gefleckten Blüten dieser anmutigen Pflanze haben eine ungewöhnliche, turbanartige Form und stehen in Büscheln an langen Stielen. Ihre Staubgefäße ragen weit aus der Blütenmitte hervor.

Die Türkenbundlilie läßt sich problemlos ziehen, sofern der Boden nicht zu sauer ist. Sie gedeiht in Sonne oder Schatten gleichermaßen gut, obwohl ich sie vor allem für waldige Gärten empfehle, weil sie in dieser Umgebung besonders schön zur Geltung kommt.

Blütezeit: Mai bis Juli.

Höhe: 1 m.

Kultur: Die Türkenbundlilie ist eine ausdauernde Zwiebelblume, die in durchlässigem Boden am besten gedeiht. Die Zwiebel wird 15 cm tief eingepflanzt. Türkenbundlilien entwickeln zahlreiche Samen, und will man sie vermehren, sollte man es der Pflanze ermöglichen, ihren Samen auszustreuen. Die Aussaat kann jedoch auch im Frühjahr am vorgesehenen Standort erfolgen. Da Lilien Kalium mögen, ist bei Pflanzungen eine organische Kaliumdüngung von Vorteil.

Andere Standorte: Sonnige; halbschattige.

Waldsauerklee

Oxalis acetosella

Wer Waldsauerklee zum erstenmal begegnet, ist angenehm überrascht. Im Gegensatz zu seinem eher langweiligen und gewöhnlichen Namen gehört dieser Klee zu den reizvollsten und zartesten Pflanzen des Waldes. Die Pflanze schmeckt sauer, und die Blätter haben ein helles, frisches Grün.

Waldsauerklee ist außerordentlich empfindlich. So schließen sich die Blätter bei Berührung und Nässe, wenn die Nacht hereinbricht oder sobald die Sonne auf sie fällt. Sie falten sich pyramidenförmig um den Stiel, um die Verdunstung zu reduzieren. Auch die Blüten schließen sich vor Regen und während der Nacht, und wenn sie welken, biegen sich die Blütenstiele herab. Die Samen werden von den Blättern eingeschlossen. Sind sie reif, streckt sich der Stiel wieder, und die Samen werden aus der Kapsel herausgeschleudert.

Früher verwendete man die Blätter des Waldsauerklees in kleinen Mengen für Salate und die Zubereitung von Grüner Sauce. Der saure Geschmack ersetzte Essig und Zitrone. Der Waldsauerklee ist außerdem eine Heilpflanze. Aus ihr werden Mittel zum Gurgeln und zur äußerlichen Behandlung von Krätze hergestellt.

Waldsauerklee sollte immer im Schatten wachsen. In einem nährstoffreichen, waldigen Boden breitet er sich rasch aus. Zu Frühjahrsbeginn bildet er um Baumstämme herum oder auf relativ trockenen Flecken dekorative Teppiche, und besonders hübsch sieht er an einer schattigen Böschung oder auf einer Erhöhung aus. Er darf nicht in Konkurrenz mit Gräsern oder anderen Pflanzen wachsen, gedeiht aber sowohl in alkalischen als auch sauren Böden.

Blütezeit: April bis Mai.
Höhe: 5 bis 10 cm.
Kultur: Waldsauerklee ist eine ausdauernde Pflanze, die man aus Samen ziehen kann. Samen aber lassen sich nur schwer sammeln und stehen nicht immer zur Verfügung. Pflanzen besorgt man sich am besten in Wildblumen-Gärtnereien. Wenn man sie im Herbst, mit 15 cm Abstand voneinander, an einen schattigen Platz pflanzt, wachsen sie problemlos an.

Andere Standorte: Halbschattige.

Waldprimel

(Waldschlüsselblume) *Primula elatior*

Waldschlüsselblumen sind anmutige, zarte Pflanzen, die ähnlich duften wie reife Aprikosen. Häufig werden sie mit anderen Primeln verwechselt, wie zum Beispiel mit der Wiesenschlüsselblume, die aber viel kleiner und in der Mitte typisch orangegelb gefleckt ist. Die Waldprimel wurde erst in den vierziger Jahren des letzten Jahrhunderts von Henry Doubleday als eigene Art klassifiziert.

Da wilde Primeln leicht bastardieren, sollten Sie, falls sie sich sortenecht aussamen sollen, immer nur eine Art ziehen. Natürlich kann es auch faszinierend sein zu beobachten, welche natürlichen Hybriden entstehen, wenn sich Wald-, Wiesen- und Kissenprimeln oder bunte Gartenformen kreuzen. Die wildwachsende *Primula elatior* ist die Mutterpflanze vieler moderner Hybriden für den Garten.

Hierzulande wachsen Waldschlüsselblumen vor allem in Laub- und Mischwäldern, aber auch auf feuchten Wiesen und vielen anderen Plätzen.

Blütezeit: Mai.
Höhe: 30 cm.
Kultur: Waldschlüsselblumen sind mehrjährig. Sie können im Abstand von 20 cm in Boden gepflanzt werden, der das ganze Jahr hindurch feucht ist. Da die Samen zum Keimen Winterfrost brauchen, sollte man sie im Frühherbst säen. Ganz frische Samen keimen oft rasch, bei älteren ist die Keimung unregelmäßiger. Die Blühgröße ist nach drei bis vier Jahren erreicht.
Andere Standorte: Sonnige oder halbschattige; der Boden darf nie austrocknen.

Echtes Lungenkraut
Pulmonaria officinalis

Das Lungenkraut ist eine außergewöhnliche Pflanze, die sich an waldigen oder schattigen Standorten, wo Gras nicht zu stark dominiert, leicht ansiedelt. Seine Knospen sind tiefrosa, die geöffneten Blüten violettblau. In der Form ähneln sie Schlüsselblumen.

Der Name Lungenkraut bezieht sich auf die angebliche Heilwirkung der Pflanze. Nach der aus dem 16. Jahrhundert stammenden Signaturenlehre erinnern die Flecken auf den Blättern an Lungen, und dies, so heißt es, sei ein Hinweis darauf, daß sich die Pflanze zur Behandlung von Lungenerkrankungen eignet.

In freier Natur wächst das Lungenkraut in Wäldern und Gebüschen, allerdings findet man es heute immer seltener. Als Gartenpflanze ist es sehr geeignet: Selbst nach der Blüte ist das Laub noch ein ausgezeichneter Bodendecker. Es gibt viele dekorative Gartenformen, darunter weiß-, rosa- und tiefviolettblühende Sorten.

Blütezeit: März bis Mai. **Höhe:** 30 cm.

Kultur: Das Lungenkraut ist ausdauernd und sollte im Frühjahr oder Herbst mit 30 cm Abstand in fruchtbaren Boden mit reichlich Lauberde gepflanzt werden. Es breitet sich rasch aus und bildet einen dichten Teppich. Lungenkraut entwickelt selten reife Samen, man kann jedoch seinen Bestand vermehren, indem man im Herbst vorhandene Pflanzen teilt.

Andere Standorte: Halbschattige.

Duftveilchen
Viola odorata

Das Duftveilchen gehört zu den beliebtesten Wildblumen. Seine Popularität verdankt es seinem wunderbaren Duft - es ist das einzige wilde Veilchen, das duftet - sowie seinen dunkelvioletten Blüten. Es gibt auch weiße oder blaßrosa Formen. Duftveilchen sind echte Frühlingsboten: Mit dem Welken ihrer Blüten zieht der Frühling ein. Die süßduftenden Veilchenblüten bilden zusammen mit den großen, herzförmigen Blättern auf dem Waldboden wundervolle Teppiche. In Gesellschaft von Primeln - eine Kombination, die man oft im Wald findet - sehen diese Veilchen besonders schön aus.

Das Veilchen hat sehr viel Nektar, doch blüht es so früh, daß es für Bienen im allgemeinen noch zu kalt ist. Aus diesem Grund werden die Blüten selten bestäubt. Eher entwickeln sich Samen aus den Herbstblüten, die zwischen den Blättern sitzen und sich selbst bestäuben. Da die Pflanze aber Ausläufer ausschickt, die sich bewurzeln und neue Pflanzen ausbilden, besteht zur Samenentwicklung keine große Notwendigkeit.

Duftveilchen wurden stets in der Medizin verwendet, ebenso zur Duftstoff- und Sirupherstellung. Die Parfümindustrie kultivierte sie daher in großem Maßstab, und zeitweilig wurden die Blüten auf den Märkten verkauft.

Blütezeit: Februar bis April. **Höhe:** 10 bis 15 cm.

Kultur: Duftveilchen sind ausdauernd und breiten sich durch Ausläufer rasch aus. Morgens und nachmittags mögen die Pflanzen gern Sonne. Zur Vermehrung alte Pflanzen im Frühjahr teilen oder an Ausläufern entstandene Jungpflanzen zu Frühjahrsbeginn in fruchtbare, ziemlich feuchte Erde setzen. Oder Samen zwischen Sandpapier reiben und im Herbst säen. Sie keimen sehr unregelmäßig.

Andere Standorte: Halbschattige.

WILDBLUMEN FÜR
Wassergärten

Ein Naturteich, an dessen Ufer Mädesüß, Zungenhahnenfuß und Blutweiderich gedeihen.

Es ist nicht lange her, da gab es in unserer Landschaft noch zahlreiche Feuchtgebiete mit einer eigenen, vielfältigen Flora. Betrachtet man eine nur fünfzehn Jahre alte Karte, entdeckt man in einer einzigen Gemeinde Hunderte von Teichen sowie Wasserläufe, Gräben und undrainierte Wiesen. Heute jedoch sind viele Teiche und nasse Wiesen zur landwirtschaftlichen Nutzung trockengelegt worden oder ausgetrocknet und mit Sträuchern und Bäumen überwachsen, weil sie unzureichend gepflegt wurden.

Ein Wildteich oder eine feuchte Fläche wird zur Oase für jene Tiere, deren Lebensräume zerstört wurden. Wie Sie sehen werden, finden sich sehr viel mehr Tiere im Garten ein, wenn irgendwo Wasser vorhanden ist. Und selbst der kleinste Teich bildet rund ums Jahr einen interessanten Blickfang, auch nachdem Frühjahrs- und Sommerblumen verwelkt sind.

Anstelle eines Teiches oder als Ergänzung dazu können Sie auch ein Miniatur-Feuchtgebiet anlegen, in dem all die aufregenden, farbenfrohen Pflanzen wachsen können, die auf fruchtbarer, nasser Erde zu Hause sind. Sogar eine winzige, mit Hilfe einer Teichfolie entstandene Fläche verfehlt nicht ihre Wirkung. Oder nutzen Sie einen von Natur aus nassen Bereich, um dort eine Feuchtwiese sowie einen Teich und ein Sumpfgebiet anzulegen, wo die ganze Vielfalt an wilden Sumpf- und Wasserpflanzen gedeiht.

Teichgärten im Sommer

Es gibt zahlreiche, sehr unterschiedliche Wildpflanzen, die in oder nahe an Teichen gedeihen. Am farbenprächtigsten ist ein Teichgarten während der Sommermonate, doch durch die Tiere, die er anlockt, ist er das ganze Jahr über aufregend.

Die auf dieser Doppelseite gezeigten Pflanzen wurden alle im Garten gezogen. Wildwachsende Blumen sollten weder gepflückt noch ausgegraben werden.

Teichbinsen (unten) Getrocknet eignen sie sich zum Dachdecken.

Echtes Mädesüß (oben) ist eine duftende Blume, die an Ufern oder auf nassen Wiesen in Gruppen sehr schön aussieht.

Reitgras (rechts) wirkt am Rand eines Teiches oder Sees sehr dekorativ. Es gedeiht auch in feuchten Wäldern.

Ästiger Igelkolben (links) Eine reizvolle Pflanze, die aber wuchern und mit ihren Wurzeln die Teichfolie zerstören kann.

Wasserhahnenfuß (oben) schwimmt auf dem Wasser.

Echter Baldrian (rechts) ist eine hohe Sumpfpflanze.

Froschlöffel (unten) wächst gerne in sehr nassen Böden.

Wasserdost (unten) ist eine bunte, hohe, buschige Pflanze.

Weiße Seerose (unten) Ihre glänzenden Blätter breitet sie auf dem Wasser aus.

Breitblättriger Rohrkolben (links) Eine wundervolle stattliche Pflanze, aber für die meisten Gartenteiche zu wüchsig. Der Wind trägt die Samen auch in Nachbarteiche.

Kleinblättriger Rohrkolben (unten) eignet sich sehr gut für Teiche.

Blumenbinsen (links) gehören zu den schönsten Blumen der Uferzone und mögen Tonböden. Vorsicht vor den messerscharfen Blättern.

Gemeiner Felberich (rechts) setzt am Teichrand freundliche Farbtupfer.

Gifthahnenfuß (oben) ist eine kleinblütige Hahnenfußart und für große Teiche geeignet.

Gemeiner Blutweiderich (unten) sollte an keinem Teich fehlen.

Bachminze (oben) duftet süß und hat große Blüten.

Sumpfziest (unten) paßt gut zu Blutweiderich und Mädesüß.

Zungenhahnenfuß (rechts) wächst am besten großflächig.

Sumpfvergißmeinnicht (rechts) ist ein ausgezeichneter Bodendecker und schließt schnell Lücken.

Wasser-Wildgärten

Eine Teichidylle *Leuchtendgelbe Sumpfdotterblumen am Rand eines stillen Teiches. Als Trittsteine im Wasser dienen Stammscheiben.*

Ein verwildeter kleiner Teich *Dieser herkömmliche Teich ist heute von Gartengarben, Blutweiderich, Färberkamille und Weidenröschen umgeben.*

Ein Teich entwickelt sich oft zum wichtigsten Element eines Gartens. Es gibt keinen anderen Bereich, der vom Frühjahr bis in den Spätsommer so bunt und so lebendig ist. Und weil heute ein Großteil der Teiche und Feuchtgebiete zusammen mit ihrer Flora und Fauna aus unserer Landschaft verschwunden ist, stellt jeder Gartenteich einen Beitrag zum Naturschutz dar.

Anlage eines Naturteichs

Herkömmliche, sorgfältig gepflegte Teiche, voller Goldfische und umgeben von gemähtem Rasen, wirken in einem Wildblumengarten fehl am Platz und sind für Tiere wenig nützlich. Dagegen ermutigt ein natürlich aussehender Teich mit flachen Ufern und Pflanzenbewuchs, der bis an das Wasser heranreicht, die Tiere, sich frei zwischen Wasser und Land zu bewegen. Der Teich sollte nicht vom übrigen Garten abgeschnitten sein. Betrachten Sie ihn weniger als eigenständiges Element, sondern vielmehr als Bestandteil des Ganzen. Das tiefe Wasser in der Teichmitte geht in eine flache Randzone über und diese wiederum in Sumpf und eine feuchte Fläche. Dem Feuchtgebiet kann sich eine trockenere Wiese anschließen, dann folgen Sträucher und Bäume. Ein anderer Bereich des Teiches könnte zu einer Sand- oder Kiesfläche führen und anschließend zu einem Steingarten. Natürlich haben in einem sehr kleinen Garten so viele verschiedene Lebensräume keinen Platz, doch zumindest sollte ein wilder Bereich bis an den Teich heranreichen.

Die Bepflanzungsvorschläge für Teiche gelten auch für Wasserläufe, obwohl bei letzteren Seerosen und andere an der Oberfläche schwimmende Pflanzen wenig empfehlenswert sind. Dekorativ wirkt ein Feuchtgebiet mit üppiger Vegetation zur einen Seite des Baches und eine Frühlingswiese oder ein Blumenrasen zur anderen.

Den Teich bepflanzen

Nachdem Sie den Teich mit Wasser gefüllt haben, braucht er einige Tage Ruhe, bevor Sie mit dem Pflanzen beginnen können. Es ist wichtig, daß sich alles im Wasser vorhandene Chlor verflüchtigen kann. Ein Betonteich muß vor dem Füllen über einen Zeitraum von drei bis vier Wochen immer wieder ausgespült werden, um überschüssigen Kalk auszuwaschen.

Denken Sie daran, daß ein einmal angelegter Teich und seine Umgebung praktisch ein selbständiges Ökosystem darstellen kann. Um dies zu erreichen, muß eine möglichst große Zahl von Pflanzen, Insekten und Amphibien angesiedelt beziehungsweise angelockt werden. Pflanzen versorgen Tiere mit Sauerstoff und Nahrung, bieten ihnen Schutz und dienen als Brutstätten und Fluchtwege für Insekten wie Großlibellen.

Tiere am Teich

Wenn Sie Ihren Teich bepflanzt und eine schöne Auswahl an Gewächsen angesiedelt haben, dann wird sich zweifellos eine ganze Reihe Lebewesen von

***Leben im Teich** Eine genaue Beobachtung lohnt sich: Hier holen zwei zwischen üppig wachsenden Pflanzen kaum sichtbare Frösche an der Wasseroberfläche Luft.*

selbst einstellen. Sogar Fische können durch Vögel, die den Laich mit sich tragen, ihren Weg in den Teich finden, und gewiß erscheinen auch zahlreiche Insekten. Und wenn man in einer entsprechenden Gegend lebt, wird man vielleicht eines Tages Frösche und Kröten entdecken. Wer außerdem Zierfische halten will, braucht einen zweiten Teich, denn im Naturteich würden sie Kaulquappen und Laich vertilgen und das natürliche Gleichgewicht stören.

Teichpflege

Für Pflanzen, Tiere und Insekten ist es lebenswichtig, daß das Teichwasser niemals abgelassen wird. Da aber Wasserpflanzen sehr wuchsfreudig sind und leicht wuchern, muß dafür gesorgt werden, daß sie nicht außer Kontrolle geraten und den Teich ersticken. Deshalb sollte man im Abstand von einigen Jahren, wenn die Vegetation undurchdringlich zu werden beginnt, einen Teil entfernen.

Miniaturteich in einem Kübel

Wer in seinem Garten keinen Platz für einen Teich hat, kann in einem halben Faß einen faszinierenden Miniaturlebensraum entstehen lassen. Für Tiere sind alte Holzfässer am besten geeignet, doch in Ermangelung eines solchen kann auch eine Kunststofftonne verwendet werden. Ein Holzfaß sollte man auswaschen und einige Tage einweichen. Dadurch quillt das Holz auf und wird wasserundurchlässig. Undichte Stellen müssen gegebenenfalls mit einer geeigneten Dichtmasse verschlossen werden. Dann bedeckt man den Boden mit einer 8 cm dicken Schicht Sand oder Kies und füllt Wasser ein. Wer Leitungswasser verwendet, muß mit dem Bepflanzen 48 Stunden warten.

Die Auswahl der Pflanzen muß sich nach der Gefäßgröße richten. Froschbiß ist beispielsweise eine reizvolle kleine Schwimmpflanze. Aufrechtwachsende Pflanzen wie Froschlöffel, Pfeilkraut und Bachminze geben dem Arrangement Höhe. Uferzonenpflanzen, beispielsweise die Blumenbinse, können in Töpfen auf Steine gesetzt werden, so daß die Wurzeln gerade im Wasser stehen. Sumpfvergißmeinnicht ranken sich über die Faßwand und machen harte Konturen weicher.

In einem Faß ist nur wenig Platz für Pflanzen – ich empfehle höchstens fünf. Sie sollten mit den Gefäßen, in denen man sie kauft, eingesetzt oder in Kunststofftöpfe gepflanzt werden, damit sie nicht außer Kontrolle geraten. Schneiden Sie sie zurück oder entfernen Sie einige ganz, wenn sie sich zu sehr ausbreiten. Vermutlich ist dies mindestens einmal im Jahr notwendig.

Tiere lockt man an, indem man einige Steine auf den Faßboden legt, die ihnen Schutz bieten, und sauerstoffbildende Pflanzen einsetzt, wie etwa Hornblatt und Tausendblatt. Lassen Sie den Pflanzen einige Wochen Zeit, sich einzugewöhnen, bevor Sie Tiere einsetzen, wie beispielsweise Wasserschnecken (erhältlich bei Spezialanbietern). Die übrigen Lebewesen stellen sich von selbst ein.

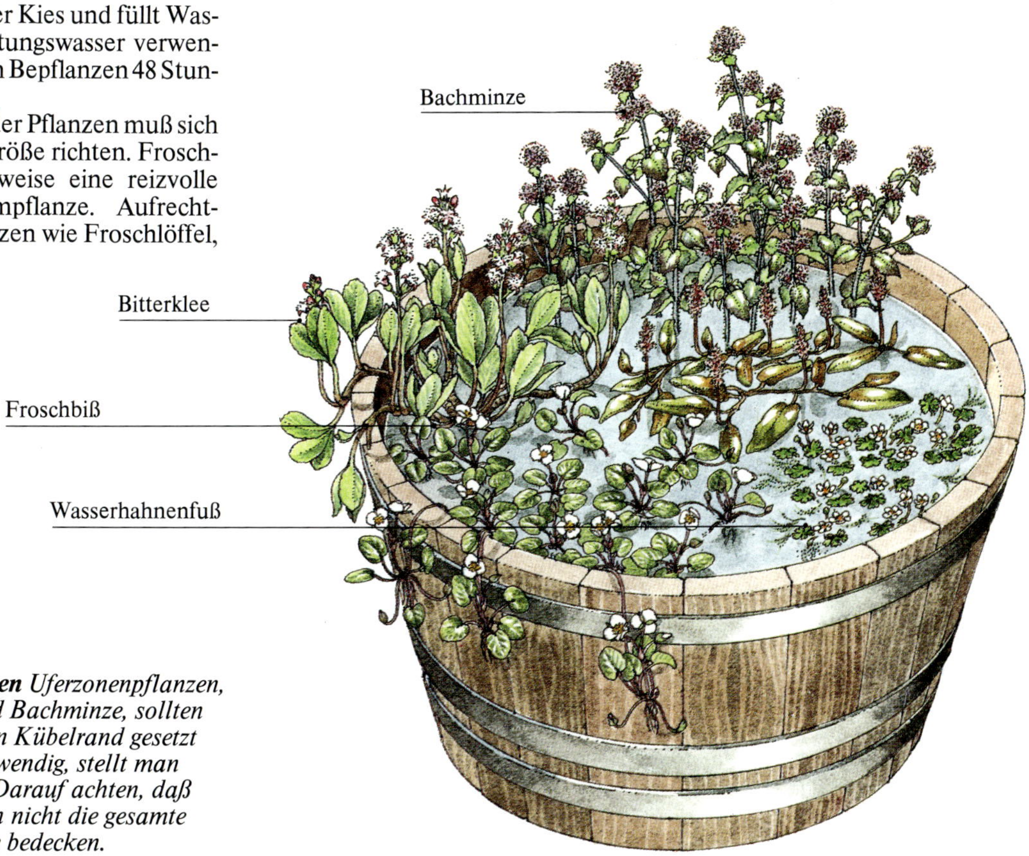

***Ein Faß bepflanzen** Uferzonenpflanzen, wie Bitterklee und Bachminze, sollten in Gefäßen an den Kübelrand gesetzt werden. Falls notwendig, stellt man diese auf Ziegel. Darauf achten, daß Schwimmpflanzen nicht die gesamte Wasseroberfläche bedecken.*

***Nasse Wiesen** sind die Heimat einiger sehr seltener und farbenprächtiger Wildblumen. Hier wächst am Ufer eines Teiches Knabenkraut zwischen Wasserschwertlilien und Wiesenkerbel.*

Die Palette der Wasserpflanzen

Wasserpflanzen können entsprechend der Wassertiefe, in der sie wachsen, in fünf Kategorien eingeteilt werden:

Unterwasserpflanzen erzeugen Sauerstoff für die Teichorganismen und beugen übermäßigem Algenwuchs vor. Sie sollten üppig vorhanden sein. Am besten eignen sich Wasserstern (*Callitriche spp.*), Gemeines Hornblatt (*Ceratophyllum demersum*) und Ährentausendblatt (*Myriophyllum spicatum*).

Schwimm- und Schwimmblattpflanzen, wie die Seerose, wachsen in bis zu 3 m tiefem Wasser. Sie wurzeln im Teichgrund, und ihre Blätter schwimmen auf der Wasseroberfläche. (Es gibt auch freischwimmende Wasserpflanzen.) In einem kleinen Teich kann man statt Seerosen Froschbiß einsetzen.

Aufrechtwachsende Wasserpflanzen haben normale Stengel und Blätter oberhalb des Wassers, doch sie gedeihen in tieferen Bereichen des Teiches. Empfehlenswert sind hier Pfeilkraut, Blumenbinse und Bachminze. Auf jeden Fall aber sollten Sie den wuchernden Breitblättrigen Rohrkolben (*Typha latifolia*) aus Ihrem Teich fernhalten.

Uferzonenpflanzen wachsen in seichtem Wasser bis zu 15 cm Tiefe. Sie sind nicht nur dekorativ, sondern auch nützlich, da sie etwas Schatten entstehen lassen. Die folgenden Arten haben eine schöne Färbung sowie reizvolle Blätter und Stengel: Sumpfdotterblume, Sumpfvergißmeinnicht, Froschlöffel, Bitterklee, Wasserschwertlilie und Bachbunge.

Feuchtgebietspflanzen wachsen in ständig feuchter Erde und sind die farbenprächtigsten Blumen überhaupt. Die Kuckucksblumen blühen früh im Jahr zusammen mit Sumpfdotterblumen (sie gedeihen sowohl in flachem Wasser als auch auf nassem Boden). Kriechender Günsel ist ein sehr dekorativer niedriger Bodendecker, der ab Sommerbeginn seine Blüten öffnet. Er bevorzugt einen schattigen Platz. Im Juli und August blühen Mädesüß, Gemeiner Blutweiderich, Gemeiner Felberich und Gemeiner Wasserdost. Sie sind bunt und locken Schmetterlinge und andere Tiere an. Auch der Echte Baldrian ist eine sehr schöne, hohe Pflanze, die vom Frühsommer an blüht.

Gräser, Binsen und Seggen sind für Tiere wichtig und sollten den Grundbestand jeder feuchten oder sumpfigen Fläche bilden. Gut eignen sich die folgenden Arten: Wiesensegge (*Carex nigra*), Behaarte Segge (*Carex hirta*), Sumpfsegge (*Carex acutiformis*), Gemeine Sumpfbinse (*Eleocharis palustris*), Langes Zypergras (*Cyperus longus*), Flatterbinse (*Juncus effusus*), Hundsstraußgras (*Agrostis canina*), Wiesenfuchsschwanz (*Alopecurus pratensis*), Pfeifengras (*Molinia caerulea*), Rasenschmiele (*Deschampsia cespitosa*) und Landreitgras (*Calamagrostis epigejos*).

***Ein Teichufer** Diese Pflanzung zeigt, wie ein Lebensraum natürlich in den anderen übergehen kann. Ein gemähter Grasweg führt hier durch ein »Feuchtgebiet«, in dem Zungenhahnenfuß und Blumenbinsen wachsen. Auf der anderen Seite liegt eine Wiese.*

Ein Feucht- oder Sumpfgebiet

Es gibt viele farbenfrohe Uferzonen- und Feuchtgebietspflanzen, die auf einer Fläche neben einem Teich oder Wasserlauf gezogen werden können. Ein solcher Bereich läßt sich aber auch separat anlegen (s. S. 135). Den Sommer über muß er feucht gehalten werden (ein tröpfelnder Gartenschlauch reicht hier aus), denn viele Feuchtgebietspflanzen stehen im August in voller Blüte.

Eine Feuchtwiese

Befindet sich im Garten eine Fläche, die von Natur aus schlecht drainiert und über weite Strecken des Jahres naß ist, können Sie eine Feuchtwiese anlegen. Säen Sie dort eine geeignete Saatmischung ein. Später können weitere Feuchtgebietspflanzen eingesetzt werden sowie Teufelsabbiß, Bachnelkenwurz, Gemeiner Beinwell, Schachbrettblume, Sumpfherzblatt und Mehlprimel. Die Feuchtwiese wird im Sommer an der Oberfläche austrocknen (tiefer unten bleibt sie aber feucht), und im Herbst ist sie dann trocken genug, um mit der Sense gemäht zu werden.

Leitpflanzen für Wassergärten

Wasser übt immer große Faszination aus. Selbst ein kleiner Gartenteich, an dem einige der vielen bunten heimischen Blumen, wie Blumenbinse und Seerose, wachsen, kann zu einem aufregenden Mittelpunkt werden.

Blumenbinse

(Schwanenblume, Wasserliesch) *Butomus umbellatus*

Die Blumenbinse ist eine großartige Pflanze für Teichuferzonen. Sie wird bis zu 1,5 m hoch und entfaltet ihre ganze Pracht im Spätsommer, nachdem die Seerosen abgeblüht sind. Dann erscheinen die wunderschönen rosa Blüten mit ihren auffälligen roten Staubgefäßen. Sie duften angenehm nach Mandeln, und später folgen ihnen dekorative purpurne Früchte. Die dreikantigen, binsenartigen Blätter sind rasiermesserscharf, und man sollte sich entsprechend vorsehen. Vielleicht wäre die Blumenbinse in vielen Gegenden auch schon längst von Blumenpflückern ausgerottet worden, würde sie nicht von diesen grünen Schwertern geschützt.

Im Garten sollte die Blumenbinse – mit den Wurzeln im Wasser – an den Teichrand gepflanzt werden, neben Pflanzen wie Bitterklee, Wasserschwertlilie und Gemeinem Froschlöffel.

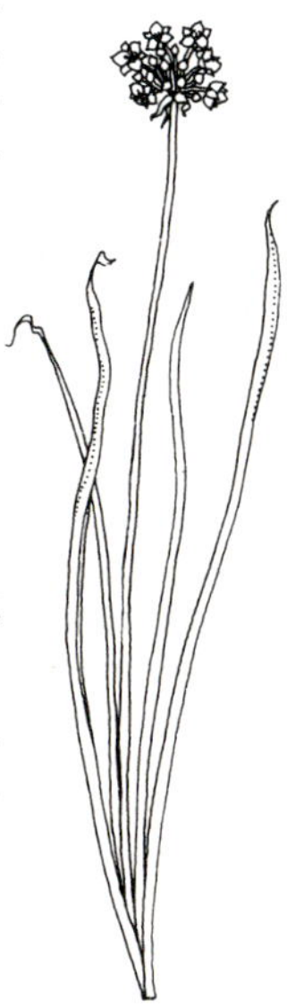

Blütezeit: Juli bis September.
Höhe: Bis 1,5 m.
Kultur: Die Blumenbinse ist ausdauernd und besitzt ein Rhizom. Die Vermehrung ist einfach: Man schneidet dieses Rhizom im Frühjahr in Stücke mit einem »Auge« oder Trieb. Oder man sammelt im Spätherbst Samen und sät sie in eine Schale mit Saaterde. Dünn bedecken und dann auf einen Untersetzer mit Wasser stellen, damit die Erde stets feucht ist. Im folgenden Frühjahr werden die Sämlinge an den Teichrand gesetzt.
Andere Standorte: Sonnige.

Sumpfdotterblume

Caltha palustris

Diese herrliche Pflanze kann auf nassen Flächen im Garten angesiedelt werden. Hier beginnt sie zeitig im Jahr zu blühen und bildet herrliche Teppiche aus goldgelben Blüten und leuchtendgrünen Blättern. Die Blüte dauert bis in den Sommer an. Die Sumpfdotterblume fühlt sich auf jedem nassen Boden wohl, sofern er wirklich fruchtbar ist und nicht in ganz tiefem Schatten liegt. In einem schattigen Garten sieht sie zusammen mit Farnen und Milzkraut besonders hübsch aus. In offeneren Lagen kann man sie mit Wasserschwertlilie, Waldengelwurz, Mädesüß und Kuckucksblume pflanzen, eine Zusammenstellung, die eine lange Blütezeit garantiert.

Die Sumpfdotterblume ist eine sehr alte Pflanze. Vor der ersten Eiszeit breitete sie sich über riesigen Sümpfen und Feuchtgebieten aus, so daß eine solche Landschaft ausgesehen haben muß, als bedecke sie ein goldener Teppich. Das weidende Vieh läßt die Pflanze, soweit auf nassen Wiesen noch vorhanden, glücklicherweise unbehelligt, weil sie einen scharfen Saft enthält. Sie wächst auch an Ufern, in Gräben und besonders üppig in nassen Wäldern.
Blütezeit: März bis Mai. **Höhe:** 30 bis 40 cm.
Kultur: Die Sumpfdotterblume ist eine ausdauernde Pflanze mit einem dicken Rhizom. Dieses kann man im Frühjahr oder nach der Blüte im Sommer teilen und in nassem Boden neu pflanzen. Samen im Spätsommer in einen Topf mit Torfsubstrat säen und dünn mit Substrat bedecken. Den Topf auf einen wassergefüllten Untersetzer stellen, damit die Erde naß bleibt.
Andere Standorte: Sonnige; halbschattige; schattige.

Gemeiner Wasserdost

(Kunigundenkraut) *Eupatorium cannabinum*

In voller Blüte bietet der Wasserdost mit seinen großen zartrosa Blüten einen großartigen Anblick. Jeder dieser Blumenköpfe besteht aus vielen Korbblüten, und diese wiederum aus Röhrenblütchen, die dunkel- bis blaßrosa gefärbt sind.

Nach der Blüte entwickeln sich winzige Samen. Jeder ist von einem Kranz fedriger Haare umgeben, was den Samenständen ein flaumiges Aussehen verleiht. Diese Samen werden beim leisesten Lüftchen davongetragen, und wenn sich die Pflanze nicht im ganzen Garten ausbreiten soll, müssen die Köpfe abgeschnitten werden, bevor sie dieses Stadium erreichen.

Wild findet man den Gemeinen Wasserdost in Sümpfen und Mooren, an Flußufern und in Auwäldern, zusammen mit einigen der farbenprächtigsten Wildblumen wie Gemeinem Felberich, Blutweiderich, Kleinem Baldrian und Zungenhahnenfuß. Mit diesen und mit einer Gruppe von Gräsern, Seggen und Schilfrohr können Sie den Wasserdost an eine sumpfige Stelle beim Gartenteich pflanzen. Der Wasserdost gedeiht auch in sehr tiefem Schatten und kann eine dunkle, nasse Ecke im Garten beleben.

Blütezeit: Juli bis September.
Höhe: 30 bis 120 cm.
Kultur: Wasserdost ist ausdauernd. Man kann ihn im Herbst oder Frühjahr teilen oder aussäen. Saatschalen verwenden und mit Glas abdecken, damit die Erde feucht bleibt.
Andere Standorte: Sonnige; halbschattige; schattige.

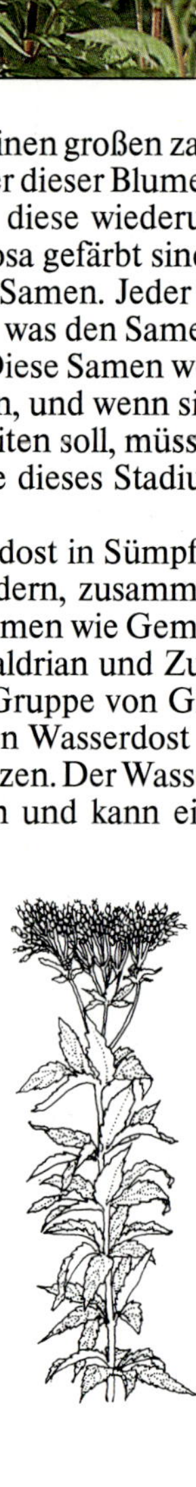

Echtes Mädesüß

Filipendula ulmaria

Das Mädesüß, auch Wiesenkönigin genannt, ist eine besonders hübsche Blume. Ihre weißen, gelblichgrün überlaufenen Blüten stehen in dichten Trugdolden und sind so leicht und fedrig, daß sie beim leisesten Lüftchen in Bewegung geraten. Das Laub, welches wunderbar duftet, ist dunkel, glänzend und etwas farnartig.

Im Spätsommer trifft man das Mädesüß entlang von Flüssen und Gräben wie auch auf nassen Wiesen häufig an. Im Garten gedeiht es in jedem fruchtbaren Boden, der auch während des Sommers feucht bleibt. Eine Gruppe Mädesüß sieht allein sehr reizvoll aus, aber auch in Gesellschaft von Kukkucksblumen, Gemeinem Felberich und Blutweiderich.

Die Blüten verströmen einen wundervollen süßen Duft, der auf beschränktem Raum aber betäubend wirken kann. Der deutsche Name »Mädesüß« leitet sich von dem althochdeutschen »met« ab. Vermutlich wurde das Kraut früher als Zusatz für dieses berauschende Honiggetränk verwendet. Darüber hinaus ist es ein wichtiger Bestandteil von Duftpotpourris, und in der Medizin verwendete man es, um mit Fieber verbundene Krankheiten zu heilen.

Blütezeit: Juni bis September.
Höhe: 60 bis 120 cm.
Kultur: Mädesüß ist ausdauernd und entwickelt zahlreiche Samen. Diese im Herbst oder Frühjahr in feuchten Boden säen und nur dünn mit Erde bedekken. Alte Pflanzen können im Herbst leicht geteilt und an feuchter Stelle neu gepflanzt werden.
Andere Standorte: Sonnige; halbschattige.

Bachnelkenwurz

Geum rivale

Die Bachnelkenwurz ist eine ungewöhnliche, zarte Pflanze für die nasse Erde bei einem Gartenteich. Ihre hängenden Glockenblüten erscheinen in einer Kombination aus Purpur, Rosa und Orange, die besonders vor den dunkelgrünen Blättern großartig zur Geltung kommt. Wildwachsend findet man sie häufig auf nassen Wiesen oder in schattigen, feuchten Wäldern. Sie ist eine nahe Verwandte der gelbblühenden Echten Nelkenwurz, und obwohl letztere normalerweise nicht auf nassen Böden gedeiht, sieht man die beiden Arten doch gelegentlich zusammen. Mitunter bastardieren sie, was zu Verwirrung führen kann, denn die entstehenden Pflanzen weisen mehr Merkmale der Echten Nelkenwurz auf, einschließlich der gelben Blüten.

Die Bachnelkenwurz zieht man am besten als dichten Bodendecker an Teichrändern. Die Pflanze mag Schatten, selbst tiefen Schatten, und wer einen geeigneten Platz im Garten hat, kann sie mit Waldstorchschnabel, Rotem Leimkraut und Waldprimel pflanzen. Im tiefen Schatten kann die Bachnelkenwurz zwischen Mandelblättriger Wolfsmilch, Gemeinem Frauenfarn und Königsfarn wachsen – eine kühle, gefällige Kombination.

Blütezeit: Mai bis September. **Höhe:** 45 bis 60 cm.

Kultur: Die Bachnelkenwurz ist ausdauernd und entwickelt eine Vielzahl kleiner, behaarter Samen. Diese im Herbst oder Frühjahr am vorgesehenen Standort säen, aber nur dünn mit Erde bedecken. Im Frühjahr erfordert die Keimung einige Wochen. Sämlinge können verpflanzt werden, sobald sie groß genug sind.

Andere Standorte: Sonnige; halbschattige; schattige.

Wasserfeder

(Wasserprimel) *Hottonia palustris*

Dies ist eine wunderhübsche, anmutige Blume, die in keinem Teich fehlen sollte. Der Name Wasserprimel verweist darauf, daß sie zu den Primelgewächsen gehört, das heißt, mit den Schlüsselblumen verwandt ist, auch wenn sie im Wasser wächst. Ihre zarten blaßrosa Blüten mit dem gelben Schlund wirken wie blasse Exemplare der Mehlprimel, und ihre dekorativen fedrigen Blätter, denen sie auch den Namen Wasserfeder zu verdanken hat, sehen denen der Schafgarbe ähnlich.

Die Pflanze hat lange, fadendünne, schwarze Wurzeln mit weißen Spitzen. Einige fluten im Wasser, während sich andere in den weichen Schlamm am Teichgrund graben. Nur die blütentragenden Teile der Triebe befinden sich oberhalb des Wassers, der Rest ist, wie die Blätter, untergetaucht. In der Natur geht die Wasserfeder stark zurück, hauptsächlich aufgrund der Verschmutzung der Flüsse.

In einem Teich läßt sich die Wasserfeder leicht ansiedeln. Sie sollte sich natürlich vermehren können. Samen werden im Spätsommer gesammelt und bis zur Aussaat feucht gehalten.

Blütezeit: Mai bis Juni. **Höhe:** Über Wasser 30 cm.

Kultur: Die Wasserfeder ist eine ausdauernde Wasserpflanze. Samen – nach Möglichkeit frisch – dünn in Töpfe mit Aussaaterde säen und diese in einen Behälter stellen. Bis über den Topfrand Wasser einfüllen. Die für die Keimung ideale Temperatur beträgt 15° C.

Andere Standorte: Keine.

Wasserschwertlilie

Iris pseudacorus

Die Wasserschwertlilie ist eine schöne, stattliche Pflanze der Sümpfe, nassen Wälder, Gräben und Ufer von Teichen und Flüssen. Mit ihren großen, leuchtendgelben Blüten und den langen schwertförmigen Blättern eignet sie sich großartig für die seichte Zone des Gartenteiches. Die Blüten sind purpurn geadert und werden von Honigbienen und Schwebfliegen bestäubt. Außerdem sondern sie sehr viel Nektar ab, durch den sie einen angenehmen Duft verströmen.

Wer einen Teich, Graben oder sumpfigen Flecken Land besitzt, sollte auf Wasserschwertlilien nicht verzichten. Auch wenn sie sich im Halbschatten wohl fühlen, brauchen sie volle Sonne, um optimal zu blühen. In tiefem Schatten kommen sie gar nicht zur Blüte. Durch ihre kräftigen unterirdischen Rhizome breiten sie sich rasch aus und müssen daher kontrolliert werden.

Blütezeit: Mai bis Juli. **Höhe:** 40 bis 150 cm.

Kultur: Die ausdauernde Wasserschwertlilie ist an feuchten Standorten zu Hause. Ihr Rhizom kann im Frühjahr oder Herbst geteilt und in nassem Boden neu gepflanzt werden. Samen im Herbst in einen Topf mit Aussaaterde säen. Den Topf in ein Gefäß mit Wasser stellen, damit die Erde ganz feucht bleibt, und, mit Glas abgedeckt, im Freien überwintern. Die Keimung erfolgt im Frühjahr.

Andere Standorte: Sonnige; halbschattige.

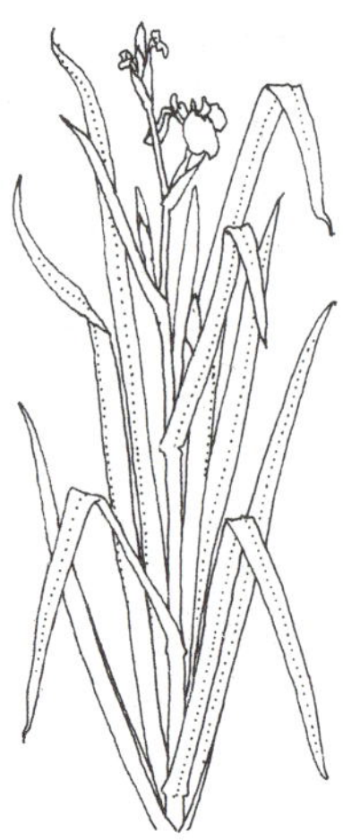

Gemeiner Felberich

(Gilbweiderich) *Lysimachia vulgaris*

Diese hohe, hübsche Pflanze hat leuchtendgelbe Blüten, die in Rispen zwischen den großen, lanzettlichen Blättern stehen. Wild wächst sie an Ufern von Bächen und Flüssen, auf nassem Boden und an sumpfigen Stellen. Oft wirkt sie durch in ihrer Nachbarschaft wachsende höhere Gräser und Binsen klein, doch scheint sie im Halbschatten dieser Pflanzen gut zu gedeihen.

Im Garten kann der Felberich in jedem Boden wachsen, der den Sommer über feucht bleibt. Eine nasse Stelle bei einem Teich ist ideal, insbesondere wenn sie etwas schattig liegt. Eine dekorative Farbkombination bildet er zusammen mit dem ihm nicht verwandten Blutweiderich.

Der Felberich galt früher einmal als wertvolle Heilpflanze. Man glaubte auch, er habe eine beruhigende Wirkung auf Rinder und Pferde, und im Haus verbrannte man ihn, um Insekten fernzuhalten.

Blütezeit: Juli und August. **Höhe:** 60 bis 150 cm.

Kultur: Der Gemeine Felberich ist ausdauernd und hat einen sich ausbreitenden Wurzelstock. Dieser kann im Frühjahr oder Herbst geteilt und neu gepflanzt werden. Oder man sät im Herbst oder Frühjahr. Die Samen dünn mit Erde bedecken. Da Herbstsaaten mitunter erst im Frühjahr aufgehen, sollte der Standort deutlich markiert werden.

Andere Standorte: Sonnige; halbschattige.

Gemeiner Blutweiderich

Lythrum salicaria

Der Blutweiderich ist eine auffallende Pflanze mit langen Ähren aus rotvioletten Blüten, die er von Juni bis August entwickelt. Er kann bis zu 1,2 m hoch werden und wächst auf fruchtbaren, sumpfigen Flächen an Flüssen und Seen, oft zusammen mit Gemeinem Felberich, Wasserdost und Zungenhahnenfuß. Auch an einem sumpfigen Platz im Garten bieten diese hohen Blütenpflanzen einen farbenfrohen Anblick.

Blutweiderich gedeiht ebenso im Halbschatten, blüht in voller Sonne aber üppiger. Er entwickelt eine große Menge Samen, die jedoch sehr intensives Licht benötigen (vorzugsweise pralle Sonne), um zu keimen.

Früher verwendete man die Pflanze zum Gerben von Leder, da sie sehr viel Tannin enthält. Heute werden aus ihr Mittel zur Wundreinigung, zum Gurgeln und Augenwasser hergestellt.

Blütezeit: Juni bis August. **Höhe:** 60 bis 120 cm.

Kultur: Der Gemeine Blutweiderich ist ausdauernd. Den Wurzelstock im März teilen oder im April neue Triebe als Stecklinge nehmen und in Erde stecken, die feucht gehalten werden sollte, bis sich Wurzeln entwickelt haben. Oder im Frühjahr Samen dünn in eine Saatschale säen. Möglichst hell stellen und in eine Schale mit Wasser setzen, damit die Erde feucht bleibt.

Andere Standorte: Sonnige; halbschattige.

Bachminze

(Wasserminze) *Mentha aquatica*

Die Bachminze, die schönste unter den Minzearten, ist eine duftende Staude, die im Spätsommer ein Meer fliederartiger Blüten entwickelt. Bei ihnen finden sich meist zahllose Schmetterlinge und Bienen ein, denn die Bachminze ist eine ausgezeichnete Nektarpflanze. Die Blätter sind weich und behaart. Sie verströmen einen starken Duft, der anscheinend von Pflanze zu Pflanze verschieden ist: manchmal fruchtig und manchmal pfefferminzartig.

Die Bachminze wächst häufig an Flüssen und Teichen, in Sümpfen und Mooren wie an anderen nassen Plätzen, einschließlich Wäldern. Im Garten pflanzt man diese wunderschöne Pflanze am besten an das Ufer eines Teiches oder in seichtes Wasser. Man kann sie auch an einer nassen Stelle zwischen anderen Blumen emporsteigen lassen. Eine besonders reizvolle Zusammenstellung sind Bachminze, Teufelsabbiß und Sumpfherzblatt. Denken Sie aber daran, daß Minzen sehr wuchsfreudig sind und sich durch unterirdische Ausläufer ausbreiten, die alle Wurzeln entwickeln und austreiben. Um ihr Wachstum zu begrenzen, kann man sie beispielsweise in ein dekoratives Gefäß pflanzen, in dem sie während der Blüte auf der Terrasse oder im Garten einen wunderschönen Blickfang bietet.

Blütezeit: Juli bis Oktober. **Höhe:** 15 bis 60 cm.

Kultur: Die ausdauernde Bachminze hat einen kriechenden Wurzelstock, der sich einfach teilen läßt. In feuchte Erde gepflanzte, nur wenige Zentimeter lange Wurzelabschnitte entwickeln sich schnell zu neuen Pflanzen. Man kann auch an eine feuchte Stelle säen und die Samen dünn mit Erde bedecken.

Andere Standorte: Sonnige; halbschattige.

Bitterklee

(Dreiblättriger Fieberklee) *Menyanthes trifoliata*

Diese wunderschöne Blume darf in keinem Wassergarten fehlen. Sie ist nicht nur ungewöhnlich attraktiv, weil sie eine lange Blütezeit hat, sondern ist auch sehr unkompliziert. Darüber hinaus breitet sie sich rasch aus. Ihre Knospen sind von leuchtendem Rosa, die geöffneten Blüten weiße Sterne. Die Blumenblätter haben am Rand zarte weiße Bärte, die den Blüten in der Sonne die Schönheit von Eiskristallen verleihen. Die Blätter sind kleeartig, was auch den Namen erklärt.

Der Bitterklee wächst wild in Sümpfen, Mooren, Gräben und in Schilf, und selbst in Höhen bis zu 1000 m trifft man ihn an. Auf weichem, sumpfigem Untergrund bilden seine Faserwurzeln Matten. Da sie auf tieferem Wasser häufig auch frei schwimmen, kann es gefährlich sein, den Fuß auf sie zu setzen.

Im Garten wächst der Bitterklee am besten in seichtem Wasser oder sumpfigem Boden. Im Spätsommer verträgt er im allgemeinen auch recht trockene Bedingungen, sofern er während der Hauptwachstumszeit im Frühjahr und Frühsommer reichlich Feuchtigkeit erhalten hat. Die Pflanze breitet sich rasch aus und bildet einen dichten Teppich, der während der Blüte einen faszinierenden Anblick bietet.

Der Bitterklee war einst eine beliebte Heilpflanze, die man bei Leber- und Hauterkrankungen verwendete. Die Blätter benutzte man darüber hinaus zum Bierbrauen und als Tabakersatz.

Blütezeit: Mai bis Juli. **Höhe:** 10 bis 30 cm.

Kultur: Der Bitterklee ist eine ausdauernde Wasserpflanze mit kriechendem Rhizom. Dieses kann im Frühjahr und Sommer geteilt und in feuchte Erde gedrückt werden, wo sich die Stücke rasch bewurzeln. Oder man sät im Frühjahr in nasse Erde. Die Samen in den Boden drükken, aber nicht bedecken.

Andere Standorte: Keine.

Weiße Seerose

Nymphaea alba

Die Weiße Seerose wirkt außerordentlich exotisch und ist vielleicht die vollkommenste unserer heimischen Wildblumen. In manchen Seen sind riesige Wasserflächen von ihren glänzenden Blättern vollständig bedeckt. Ihre Blüten duften süß, doch bemerkt man dies meist nur, wenn die Sonne daraufscheint. Sie öffnen sich am späten Vormittag, am Abend schließen sie sich wieder und tauchen teilweise unter.

Die Weiße Seerose ist eine wunderbare Blume für Gartenteiche, doch da sie sehr groß und starkwüchsig ist, muß sie unter Kontrolle gehalten werden. Mehr als ein Viertel der Wasseroberfläche sollte sie nicht bedecken. Unter Wasser erreicht sie bis 3 m Länge. Die Samenkapseln erscheinen nach der Blüte über Wasser, tauchen zum Reifen jedoch unter und platzen schließlich auf, um die kleinen rosafarbenen Samen auszustreuen.

Blütezeit: Juli bis August. **Höhe:** Schwimmt auf dem Wasser.

Kultur: Die Weiße Seerose ist ausdauernd und hat ein kräftiges Rhizom, das sich im März, vor Beginn der Wachstumsperiode, leicht teilen läßt. Um das Wachstum der Pflanze zu begrenzen, kann man sie in einen Kunststoffkorb pflanzen. Das Rhizom im Korb mit etwa 25 cm guter, fruchtbarer Erde bedecken und dann zum Beschweren mit Sand, um die Pflanze gut zu verankern. Die Wassertiefe muß mindestens 30 cm betragen. Die Erde im Korb alle drei bis vier Jahre erneuern.

Da die Samen unter Wasser reifen, lassen sie sich nur schwer sammeln. Man gräbt sie in einem kleinen Behälter mit fruchtbarer Erde ein, der mit Wasser bedeckt wird. Sämlinge, sobald sie groß genug sind, in einzelne Gefäße mit fruchtbarer Erde setzen. Auch sie sollten mit Wasser bedeckt sein.

Andere Standorte: Keine.

Sumpfherzblatt

(Studentenröschen) *Parnassia palustris*

Diese seltene Pflanze hat außergewöhnlich hübsche cremeweiße Blüten mit grüner Aderung. Um ihre Schönheit und Färbung zu entdecken, sollte man sie einmal aus der Nähe betrachten. Das Sumpfherzblatt wächst in Sümpfen und Mooren und bevorzugt alkalischen Boden.

Es ist eine wunderhübsche, zarte Blume, die im Garten besonders schön aussieht, wenn sie zusammen mit Bachminze, Teufelsabbiß, Wasserschwertlilie und Brennendem Hahnenfuß an feuchten, sumpfigen Stellen wächst.

Die Blüten duften schwach nach Honig, was wie die grüne Aderung auf den Blumenblättern zahlreiche Insekten anlockt.

Blütezeit: Juli bis Oktober. **Höhe:** 10 bis 30 cm.

Kultur: Das Sumpfherzblatt ist eine ausdauernde Pflanze, die, einmal angesiedelt, im Frühjahr geteilt und in nassem Boden neu gepflanzt werden kann. Sofern vorhanden, sollten Samen im Frühjahr an einen nassen Platz gesät werden.

Andere Standorte: Sonnige; halbschattige.

Gemeiner Beinwell

Symphytum officinale

Wildwachsend findet man den Gemeinen Beinwell oft an Wasserläufen und in feuchten Gräben. Der vor allem auch an Rändern von Gartenteichen sehr dekorativ wirkende Gemeine Beinwell kann recht hoch werden und entwickelt zarte Blütenstände aus nickenden Glockenblüten. Gewöhnlich sind sie cremefarben, gelegentlich jedoch rosa oder malvenfarben. Aber Vorsicht: Suchen Sie mit Bedacht einen dauerhaften Standort aus, denn Beinwell siedelt sich sehr rasch an und läßt sich dann nur schwer wieder entfernen.

Der Beinwell gehört seit mindestens 2000 Jahren zu den wertvollsten Heilpflanzen. Sein Name weist darauf hin, daß man ihn einst bei Knochenbrüchen verwendete. Man zerstampfte die Wurzeln und machte - ähnlich einem Gipsverband - einen Umschlag um den gebrochenen Knochen. Beinwell ist auch ein bedeutender organischer Dünger, da seine Blätter viel Kalium enthalten.

Blütezeit: Mai bis Juli. **Höhe:** 30 bis 120 cm.

Kultur: Der Gemeine Beinwell ist ausdauernd und entwickelt sich aus einem ausgedehnten, fleischigen Wurzelstock. Man kann ihn leicht vermehren, indem man während der Wachstumsperiode (März bis September) ein Wurzelstück abbricht und 2 cm tief pflanzt. Es ist günstig, wenn das Stück einen Vegetationspunkt hat. Samen im Frühjahr in eine Schale oder einen kleinen Topf säen und dünn mit Erde bedecken. Die Keimung kann langsam und unregelmäßig erfolgen.

Andere Standorte: Sonnige; halbschattige.

Echter Baldrian

Valeriana officinalis

Der Echte Baldrian ist eine vielseitige und anpassungsfähige Pflanze, die in beinahe jeder Gartenerde gedeiht, und zwar sowohl in der Sonne wie in tiefem Schatten. Sie ist die erste der größeren Pflanzen, die an feuchten Standorten blüht, und ihre wunderschönen zartrosa Blütenköpfe beleben schon im Frühsommer die Teichufer. Der Baldrian sollte in Gruppen gepflanzt werden, da er während der Blüte so am besten zur Geltung kommt. Man kann ihn auch in Gras setzen, und selbst in einer gemischten Rabatte oder einem Wildblumenbeet sieht er sehr dekorativ aus.

Wild findet man den Baldrian häufig an Flußufern, im tiefen Schatten feuchter Wälder und manchmal auf Küstenklippen. Er hat große Bedeutung als Heilpflanze. Baldrian ist ein wirksames Nervenmittel, und er wirkt krampflösend, vor allem bei Streß, Neuralgien und Migräne. Darüber hinaus fördert er den Schlaf und lindert Schmerzen.

Blütezeit: Juni und Juli. **Höhe:** 30 bis 120 cm.

Kultur: Der Echte Baldrian ist eine ausdauernde Pflanze. Im Frühjahr oder Herbst kann man seinen Wurzelstock teilen und neu pflanzen. Oder man sät im Frühjahr an vorgesehener Stelle beziehungsweise in eine Saatschale und bedeckt die Samen dünn mit Erde.

Andere Standorte: Sonnige; halbschattige; schattige; Küstengärten.

Bachbunge

(Bachehrenpreis) *Veronica beccabunga*

Die Bachbunge ist eine hübsche Kriechpflanze, die an Teichufern oder in seichtem Wasser wächst. Ihre hellblauen Blüten haben weiße Mitten und dunkle Adern. Die dunkelgrünen, glänzenden Blätter sitzen an sukkulenten Stengeln, die sich rasch auf dem Boden ausbreiten und in Abständen Wurzeln und aufrechte Triebe ausschicken. Die Blüten, die gelegentlich auch rosa sind, blühen den ganzen Sommer hindurch. Bienen sind dort häufige Besucher. Nackten, nassen Schlammboden hat die Bachbunge rasch überwuchert, doch läßt sie sich leicht herausziehen, und so besteht wenig Gefahr, daß sie außer Kontrolle gerät.

Bachbunge, Sumpfvergißmeinnicht und Bachminze sehen zusammen sehr attraktiv aus, insbesondere als Bodendecker zwischen höheren Pflanzen wie Wasserschwertlilie, Gemeinem Felberich, Blutweiderich und Echtem Baldrian.

Die Bachbunge wurde früher für Salate verwendet – häufig mit Wasserkresse, die an den gleichen nassen Standorten wächst –, doch schmeckt sie sehr scharf. (Tatsächlich bedeutet der lateinische Name beccabunga »brennender« Mund, was auf den beißenden Geschmack der Blätter hinweist.)

Blütezeit: Mai bis September. **Höhe:** 20 bis 30 cm.

Kultur: Die Bachbunge ist ausdauernd und hat niederliegende Triebe, die sich bewurzeln. Man kann sie während der Wachstumsperiode abtrennen und in nasse Erde pflanzen. Triebe schlagen im Schlamm Wurzeln oder schwimmen im Wasser. Oder man sammelt Samen und sät sie im Frühjahr in nasse Erde. Festdrücken, aber nicht bedecken.

Andere Standorte: Sonnige; halbschattige.

WILDBLUMEN FÜR

Steingärten

Eine kleine Gebirgslandschaft *In einem etablierten Steingarten breiten sich die Pflanzen natürlich über den Felsen aus.*

Es gibt viele wunderschöne, zarte Blumen, die auf hohen Bergen und an ähnlichen Standorten unter extremen Bedingungen gedeihen. Diese Gebiete unberührter Natur üben auf viele Menschen, die, wie die meisten von uns, im übervölkerten Flachland leben, eine große Faszination aus. Verglichen mit der restlichen Landschaft, in der die schweren Eingriffe durch den Menschen überall spür- und sichtbar sind, wirken gebirgige Landschaften und ihre Flora für unser Auge noch ursprünglich, wenngleich auch sie in der Vergangenheit verändert wurden, etwa durch die Umwandlung von Wäldern in Weideland.

Die alpinen Pflanzen haben sich großartig den schwierigen Bedingungen angepaßt, unter denen sie leben. Aufgrund der langen Winter und kurzen Sommer blühen sie meist im Frühsommer und entwickeln oft bereits wenige Wochen nach der Blüte Samen. Da in den großen Höhen nur wenige Insekten leben, bestäuben sich viele Pflanzen selbst, oder sie vermehren sich statt durch Samen durch Rhizome und Ausläufer.

In den Bergen findet sich eine große Vielfalt unterschiedlicher Lebensräume, und aus diesem Grund ist der Begriff Alpenpflanze schwer einzugrenzen. Diese Gewächse wachsen in kleinen Vertiefungen oder Lücken mit fruchtbarer, feuchter Erde sowie in Steinspalten oder auf Schutt, Gebirgswiesen, nassen Flächen und Heide. Und solche Habitate können zu faszinierenden Elementen selbst eines sehr kleinen Wildblumengartens werden.

Steingärten im Sommer

Kein Garten ist zu klein, um einige der wunderschönen, farbenprächtigen Alpenblumen zu pflanzen, von denen wir viele in freier Natur nur noch selten zu Gesicht bekommen.
Die meisten können in Steintröge, in die Ritzen von Trockenmauern und Ziegelwänden oder in Kies und Geröll gepflanzt werden.

Die auf dieser Doppelseite gezeigten Pflanzen wurden alle im Garten gezogen. Wildwachsende Blumen sollten weder gepflückt noch ausgegraben werden.

Strauchfingerkraut (oben) Es wächst wild an feuchten, steinigen Stellen in bergigen Gegenden.

Weiße Fetthenne (oben) Mit ihren kriechenden Trieben eignet sie sich gut zum Verdecken von alten Mauern und Kies.

Gelbes Sonnenröschen (oben) Es wächst auf Kreideböden, breitet sich stark aus und bedeckt den Boden mit Blüten.

Gemeines Katzenpfötchen (oben) Es entwickelt an kriechenden Stengeln belaubte, sich bewurzelnde Ausläufer.

Blutwurz (links) Eine zarte, anmutige Pflanze mit dekorativem Laub und langen Blütenstielen.

Frühblühender Thymian (oben) Dieser Thymian bildet herrliche grüne Teppiche aus duftendem Laub. Er bevorzugt heiße, trockene Standorte.

Kalkkreuzblume (oben) Eine reizvolle Blume, die auf Kalkböden in kurzem Gras wächst. Ihre kompakte Blütenform eignet sich gut für Steingärten.

Heidekraut (unten) Es gehört zu den beliebten Blumen des Moors und der Heide, bevorzugt sauren Boden und verträgt leichten Schatten.

Porzellanblümchen (unten) Diesen Gartenflüchtling kann man leicht ziehen, doch braucht er etwas Feuchtigkeit.

Büschelglockenblume (unten) Eine sehr anmutige und dekorative Pflanze, die auf Kalkböden im Gras wächst.

Scilla (unten) Eine reizvolle, seltene Zwiebelblume, deren Heimat die Westküsten Großbritanniens, Frankreichs und Norwegens sind.

Alpenfrauenmantel
(oben) Ein herrlicher Bodendecker, der Sonne oder Halbschatten und sauren Boden bevorzugt.

Rosenwurz
(rechts) Dank ihrer großen, fleischigen Wurzeln verträgt sie Trockenheit. Sie bevorzugt mageren, neutralen Boden.

Kies (oben) Er hält unerwünschte Pflanzen nieder und kann in den Boden eingearbeitet werden, um ihn durchlässiger zu machen.

Zimbelkraut (oben)
Es breitet sich in Ritzen von Ziegel- oder Steinwänden aus; entwickelt häufig weiße Blüten und reichlich Samen.

Blutroter Storchschnabel
(rechts) Er bevorzugt Halbschatten und etwas Feuchtigkeit. Man findet ihn in der Nähe von Wäldern und in hochgelegenen Gebieten.

Schnittlauch (unten)
Eine seltene, heimische Pflanze, die auf Kalkböden im Gras sowie auf Meeresklippen wächst. Sie braucht viel Sonne und etwas Feuchtigkeit.

Felsenfetthenne
(oben) Sie hat kriechende Triebe, die schnell dekorative Polster bilden. Sie verträgt auch Trockenheit.

Felsenfingerkraut (rechts)
Es kommt selten vor, wächst an heißen, trockenen Stellen und bevorzugt sauren Boden.

Echte Küchenschelle (rechts)
Eine seltene Pflanze, die auf Kalk- oder Kreideboden gedeiht. Den auffälligen violetten Blüten folgen seidige Samenstände.

Wildblumen-Steingärten

Vorschläge für Steingärten

Ein großer Vorteil von Alpen- und Steingartenpflanzen ist der, daß sie sehr wenig Platz benötigen. Und wer sie ziehen möchte, braucht weder tonnenweise Steine herbeizuschaffen, noch einen künstlichen Hang anzulegen. Mit etwas Phantasie und Geschicklichkeit kann man selbst im kleinsten Garten verschiedene Lebensräume des Gebirges nachbilden. Mauern und Kieswege sind ausgezeichnete Plätze für alpine Pflanzen. Darüber hinaus lassen sich solche Bereiche gut in den Naturgarten integrieren, indem man einige der zahlreichen anderen Wildblumen pflanzt, die eine gute Drainage und mageren Boden mögen, insbesondere Kräuter und Blumen aus kalkreichem Hügelland.

Heimische Alpenpflanzen wachsen – im Gegensatz zu vielen der üblichen Steingartenpflanzen – in Gebieten mit ganzjährig hohen Niederschlagsmengen. Wenn Sie also in einem etwas trockeneren Gebiet leben, oder es zu einem besonders trockenen Sommer kommt, müssen Sie etwas wässern. Am besten bedecken Sie den Boden mit Kies oder Splitt, dann wird die Feuchtigkeit der darunterliegenden Erde bewahrt.

Ein herkömmlicher Steingarten

Sofern sich in Ihrem Garten kein natürlicher Hang befindet, legt man den Steingarten am besten neben dem Teich an. Bei einem neuen Teich können Sie den Aushub zum Aufschütten eines Hügels verwenden, der ideale Bedingungen für die Anlage eines Steingartens bietet. Außerdem werden dort Tiere, insbesondere Lurche, Zuflucht suchen. Es gibt aber noch andere praktische Überlegungen bei der Standortwahl. In Gegenden mit hohen Niederschlagsraten sollte der Steingarten in voller Sonne liegen, in trockeneren Gebieten dagegen ist es besser, wenn er Schutz vor der Mittagssonne hat. Legen Sie den Garten auch nicht an einem zugigen Platz, beispielsweise zwischen zwei Gebäuden, oder in einer feuchten Mulde an. Befindet er sich zu dicht bei Bäumen, kann es von den Zweigen auf die Pflanzen herabtropfen, und die Baumwurzeln entziehen dem Boden im Sommer wertvolle Feuchtigkeit. Auch Fallaub ist besonders störend.

Felsbrocken im Garten *Dieses Beispiel zeigt, wie man Felsbrocken so plaziert, als seien sie auf natürliche Weise dahingelangt. Die Verwerfungen verlaufen alle in der gleichen Richtung.*

Die Grundanlage ist bei allen Steingärten gleich (s. S. 136). Erst wenn Sie die Steine plazieren, ist Geschick und Phantasie erforderlich. Am natürlichsten wirkt Gestein aus der Umgebung. Sollte es nicht zur Verfügung stehen, empfiehlt sich verwitterter Kalkstein, aber auch Sandstein, Granit und Kalktuff (s. »Troggärten«). Steine, verstreut wie die Rosinen in einem Stück Kuchen, wirken wenig überzeugend. Versuchen Sie sich vorzustellen, wie das Gestein in seiner natürlichen Umgebung aussehen würde. Es liegt in Schichten übereinander – aber nicht waagrecht aufeinandergereiht wie die Ziegel einer Mauer, sondern in einer ungefähren Linie mit einem gelegentlichen horizontalen Bruch, ähnlich einer Verwerfungslinie.

Im Steingarten können zahlreiche Pflanzen wachsen, darunter Blutstorchschnabel, Eberwurz, Schnittlauch, Gemeine Goldrute, Hufeisenklee, Heidenelke, Silberwurz, Gelbes Veilchen, Echte Küchenschelle, Roter Steinbrech, Felsensteinkraut, Rosenwurz und Gemeine Grasnelke. Die Blaue Himmelsleiter wurde in Hausgärten schon immer gern gezogen, ist in freier Natur aber nur selten zu finden: Im Stein- oder Schuttgarten wächst sie gut.

Standortwahl *In meinem Garten, der eben ist, ziehe ich die Steingartenpflanzen in einem besonderen Beet vor einer Rabatte mit Bauernblumen. Von einer niedrigen Ziegelstützmauer wachsen hier Tripmadam, Zimbelkraut und Gelber Lerchensporn. Dahinter stehen Thymian und Ysop.*

Besonders schön ist auch die Mehlprimel, doch braucht sie einen feuchten Boden.

An einem schattigen Plätzchen im Steingarten lohnt es sich, etwas Kompost oder Lauberde in den Boden einzuarbeiten, damit er die Feuchtigkeit besser hält. Hier können dann Pflanzen wachsen wie der großartige Waldsauerklee, der bunte Storchschnabel und der Scheinmohn. Auch Farne fühlen sich wohl, insbesondere Steinfeder und Krauser Rollfarn.

Einfache Steinschichten

Ein Garten mit vortretenden, in verschiedenen Höhen gelagerten Steinschichten braucht nur wenig Platz und sieht in einer blühenden Grasfläche sehr schön aus. Ideal ist ein Hang, und besonders wirkungsvoll sind mehrere hervortretende Schichten. Beginnen Sie mit einem interessant geformten, vorzugsweise großen Felsbrocken, und wenn Sie eine gute Stelle für ihn gefunden haben, können Sie kleinere Steine und Splitt hinzufügen. Ein einzelner, von Steinen umgebener Findling sieht schön aus, wenn man ihn schlicht bepflanzt. Auch manche der Schuttgartenpflanzen (s. unten) können hier wachsen.

Felsspalten kann man mit Steingartensubstrat füllen und mit kleinen Gewächsen bepflanzen.

Schutt- oder Geröllgärten

Sehr schön sehen Steingartenpflanzen auch auf Schutt oder Geröll aus. Da solche Standorte perfekte Drainage garantieren, sind sie ideal für Pflanzen, deren Stengel leicht faulen. Ein Schuttgarten wird auf die gleiche Weise wie ein Steingarten angelegt (s. S. 136), doch kommt auf die Bruchsteine eine 15 cm dicke Schicht einer Mischung, die aus 10 Teilen Steinsplitt (1 cm groß) und je 1 Teil Erde und Torf besteht.

Zu den Pflanzen, die sich hier besonders wohl fühlen, gehören Alpenfrauenmantel, Blaue Himmelsleiter und Frühblühender Thymian. Als Farbakzent kann man noch Rotes Leimkraut dazusetzen. Diese Pflanze wird zwar allgemein Lebensräumen im Flachland zugeordnet, wächst aber auch auf Schutt und Felsen bis in 1000 Meter Höhe. Ist man mit dem Pflanzen fertig, verteilt man noch eine Schicht Steinsplitt und einige größere Steine.

Troggärten

Besonders lohnend ist die Kultur von Alpenpflanzen in einem Trog, vor allem für diejenigen, die wenig Platz haben. Ideale Gefäße sind alte Steintröge, die aber ein Drainageloch haben müssen. Gegebenenfalls muß eines gebohrt werden. Ebenfalls geeignet ist ein altes weißes Waschbecken. Seine glänzende Außenseite kann mit einer Schicht PVC-Kleber bestrichen werden, die sich über den Rand hinweg noch einige Zentimeter über die Innenseite zieht. Dann bedeckt man die gesamte Oberfläche mit einer Masse aus 2 Teilen feuchtem, gesiebtem Fasertorf (die feinen Bestandteile werden ausgesiebt) und je 1 Teil grobem Sand und Zement, die unter Zusatz von Wasser sorgfältig zu einer steifen Paste vermischt wurde. Die Schicht sollte mindestens 1 cm dick sein und wird so modelliert, daß sie die Struktur von verwittertem Gestein erhält (hier werden also künstlerische Fähigkeiten gefordert!). Sie können aus diesem Material mit Hilfe einer selbstgebauten Form auch einen ganzen Trog anfertigen, doch dazu gehört sehr viel Geschick. Wer seinen Trog selbst herstellt, sollte gleich mehrere Abzugslöcher in den Boden machen. Troggärten kommen am besten zur Geltung, wenn sie erhöht auf Stützen stehen, die aus flachen Steinen oder alten Ziegeln gebaut wurden.

Zunächst Scherben über die Abzugslöcher legen und dann eine etwa 5 cm dicke Schicht Topfscherben oder Kies in das Gefäß füllen. Darauf kommen umgedrehte Grassoden (kurzgemäht und natürlich ohne Ampfer, Disteln und Winden) oder aber grober Torf, aus dem die feinen Bestandteile ausgesiebt wurden. Den Abschluß bildet Lehmsubstrat oder eine Mischung aus 3 Teilen Lehm, 2 Teilen Moos (einer nicht artgeschützten Sorte) und 1 Teil Grus oder grobem Sand. Etwas Kalksplitt (0,5 mm) sorgt für besonders gute Drainage, ist aber nicht unbedingt erforderlich. Drücken Sie die Erde beim Einfüllen an, sonst sinkt sie später zusammen, und die Pflanzen verschwinden hinter dem Gefäßrand.

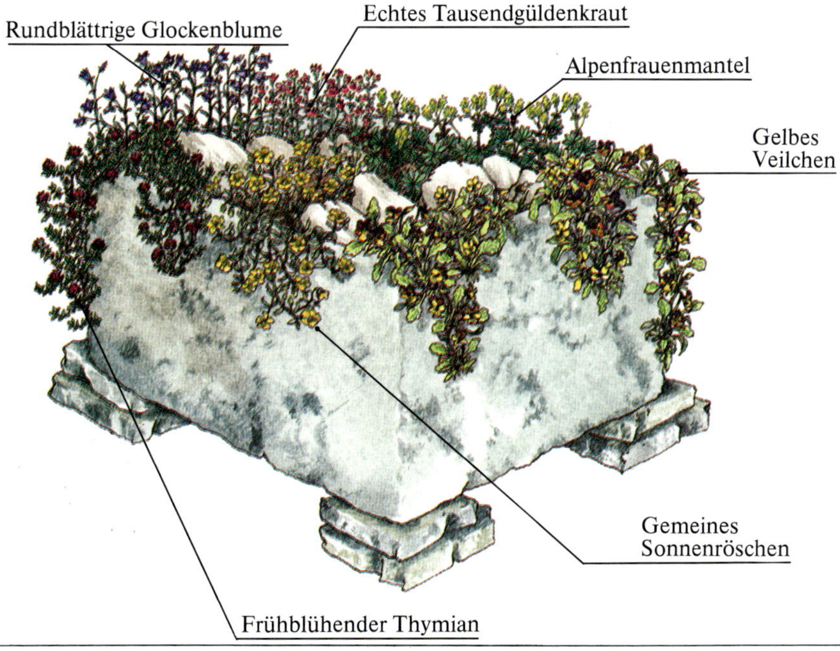

Am besten legt man einen großen Stein in den Trog und gruppiert um ihn herum noch mehrere kleinere, statt mal hier und mal dort einen Stein zu plazieren. Es ist jede Art von Gestein geeignet, am schönsten sieht aber Kalktuff aus. Er ist sehr porös, und es können Pflanzlöcher hineingebohrt werden.

Man kann sogar – der Versuch ist es wert – auf einem großen Kalktuffstein einen richtigen Miniaturgarten anlegen.

Die Mehrzahl der Pflanzen in einem Troggarten sollte niedrig sein, und manche können über den Rand wachsen. Mit ein oder zwei höheren Gewächsen läßt sich ein vertikaler Akzent setzen, eine kleine strauchige Pflanze, wie das Gemeine Sonnenröschen, sorgt für weitere Strukturvielfalt. Für einen Troggarten eignen sich alle kleineren Steingartenpflanzen, und es lohnt sich auch, einige im Frühjahr blühende Zwiebelblumen zu pflanzen – versuchen Sie es einmal mit Schneeglöckchen, Winterling (*Eranthis hyemalis*), Scilla und Schnittlauch. Wieder andere Bedingungen entstehen, wenn man sauren Boden verwendet (man läßt den Kalksplitt weg und nimmt statt 2 Teilen Moos 3 Teile), oder einen Mini-Schuttgarten anlegt.

Ein Plattengarten ist eine interessante Version des Troggartens. Man setzt zunächst eine Bodenplatte auf einen kleinen Sockel aus Steinen oder Ziegeln. Entlang der Ränder werden kleine Steine gelegt, damit die Erde nicht von der Platte rutscht. Man kann die Steine mit Zement fixieren, sollte diesen aber sparsam verwenden. Auch in die Mitte können Steine gesetzt werden. Die Zwischenräume füllt man dann mit Erde auf (s. S. 136).

Ein Miniatur-Steingarten *Bepflanzen Sie Troggärten nicht zu dicht: Die Gewächse wirken sonst unnatürlich und werden um den begrenzten Raum konkurrieren.*

Kieswege

Wege sind für eine Vielzahl von Pflanzen die ideale Umgebung. Ein Kiesweg (Anlage s. S. 137), bei dem die Erde recht nahe der Oberfläche liegt, hält die Feuchtigkeit und ist außerdem fruchtbar. Für seine Bepflanzung bietet sich eine phantastische Auswahl an Wildblumen an, darunter auch einige Arten von der Küste. Sie werden feststellen, daß sich auch durch Selbstaussaat Blumen ansiedeln und, wenn man sie nicht daran hindert, auf dem gesamten Weg ausbreiten. Hier sehen Kräuter zusammen mit Wildblumen besonders schön aus, und die eine oder andere Königskerze verleiht dem Weg eine besonders natürliche Note. Wer die ganze Vielfalt an Steingartenpflanzen in Kies ziehen will, sollte mindestens eine 15 cm dicke Schicht Kies verteilen, der mit scharfem Sand (die Menge ist nicht entscheidend) gemischt wird. Es empfiehlt sich, zunächst den Boden zu harken und etwas Kies unterzumischen, bevor die Kies-Sand-Schicht verteilt wird. Wildblumen, die Schutt mögen, wachsen hier besonders gut, ebenso kleine bodendekkende Pflanzen. Versuchen Sie es mit Römischer Kamille (die blütenlose Art »Treneague«) und Frühblühendem Thymian, die einen duftenden Weg entstehen lassen.

Mauern als Hintergrund *Hier sieht man vor Königskerzen Storchschnabel und samenbildenden Schnittlauch. Wildblumen, die sich zur Bepflanzung von Mauern eignen, sind, unter anderen, Mauerpfeffer, Zimbelkraut, Edelgamander, Frühblühender Thymian und Gelber Lerchensporn. Ruprechtskraut gedeiht vor allem auf der Schattenseite einer Mauer gut. Drei Farne, die sich für Mauern besonders eignen, sind Steinfeder, Krauser Rollfarn und Mauerraute.*

Ein Mauergarten

Vorhandene Trockenmauern und selbst alte Ziegelmauern sind für eine ganze Reihe von Pflanzen geeignete Standorte. Man kann Ritzen und Lükken fehlender Ziegel nutzen und sie gegebenenfalls mit Steingartenerde (s. S. 136) ausfüllen.

Sollten Sie eine neue Mauer bauen, empfiehlt sich – sofern in unmittelbarer Umgebung Steine zur Verfügung stehen – eine Trockenmauer. In Frage kommt sowohl eine einfache Mauer wie eine Doppelmauer. Bei ersterer wachsen die Pflanzen in den Ritzen, bei letzterer auch oben auf der Mauer. In die Seiten der Doppelmauer gesetzte Pflanzen können ihre Wurzeln bis zu der zwischen beiden Mauern aufgeschütteten Erde ausschicken, wodurch man eine größere Vielfalt an Pflanzen ziehen kann. Wer eine Böschung hat oder eine neue Ebene schaffen will, dem eröffnen sich durch Stützmauern weitere Möglichkeiten. Sie müssen jedoch fachgerecht auf einem soliden Fundament errichtet werden.

Wer im Bau von Mauern unerfahren ist, sollte sich auf eine niedrige Mauer von nicht mehr als etwa 60 cm Höhe beschränken. Heben Sie einen flachen Graben in der doppelten Mauerbreite aus. (Sollte der Boden weich sein, gräbt man so tief, bis man auf feste Erde stößt.) Die Steine sollten zur Mauermitte hin geneigt aufgeschichtet werden beziehungsweise – im Falle einer Stützmauer – zur Böschung hin. Eine einfache Mauer kann an der Basis zwei Steine breit sein und sich nach oben auf Breite eines Steines verjüngen. Bei einer Doppelmauer kann die Breite unten 1,2 m und oben 1 m betragen. In der Mitte werden, während die Mauer entsteht, mit Erde gemischte Bruchsteine oder andere Steine eingefüllt.

Den Abschluß bildet eine Schicht Steingartenerde.

Rammen Sie Steine oder Ziegelbruch in den Graben, um die erste Steinlage zu verankern. Während des Bauens wird anstelle von Mörtel Erde zwischen die Steine gegeben. Auch wenn das nicht ganz der herkömmlichen Bauweise von Trockenmauern entspricht, stabilisiert man die Konstruktion auf diese Weise und schafft gleichzeitig optimale Pflanzbedingungen.

Bepflanzung einer Mauer *Ruprechts- und Zimbelkraut ranken sich an dieser Trockenmauer empor, während sich eine gelbblühende Gartenform des Kreuzkrautes nach unten neigt.*

Leitpflanzen für Steingärten

Ein Steingarten, ob in einem Trog oder auf Schutt angelegt, bietet Raum für einige der reizvollsten und zartesten Alpenpflanzen, die man wildwachsend auf windgepeitschten Bergweiden und nebelumhüllten Felsen findet.

Alpenfrauenmantel
Alchemilla alpina

Diese besonders reizvolle Pflanze hat von allen Wildblumen die schönsten Blätter. Sie bestehen aus fünf oder sieben seidigbehaarten Segmenten, sind oberseits glänzendgrün und unterseits silbrig. Darüber hinaus haben sie einen silbrigen Rand. Wenn nach einem Regen noch Wassertropfen auf den Blättern sitzen, beginnen die Pflanzen in der Sonne zu funkeln. Die winzigen, gelblichgrünen Blüten stehen dicht an dicht über den Blättern.

In freier Natur wächst der Alpenfrauenmantel auf Bergwiesen, in Felsspalten und auf Schutt, daher bietet ihm jeder Steingarten eine vollkommene Heimat. Wenn er sich aussamen kann, erscheinen bald an allen möglichen Stellen zwischen den Steinen neue Pflänzchen. Auch vor den Steinen einer kleinen Geröllhalde oder eines Kieswegs kommt das Laub gut zur Geltung. Dieser Frauenmantel ist ein guter Bodendecker. An einem geeigneten Standort bildet das immergrüne Laub bald einen dichten Teppich und wirkt sommers wie winters dekorativ.

Der Alpenfrauenmantel kann auch in einer niedrigen Wiese wachsen. Nach der Blüte sollte das Gras möglichst kurz abgemäht werden, während man das Laub stehenläßt.

Blütezeit: Juni bis August. **Höhe:** Bis 20 cm.

Kultur: Der Alpenfrauenmantel ist eine ausdauernde immergrüne Staude mit verholzten Stengeln. Im Frühjahr oder Herbst können vorhandene Pflanzen geteilt werden. Die winzigen Samen im Herbst oder Frühjahr in eine Schale säen, aber nicht bedecken. Sie keimen mitunter nur langsam.

Andere Standorte: Sonnige.

Silberwurz
Dryas octopetala

Die Silberwurz ist eine wunderschöne Alpenpflanze, die – im Steingarten wie im Hochbeet – in jedem durchlässigen, mageren und alkalischen Boden gedeiht. Sie hat weiße Blüten mit einer goldenen Mitte, die fast wie weiße Kuhschellen aussehen und im Vergleich zur Pflanze selbst recht groß sind. Das dekorativste Element der Blüten sind die langen, federig behaarten Griffel, die sich in der Mitte jeder Blüte entwikkeln. Die Samen werden nach der Reife vom Wind davongetragen. Die Blätter sind immergrün und haben unterseits - einen weißfilzigen Überzug. Die Silberwurz sieht zusammen mit den herrlichen blauen Blüten des Frühlingsenzians und dem Roten Steinbrech sehr schön aus.

Sie breitet sich rasch aus und bildet auf den Steinen bald einen Teppich. An manchen Stellen bedeckt sie mitunter ausgedehnte Flächen. Obgleich die Pflanze wildwachsend sehr niedrig ist, kann sich dies unter üppigen Gartenbedingungen ändern.

Blütezeit: Mai bis Juli. **Höhe:** 2 bis 7 cm.

Kultur: Die Silberwurz ist ein Strauch und kann zu Herbstbeginn oder im Frühjahr geteilt werden. Oder man sät im Frühjahr die Samen aus (möglichst mit den federigen Griffeln). Die Samen dünn mit Erde bedecken, die Griffel herausstehen lassen. Die Keimung kann unregelmäßig erfolgen.

Andere Standorte: Sonnige.

Blutstorchschnabel

Geranium sanguineum

Der Blutstorchschnabel – oder Blutrote Storchschnabel – ist sehr anpassungsfähig und kann in ganz unterschiedlichen Bereichen des Gartens wachsen. Und wer nur eine Storchschnabelart ziehen möchte, sollte diese wählen, denn sie ist leuchtend gefärbt und buschig. Wild findet man den Blutstorchschnabel selten, doch wo er vorkommt, wächst er meist in größeren Beständen. Er mag alkalischen Boden, und man trifft ihn auf hochgelegenen Wiesen, auf Felsen, am Meer und selbst in Wäldern an.

Ungewöhnliche Wildpflanzen, wie der Blutstorchschnabel, sind besonders interessante Ergänzungen eines Wildgartens. Dort kann ihre außergewöhnliche Schönheit aus nächster Nähe bewundert und ihre Entwicklung beobachtet werden. Vielleicht haben Sie Glück und begegnen dem Blutstorchschnabel einmal in freier Natur, in der er sich vermutlich ganz und gar seiner gewohnten Umgebung entsprechend präsentiert. Die Kultur von Wildblumen im Garten sollte uns dazu inspirieren, sie auch in der Natur zu suchen und uns an ihnen zu erfreuen.

Im Garten gedeiht der Blutstorchschnabel am besten in der Sonne oder in lichtem Schatten auf gut drainiertem, fruchtbarem und alkalischem Boden. Er ist eine wunderhübsche Pflanze für den Steingarten und siedelt sich auch an Böschungen oder halbschattigen Stellen an. Er wächst gern in Gras, wo er im Herbst oder Frühjahr nach einem Schnitt eingesetzt wird.

Blütezeit: Juni bis August. **Höhe:** 10 bis 40 cm.

Kultur: Der Blutstorchschnabel ist ausdauernd und läßt sich leicht aus Samen ziehen. Um die Keimung zu beschleunigen, werden diese zwischen Sandpapier gerieben. Im Frühjahr oder September an vorgesehener Stelle oder in Schalen säen und mit Erde bedecken. Die Pflanzen später auf 30 bis 45 cm ausdünnen.

Andere Standorte: Sonnige; halbschattige.

Gemeines Sonnenröschen

Helianthemum nummularium

Das Gemeine – oder Gelbe – Sonnenröschen ist ein echter Sonnenanbeter. Sobald die Sonne untergeht, schließen sich seine zarten goldenen Blüten, und es wird völlig unscheinbar, da es nur kleine Blätter hat. Doch wenn die Sonne scheint, öffnet die Pflanze ein Meer goldener Blüten und bietet einen großartigen Anblick. Auch Bienen lockt sie an. Darüber hinaus ist das Sonnenröschen eine Futterpflanze für den Brombeerzipfelfalter. Es gibt auch verschiedene Gartenformen, darunter eine rotblühende, deren Reiz aber kaum an den der Wildpflanze heranreicht.

Es handelt sich hier um eine Pflanze, die auf Felsen sowie auf Kalkböden mit geringem Stickstoffgehalt wächst. Da sie auch auf einem mehrere Zentimeter dicken Kiesbett gedeiht und ihre Wurzeln in die darunterliegende Erde schickt, eignet sie sich gut als Schmuck für einen gekiesten Weg oder eine Auffahrt. Ebenso wohl fühlt sie sich im Kiesgarten. Wird sie in Gras gepflanzt, sollte der Boden steinig und mager sein, damit sich die feinen Gräser nicht zu kräftig entwickeln. Da, wo sie auf Weiden wächst, halten Schafe meist das umliegende Gras kurz. Für das Sonnenröschen gilt das gleiche wie für viele kleinere, bunte Wildblumen, die in Gras wachsen: Ist der Boden auch nur ein bißchen fruchtbar, gedeihen die Gräser zu üppig und ersticken die Blume.

Blütezeit: Mai bis September. **Höhe:** 5 bis 30 cm.

Kultur: Das Sonnenröschen ist eine verholzende, immergrüne Pflanze. Samen keimen nur schwer und sollten vor der Aussaat immer zwischen Sandpapier gerieben werden. Im Frühjahr oder Herbst in eine Schale säen und diese bis zur Keimung, die mehrere Monate erfordern kann, an einen schattigen Platz stellen. Im Frühjahr oder zu Herbstbeginn kann man sie auspflanzen. (In Gras sollte im Herbst gepflanzt werden, nachdem der Schnitt erfolgt ist.)

Andere Standorte: Sonnige.

Mehlprimel

(Mehlschlüsselblume) *Primula farinosa*

Die Mehlprimel wächst in Flachmooren, Quellfluren und feuchten alpinen Matten. Bei uns kommt sie nur selten vor, deshalb haben die meisten von uns sie noch nicht in freier Natur gesehen. Auch ich hatte sie noch nie wild gefunden, als ich sie erstmals aus Samen zog, die mir ein Freund geschickt hatte. Wie bei der Kissenprimel muß die Aussaat im Herbst erfolgen, damit die Samen nach der Winterkälte im März oder April keimen. Die erste Überraschung war, daß sich winzige Blätter von blasser, fast weißer Farbe entwickelten. Im folgenden Jahr blühten dann einige Pflanzen, und durch keine Abbildung war ich auf die Schönheit dieser zarten Pflanzen vorbereitet gewesen. Mehlprimeln benötigen Feuchtigkeit, aber dennoch relativ durchlässigen Boden. Sie werden etwas experimentieren müssen, um einen geeigneten Platz im Garten zu finden. Diese Primeln gedeihen in Gras, das sehr kurz gehalten werden muß, was aber ohne Weidetiere nur schwer durchzuführen ist.

Blütezeit: Juni bis Juli. **Höhe:** 10 bis 20 cm.

Kultur: Die Mehlprimel ist ausdauernd und läßt sich leicht aus Samen ziehen. Säen Sie sie im Herbst in eine Saatschale mit normaler Aussaaterde (die Samen brauchen den Winterfrost, um zu keimen) und bedecken Sie sie mit einer sehr dünnen Schicht Erde. Bis die Samen gekeimt sind, wird die Saatschale mit Glas abgedeckt. Junge Pflanzen in volle Sonne und feuchten, alkalischen Boden setzen, der nicht zu fruchtbar sein sollte.

Andere Standorte: Sonnige.

Echte Küchenschelle

Pulsatilla vulgaris

Die Echte oder Gemeine Küchen- oder Kuhschelle kommt in freier Natur selten vor, ist aber seit langem in unterschiedlichen Formen in unseren Gärten heimisch. Wild findet man sie meist auf Trocken- oder Halbtrockenrasen. Sie ist kalkliebend. Die Echte Küchenschelle ist eine wertvolle Heilpflanze, insbesondere in der Homöopathie. Aus ihr gewonnene Medizin wird häufig bei Masern verordnet, aber auch bei einer Vielzahl anderer Krankheiten. Darüber hinaus werden aus ihr Farben hergestellt. Ihre Blüten ergeben ein helles, die Blätter ein etwas dunkleres Grün. Früher verwendete man die Pflanze auch, um Ostereier zu färben.

Diese Küchenschelle ist während aller Stadien dekorativ. Ihre Blätter sind fiedrig und seidig, und seidig sehen auch die Blütenknospen aus. Die geöffneten tiefvioletten Blüten dagegen schimmern in der Sonne wie Satin. Dann erscheinen die wunderschönen seidigen Samenstände. Jeder Samen besitzt einen fedrigen Schopf, damit er, wenn er reif ist, vom Wind davongetragen werden kann.

Die Küchenschelle gehört zur Familie der Hahnenfußgewächse und hat, wie der Hahnenfuß, einen bitteren Geschmack. Rinder meiden sie, Ziegen scheinen sie zu mögen.

Blütezeit: April bis Juni.

Höhe: 10 bis 20 cm.

Kultur: Die Echte Küchenschelle ist ausdauernd und braucht einen durchlässigen, alkalischen Boden und volle Sonne. Die Samen werden am besten gleich nach der Reife im Juni oder Juli gesät. Allerdings keimen sie, entgegen der allgemeinen Annahme, auch noch nach mehreren Jahren, sofern sie trokken aufbewahrt werden. In Saatschalen säen, und die Samen ganz dünn mit Erde bedecken.

Man muß sich etwas gedulden, da die Keimung möglicherweise nur langsam erfolgt.

Andere Standorte: Sonnige; halbschattige.

Rosenwurz

Sedum rosea (syn. Rhodiola rosea)

Es gibt so viele hübsche Alpenblumen, daß es schwerfällt zu sagen, welche die schönste ist. Von den einheimischen Rhodiola-Arten hat die Rosenwurz zahlreiche Vorzüge. Die silbriggrünen sukkulenten Blätter heben sich vor dunklem Gestein oder Boden gut ab und wirken das ganze Jahr über dekorativ. Im Mai oder Juni erscheinen große, orangegelbe Blütenköpfe, die – wie alle Fetthennen – Bienen und Schmetterlinge anlocken. Darüber hinaus aber verströmt die Pflanze den Duft von Damaszenerrosen, wenn man Stengel abschneidet. Pflanzen stecken eben voller Überraschungen. Die Rosenwurz ist bei uns selten. Sie ist an schwere Regenfälle gewöhnt, benötigt aber eine gute Drainage.
Die Rosenwurz erhielt ihren Namen aufgrund ihres dicken rosafarbenen Wurzelstocks, in dem sie einen beachtlichen Vorrat an Nährstoffen speichert.
Andere Gewächse der gleichen Gattung, deren Anpflanzung sich lohnt, sind Mauerpfeffer (*Sedum acre*), Purpurfetthenne (*Sedum telephium*), Tripmadam (*Sedum reflexum*) und Weiße Fetthenne (*Sedum album*). Alle sind hübsch und geeignet, in einem sehr durchlässigen Boden in praller Sonne zu wachsen.
Blütezeit: Mai bis August. **Höhe:** 10 bis 30 cm.
Kultur: Die Rosenwurz ist ausdauernd und kann entweder durch Triebstecklinge, die in sandiges Substrat gesetzt werden, oder durch Wurzelteilung vermehrt werden. Stecklinge sollte man im August oder September nehmen. Wurzeln werden im Frühjahr geteilt, jedes Stück sollte ein Auge haben.
Andere Standorte: Keine.

Frühblühender Thymian

Thymus praecox

Den Frühblühenden Thymian findet man nur in unberührten Gegenden mit sauberer Luft, dafür aber in sehr unterschiedlichen Lebensräumen – von hohen Bergen bis zu trokkenen Grasebenen und selbst in sumpfigen Gebieten.
Er ist eine wunderhübsche Pflanze für den Garten, vor allem wenn er zusammen mit den vielen dekorativen Thymianarten gedeiht, die man bei Kräuterspezialisten und in Gartencentern bekommt. Diese Art ist sicherlich widerstands- und anpassungsfähiger als die zahlreichen aus südlichen Gegenden stammenden Arten und geht auf schwerem Boden nach einem harten Winter nicht so schnell ein.
Der Frühblühende Thymian duftet gewöhnlich nicht so intensiv wie anderer Thymian und öffnet bereits Ende Juni, Anfang Juli seine Blüten. Im Garten gibt es viele Verwendungsmöglichkeiten für ihn. Seine blaßvioletten Blüten lassen einen weichen, duftenden Weg, einen kleinen Teppich und sogar einen bequemen Sitzplatz entstehen. Er gedeiht auf Kies und scharfem Sand oder in einem Steingarten. Sollten Sie aber an einem sonnigen Sommertag einmal barfuß über ihn laufen, was ein herrliches Gefühl ist, denken Sie daran, daß auch die Bienen seine Blüten mögen. Auch die Ameisen richten sich gern häuslich bei ihm ein. Frühblühender Thymian sieht vor allem zwischen Pflastersteine oder -platten gepflanzt sehr reizvoll aus, wo er bald einen Teppich bildet. Außerdem kann man ihn gut auf einer Mauer ziehen oder in einem kurzgehaltenen Rasen.
Blütezeit: Juni bis Juli. **Höhe:** Niedrig.
Kultur: Der Frühblühende Thymian ist ausdauernd und läßt sich leicht durch Stecklinge oder bewurzelte Triebe vermehren, die man zunächst auf sandigem Boden zieht und später verpflanzt. Samen sind nur selten erhältlich.
Andere Standorte: Keine.

WILDBLUMEN FÜR

Küstengärten

Ein windgepeitschter Lebensraum *Grauheide und Stechginster wachsen hier an der Küste von Suffolk.*

Ob Sie einen Garten in Küstennähe besitzen oder einfach nur Küstenblumen ziehen möchten – die Kultur vieler an der See heimischen Wildpflanzen lohnt sich allein schon wegen ihrer Schönheit. Heute sind Küstenpflanzen – wenn sie nicht gerade auf unzugänglichen Klippen wachsen – in mehrfacher Hinsicht bedroht. Wunderbare Salzwiesen, Lebensraum für unzählige Tiere, wurden für die Landwirtschaft und andere Zwecke trockengelegt, und auch Campingplätze und Freizeiteinrichtungen haben ihren Tribut gefordert. Glücklicherweise gibt es aber immer noch längere Abschnitte unberührter Küste, für die sich diverse Naturschutzorganisationen mit großem Engagement einsetzen, damit sie auch zukünftigen Generationen erhalten bleiben.

Küstenpflanzen können sich in sehr unsicheren Lebensräumen ansiedeln, da viele von ihnen über lange Wurzeln verfügen. In freier Natur sind Kies oder Sand immer in Bewegung, und Küstenklippen bröckeln ab. Etwas weiter vom Meer entfernt, wo die Dünen durch Gräser stabilisiert werden, beheimatet der alkalische, muschelreiche Sand eine reiche, bunte Flora, die der von Kalkböden in vieler Hinsicht ähnelt. Leguminosen, die in dem nährstoffarmen Sand Stickstoff binden, sind durch Gemeinen Hornklee, Weißklee und Kriechenden Hauhechel vertreten. Andere geeignete Blumen sind beispielsweise Echte Hundszunge, Niedrige Schwarzwurzel, Echtes Labkraut, Mauerpfeffer, Echtes Tausendgüldenkraut und Frühblühender Thymian.

Küstengärten im Sommer

Viele Küstenblumen sind das ganze Jahr über attraktiv; am farbenprächtigsten sind sie jedoch im Sommer und somit eine herrliche Ergänzung für Wildblumengärten im Binnenland wie an der Küste.

Die auf dieser Doppelseite gezeigten Pflanzen wurden alle im Garten gezogen. Wildwachsende Pflanzen sollten weder gepflückt noch ausgegraben werden.

Gelappte Melde (links) Sie hat silbriges, mehlig bestäubtes Laub.

Muscheln und Kiesel (oben) geben einem Küstengarten die besondere Note.

Strandsode (unten) Eine niedrige, rötlich überlaufene, fleischige Pflanze, die auf Salzwiesen wächst.

Mauerpfeffer (unten) Eine immergrüne Sukkulente, die auf sandigem oder kiesigem Boden gedeiht.

Stranddistel (rechts) Eine wunderschöne metallisch wirkende Blattpflanze mit vielen Dornen.

Wilde Möhren (unten) wachsen auf sandigen Böden. Auch die getrockneten Samenstände sind dekorativ.

Meerwermut (unten) Eine duftende Pflanze, die sich rasch ausbreitet, in jeder Gartenerde gedeiht und sehr viel zarter wirkt als andere Beifußarten.

Echtes Labkraut (unten) breitet sich in Sandboden rasch aus.

Strandleimkraut (unten) ist dem Gemeinen Leimkraut ähnlich, aber kleiner. Es wächst gut auf Strandkies.

Europäischer Meersenf (links) ist eine hübsche fleischige Pflanze mit violetten, rosa oder weißen Blüten, die gut in Sand gedeiht.

Nickende Distel (unten) Sie hat große, hängende Blütenköpfe, die moschusartig duften.

Salzmiere (unten) Sie bildet auf Strandkies einen leuchtendgrünen Teppich und hält die Steine zusammen.

Salzhornklee (rechts) hat drahtige Stengel und typische schmale Blätter. Er wächst oft im Küstensand.

Schmalblättrige Distel (links) Sie ist an der Küste wie im Binnenland zu Hause und lockt Insekten an.

Fetthenne, *Sedum anglicum* (unten) Sie blüht im Juni weiß, dann färbt sich die ganze Pflanze rot.

Fenchel (unten) Eine hübsche Blattpflanze, die anisähnlich duftet. Fenchel gedeiht auf Sandboden in Meernähe.

Strandplatterbse (links) Eine sehr seltene Pflanze mit wunderschönen großen Blüten. Sie wächst auf Strandkies und wurzelt tief.

Gemeine Grasnelke (unten) Sie bildet leuchtende Kissen aus rosa Blüten, denen dekorative, papierartige Samenstände folgen.

Echtes Tausendgüldenkraut (unten) ist eine wundervolle, süßduftende Miniaturpflanze.

Widerstoß (links) kommt in Gruppen am besten zur Geltung. Auch getrocknet wirkt er sehr dekorativ.

Wilde Küstengärten

An den Küsten wachsen viele herrlich blühende Pflanzen, deren Kultur sich in jedem Garten lohnt. Ihre Anpassung an einen so speziellen Lebensraum wie eine Küste bedeutet nicht, daß sie anderswo nicht gedeihen. Tatsächlich entwickeln sich die meisten von ihnen auf jedem drainierten Boden gut. Am schönsten kommen sie jedoch in einer küstenähnlichen Umgebung zur Geltung, und es macht viel Freude, im Garten einen solchen Bereich entstehen zu lassen. Eine Liste von Pflanzen, die für Küstengärten geeignet sind, finden Sie auf S. 155.

Gärten nahe am Meer

Für diejenigen, die tatsächlich in nächster Nähe des Meeres leben und salzhaltiger Luft, starken Meeresbrisen oder selbst Gischt ausgesetzt sind, stellt sich zunächst das Problem, ob man an einem solch unwirtlichen Standort überhaupt einen Garten anlegen soll. Das Wichtigste dabei ist ein Windschutz. Dafür geeignet und gleichzeitig dekorativ sind Pimpinellrose (*Rosa pimpinellifolia*) und Sanddorn (*Hippophae rhamnoides*).

Küstensträucher *Verglichen mit Exemplaren im Binnenland, ist diese Pimpinellrose sehr niedrig, bildet aber einen ausgezeichneten Windschutz.*

Jeder Wildblumengärtner sollte sich zunächst einmal umsehen und feststellen, was in seiner Gegend wild wächst. So läßt sich ein Grundbestand an Wildblumen zusammenstellen, die auf jeden Fall gedeihen werden. Wer nicht direkt am Meer lebt, sollte ohne Schwierigkeiten eine große Vielfalt an Blumen ziehen können. Da die Wildblumengärtnerei aber ein ganz neues Gebiet ist, finden Sie am besten durch Experimentieren heraus, was wächst und was nicht.

Ein Kiesgarten

Beim Anlegen eines Kiesgartens sind Gärtner an den Küsten gegenüber denen im Binnenland im Vorteil; denn letztere müssen, wenn der Garten echt sein soll, Strandkies von der Küste herbeischaffen. Natürlich kann man auch 1 bis 2 cm große Steine aus einer örtlichen Kiesgrube verwenden.

Ein Kiesgarten muß nicht groß sein. Am schönsten ist er neben einem Steingarten oder einem Kiesweg, auf jeden Fall aber braucht er volle Sonne. Man hebt die Fläche mindestens 15 cm tief aus - bei Tonboden kann eine Verbesserung der Drainage erforderlich sein - und füllt sie mit Steinen auf.

Die schönste und ungewöhnlichste Pflanze, die an Kiesstränden wächst, ist der Gelbe Hornmohn. Er läßt sich beispielsweise mit Mauerpfeffer und Meerwermut in einer gelben und silbernen Pflanzung kombinieren, in der Dorniger Hauhechel und Rote Spornblume leuchtende Farbtupfer setzen. Wer eine größere Vielfalt an Pflanzen kultivieren möchte, mischt den Kies zur Hälfte mit Sand, damit er darüber hinaus alle Sandgartenpflanzen ziehen kann.

Bodendeckende Pflanzen Sedum anglicum *mit seinen jungen rosaroten Trieben bildet auf Sandböden oder Kies einen dichten Teppich, der hier von Gemeinem Hornklee belebt wird.*

Ein Sandgarten

Er wird auf die gleiche Weise wie ein Kiesgarten angelegt, doch verwendet man hier statt Kies Sand. Zur Dekoration verteilt man einige Steine und Muscheln um die Pflanzen herum.

Es gibt eine große Zahl an Blumen, die Sandboden mögen und zusammen gut gedeihen. Während des Frühjahrs und Sommers zeigen sie sich in bunten Farben. Zu einer Kombination in Blau, Weiß und Rosa könnten Scilla (*Scilla verna*), Gemeine Grasnelke, Stranddistel und Strandleimkraut gehören. Stranddisteln sind besonders empfehlenswert. Ihre dornigen, metallisch wirkenden Blätter sehen immer großartig aus und halten sich den ganzen Winter. Andere lohnende Blumen sind Kleine Eberwurz, Fenchel, Bergjasione, Echtes Labkraut und Echte Hundszunge.

Methoden der Wildblumen-gärtnerei

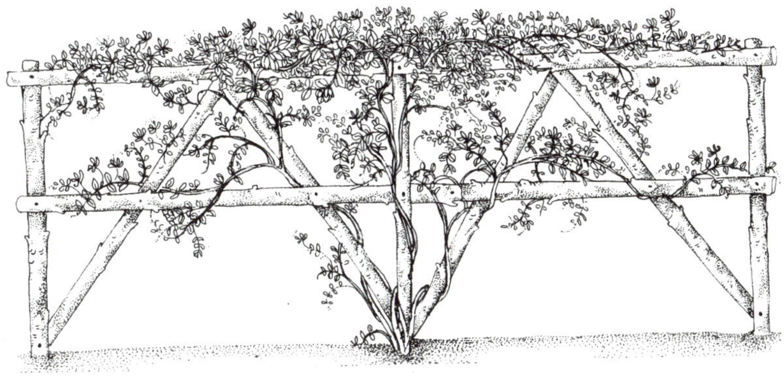

Samen sammeln und neue Pflanzen ziehen

Samenverbreitung in der Natur

Trotz der äußeren Gegensätzlichkeiten haben Brombeeren, Pusteblumen und stachelige Distelköpfe etwas Grundsätzliches gemeinsam: Sie haben die Aufgabe, die Samen, die sie enthalten, zu verbreiten, um den Fortbestand der Art zu sichern. Es ist wichtig, diesen Vorgang zu kennen, wenn Sie die Anlage eines Naturgartens planen sowie Samen sammeln und diese zur Keimung bringen wollen. Schon die Art und Weise der Samenverbreitung erklärt beispielsweise, in welchen Abständen Wildpflanzen in ihrer natürlichen Umgebung wachsen.

Verbreitung durch Schwerkraft

Eine sehr große Zahl von Pflanzen aus allen Familien läßt ihre Samen einfach

Kornrade

auf die Erde fallen oder streut sie, falls sie in Kapseln sitzen, auf den Boden, wenn die Stengel umbrechen. Einige der leichteren Samen werden vom Wind etwas verteilt, doch die meisten landen nahe bei der Mutterpflanze und bilden dichte Kolonien. Dennoch besteht keine Gefahr, daß die sich entwikkelnden Pflanzen zu dicht stehen, denn viele Samen werden von Mäusen und Vögeln gefressen. Andere ruhen ein oder mehrere Jahre im Boden. Die meisten von Tieren gefressenen Samen werden vollständig verdaut, ein Teil aber passiert den Verdauungstrakt unbeschädigt. Diese Samen sorgen dafür, daß fern von der Mutterpflanze neue Bestände entstehen. Durch Schwerkraft verbreitete Samen lassen sich meistens leicht sammeln, insbesondere dann, wenn sie – wie bei der Kornrade (oben) und Königskerze – in Kapseln sitzen.

Verbreitung durch Wind und Wasser

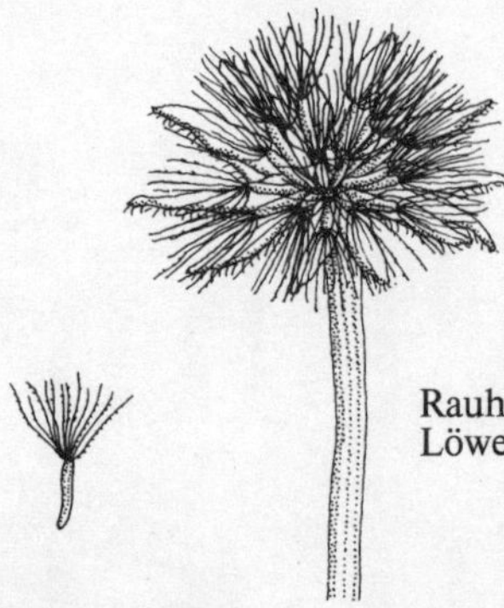

Rauher Löwenzahn

Windverbreitete Samen sind besonders dekorativ, wie beispielsweise die der Pusteblume. Ein Teil dieser Samen trägt Kränze oder Schöpfe aus Flughaaren, aber es gibt auch Flugfrüchte, wie die des Ahorns, die durch die Luft schweben.

Wieder andere Samen sind so beschaffen, daß sie von der Wasserströmung davongetragen werden, und leicht genug, um über einen Teich oder durch einen Fluß zu schwimmen. Die Keimung findet teilweise schon auf der Reise statt oder aber erst am schlammigen Ufer.

Selbstverbreitung

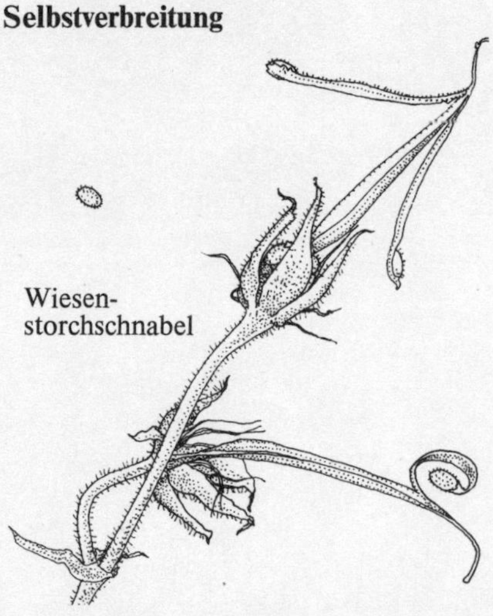

Wiesenstorchschnabel

Während die meisten Pflanzen bei der Verbreitung ihrer Samen auf Hilfe von außen angewiesen sind, schleudern andere ihre Samen selbst in die Umgebung. Ein Beispiel ist der Wiesenstorchschnabel, der seine Samen regelrecht in die Gegend katapultiert. Fortgeschleuderte Samen können da, wo sie landen, keimen oder ihre Reise auf andere Weise fortsetzen.

Verdauungsverbreitung

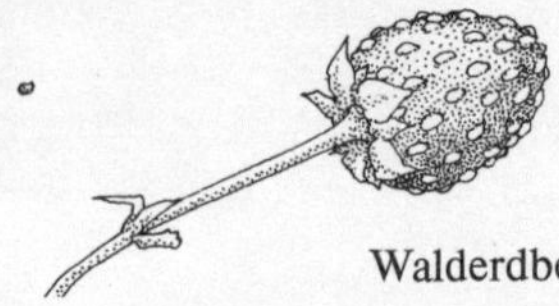

Walderdbeere

Manche Pflanzen betten ihre harten Samen in verlockendem, wohlschmekkendem und zumeist weichem Fruchtfleisch ein. Bekannte Beispiele sind Walderdbeere (oben), Weißdorn, Stechpalme, Rose, Brombeere und Geißblatt. Die Früchte werden von Tieren gefressen und ihre Samen nach Passieren des Verdauungstrakts mit anderen unverdaulichen Substanzen wieder ausgeschieden; oft kilometerweit von der Mutterpflanze entfernt. Auf diese Weise verbreitete Samen keimen immer leichter, nachdem sie den Verdauungstrakt eines Tieres durchwandert haben. Dennoch können für die Keimung 12 bis 18 Monate erforderlich sein, oder die Samen müssen sogar stratifiziert werden (s. S. 127).

Klettverbreitung

Kleiner Odermennig

Eine andere Kategorie von Pflanzen trägt Haken- oder Klebfrüchte. Wenn ein Tier diese Früchte streift, bleiben sie im Fell hängen und werden mit fortgetragen, bis sie schließlich irgendwo wieder abfallen. Diese Art der Verbreitung ist beispielsweise für einige Mitglieder aus der Familie der Doldengewächse typisch, ebenso für Ackerhahnenfuß, Odermennig (oben) und die reizvolle Nelkenwurz.

Aber auch unsere moderne Lebensweise hat zur Verbreitung von Pflanzen beigetragen. So können sich Samen in Hosenaufschlägen und Jackentaschen wie auch an Lastwagenreifen oder dem Fahrgestell von Flugzeugen festsetzen. Auf diesem Weg haben schon manche Pflanzen neue und recht ungewöhnliche Lebensräume gefunden – in Innenstädten, auf Dächern und selbst in fernen Ländern.

Pflanzenfamilien

Eine Pflanzenfamilie umfaßt eine Gruppe von Pflanzen mit gemeinsamen Vorfahren. Diese Pflanzen müssen sich keineswegs ähnlich sehen – Gamanderehrenpreis, eine bodendeckende Pflanze mit winzigen Blüten, und der hohe Fingerhut gehören beispielsweise beide zur Familie der Braunwurzgewächse –, doch teilen sie ganz bestimmte Merkmale. Pflanzen der gleichen Familie weisen außerdem im wesentlichen gleiche Fortpflanzungsorgane auf.

Auch wenn man viel über Wildblumen lernen kann, ohne zu wissen, welcher Familie sie angehören, kann diese Kenntnis dem Wildblumengärtner beim Sammeln und Keimenlassen von Samen nützlich sein, da nahe Verwandte oft die gleichen Ansprüche stellen. Die folgende Liste faßt die wichtigsten der in diesem Buch vorgestellen Pflanzen, nach ihren Familien geordnet, zusammen.

Amaryllisgewächse
(Narzissengewächse)
Amaryllidaceae

Schneeglöckchen
Sommerknotenblume
Trompetennarzisse

Baldriangewächse
Valerianaceae

Echter Baldrian
Rote Spornblume

Bleiwurzgewächse
Plumbaginaceae

Gemeine Grasnelke
Widerstoß

Borretschgewächse
Boraginaceae

Echte Hundszunge
Echtes Lungenkraut
Gemeiner Beinwell
Gemeiner Natternkopf

Braunwurzgewächse
Scrophulariaceae

Bachbunge
Fadenehrenpreis
Gamanderehrenpreis
Gemeines Leinkraut
Kleinblütige Königskerze
Kleiner Klappertopf

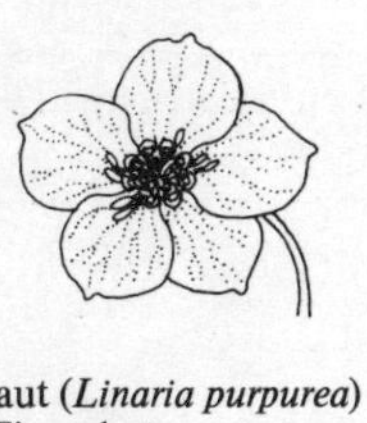

Leinkraut (*Linaria purpurea*)
Roter Fingerhut
Schwarze Königskerze
Zimbelkraut

Die Samen der meisten zu dieser Familie gehörenden Arten sitzen in Kapseln und bleiben gewöhnlich mehrere Wochen an der Pflanze. Deshalb ist ein sofortiges Sammeln nicht erforderlich. Die Samen sind sehr klein und lassen sich gut lagern.

Dickblattgewächse
Crassulaceae

Mauerpfeffer
Rosenwurz

Doldengewächse
Umbelliferae

Fenchel
Französischer Knollenkümmel
Kleine Bibernelle
Pastinak
Stranddistel
Taumelkälberkropf
Waldengelwurz

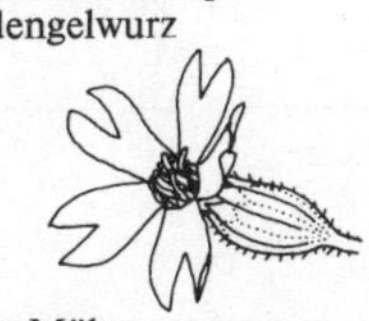

Wilde Möhre
Wohlriechende Süßdolde

Die meisten Pflanzen dieser Familie sind sich in Blüten- und Samenentwicklung sehr ähnlich. Sie tragen Dolden – dekorative, sich verzweigende Blütenstände, die wie Schirme aussehen. Zu den Ausnahmen gehören Stranddistel und Feldmannstreu, die eher an Disteln erinnern. Die Samen sind reif, wenn sie trocken aussehen. Zur Lagerung sind sie oft nicht geeignet. Frisch ausgesät, keimen sie mitunter sehr rasch. Gelagerte Samen müssen eventuell stratifiziert werden (s. S. 127).

Erdrauchgewächse
Fumariaceae

Echter Erdrauch
Gelber Lerchensporn

Fieberkleegewächse
Menyanthaceae

Bitterklee
Heimische Seekanne

Froschlöffelgewächse
Alismataceae

Froschlöffel
Pfeilkraut

Geißblattgewächse
Caprifoliaceae

Schwarzer Holunder
Waldgeißblatt
Wolliger Schneeball

Glockenblumengewächse
Campanulaceae

Bergjasione
Breitblättrige Glockenblume
Büschelglockenblume
Nesselblättrige Glockenblume
Rundblättrige Glockenblume

Hahnenfußgewächse
Ranunculaceae

Ackerhahnenfuß
Akelei
Blauer Eisenhut
Buschwindröschen
Butterblume
Echte Kuhschelle
Grüne Nieswurz
Herbstfeuerröschen
Rittersporn
Scharbockskraut
Sumpfdotterblume
Trollblume
Waldrebe

Innerhalb dieser Familie erfolgt die Verbreitung der Samen unterschiedlich. Bei Eisenhut und Akelei fallen sie einfach zu Boden, bei den Buschwindröschen werden sie vom Wind davongetragen. Bei Butterblumen stehen die Samen dichtgedrängt und ungeschützt zusammen. Manche Mitglieder der Familie haben Hakenfrüchte, die im Fell von Tieren hängenbleiben. Alle Samen sollten möglichst gleich nach der Ernte gesät werden.

Hartheugewächse
Hypericaceae

Flügelhartheu
Hartheu (*Hypericum androsaemum*)
Johanniskraut

Heidekrautgewächse
Ericaceae

Grauheide
Heidekraut

Kardengewächse
Dipsacaceae

Ackerwitwenblume
Taubenskabiose
Teufelsabbiß
Weberkarde

Knöterichgewächse
Polygonaceae

Kalkkreuzblume
Wasserknöterich
Wiesensauerampfer

Korbblütengewächse
Compositae

Eberwurz
Echte Kamille
Echter Alant
Färberscharte
Gänseblümchen
Gemeine Eselsdistel
Gemeine Goldrute
Gemeiner Wasserdost
Gemeines Ferkelkraut
Geruchlose Kamille
Herbstlöwenzahn
Kleines Habichtskraut
Kornblume
Löwenzahn
Mariendistel
Meerwermut
Mutterkraut
Nickende Distel

Rainfarn
Rauher Löwenzahn
Römische Kamille
Saatwucherblume
Schwarze Flockenblume
Skabiosenflockenblume
Wermut
Wiesenbocksbart
Wiesenmargerite
Zichorie

Mit mehr als 14000 Arten ist dies eine der größten Familien unter den Blütenpflanzen und auch eine in der Evolution am weitesten entwickelte. Viele Arten bilden Samen mit Flughaaren aus, die vom Wind davongetragen werden, wieder andere Hakenfrüchte, die sich im Fell von Tieren verfangen. Bei Arten mit Körbchen schneidet man zur Gewinnung der Samen die Köpfe nach dem Welken ab. Pusteblumenartige Samen lassen sich, wenn sie reif sind, leicht in einer Papiertüte sammeln. Teufelsabbiß, Ackerwitwenblume und Taubenskabiose erntet man, wenn sich die Samenstände braun färben. Aber nicht zu lange damit warten, sonst holen sie die Vögel. Distelköpfe mit einem kurzen Stielstück abschneiden, sobald sie flaumig werden, und, mit dem Kopf nach unten, in einer Papiertüte aufhängen. Die reifenden Samen werden so aufgefangen. Alle Samen dieser Familie lassen sich gut lagern und keimen problemlos.

Kreuzblütengewächse
Cruciferae

Goldlack
Judassilberling
Nachtviole
Wiesenschaumkraut

Liliengewächse
Liliaceae

Bärenlauch
Hasenglöckchen
Maiglöckchen
Schachbrettblume

Schnittlauch
Scilla (*Scilla verna*)
Stern von Bethlehem
Türkenbundlilie
Vielblütige Weißwurz

Bei den Liliengewächsen befinden sich die Samen entweder in Kapseln (Hasenglöckchen) oder in Beeren (Vielblütige Weißwurz). Sobald die Kapseln trocknen oder die Beeren reifen, lassen sie sich leicht sammeln. Samen von Liliengewächsen eignen sich im allgemeinen nicht zum Lagern; manche müssen stratifiziert werden, um zu keimen (s. S. 127).

Lippenblütengewächse
Labiatae

Bachminze
Bergminze
Echter Ziest
Edelgamander
Frühblühender Thymian
Gemeiner Andorn
Gemeiner Dost
Gemeiner Steinquendel
Goldnessel
Gundermann
Kleine Braunelle
Kriechender Günsel
Purpurrote Taubnessel
Salbei (*Salvia viridis*)
Salbeigamander
Uferwolfstrapp
Waldziest
Weiße Taubnessel

Zu dieser Familie gehören viele Kräuter und Heilpflanzen. Gelegentlich werden Braunwurz- und Lippenblütengewächse verwechselt, aber alle zur Familie der letzteren gehörenden Arten haben vierkantige Stengel, gegenständige Blätter und fast immer zweilippige Blüten. Die Früchte sind in vier einsamige Nüßchen unterteilt. Das Sammeln der Samen ist schwierig, da sie nicht in einem Gehäuse sitzen und leicht ausstreuen. Sobald sich die Samen schwarz oder dunkelbraun gefärbt haben, schneidet man die Stengel ab und schüttelt die Samen in einen Behälter. Sie lassen sich gut lagern, können aber auch sofort gesät werden. Im allgemeinen keimen sie innerhalb weniger Wochen.

Malvengewächse
Malvaceae

Algiermalve
Baumartige Strauchpappel
Eibisch
Moschusmalve

Mohngewächse
Papaveraceae

Gelber Hornmohn
Klatschmohn
Scheinmohn

Mitglieder dieser Familie haben winzige Samen, die viele Wochen in dekorativen Kapseln sitzen. Diese werden einfach in eine Papiertüte geleert, sobald sie getrocknet sind. Die Samen bleiben lange keimfähig, müssen aber häufig stratifiziert werden, um zu keimen (s. S. 127).

Nelkengewächse
Caryophyllaceae

Echtes Seifenkraut
Echte Sternmiere
Gemeines Leimkraut
Grassternmiere

Heidenelke
Kornrade
Kuckucksblume
Rotes Leimkraut
Strandleimkraut
Weißes Leimkraut

Zu dieser Familie gehörende Pflanzen haben Samen, die in gezähnten Kapseln sitzen. Die Samen sammeln, sobald sie trocken sind und aus der Kapsel geschüttelt werden können. Sie lassen sich gut aufbewahren und keimen leicht.

Primelgewächse
Primulaceae

Ackergauchheil
Alpenveilchen
Gemeiner Felberich
Kissenprimel
Mehlprimel
Pfennigkraut
Waldprimel
Wasserfeder
Wiesenprimel

Eine kleine Familie mit sehr verschiedenartigen Mitgliedern, auf die nur wenige allgemeingültige Regeln zutreffen. Das häufigste Merkmal ist ein kapselartiges Samengehäuse an der Blütenbasis.

Die Samen werden gesammelt, wenn sich die Stiele biegen (wie bei Kissenprimeln) und das Gehäuse anfängt, sich braun zu färben. Bei Wiesenprimeln ist der Zeitpunkt des Sammelns variabler, da die Stiele noch mehrere Wochen nach dem Reifen aufrecht stehen. Die Samen von Mehl-, Kissen-, Wiesen- und Waldprimeln sowie Alpenveilchen müssen stratifiziert werden (s. S. 127).

Resedengewächse
Resedaceae

Färberreseda
Gelbe Reseda

Rosengewächse
Rosaceae

Alpenfrauenmantel
Bachnelkenwurz
Bibernellrose
Blutwurz
Brombeere
Echtes Mädesüß
Felsensteinkraut
Gänsefingerkraut
Gemeiner Frauenmantel
Hundsrose
Kleiner Odermennig
Kleiner Wiesenknopf
Kleines Mädesüß
Nelkenwurz
Schlehdorn
Silberwurz
Walderdbeere
Weinrose
Weißdorn

Zu dieser Familie gehören sowohl kleine Stauden als auch Sträucher und Bäume. Auf den ersten Blick sind bei den Pflanzen dieser Familie keine Gemeinsamkeiten zu erkennen. Bei vielen Arten sitzen die Samen in oder an Beeren und werden von Vögeln gefressen. Manche Samen müssen stratifiziert werden, damit sie keimen (s. S. 127).

Rötegewächse
Rubiaceae

Echtes Labkraut
Waldmeister
Wiesenlabkraut

Schmetterlingsblütengewächse
Leguminosae

Besenginster
Dorniger Hauhechel
Echter Steinklee
Esparsette
Färberginster
Gemeiner Hornklee
Hasenklee
Hopfenklee
Hufeisenklee
Kriechender Hauhechel
Rotklee
Saatwicke
Sumpfhornklee
Viersamige Wicke
Vogelwicke
Waldplatterbse
Waldwicke
Weißklee
Wiesenplatterbse
Wundklee
Zaunwicke

Die meisten Pflanzen aus dieser Familie haben kleine wickenähnliche Blüten und große Samen, die in Hülsen sitzen. Diese Hülsen reifen, platzen auf und geben die Samen frei. Man muß sie deshalb pflücken, sobald sie sich braun färben, und sie dann nachreifen lassen. Bei anderen Mitgliedern, wie etwa dem Rotklee, sitzen die Samen in weichen Kelchblättern. Nach dem Welken der Blüte verbleiben sie dort noch kurze Zeit. Es ist nicht notwendig, den Kelch vor dem Säen zu entfernen. Alle Samen dieser Familie sind lange lagerfähig. Einige müssen stratifiziert werden, um die Keimung zu unterstützen (s. S. 127).

Schwertliliengewächse
Iridaceae

Schwertlilie
Wasserschwertlilie

Seerosengewächse
Nymphaeaceae

Gelbe Teichrose
Weiße Seerose

Steinbrechgewächse
Saxifragaceae

Knöllchensteinbrech
Roter Steinbrech

Storchschnabelgewächse
Geraniaceae

Blutstorchschnabel
Brauner Storchschnabel
Pyrenäenstorchschnabel
Ruprechtskraut
Waldsauerklee
Waldstorchschnabel
Wiesenstorchschnabel

Die meisten Arten in dieser Familie haben typische »schnabelförmige« Früchte, die fünf harte Samen enthalten. Diese werden fortgeschleudert, sobald sie reif sind. Man muß die Samenstände also sammeln, wenn sie braun zu werden beginnen, oder eine Tüte darüberziehen. Die Samen bleiben jahrelang keimfähig, müssen aber stratifiziert werden, um rasch zu keimen (s. S. 127).

Süßgräser
Gramineae

Drahtschmiele
Nelkenschmiele
Waldflattergras
Zittergras

Tüpfelfarngewächse
Polypodiaceae

Gemeiner Frauenfarn
Krauser Rollfarn
Steinfeder

Veilchengewächse
Violaceae

Duftveilchen
Gelbes Veilchen
Hainveilchen
Wildes Stiefmütterchen

Samen sammeln

Samen sollten generell nicht in der Natur gesammelt werden, denn durch Unachtsamkeit erleiden Mutter- und Nachbarpflanzen allzuschnell Schaden. Bei einigen seltenen Arten ist das Sammeln der Samen ohnehin verboten (s. S.182). Wo aber ziemlich verbreitete Pflanzen in einer großen Gruppe wachsen, richtet man durch das Entfernen einiger Samen oder Früchte kaum Schaden an.

Der Zeitpunkt des Erntens

Die Ernte findet statt, sobald die Samen oder Früchte trocken und braun sind. Sitzen die Samen in Kapseln, so wie bei Mohn und Kornrade, kann man eine solche Kapsel abbrechen und umgedreht über einen Behälter halten: Sind die Samen reif, fallen sie heraus. Andere Samenkapseln müssen zerdrückt werden, damit sie die dunklen, reifen Samen im Innern freigeben. (Wer Samen der Rundblättrigen Glockenblume sammelt, sollte eine Brille mitnehmen, denn sie sind staubfein!) Sehen die Samen noch grün und feucht aus, läßt man sie weiterhin für etwa eine Woche an der Pflanze reifen. Distelsamen sind reif, wenn sich die Köpfe zu öffnen beginnen, und können an den flaumigen Haaren (dem sogenannten Pappus), an denen sie hängen, vorsichtig herausgezogen werden.

Wiesen- und Waldprimeln halten ihre Samenkapseln aufrecht, so daß man die reifen Samen im Innern sehen kann. Sie werden einfach abgeschnitten und entleert. Die Kissenprimel dagegen trägt ihre Samen an langen Stielen, die sich zur Erde neigen, so daß man genau hinsehen muß, um festzustellen, ob sich die Früchte schon braun färben. Sie müssen geerntet werden, kurz bevor sie sich öffnen, andernfalls fallen die Samen auf den Boden.

Sammeln von Kornradensamen *Einen Stengel umbiegen und die Samen aus der getrockneten Kapsel in eine Tüte schütteln.*

Es gibt noch viele andere Samen, die gesammelt werden, wenn sich ihre Hüllen braun gefärbt haben und trocken sind – und nicht alle sitzen in Kapseln oder Gehäusen. Bei den Doldengewächsen beispielsweise ist es offensichtlich, wenn die Samen reif sind, denn dann sehen sie trocken aus und lassen sich leicht abschütteln. Oder man

Sammeln von Mädesüßsamen *Die kurzen getrockneten Stengel abschneiden und an einem kühlen, trockenen Platz lagern.*

schneidet die trockenen Fruchtstände im ganzen ab und löst die Samen durch Reiben.

Pustenblumenartige Samen, wie von Herbstlöwenzahn und Ferkelkraut, sind einfach zu sammeln: Man zieht sie vorsichtig an den »Fallschirmchen« aus ihrer Verankerung und gibt sie zur Aufbewahrung in eine Papiertüte. Aber natürlich müssen Sie hier genau den richtigen Zeitpunkt abpassen, sonst kommt Ihnen der Wind zuvor. Die Haare brauchen zur Aussaat nicht von den Samen entfernt zu werden.

Das Ernten von noch nicht ausgereiften Samen

Bei einigen Pflanzen ist es ratsam, die Samen zu sammeln, bevor sie ausgereift sind. Wer beispielsweise Ackerwitwenblumen, Taubenskabiosen oder Teufelsabbiß vermehren will, sollte die Fruchtstände bereits dann ernten, wenn die grüne Farbe fast vollkommen verblaßt ist. Dann reibt man sie zwischen den Fingern, um die einzelnen Samen voneinander zu trennen. Diese können aufbewahrt oder gesät werden. (Tatsächlich sind die eigentlichen Samen gar nicht sichtbar, ein weiteres Herauslösen aber ist nicht erforderlich.) Und ernten Sie nicht alle Samenköpfe, denn sie sehen im Garten sehr schön aus, und Goldfinken haben eine Schwäche für die reifen Samen, insbesondere für die des Teufelsabbißes.

Die Köpfe der Schwarzen Flockenblume öffnen sich, wenn die Samen reif werden, und wartet man zu lange, sind sie fort. Schneiden Sie daher einen Strauß Samenköpfe und stecken Sie sie kopfunter in eine Tüte. Diese wird an einem trockenen, luftigen Platz aufgehängt.

Das Sammeln der Samen von Mitgliedern der Storchschnabelgewächse stellt mitunter eine besondere Herausforderung dar; denn reife Samen werden ziemlich weit fortgeschleudert. Deshalb zieht man, nachdem die Blüten verwelkt sind, am besten eine Tüte (kein Plastik) über die Köpfe, um die reifen Samen aufzufangen. Oder man schneidet die Stengel ab, wenn die Samen braun zu werden beginnen, und läßt sie in einem Behälter in der Sonne ausreifen. Der Behälter muß mit einem Strumpf oder einem Stück Musselin abgedeckt werden, damit die Samen nicht herausgeweht werden. Der Wiesenstorchschnabel ist unproblematischer als andere Storchschnabelarten, denn bei ihm bleiben die reifen Samen noch einige Zeit an der Pflanze, bevor sie fortgeschleudert werden. Hier kann man einfach den Stengel abschneiden und die Samen in einen Eimer schütteln.

Wicken und andere Pflanzen mit Hülsenfrüchten bereiten keine Schwierigkeiten, solange man nur einige Samen ernten will. Große Mengen dagegen sind problematisch, weil die Samen unregelmäßig reifen. Die Hülsen werden beim Reifen braun, doch an heißen, sonnigen Tagen platzen sie oft auf, und dann sind die Samen fort. Deshalb ist es ratsam, die Hülsen zu sammeln, wenn sie gerade beginnen, braun zu werden, und sie in einem Eimer an einen warmen, trockenen Platz zu stellen.

Das Wilde Stiefmütterchen sieht faszinierend aus, wenn die Samen reifen. Jede der dicken kleinen Kapseln reift rasch und wird dabei immer blasser. Dann platzt sie auf und offenbart drei schmale spitze »Bötchen«. In jedem sitzen – ordentlich aufgereiht – die reifen braunen Samen. Haben sich die Kapseln vollkommen geöffnet, fallen die Samen innerhalb eines Tages heraus. Deshalb müssen sie täglich eingesammelt werden.

Irreführende Pflanzen

Es gibt einige Merkwürdigkeiten, die man beim Sammeln von Samen beachten muß, und je mehr man sich damit beschäftigt, desto mehr Ausnahmen wird man auch entdecken.

Eine Pflanze, für deren Samenbildung keine der sonst üblichen Regeln zuzutreffen scheint, ist die Grüne Nieswurz. Ihre Samen sind schwer zu erkennen, da die Blüten herabhängen und die grünen Blütenblätter (es handelt sich hier um Sepalen) an der Samenkapsel bleiben und auch nach dem Reifen der Samen noch grün sind. Behalten Sie deshalb, sobald sich der Mai seinem Ende zuneigt, die Pflanze im Auge, damit Sie sehen, wenn die Samen braun werden. Man kann auch zu einem früheren Zeitpunkt die Blüte mit einem Stück Stengel abschneiden und die Samen in einer Papiertüte ausreifen lassen.

Unter den Borretsch- und Lippenblütengewächsen finden sich ebenfalls einige Pflanzen, deren Samen sich schwer sammeln lassen. Bei beiden Familien sitzen die Samen nicht in Kapseln und fallen einfach heraus, wenn sie reif sind. Man kann versuchen, ein Musselinsäckchen über einen Stengel zu ziehen, um die reifen Samen aufzufangen. Oder man schneidet einen Stengel ab, wenn einige Samen reif und schwarz sind, und läßt die übrigen nachreifen. Die Samen könnten theoretisch auch vom Boden aufgesammelt werden, aber Vögel und Mäuse sind fast immer schneller. Mit etwas Glück hält ein unter der Pflanze ausgebreitetes feines Musselinstück, auf das etwas Cayennepfeffer gestreut wurde, Mäuse fern. Noch verwirrender ist die Samenernte beim Natternkopf: Seine Samen werden beim Reifen hellgrau. Warten Sie also nicht darauf, daß sie sich schwarz färben.

Samenlagerung

Wildblumengärtner sollten Samen nur dann lagern, wenn es einen guten Grund dafür gibt. Wer selbstgesammelte Samen aussät, tut dies – der Natur gemäß – gleich nach der Ernte, oder er bewahrt sie bis zur Aussaat im Herbst in einer Papiertüte oder einem Briefumschlag auf. Will man Samen bis zum folgenden Frühjahr aufheben, legt man die Umschläge in eine Schublade oder eine Blechdose, wo sie dunkel, trocken und bei gleichbleibender Temperatur lagern. Der Gartenschuppen empfiehlt sich dafür nicht, denn er ist viel zu feucht. Im Haus sind die Samen besser aufgehoben, auch droht ihnen dort keine Gefahr durch Mäuse. Sollte tatsächlich eine längere Lagerung erforderlich sein, bieten sich zwei Methoden an.

In reifem Zustand gesammelte Samen können, verpackt und deutlich beschriftet, in einer Plastiktüte oder einem anderen Behälter in den Kühlschrank gelegt werden (am besten in den unteren Teil). Diese Methode eignet sich auch für gekaufte Samentütchen, die man bis zur nächsten Saison aufbewahren möchte. Samen in Folienpackungen brauchen nicht kalt gelagert zu werden und sollten sich mehrere Jahre halten.

Auch wenn die Samen einiger Pflanzen, wie Pastinak, Löwenzahn und Schnittlauch, nach ein oder zwei Jahren nicht mehr keimen, bleiben die meisten Wildblumensamen mehrere Jahre keimfähig. Besonders langlebig sind solche mit einer harten Samenschale, wie etwa die von Klee und Wicken. Denken Sie aber daran, daß sich kein Saatgut lange hält, wenn es nicht trocken lagert. Und gekaufte Samen keimen manchmal langsamer als frisch gesammelte der gleichen Art, weil sie für die Lagerung im Handel getrocknet wurden. Dies hat bei einigen Wildblumensämereien eine Keimruhe zur Folge. Sofern die Samen beim Verpacken in Ordnung waren, sollten sich aus ihnen dennoch Pflanzen entwickeln. Allerdings kann die Keimung länger dauern, oder es ist eine Kälteperiode (Stratifizierung) erforderlich, um sie aus der Keimruhe zu wecken.

Der Kauf von Saatgut

Wer im Sinne des Naturschutzes arbeiten will, muß unbedingt heimisches Saatgut verwenden. Häufig wird gefragt, ob beispielsweise ein Unterschied besteht zwischen den Samen einer bei uns in Deutschland gewachsenen Pflanze und Saatgut genau der gleichen Art (mit demselben botanischen Namen), das aus einem anderen Land stammt.

Nehmen wir beispielsweise den Dost. Es gibt viele Formen dieser Pflanze, die aus verschiedenen Teilen Europas kommen – und die Unterschiede innerhalb der Art sind enorm. Botanisch gesehen bestehen große Ähnlichkeiten, und deshalb werden sie heute zu einer Art – *Origanum vulgare* – zusammengefaßt (auch wenn sich dies sicherlich einmal ändern wird). Die Spielarten sind alle von unterschiedlichem Aussehen und Geschmack. Sie haben verschiedene Blütenfarben, und manche wachsen aufrecht, andere dagegen niederliegend. Aus Dostsaatgut, das beispielsweise aus Großbritannien stammt, können sich daher Pflanzen entwickeln, die mit unserer heimischen Art wenig Ähnlichkeit haben.

Ein weiteres Problem: Bei eingeführtem Saatgut hat man nicht die Gewißheit, daß es von Wildpflanzen stammt. Nehmen wir beispielsweise die Pfingstnelke (*Dianthus gratianopolitanus*). Sie kommt auf dem europäischen Festland häufiger vor, in Großbritannien aber ist sie sehr selten und geschützt. Samenhändler kaufen nun auf dem Kontinent Saatgut ein und bieten es in Großbritannien als britische Wildblumensamen an. In solchen Fällen entwickeln sich häufig Kulturformen, die wenig mit der wilden Art gemein haben. Dies verstößt nicht nur gegen gesetzliche Vorschriften, sondern diese Pflanzen können sich so kräftig vermehren, daß sie unter Umständen sogar das Gleichgewicht der heimischen Flora bedrohen.

Darüber hinaus werden manchmal auch Samen als heimisches Saatgut angeboten, die nicht von Wildpflanzen stammen – etwa von landwirtschaftlichen Nutzpflanzen wie Gemeinem Hornklee und Wundklee. Zwar sind dies heimische Pflanzen, doch werden sie speziell für die Landwirtschaft gezüchtet, was ihre Größe, ihren Ertrag und ihre Keimgeschwindigkeit »verbessert«. Das macht sie sehr viel wuchsfreudiger als die heimischen Wildarten. Als Schmetterlings- oder Gartenpflanzen sind sie geeignet, aber es handelt sich nicht um Wildblumen, und deshalb sollten sie nicht als solche verkauft werden.

Um sicherzustellen, daß Sie wirklich nur echte heimische Wildarten ziehen, sollten Sie die Samen ausschließlich bei einem Spezialanbieter kaufen. Diese Samenhändler legen großen Wert darauf, tatsächlich heimische Samen zu verkaufen, die meistens von ihnen selbst oder in ihrem Auftrag von Spezialisten gezogen werden (s. Bezugsquellennachweis S. 183).

Die Keimung

Viele Menschen glauben, wenn sie Samen kaufen, müßten sie diese nur in die Erde stecken, und schon würden Pflanzen wachsen. Für Kulturformen trifft dies im großen und ganzen auch zu, denn bei der Pflanzenzüchtung wird nicht nur der Zweck verfolgt, immer bessere Sorten entstehen zu lassen, auch die Zuverlässigkeit von Keimung und Entwicklung soll verbessert werden.

In der Natur liegen die Dinge aber anders, und häufig ist es schwierig, für die Samen die zum Keimen notwendigen Bedingungen zu finden. Ist es nicht eigentlich ein Wunder, daß in einem Fingerhutsamen – viel kleiner als ein Stecknadelkopf – eine Lebenskraft steckt, durch die sich innerhalb von zwei Jahren ein riesiger, wunderschöner Blütenstand entwickelt, der seinerseits wieder Tausende von Samen produziert?

Samen sind eine unglaublich effiziente Art der Reproduktion. Manche finden, bald nachdem sie auf den Boden gefallen sind, optimale Keimbedingungen. Andere warten Jahre, bevor sie keimen. Um das Überleben der Art sicherzustellen, verfallen viele Samen kurz nach der Reife in eine Keimruhe. Die Samen der Kissenprimel keimen, frisch und feucht gesät, beispielsweise bereitwillig. Sind sie jedoch einmal getrocknet, was zum Lagern oder Abpakken in Samentütchen notwendig ist, tritt ein Ruhezustand ein, aus dem sie erst wieder erwachen, wenn sie Kälte ausgesetzt waren.

Die Samen des Klatschmohns können fünfzig Jahre und länger im Boden ruhen, wenn sie beim Pflügen in tiefere Erdschichten gelangen. Nur die keimen, die sich nahe genug an der Erdoberfläche befinden. Bedenken Sie diese Tatsache, wenn Sie einen alten Garten bearbeiten. Nur weil der Boden gerade wunderschön gesäubert ist, sollten Sie nicht glauben, daß dort keine Unkräuter wachsen. All die Ampfer- und Distelsamen, die vor Jahren untergegraben wurden, warten nur darauf, wieder ans Licht zu kommen. Manche Samen bleiben bis zu hundert Jahre keimfähig. Allerdings ist die verbreitete Legende, Samen aus altägyptischen Gräbern hätten noch gekeimt, leider nicht wahr. Solange halten sich keine Sämereien.

Wildblumensamen keimen oft unregelmäßig. Doch nach einigen Wochen oder in der nächsten Wachstumsperiode gehen sie alle auf. Es liegt einfach nicht im Interesse einer Wildpflanze, daß alle Samen gleichzeitig keimen – ein schwerer Winter, eine Krankheit oder Kulturfehler könnten sonst den gesamten Bestand vernichten.

Spezielle Methoden, die Keimung zu unterstützen

Leider gibt es keine festen Regeln, welche Samen einer besonderen Behandlung bedürfen, um sie bei der Keimung zu unterstützen. Wenn man aber weiß, zu welcher Familie eine Pflanze gehört (s. S. 123 f.), bekommt man eine ungefähre Vorstellung. Weitere Angaben finden sich in den einzelnen Pflanzenbeschreibungen.

Anfeilen Samen mit harten Schalen werden zwischen zwei Stücken Sandpapier gerieben. Auf diese Weise kann die für die Keimung notwendige Feuchtigkeit in den Samen eindringen. Dieses Verfahren ist bei vielen Mitgliedern der Storchschnabel- und Schmetterlingsblütengewächse erforderlich.

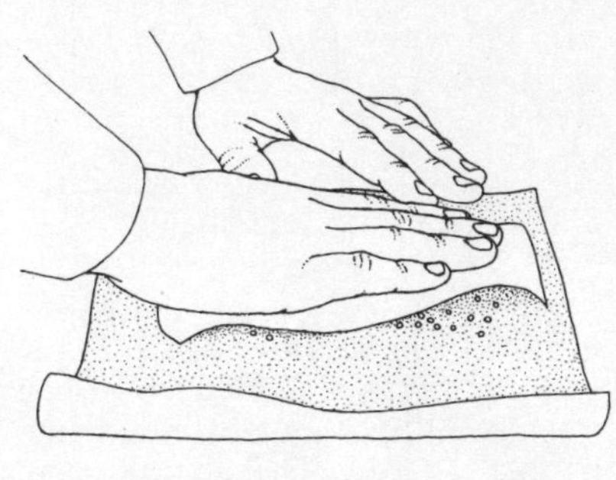

***Samen anfeilen** Samen keimen leichter, wenn man sie zwischen Sandpapier reibt.*

Stratifizieren Bei diesem Verfahren setzt man die Samen über einen Zeitraum von ein bis sechs Monaten Kälte aus. Man kann sie im Herbst im Freien säen, oder aber in Saatschalen, die man nach draußen stellt. Eine dritte Möglichkeit ist, die Samen mit feuchtem Sand oder Torf zu mischen und sie in den Kühlschrank zu stellen. Allerdings scheinen in vielen Fällen Temperaturschwankungen, wie sie draußen auftreten, wichtig zu sein. Da manche Samen, die stratifiziert werden müssen, vor der Kälte auch eine Wärmeperiode benötigen, erfolgt die Aussaat am besten im August oder September. Bei folgenden Pflanzenfamilien ist häufig ein Stratifizieren der Samen erforderlich: Mohn-, Rosen-, Dolden-, Primel- und Liliengewächse. Für Samen von Pflanzen anderer Familien ist diese Behandlung normalerweise nicht notwendig, doch eine Herbstsaat schadet nie und sollte in Zweifelsfällen die Regel sein. Bei einigen Pflanzen ist die Samenruhe sehr kompliziert. Maiglöckchen und Vielblütige Weißwurz brauchen beispielsweise eine Kälteperiode (sechs Monate), dann Wärme und schließlich noch einen weiteren Winter, bevor sie keimen.

Die Aussaat

Die wichtigsten Aussaatzeiten sind Herbst und Frühjahr. Genaue Anleitungen finden sich in den einzelnen Pflanzenbeschreibungen. Wildblumensamen können entweder am vorgesehenen Standort gesät werden oder aber in Schalen. Ganz allgemein sät man große Samen besser direkt ins Freie, während bei kleineren die Aussaat in Schalen erfolgen sollte.

Wildblumensamen benötigen zum Keimen üblicherweise Licht, aber auch Feuchtigkeit. Eine einfache Regel lautet: Kleine Samen streut man auf die feuchte Erde, mittelgroße drückt man mit der Hand oder einem flachen Stück Holz hinein und größere bedeckt man dünn mit Erde. Die maßstabgetreuen Zeichnungen auf Seite 122 vermitteln eine Vorstellung von den verschiedenen Samengrößen, die es gibt.

Feuchtigkeit ist ein besonders wichtiger Faktor. Man sollte in feuchte Erde säen und dann so wenig wie möglich wässern. Die Erdoberfläche allerdings darf nie austrocknen. Durch mangelnde Feuchtigkeit kann die Keimung verhindert werden, oder die Sämlinge gehen ein. Zu viel Wasser dagegen unterbindet die notwendige Sauerstoffzufuhr und fördert Krankheiten. Benutzen Sie zum Wässern am besten einen Zerstäuber, aber achten Sie darauf, daß die Erde gut durchfeuchtet wird.

Direkte Aussaat

Wichtig ist, daß das Saatbett gut vorbereitet wird (s. S. 129). Dann streuen Sie die Samen dünn auf die Erde. Entsprechend ihrer Größe werden sie hineingedrückt oder dünn mit Erde bedeckt (s. oben). Markieren Sie die Aussaatstelle sorgfältig mit Stöcken und einem Schildchen, auf dem Pflanzenname und Saatdatum stehen. Als Schutz vor Vögeln kann man zwischen den Stöcken kreuz und quer schwarzen Zwirn spannen. Die Fläche muß einmal pro Woche inspiziert und unkrautfrei gehalten werden. Wenn Sie nicht sicher sind, ob es sich bei den gekeimten Sämlingen um Unkräuter oder Blumen handelt, lassen Sie sie etwas größer werden, bis sie leichter zu bestimmen sind.

In Schalen säen

Man füllt die Saatschale bis 1 cm unter den Rand mit Erde und drückt diese an. Durch den Gießrand wird verhindert, daß Samen und Erde beim Wässern über den Schalenrand geschwemmt werden, außerdem haben so die Sämlinge etwas Platz, falls die Schale mit Glas abgedeckt wird.

Am unkompliziertesten ist die Verwendung einer handelsüblichen Aussaaterde auf Torfbasis. Bei den meisten Samen (Primelgewächse ausgenommen) ist es von Vorteil, wenn man Sand unter die Erde mischt. Die Erde sollte leicht feucht sein. Mit Hilfe einer feinen Tülle läßt sie sich problemlos wässern. Wenn das Substrat vollkommen trokken ist, kann mehrmaliges Gießen erforderlich sein, um auch die unterste Erdschicht zu befeuchten. Torferden haben allerdings den Nachteil, daß sich Moose und Flechten auf der Oberfläche entwickeln, wenn eine Schale zu lange steht. Sofern die Keimung noch nicht erfolgt ist, kann diese Schicht entfernt werden. Achten Sie aber darauf, daß Sie die Samen nicht mit herausnehmen. Für sehr langsam keimende oder größere Samen empfiehlt sich Aussaaterde auf Lehmbasis.

Der Saatabstand

Man neigt im allgemeinen dazu, kleine Samen zu dicht zu säen. Als Folge müssen die Sämlinge später um Platz kämp-

Aussaat

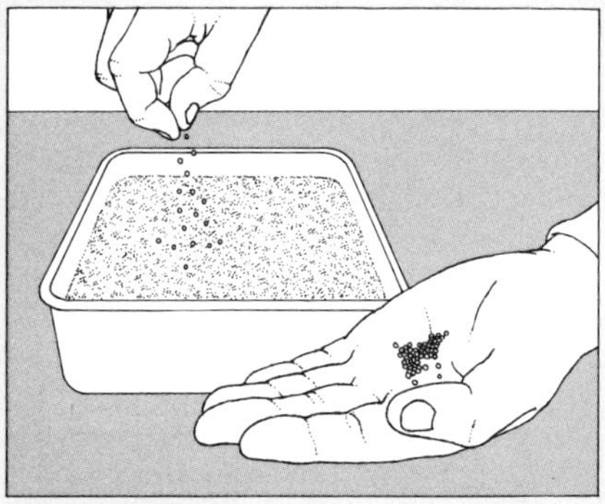

1 Die Saatschale bis 1 cm unter den Rand mit Erde füllen. Etwas Saatgut in die Handfläche geben und mit der anderen Hand jeweils einige Samen dünn auf der Erde verteilen.

2 Die Samen einwässern und die Schale mit einer Glasscheibe oder Kunststoffplatte abdecken. An einen geschützten, leicht schattigen Platz ins Freie stellen beziehungsweise in ein unbeheiztes Glashaus oder kaltes Frühbeet.

3 Sehen die Sämlinge kräftig aus und haben ein gutes Wurzelsystem entwickelt, werden sie vorsichtig einzeln herausgehoben. Dabei nicht die zarten Wurzeln abbrechen.

4 Die Sämlinge einzeln in kleine Töpfe mit Lehmerde pflanzen. Ein ausreichend großes Loch für die Wurzeln vorbereiten, Sämling einsetzen, Erde auffüllen und gut andrücken.

fen und sind anfälliger für Krankheiten. In einer Saatschale mit zu dicht stehenden Sämlingen kann sich vor allem die durch einen Pilz verursachte Umfallkrankheit rasch ausbreiten. Die Sämlinge werden dann welk und gehen ein.

Am besten ist es, wenn man immer nur eine kleine Menge Samen zwischen die Finger nimmt und sie gleichmäßig auf der Erde verteilt. Für größere Samen empfiehlt sich ein Rundumabstand von 1 cm.

Saatschalen abdecken

Decken Sie die Saatschalen mit einer Glasscheibe oder mit Kunststoff ab. Auf diese Weise wird die Feuchtigkeit bewahrt, und Samen und Erde trocknen nicht aus. Außerdem können die Samen nicht von Mäusen geholt werden. Dann stellt man die Saatschalen an einen geschützten und leicht schattigen Platz ins Freie oder in ein schattiertes, unbeheiztes Gewächshaus.

Pickieren

Ist die Aussaat dünn erfolgt, kann man sich mit dem Pickieren etwas Zeit lassen. Warten Sie, bis die Sämlinge kräftig aussehen und zahlreiche Wurzeln entwickelt haben. Dann halten Sie sie an einem Keimblatt fest und heben sie einzeln vorsichtig mit dem Spatel heraus, ohne dabei Wurzeln abzubrechen. Setzen Sie jeden Sämling in einen eigenen kleinen Topf mit 4 bis 6 cm Durchmesser und Lehmerde. So gewöhnen sich die Pflanzen an diesen Boden und entwickeln ein größeres, kräftigeres Wurzelsystem, bevor man sie schließlich auspflanzt. Bei sehr kleinen, schwachwüchsigen Sämlingen ist es ratsam, sie vor dem Umsetzen in Einzeltöpfe zunächst in eine zweite Schale mit Lehmsubstrat zu pickieren, in der sie mehr Platz haben. Anstelle von gekauftem Substrat kann auch unkrautfreie Gartenerde verwendet werden, die man mit etwas Torf mischt, um die Durchlässigkeit zu verbessern.

Weitere Entwicklung

Den Sommer über sollten die pickierten Sämlinge in ihren Töpfen wachsen. Sie können frühestens ausgepflanzt werden, wenn die Wurzeln kräftig aussehen und aus den Abzugslöchern zu wachsen beginnen. Richten Sie daher Ihr Augenmerk auf die Wurzeln und nicht auf die oberirdischen Pflanzenteile, denn die können üppig sprießen, noch bevor sich ein ausreichendes Wurzelsystem entwickelt hat.

Abhärten

Im Gewächshaus gezogene Sämlinge oder Jungpflanzen müssen vor dem Auspflanzen an den kalten Wind und Regen, insbesondere aber an die kalten Nächte gewöhnt werden, indem man sie zunächst kurz und dann immer länger ins Freie stellt.

Auspflanzen

Am besten pflanzt man im Herbst oder Frühjahr aus. Zu Herbstbeginn ist der Boden warm, so daß sich die Wurzeln vor dem Winter noch etwas entwickeln können. Auch im Winter kann, sofern die Erde durchlässig ist, bei mildem Wetter gepflanzt werden, doch werden diese Pflanzen mitunter vom Frost aus der Erde gehoben. In diesem Fall drückt man sie wieder fest.

Bei sehr schwerem Boden empfiehlt es sich, im Frühjahr zu pflanzen. Sollte während des Sommers gepflanzt werden, muß man die Pflanzen beim Einsetzen gründlich wässern und sie auch

Farne aus Sporen ziehen

***Farne ziehen** Farne haben keine Samen, sondern Sporen, die in Sporangien auf der Unterseite der Wedel sitzen.*

Ab Juni Wedel mit gutentwickelten Sporangien (Sporenbehältern) abschneiden und etwa eine Woche lang in weißes Papier einwickeln, bis sie die Sporen freigegeben haben. Diese streut man dann in eine Saatschale mit speziellem Farnsubstrat und behandelt sie im weiteren wie Samen. Die Sporen sollten innerhalb von sechs Wochen keimen.

anschließend gießen, bis sie angewachsen sind.

Zum Pflanzen braucht man zunächst ein Loch, in dem die Wurzeln gut Platz haben. In einem Topf gezogene Pflanzen werden herausgenommen und in das Loch gesetzt. Dabei ist darauf zu achten, daß sie die gleiche Pflanztiefe wie zuvor haben. Man lockert den Erdballen, wässert ihn etwas, füllt das Loch mit Erde auf und drückt diese fest.

Das Säen von Saatmischungen

Der Handel bietet viele verschiedene Saatmischungen aus Gräsern und Blumen an, wie etwa für Wiesen, Feuchtgebiete, Hecken und Wälder. Sie eignen sich hervorragend für große Flächen und machen es möglich, eine weit größere Vielfalt an Blumen zu ziehen, als wenn man einzelne Arten säen würde. Viele Mischungen sind jedoch auf bestimmte Umstände und unterschiedliche Bodentypen zugeschnitten. Lesen Sie deshalb vor dem Kauf den Abschnitt »Beurteilung des Grundstücks« auf S. 131f.

Der große Vorteil dieser Saatmischungen ist, daß eine geschlossene Pflanzendecke entsteht. Die Pflege beschränkt sich auf höchstens drei Schnitte pro Jahr, und die meisten lästigen Unkräuter lassen sich durch rechtzeitiges Mähen unterdrücken (s. S. 144f.). Außerdem bieten solche Mischungen einer sehr viel größeren Vielfalt an Tieren Lebensraum.

Es sind auch reine Blumenmischungen erhältlich, und hier erfreuen sich Ackermischungen (des Bauern Alptraum) besonders großer Beliebtheit. Sie bestehen aus farbenfrohen Einjahresblumen, die früher häufig auf Äckern zu finden waren, wenn auch nicht in dieser Zusammenstellung. Alle anderen obengenannten Mischungen sind ebenfalls ohne Gräser erhältlich, setzen sich jedoch zumeist aus ausdauernden Blumen zusammen. Ferner gibt es Spezialmischungen, um Schmetterlinge und samenfressende Vögel anzulocken.

Reine Blumenmischungen, die aus ausdauernden Arten bestehen, sät man am besten in ein Beet oder eine Rabatte. Hier ist etwas selektives Jäten erforderlich, um einerseits die unerwünschten Pflanzen unter Kontrolle zu halten, deren Samen im Boden ruhen, und andererseits für Ausgewogenheit zwischen den frisch gesäten Arten zu sorgen. Diese Ausgewogenheit wird auch dadurch erreicht, daß man einige Blumen abschneidet, bevor sie sich aussamen können.

Der Boden

Für Wildblumenmischungen gilt: Je magerer der Boden, desto besser. Man sollte deshalb überlegen, ob man einen guten, fruchtbaren, lehmigen Mutterboden nicht in einen anderen Teil des Gartens bringt, wo er besser genutzt werden kann (um beispielsweise Gemüse in einem Hochbeet zu ziehen). Ein magerer Boden wirkt sich keinesfalls ungünstig aus - im Gegenteil! Sehr fruchtbare Erde würde stets die Gräser auf Kosten der Blumen fördern.

Den Boden von Unkraut säubern

Für reine Blumenmischungen muß der Boden vor der Aussaat sehr gründlich vorbereitet und von allen Unkräutern befreit werden.

Lassen Sie sich nicht von einer wunderbar sauberen, frisch umgegrabenen Erde täuschen - im Boden warten Tausende von Unkrautsamen nur darauf, daß Sie ihnen ein Saatbett bereiten. Ein Regenschauer genügt, und im Handumdrehen ist Ihr Boden mit unerwünschten Unkräutern begrünt. Früher ließen die Bauern jeden Acker in regelmäßigen Abständen brachliegen. Und falls Sie mit der Aussaat Ihrer Blumenmischung ein ganzes Jahr warten können, ist dies die beste Methode, um ein Stück Land zu säubern.

Eine Brache Man bearbeitet den Boden im Frühjahr oder Herbst (sehr schweren Boden mehrmals), um ein gutes Saatbett zu erhalten. Unkraut wird gehackt, bei besonders widerspenstigen Pflanzen, wie Ampfer, Ackerdistel und Quekke, hebt man die Wurzeln mit einer Gabel vorsichtig heraus. Dann wird regelmäßig weitergejätet, bis im Frühjahr oder Herbst die Aussaat erfolgt. Und vergessen Sie nicht, daß mit jeder Bearbeitung des Bodens neue Unkrautsamen an die Oberfläche befördert werden.

Eine verkürzte Brache Der Säuberungsprozeß kann auch beschleunigt werden. Lassen Sie nach der anfänglichen Bodenbearbeitung die Unkrautsamen zunächst wieder keimen und entfernen Sie die Pflänzchen dann mit der Hacke. Verwenden Sie aber keinen Kultivator, er würde nur noch mehr Unkrautsamen nach oben befördern. Ampfer- und Distelwurzeln werden mit der Gabel herausgehoben. Dann kann das Saatbett vorbereitet werden (s. unten) und die Aussaat erfolgen.

Mulchen mit schwarzer Folie Mit dieser Methode läßt sich eine kleine Bodenfläche von den meisten Unkräutern befreien. Besonders gut eignet sie sich, um eine Rasenfläche zum Einsäen von Wildblumen und Gras vorzubereiten. Dünne schwarze Folie ist in Gartencentern und Baustoffhandlungen erhältlich. Zuerst mäht man den Rasen mit einem Sichelmäher so kurz wie möglich, dann deckt man ihn mit der Folie ab und beschwert diese mit Ziegeln, Holz oder Grassoden. Sie bleibt eine Wachstumsperiode lang liegen. Danach ist die gesamte Pflanzendecke abgestorben und der Boden von Würmern und vielleicht auch von Maulwürfen wunderbar gelockert. Natürlich sind immer noch einige ausdauernde Pflanzen mit tiefgehenden, kriechenden Wurzeln vorhanden, doch sie können jetzt leicht entfernt werden. Der Boden ist vermutlich locker genug, um geharkt werden zu können. Falls nicht, geht man mit einer Motorhacke darüber. Am besten legt man dann die schwarze Folie noch einmal für einige Wochen auf die Fläche, um die Keimung weiterer Sämlinge zu fördern, die aber sehr rasch eingehen werden.

Herbizide Unkrautvernichtungsmittel dürfen nur in äußersten Notfällen angewendet werden, denn man weiß bis heute nicht, welche kurz- oder langfristigen Schäden sie bewirken können. Wer jedoch mit einer völlig verunkrauteten Fläche konfrontiert ist, kann es mit einem Herbizid, wie Round up*, versu-

* Unter Beachtung des neuen Gesetzes zum Schutz der Kulturpflanzen.

Vögel vertreiben

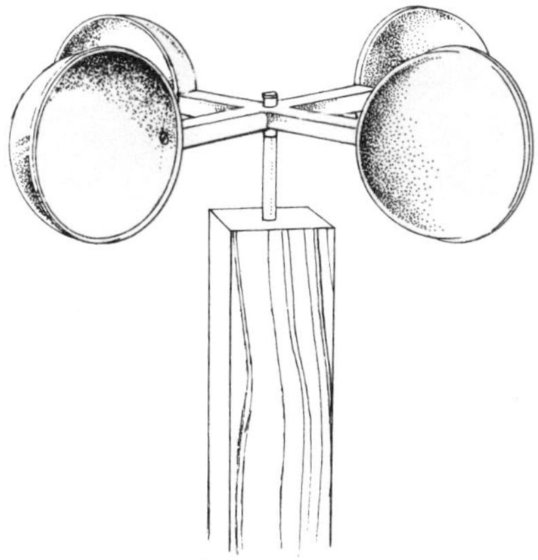

Vogelscheuche *Dieses windgetriebene Gerät, das Vögel verscheucht, wurde aus zwei alten Schwimmerventilen konstruiert, deren Außenseiten abwechselnd rot und weiß bemalt sind. Bei neu eingesäten Flächen können Vögel zum Problem werden. Am besten hält man sie durch glänzende, sich bewegende Gegenstände fern. Oder man spannt ein Netz über die Fläche. An herkömmliche Vogelscheuchen gewöhnen sie sich leider rasch.*

Wiesenmischungen säen

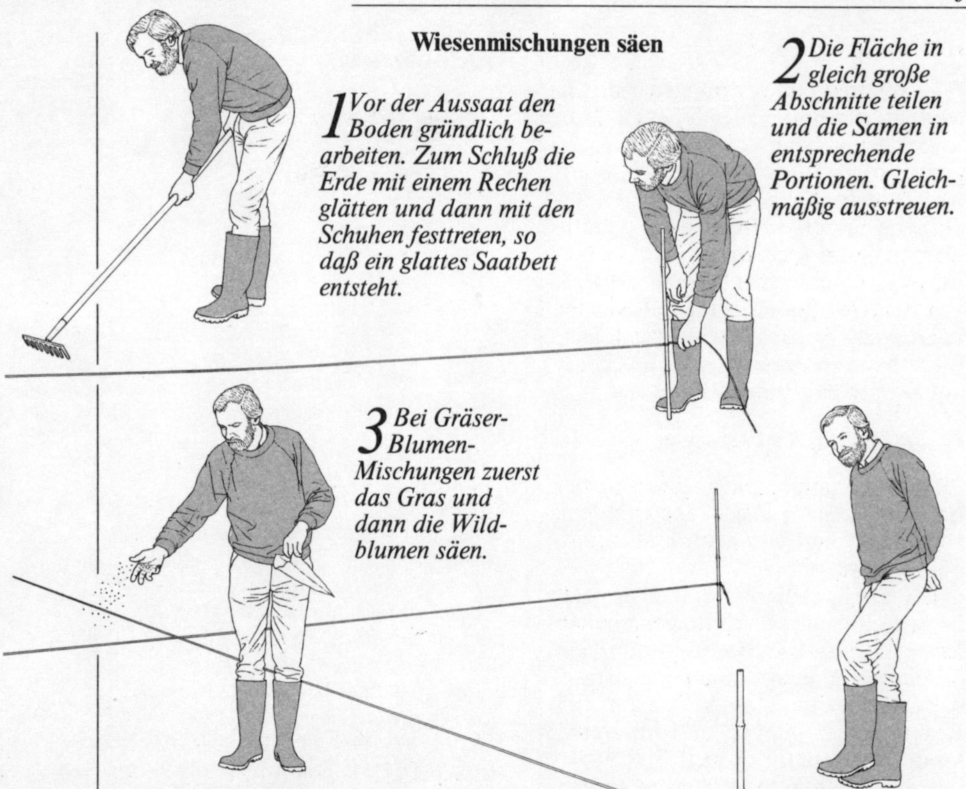

1 Vor der Aussaat den Boden gründlich bearbeiten. Zum Schluß die Erde mit einem Rechen glätten und dann mit den Schuhen festtreten, so daß ein glattes Saatbett entsteht.

2 Die Fläche in gleich große Abschnitte teilen und die Samen in entsprechende Portionen. Gleichmäßig ausstreuen.

3 Bei Gräser-Blumen-Mischungen zuerst das Gras und dann die Wildblumen säen.

4 Nach dem Säen den Boden leicht walzen oder noch einmal festtreten.

chen, das Glyphosat enthält. Es wird am besten im Frühjahr oder zu Sommerbeginn ausgebracht. Bei Nesseln, Disteln und anderen hartnäckigen Unkräutern muß die Anwendung eventuell wiederholt werden. Hat sich das Blattwerk der Unkräuter braun gefärbt, sollte man sie entfernen und den Boden gründlich bearbeiten. Danach erscheinende Unkrautsämlinge können wie üblich gehackt werden. Glyphosat wird im Boden sehr schnell abgebaut, und die Aussaat kann wenige Wochen nach der Anwendung erfolgen. Ein anderes geeignetes Mittel ist Ammoniumsulphat.

Das Saatbett vorbereiten

Die Vorbereitung des Saatbettes muß sorgfältig erfolgen. Sie säubern zu Frühjahrsbeginn oder im Herbst den Boden von Unkräutern und harken ihn anschließend. Versuchen Sie aber nie, auf nassem Boden ein Saatbett zu bereiten. Die Erde darf beim Darüberlaufen nicht an den Stiefeln hängenbleiben.

Markierung der Saatstelle

Bei der Aussaat von Gräser-Blumen-Mischungen nimmt man pro Quadratmeter etwa 4 g Samen, bei reinen Blumenmischungen nur 1 bis 2 g. Um möglichst gleichmäßig zu säen, teilt man die Fläche mit einer Schnur in gleich große Abschnitte auf. Dann wiegt man die Saatmischung ab und teilt auch sie in entsprechende Portionen auf. Dabei ist darauf zu achten, daß die Samen gut gemischt bleiben. Für Gräser ist eine gleichmäßige Saat wichtiger als für Wildblumen. Letztere wirken sogar natürlicher, wenn sie ein wenig unregelmäßig stehen.

Das Aussäen von Saatmischungen

Manche Leute empfehlen, das Saatgut mit Sand zu mischen, damit die Samen sichtbar sind und sich besser verteilen lassen. Meiner Ansicht nach ist das eine unnötige Schmutzarbeit. Geben Sie das Saatgut statt dessen lieber in einen Behälter (kleine Mengen in eine Tasse, größere in eine Wanne) und nehmen Sie dann immer nur eine kleine Menge heraus, um sie breitwürfig und sehr dünn auszusäen.

Wildblumen und Gräser säen Blumen und Gräser sind zumeist getrennt abgepackt und werden am besten auch getrennt gesät. Sie streuen zunächst die Grassamen breitwürfig aus und harken sie sorgfältig ein. Dann säen Sie die Blumensamen ebenfalls breitwürfig. Sie werden nicht eingeharkt, sondern lediglich in die Erde gedrückt, indem man sie festtritt oder mit einer Walze darübergeht.

Das Säen von Wildblumen in Beete oder Rabatten Auch hier sät man die Samen breitwürfig aus und tritt sie fest oder walzt den Boden. Wildblumensamen harkt man nicht ein, denn wenn sie mit Erde bedeckt werden, gehen sie nicht auf.

Wässern

Es empfiehlt sich nicht, eine Fläche, in die eine Saatmischung eingesät wurde, zu wässern. Die Samen sollten dann keimen, wenn der Boden auf natürliche Weise den richtigen Feuchtigkeitsgrad erreicht hat.

Pflege

Die Pflegemaßnahmen sind weitgehend vom Bodentyp abhängig und auch davon, wie sich die Pflanzen entwickeln.

Zuerst sollte mit dem verbreiteten Irrtum aufgeräumt werden, daß es Wiesenpflanzen schadet, wenn man sie mäht. Das Gegenteil ist der Fall! Kürzt man sie im ersten Jahr etwa alle zwei Monate auf eine Mindesthöhe von 3 cm, tut ihnen das sogar gut. Unerwünschte Unkräuter werden unterdrückt, während sich feine Gräser besser entwickeln und die Blumen ihre Kraft in Wurzel- und Blattbildung stekken (s. auch S. 144 und 145).

Probleme

Am häufigsten hört man die Klage: »Hier keimt ja nichts als Unkraut!« Die Ursache ist häufig eine ungenügende Säuberung und Vorbereitung des Bodens. Doch was immer der Grund dafür ist – denken Sie an die goldene Regel: »Um eine Wiese zu verbessern, muß man sie mähen.« Sie werden feststellen, daß viele Unkräuter diese Behandlung nicht überleben und an ihrer Stelle Hunderte von neuen Pflanzen sprießen – und die meisten davon sind Wildblumen. Im folgenden Jahr werden dann die üblichen Pflegemaßnahmen durchgeführt, und wenn sich dennoch wieder lästige Unkräuter einschleichen, zieht man sie mit der Hand heraus. Und haben Sie etwas Geduld: »Instant-Wiesen« gibt es nicht.

Der einjährige Ackerbereich

Einjährige Ackerblumen sät man genau wie jede andere Saatmischung. Und wenn man sie im September mäht, sollten die Blumen theoretisch jedes Jahr wiederkommen. Nach der Mahd wird der Boden mit einer Motorhacke umgegraben oder bearbeitet, um für die ausgestreuten Samen ein Saatbett zu bereiten. In der Praxis aber wandern auch viele unerwünschte Pflanzen ein, und da sie sich ebenso aussamen wie Ackerblumen, können sie nach einigen Jahren dominant werden. Dann wird es unter Umständen notwendig, wieder ganz von vorn zu beginnen.

Beurteilung des Grundstücks

Wer einen schönen Wildblumengarten anlegen will, muß zunächst einmal feststellen, welchem Standorttyp sein Garten am nächsten kommt. Wildblumen sind erstaunlich anpassungsfähig, doch wie alle Pflanzen gedeihen sie an den Plätzen am besten, die ihrem natürlichen Lebensraum am meisten entsprechen.

Die Bedeutung des Lichts

In den meisten Gärten ist der entscheidende Faktor bei der Pflanzenauswahl die Lichtmenge, denn wenige Blumen, die auf sonnigen Wiesen heimisch sind, gedeihen auch im Schatten eines Waldes – und umgekehrt. Aus diesem Grund behandeln die drei Hauptabschnitte des Kapitels »Die Anlage von Wildblumengärten« (S. 15ff.) sonnige, halbschattige und schattige Standorte. Die unten gegebenen Definitionen helfen Ihnen festzustellen, in welche Bereiche Ihr Garten eingeteilt werden kann.

Boden und Drainage

Bei der Kultur von Wildblumen ist der wichtigste Aspekt einer Bodenanalyse die Drainage, die aber in verschiedenen Bereichen des Gartens sehr unterschiedlich sein kann. Steht irgendwo bei Regenwetter tagelang das Wasser, so daß die Erde nicht bearbeitet werden kann, dann haben Sie ein Drainageproblem. Ein guter Test ist, an der nassesten Stelle ein 30 cm tiefes Loch zu graben, um festzustellen, ob es voll Wasser läuft. Falls nicht, sollte es keine ernsthaften Schwierigkeiten geben. Und wenn erst einmal Pflanzen auf dem Boden wachsen, werden die tiefwurzelnden Arten die unteren Schichten auf natürliche Weise lockern.

Füllt sich das Loch aber mit Wasser, sollten Sie zunächst herausfinden, warum die Drainage schlecht ist. In einem neuen Garten ist es möglich, daß eine Schicht toniger Unterboden aufgeschüttet und verdichtet wurde, auf der man dann Mutterboden verteilt hat. Diese Tonschicht muß aufgebrochen und mit dem Mutterboden vermischt werden.

Ein weiteres häufiges Problem ist eine undurchdringliche Schicht aus Ton – oder Erde und Ton –, die unabsichtlich durch eine mechanische Bodenbearbeitung, die über mehrere Jahre in der gleichen Tiefe erfolgte, verdichtet wurde. Möglicherweise kann man sie mit einer Gabel oder einem Grubber aufbrechen, so daß die Erde wieder durchlässig wird.

Kann auf diese Weise keine Abhilfe geschaffen werden, müssen Sie überlegen, wie wichtig eine Drainage für Sie selbst ist und ob Sie eventuell einen Fachmann für diese Arbeit engagieren.

Es gibt aber auch viele Wildblumen,

Sonne und Schatten

Sonnig sind Flächen, die mittags direkte Sonne erhalten und höchstens frühmorgens oder spätnachmittags im Schatten liegen.

Halbschattig sind Bereiche nahe von Mauern, Hecken und Zäunen, die bis zu einem halben Tag Schatten haben, oder Flächen, die ganztägig in sehr lichtem, durchbrochenem Schatten liegen (etwa hinter einem offenen Strauch oder Spalier). Pflanzen halbschattiger Standorte gedeihen auch, wenn die Lichtbedingungen nicht optimal sind.

Schattig sind Bereiche, die unter sommergrünen Bäumen liegen und deshalb vom Spätfrühjahr bis zum Herbst Schatten haben, oder jeder Bereich, der ganzjährig während des gesamten Tages im Schatten liegt und vielleicht nur frühmorgens und spätnachmittags Sonne erhält. Schattenpflanzen, die meist zeitig blühen, sollten die Sommermonate über nur sehr früh oder spät Sonne bekommen.

Tiefer Schatten fällt auf Flächen unter dichtbelaubten Bäumen, wie etwa Koniferen, oder einer soliden Barriere, wie einer Mauer oder einem Zaun. Hier, im ganztägigen Schatten, wächst wenig. Versuchen Sie es mit Efeu, Waldsauerklee, Buschwindröschen und Waldmeister, und fördern Sie vorhandene Farne und Moose.

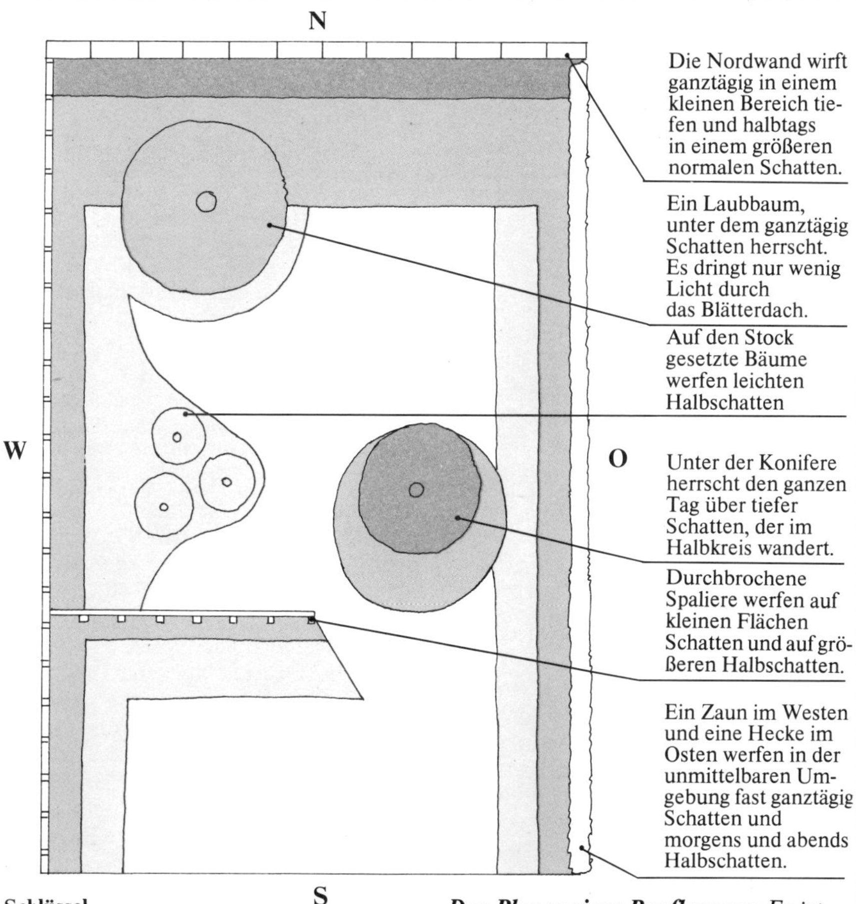

Schlüssel

Sonne	Schatten
Halbschatten	Tiefer Schatten

Das Planen einer Bepflanzung *Es ist nicht notwendig, einen so genauen Plan zu zeichnen – die Bereiche gehen ohnehin ineinander über –, aber es ist sinnvoll, die wichtigsten Sonnen- und Schattenbereiche zu skizzieren.*

die auf schlecht drainiertem Boden gut gedeihen (s. S. 95ff.). Deshalb schlage ich vor, daß Sie mit dem vorlieb nehmen, was Sie haben, und nur ein gut drainiertes Beet anlegen (wie auf S. 136 beschrieben, doch wird hier normale Erde verwendet).

Bodentypen

Die Böden für Wildpflanzenkulturen im Garten teilt man in drei Grundtypen ein: leicht (oder sandig), mittelschwer (lehmig) und schwer (tonig).

Leichte Böden Sie sind außerordentlich durchlässig, deshalb werden die Nährstoffe vom Regen rasch ausgewaschen. Oft ist die Erde auch leicht sauer. Im Wildblumengarten kann auf leichtem Boden eine Vielzahl besonders dekorativer Blumen und Gräser gezogen werden, denn hier ist die geringe Fruchtbarkeit ein Vorteil. (Dies gilt nicht für konventionelle Gärten. Gezüchtete Blumen und Gemüse brauchen sehr viel Dünger und Wasser, um zu gedeihen.)

Auf extrem leichtem, sandigem Boden kann man Steingarten- und Küstenpflanzen ziehen (s. S. 107ff. und 154), ebenso heimische Wiesenblumen, die auf leichten Böden wachsen. Wer aber eine größere Vielfalt kultivieren möchte, muß sehr viel organisches Material wie Kompost, Mist, Lauberde oder Torf einarbeiten, da viele Wildblumen die Sommerdürre nur mit Unterstützung solcher Substanzen überleben, die die Feuchtigkeit halten.

Mittelschwere Böden Diesen Typ findet man in den meisten Gärten, und er reicht von leichten Lehmböden, die durchlässig, aber fruchtbarer sind als Sand, bis zu schwerem Lehm, der äußerst fruchtbar ist und die Feuchtigkeit hält. Auf mittelschweren Böden läßt sich die größte Palette an Wildblumen ziehen, darunter solche, die im Sommer etwas feucht stehen müssen.

Schwere Böden Bei diesen Böden liegt mitunter nur wenige Zentimeter unter dem Oberboden, meist aber 30 cm und tiefer eine Schicht aus Ton. Schwere Böden sind fruchtbar und halten die Feuchtigkeit, allerdings versickert nach schweren Regenfällen das Wasser nicht. So kann im Winter und Frühjahr Staunässe entstehen, wodurch sich der Boden schwer erwärmt und erst spät bearbeitet werden kann. Schwere Böden sind ideal für eine große Auswahl reizvoller Wildblumen, darunter alle Feuchtgebietspflanzen (s. S. 95ff.). Hier können natürliche Teiche entstehen, die sich durch den Ton abdichten lassen (s. S. 135).

Schwerer Tonboden

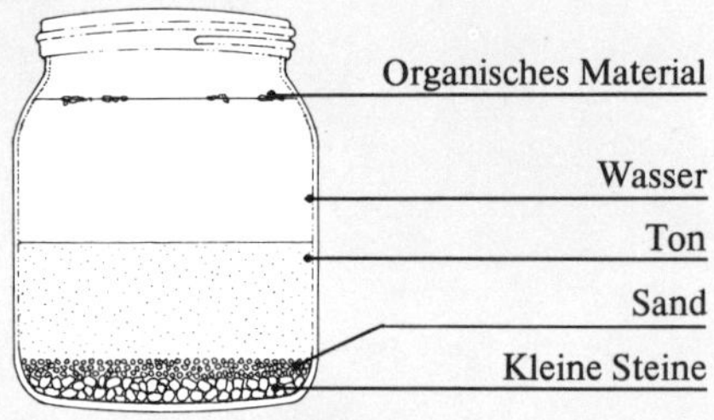

Mittelschwerer Lehmboden

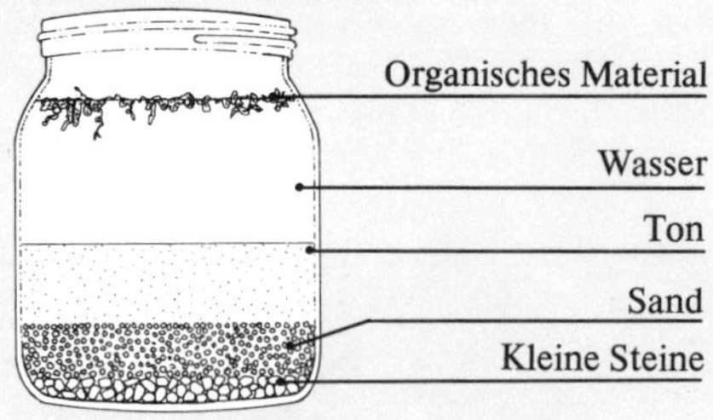

Saurer und alkalischer Boden

Die meisten Böden sind eher sauer, und viele Wildblumen vertragen ziemlich saure Bedingungen. Die größte Vielfalt aber läßt sich bei einem pH-Wert von 6,5–7 ziehen (das gilt auch im biologischen Gartenbau als optimaler Wert). Dies bedeutet allerdings, daß der Boden vielleicht gekalkt werden muß (die erforderliche Kalkmenge läßt sich durch einen Bodentest ermitteln). Ausgezeichnete Mittel dafür sind kohlensaurer Kalk, der sehr viel Calcium und Magnesium enthält beziehungsweise Gesteins- oder Algenmehl. Selbst wenn der Calciumanteil hoch ist, macht es den Boden nicht zu alkalisch, denn das Calcium wird sehr langsam freigesetzt, und die Wirkung hält mehrere Jahre an.

Wer kalkfliehende Pflanzen in einem alkalischen Garten ziehen will, kann ein Torfbeet anlegen, das von einer niedrigen Mauer aus Torfballen gestützt wird. Da der Torf nie austrocknen darf, sollte das Beet im Schatten liegen. Will man umgekehrt kalkliebende Pflanzen in einem Garten mit saurem Boden ziehen, kann man einen Kalkhügel aufschütten (s. S. 137).

Aber vielleicht ziehen Sie es vor, mit den Gegebenheiten vorlieb zu nehmen. Nachfolgend finden Sie eine Auswahl von Pflanzen, die extrem saure beziehungsweise extrem alkalische Bedingungen vertragen. Die Pflanzenbeschreibungen in diesem Buch sagen Ihnen darüber hinaus, welche Pflanzen noch für die jeweiligen Bodenverhältnisse in Frage kommen.

Kalkfliehende Pflanzen

Bergjasione
Blutwurz
Drahtschmiele
Färberginster
Frühblühender Thymian

Leichter Sandboden

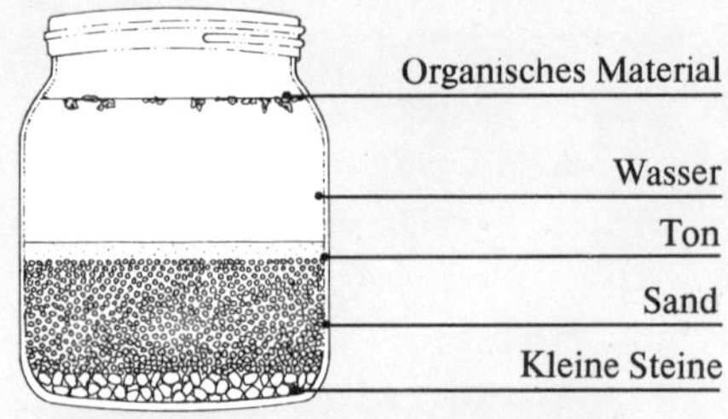

***Bodenuntersuchung** Um den Boden zu testen, gibt man eine kleine Probe davon in ein Marmeladenglas mit etwas Wasser. Das Glas verschließen, kräftig schütteln und dann etwa eine Stunde stehenlassen. Grober Sand und Steine sinken auf den Grund, im Boden enthaltener Ton lagert sich darüber ab. Organisches Material schwimmt an der Oberfläche.*

Gemeiner Hornklee
Grauheide
Hainveilchen
Hasenglöckchen
Heidekraut
Kleines Habichtskraut
Rundblättrige Glockenblume
Sumpfherzblatt
Teufelsabbiß
Wacholder

Kalkliebende Pflanzen

Eberwurz
Echte Kuhschelle
Echtes Lungenkraut
Echtes Tausendgüldenkraut
Frühblühender Thymian
Gemeine Grasnelke
Gemeiner Hornklee
Gemeiner Wundklee
Gemeines Sonnenröschen
Geruchlose Kamille
Hasenglöckchen
Hufeisenklee
Hundsrose
Kleine Pimpinelle
Kleiner Wiesenknopf
Mehlprimel
Rosenwurz
Rundblättrige Glockenblume
Schwarze Flockenblume
Taubenskabiose
Vielblütige Weißwurz
Wacholder
Walderdbeere
Widerstoß
Wiesenprimel
Zittergras

Planung eines Wildblumengartens

Bevor Sie mit dem Pflanzen beginnen, sollten Sie genau überlegen, was Sie mit Ihrem Garten vorhaben. Wer vor allem Tiere anlocken will, blättert weiter bis zur Seite 148 zum Kapitel »Tiere im Garten«. Wer dagegen kleine Kinder hat, möchte vielleicht eine Schaukel oder einen Sandkasten aufstellen beziehungsweise eine Fläche mit Buschwerk bepflanzen, wo sie Verstecken spielen

Bodentypen

Bearbeiteter Boden Boden, der durch Umgraben oder mit einer Motorhacke zum Pflanzen oder Säen vorbereitet wurde.

Durchlässiger Boden ist von Natur aus durchlässig oder wurde künstlich drainiert. Er kann immer bearbeitet werden, außer bei großer Nässe.

Feuchter Boden Boden, der das ganze Jahr hindurch etwas feucht bleibt, auch im Sommer.

Fruchtbarer Boden Lehm- oder Tonboden, der reich an Humus und Nährstoffen ist. Geeignet für üppigen Pflanzenbewuchs, vor allem für Gemüse.

Guter Boden Er enthält viel Humus, ist fruchtbar und läßt sich, außer bei großer Nässe, leicht bearbeiten.

Kalkreicher Boden Hier liegt eine nur dünne Schicht Mutterboden über Kreide- oder Kalkgestein (Anlage von Kalkhügeln s. S. 137).

Leichter Boden Boden mit hohem Sandgehalt, der sehr durchlässig ist und auch bei nassem Wetter leicht bearbeitet werden kann. Er trocknet rasch aus, enthält wenig Humus und ist nährstoffarm.

Magerer Boden Ihm fehlen Humus und Nährstoffe. Häufig ist es ein erschöpfter, von Kulturpflanzen ausgelaugter Boden.

Mittelschwerer Boden Lehmboden, der im Winter ziemlich durchlässig ist und im Sommer nicht vollkommen austrocknet. Enthält viel Humus und Nährstoffe.

Nasser Boden Er ist das ganze Jahr über feucht und während Regenperioden mitunter auch ständig naß. Hier gedeihen Sumpf- und Uferzonenpflanzen. In extremen Fällen steht das Wasser sogar über der Erde, weil der Boden schlecht drainiert oder der Grundwasserspiegel hoch ist.

Schwerer Boden Er hat einen hohen Tonanteil. Naß kann man ihn nicht bearbeiten, und im Sommer wird die Oberfläche leicht hart. Außerdem erwärmt er sich im Frühjahr nur langsam.

Trockener Boden Boden, der im Sommer bis weit unter die Oberfläche austrocknet.

können. Kinder sind auch von Teichen stets fasziniert, doch sollten diese in Sichtweite des Hauses angelegt werden, denn manchmal schlagen Kinder auch die ernstesten Warnungen in den Wind.

Der richtige Boden für Wildblumen

Fast alle Wildblumen brauchen Böden mit geringer Fruchtbarkeit (oder mit sehr wenig verfügbarem Stickstoff), deshalb sollten Sie nährstoffreichen Mutterboden besser dem Gemüsegarten und herkömmlichen Blumenrabatten vorbehalten.

Flächen, auf denen kurzer Zierrasen wachsen soll, benötigen ebenfalls viel Mutterboden, damit er auch während der Sommerhitze grün und schön bleibt. Für Wiesen dagegen ist magerer Boden besser geeignet, weil darauf die Blumen üppiger gedeihen als die Gräser. Für die meisten Wildblumensaaten reicht eine 8 cm dicke Schicht Mutterboden aus, damit sich die Blumen gesund entwickeln.

Anlageplanung für Grasflächen

Bevor Sie Ihren gesamten Garten in eine einzige Blumenwiese verwandeln, sollten Sie sich informieren, welche Arten blühender Grasflächen es überhaupt gibt (s. S. 26ff.). Gewiß wollen Sie eine natürliche Wirkung erzielen, doch vergessen Sie nicht, daß Sie auch einen Zugang zu anderen Bereichen des Gartens schaffen müssen (ein gemähter Pfad wäre eine ideale Lösung) und darüber hinaus vielleicht Erholungsbereiche.

Gestaltung des Grundstücks

Im allgemeinen wirkt ein Wildblumengarten schöner und gedeiht besser, wenn Sie mit den natürlichen Gegebenheiten des Grundstücks arbeiten statt gegen sie. Wildblumen sind die ideale Lösung für problematische Bedingungen, wie etwa unfruchtbarer Sandboden oder staunasser Tonboden. Wollen Sie Ihren Garten möglichst abwechslungsreich gestalten, können Sie auch eines der auf Seite 134ff. beschriebenen Elemente einbeziehen. Teiche und Böschungen bilden naturgemäß eine Einheit. So kann man die Erde, die beim Ausheben des Teiches anfällt, am Ufer aufschütten oder für die Anlage eines Steingartens verwenden. Und eine Kies- oder Schuttfläche beim Teich ist ein idealer Zugang. Einzelheiten dazu finden Sie auf S. 134ff.

Einen Plan anfertigen

Bevor Sie mit dem Pflanzen beginnen, sollten Sie zunächst versuchen, Ihre Ideen auf Papier zu skizzieren. Markieren Sie Sonnen- und Schattenbereiche, fruchtbare und unfruchtbare Flächen sowie schweren und durchlässigen

Ein pflegeleichter Wildblumengarten
Wildblumen sind ideal für pflegeleichte Gartenanlagen. Unser Beispiel umfaßt eine Vielfalt von Lebensräumen, die höchstens ein bis zweimal pro Jahr Pflegemaßnahmen erfordern.

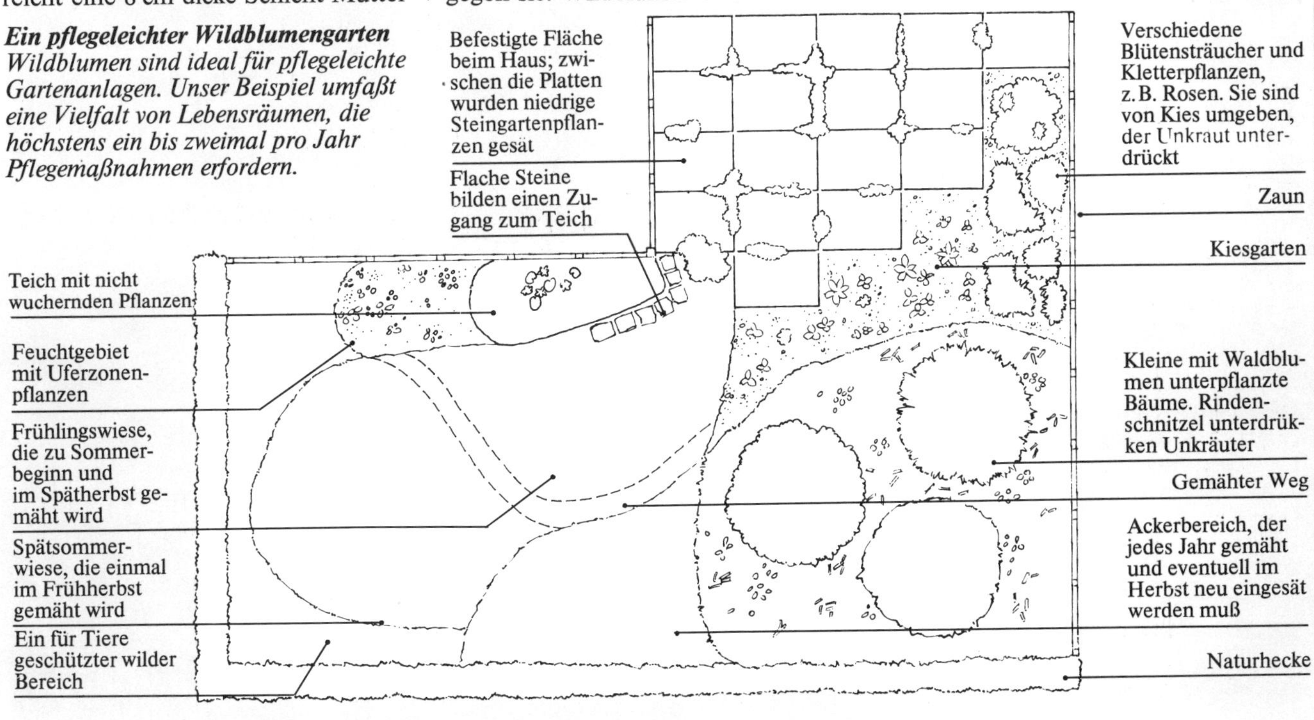

Boden. Mit Hilfe von Pauspapier können Sie auch einen deckungsgleichen Plan zum Darüberlegen anfertigen, auf dem deutlich wird, wie sich Schatten und Sonne verteilen, wenn Sträucher, Hecken und Bäume einmal herangewachsen sind. Ein solcher Plan kann zum Beispiel verdeutlichen, daß Ihr Garten durch das Pflanzen zu vieler winziger Bäumchen eines Tages in tiefem Schatten liegen wird. Gewiß können Sie Bäume entfernen, aber stellen Sie fest, daß es nicht ausgerechnet Ihre Lieblingsbäume sein werden, die gefällt werden müssen.

Damit Ihr Garten das ganze Jahr über interessant ist, können Sie auch Pläne anfertigen, die die wichtigsten Gartenbereiche während der verschiedenen Jahreszeiten zeigen. Und denken Sie daran: Wenn es im Winter zu kalt ist, um nach draußen zu gehen, möchten Sie sicherlich vom Haus einen hübschen Ausblick haben.

Neuanlagen

Der Erwerb eines neuen, noch nicht bepflanzten Gartens oder aber eines verwilderten Gartens bietet die besten Möglichkeiten, einen Wildblumengarten genau nach Wunsch zu gestalten. Selbst größere Gartenprojekte, wie die Anlage von Teichen oder Böschungen, lassen sich relativ leicht durchführen. Zunächst aber müssen die Gegebenheiten begutachtet werden (s. S. 131 f.), und zwar sehr genau, weil man sonst unvermutete Vorzüge leicht übersieht.

Ein neuer Garten

Bei neuen Gärten gibt es verschiedene Möglichkeiten: Entweder liegen sie ohnehin auf fruchtbarem Boden, oder aber es wurde frischer Mutterboden aufgeschüttet, auf dem eventuell bereits einige einjährige Unkräuter sprießen. Wer ganz großes Glück hat, der findet vielleicht noch eine alte Wiese oder ein Stück Park mit einer interessanten Auswahl an Wildpflanzen vor. Wenn daher die Grasflächen in Ihrem neuen Garten einen alten Eindruck machen, sollten Sie im ersten Jahr ein größeres Stück erhalten und abwarten, was sich darauf entwickelt. Möglicherweise erleben Sie eine Überraschung. Es gibt tatsächlich Gartenbesitzer, die beim Einzug in ein Haus alles, was irgendwo sprießt, mit Unkrautvernichter ausrotten, ohne zu erkennen, daß sie dabei Wiesen- und Kissenprimeln oder vielleicht sogar Orchideen vernichten.

Auf neuen Grundstücken findet man oft keinen Mutterboden oder aber nur in einigen Bereichen. Hier haben Sie die Möglichkeit, die Anlage Ihres Gartens ganz neu zu planen und zu bestimmen, wo die Erde fruchtbar oder wo sie mager sein soll (s. S. 133). Dann müssen Sie auch festlegen, ob schattige Flächen mit Bäumen, ein Teich oder ein Steingarten entstehen sollen.

Das Grundstück säubern Ein neues Grundstück gleicht oft mehr einem Schlachtfeld oder einer Müllkippe als einem vielversprechenden neuen Garten. Aber bevor Sie die unvermeidlichen Haufen Bauschutt und Sand entfernen, sollten Sie überlegen, ob sie nicht bei der Anlage eines Wildblumengartens nützlich sein können.

Bauschutt beispielsweise eignet sich hervorragend als Untergrund für Wege oder einen Kiesgarten (s. »Wege anlegen« Seite 137) oder als Kern für Steingärten und Kalkhügel (s. S. 136–137). Sollte sich der Schutthaufen an einem geeigneten, sonnigen Platz befinden, brauchen Sie ihn nicht einmal zu bewegen. Liegt er im Halbschatten oder Schatten, Sie aber wollen (oder können) ihn nicht an eine andere Stelle bringen, verteilen Sie etwas Erde darauf, damit die Zwischenräume aufgefüllt werden und für ein wenig Fruchtbarkeit und Bodenfeuchtigkeit gesorgt ist. Dann können Sie Fingerhut, Hasenglöckchen, Kleines Immergrün, Ruprechtskraut, Gemeine Goldrute, Salbeigamander, Buschwindröschen, Echte Sternmiere, Echte Nelkenwurz und Bibernellrose daraufpflanzen.

Schnellwachsende Pflanzen Im ersten Jahr wollen Sie sicher gleich etwas Farbe haben, doch fehlt Ihnen wahrscheinlich die Zeit, den Boden gründlich zu bearbeiten. Warum also säen Sie nicht eine Ackerblumenmischung? Die Aussaat erfolgt am besten im Herbst, ist aber auch im Frühjahr möglich. Hier muß die Erde nur grob vorbereitet werden. Dann streuen Sie die Samen darauf und walzen sie fest (s. S. 130).

Ein alter verwilderter Garten

Er ist für Tiere ein Paradies. In jeder Hecke und jedem Gebüsch nisten Vögel, und Wildblumen und Nesseln locken Schmetterlinge an. Stürzen Sie jetzt nur nicht sofort los, um alles zu roden. Mein Vorschlag: Warten Sie eine Wachstumsperiode und machen Sie eine genaue Bestandsaufnahme, welche Blumen, Bäume, Sträucher und Tiere sich im Garten befinden. Entscheiden Sie erst dann, was entfernt, was geschnitten oder was erhalten werden soll.

Als wir unser jetziges Heim erwarben, sahen wir uns mehreren hundert Quadratmetern Schlehengestrüpp und Nesseln sowie schulterhohen Disteln, Ampfer, Quecken und Winden gegenüber und nicht zuletzt hohem Gras, das in der Wildnis ums Überleben kämpfte.

Die Schlehen wurden mit der Planierraupe gerodet, doch 100 Quadratmeter ließen wir stehen. Und dann entdeckten wir, daß es ein bevorzugter Aufenthaltsort von Nachtigallen war. Ich finde auch heute noch, daß sich jeder Quadratmeter dieses Buschwerks lohnt, um die Nachtigallen singen zu hören, und sei es nur für wenige Nächte im Jahr.

Nesseln, Ampfer und dergleichen schlugen wir um, schnitten sie mit der Sense und mähten sie schließlich ab. Und heute habe ich einen wunderschönen Rasen, der jedes Frühjahr blüht. Gras haben wir überhaupt nicht gesät. Das übrige Grundstück wurde umgepflügt, geeggt (um eine glatte Oberfläche für die Aussaat zu schaffen) und in eine Gärtnerei verwandelt. Entlang der Wege sprossen bald wieder üppig Pflanzen, aber wiederum säte ich kein Gras ein, sondern mähte alles kurz ab, und heute habe ich wunderschönes grünes Gras aus den Samen, die im Boden ruhten. Fast alle hohen Unkräuter verschwinden, wenn sie immer wieder abgemäht werden.

Ein Verjüngungsprogramm Um ein völlig verwildertes Grundstück zu roden, ist kein Unkrautvernichter erforderlich – nur harte Arbeit vom Morgen bis in die Nacht. Aber es bleibt die Genugtuung, keine Tiere getötet und die eigene Gesundheit nicht gefährdet zu haben.

Bevor Sie mit dem Haumesser zu Werke gehen, markieren Sie alle jungen Bäumchen, deren Erhaltung sich lohnt, und warten Sie, bevor Sie etwas roden, auf jeden Fall den Sommer oder Herbst ab, bis die Nistzeit vorbei ist.

Zu große Hecken sollte man zurückschneiden, damit sie dichter werden und mehr Platz geschaffen wird. Den Tieren bieten sie dennoch Lebensraum. Und lassen Sie an einem sonnigen Platz reichlich Nesseln für Schmetterlingsraupen stehen.

Neue Bereiche in den Garten integrieren

Wer in seinem Garten genug Platz hat, ein Feuchtgebiet, einen Steingarten oder einen Kalkhügel anzulegen, kann dadurch eine sehr viel größere Vielfalt an Pflanzen ziehen. Wenn der Garten zu klein ist, können diese Bereiche in kleinem Maßstab in Kübeln, Trögen oder anderen Gefäßen nachempfunden werden (Anregungen s. S. 97 f., 110 f.).

Anlage eines Teichs

Bei der Standortwahl für einen Teich bedarf es gründlicher Überlegungen. Es

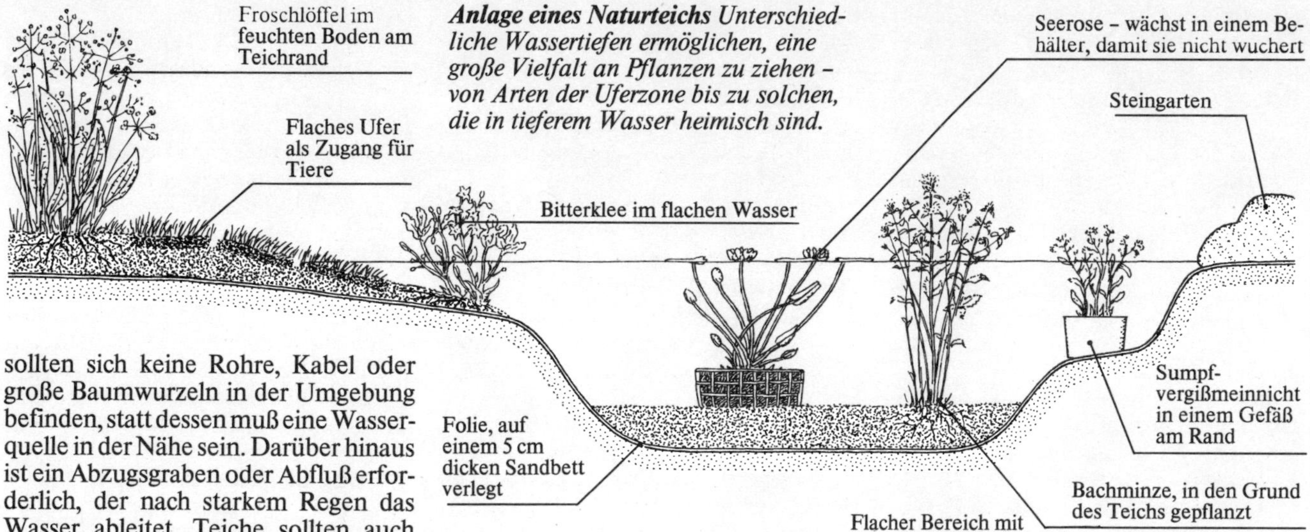

Anlage eines Naturteichs *Unterschiedliche Wassertiefen ermöglichen, eine große Vielfalt an Pflanzen zu ziehen – von Arten der Uferzone bis zu solchen, die in tieferem Wasser heimisch sind.*

sollten sich keine Rohre, Kabel oder große Baumwurzeln in der Umgebung befinden, statt dessen muß eine Wasserquelle in der Nähe sein. Darüber hinaus ist ein Abzugsgraben oder Abfluß erforderlich, der nach starkem Regen das Wasser ableitet. Teiche sollten auch nicht in der unmittelbaren Nachbarschaft von Bäumen und Hecken liegen, weil sonst im Herbst durch Fallaub Probleme entstehen. Und nutzen Sie jede natürliche Vertiefung des Bodens, denn um einen Teich anzulegen, müssen Sie sehr viel Erde bewegen, und alles, was diese Arbeit verringert, ist von Vorteil.

Eine andere wichtige Frage ist, wo die Erde hingebracht wird. Es ist eine gute Idee, den Teich mit einem grasbewachsenen Erdwall oder einem Steingarten zu kombinieren. Auf diese Weise muß man die Erde nur über eine kurze Distanz bewegen. Zumindest ein Bereich des Ufers aber sollte flach sein, damit Tiere ungehinderten Zugang zum Wasser haben.

Form und Größe des Teichs werden zunächst auf Papier skizziert. Es ist sinnvoll, auch den übrigen Garten aufzuzeichnen, damit man beurteilen kann, wie sich der Teich ins Gesamtbild einfügt. Dann können Teich und Erdwall (sofern ein solcher geplant ist) mit Hölzern und Schnur auf dem Gelände abgesteckt werden. In Wildblumengärten wirkt eine asymmetrische Form am natürlichsten.

Der Teich muß nicht sehr tief sein, doch sollte zumindest ein kleiner Teil mehr als 80 cm Tiefe haben, damit im Winter für Tiere ein Bereich bleibt, der nicht zufriert. Eine ebene Fläche nahe beim Ufer ermöglicht es, Sumpf- und Feuchtgebietspflanzen zu ziehen. Und vergessen Sie beim Abstecken von Erdwall, Tierzugang und Sumpffläche nicht, daß ein Weg vorhanden sein sollte sowie ein befestigter Platz, von dem aus Sie das Leben am Teich beobachten können.

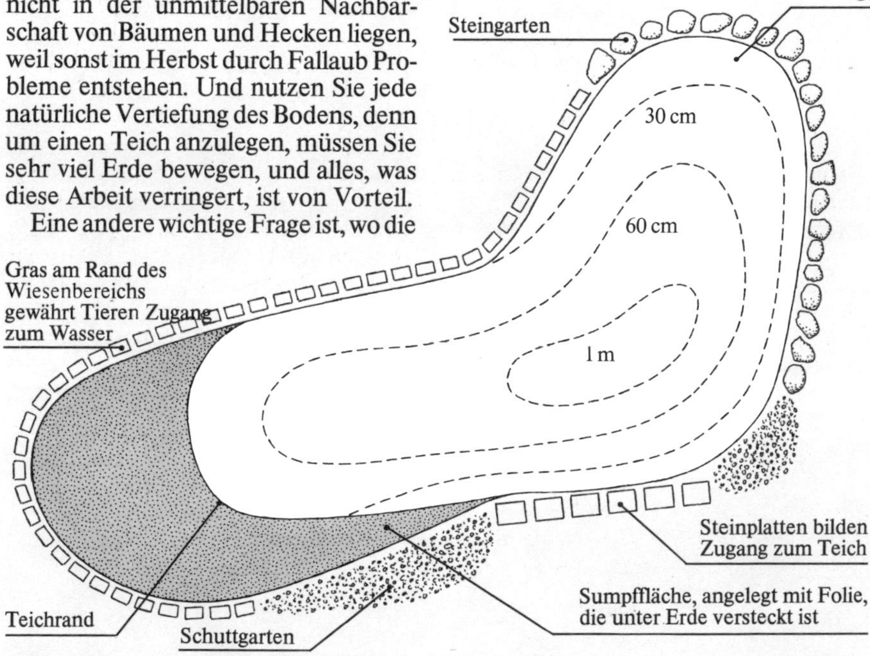

Teichplan von oben *Der Teich sollte sich harmonisch in den Garten einfügen. Hier führt ein Sumpfgebiet zu einer Blumenwiese. Mit dem Aushub des Teichs ist ein Steingarten entstanden.*

Abdichtung eines Teichs Will man einen Teich auf natürliche und traditionelle Weise abdichten, verwendet man Ton. Wer ihn zur Verfügung hat und darüber hinaus viel Zeit, kann zusammen mit Freunden ein Fitneßtraining veranstalten. Der Ton muß gründlich festgestampft werden, damit eine vollkommen wasserundurchlässige Schicht entsteht. Die meisten Leute halten diese Methode für zu arbeitsaufwendig, aber sie macht sicher viel Spaß, und wer einen schweren Tonboden hat, sollte sich daranwagen. Wird die Arbeit richtig durchgeführt, entsteht eine praktisch wasserdichte, dauerhafte Schicht – die allerdings reißen kann, falls der Teich

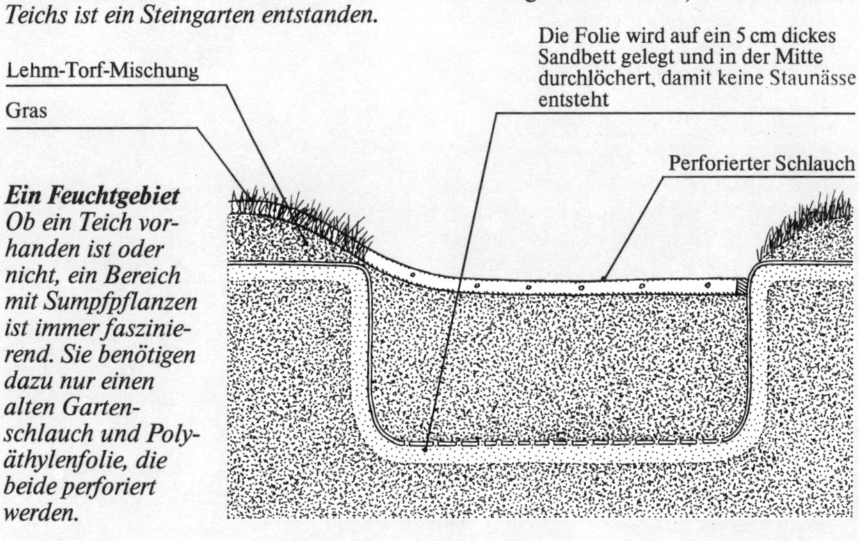

Ein Feuchtgebiet *Ob ein Teich vorhanden ist oder nicht, ein Bereich mit Sumpfpflanzen ist immer faszinierend. Sie benötigen dazu nur einen alten Gartenschlauch und Polyäthylenfolie, die beide perforiert werden.*

austrocknet. Sie müssen deshalb im Sommer regelmäßig Wasser nachfüllen.

Bentonit Dieser Ton läßt sich sehr viel leichter verarbeiten als gewöhnlicher Ton, deshalb ist er ideal für größere Teiche. Er wird trocken auf Boden und Seiten des Teichs verteilt und anschließend mit Erde bedeckt. Dann läßt man Wasser in den Teich, das den Ton um das Fünfzehnfache seines ursprünglichen Volumens aufquellen läßt. Auf diese Weise entsteht eine dicke undurchdringliche Schicht.

Folien Am einfachsten lassen sich Teiche mit Folien anlegen. Man unterscheidet zwischen drei Haupttypen: Baufolie (preiswert, aber nur wenige Jahre haltbar); PVC und Butylkautschuk (teuer, doch bei weitem am widerstandsfähigsten; überdauern viele Jahre). Folien sollten auf ein 5 cm dickes Sandbett gelegt werden, damit keine Lufteinschlüsse entstehen oder Steine Löcher in die Folie bohren.

»Feuchtgebiete«

Zum Anlegen eines kleinen Feuchtgebietes hebt man zunächst eine etwa 30 cm tiefe Mulde aus. Diese wird mit Folie ausgekleidet, die man mit einer Grabegabel einsticht, so daß das Wasser ablaufen kann und nicht faulig wird. Dann füllt man die Mulde mit einer Mischung aus guter Erde und Humus. Damit das »Feuchtgebiet« nicht austrocknen kann, verlegt man in der Mitte einen perforierten Schlauch von 2 cm Durchmesser, durch den man einmal täglich Wasser laufen läßt.

Einen Steingarten anlegen

Für den Steingarten müssen Sie einen sonnigen Platz auswählen sowie gut drainierten Boden, etwa einen Hang oder den Bereich vor einer Mauer, denn für die meisten alpinen Pflanzen ist eine gute Drainage lebenswichtig. Die Grundanlage eines Steingartens sieht auf jedem Boden gleich aus. Allerdings ist es bei schwerem Boden ratsam, den Steingarten über der Erde anzulegen, indem Sie einen niedrigen Hügel aufschütten oder ein Hochbeet mit schrägen Trockenstützmauern bauen (die auch Abzugs- und Pflanzlöcher haben sollten [s. S. 112]). Bei mittelschweren und leichten Böden kann für den Steingarten Erde ausgehoben werden, so daß er mehr oder weniger bündig mit den umliegenden Flächen abschließt. Ein leicht erhöhter Steingarten aber wirkt natürlicher.

Die Gesamttiefe eines Steingartens sollte etwa 30 cm betragen. Zunächst wird eine 15 cm dicke Schicht kleiner Bruchsteine verteilt, und darauf kommen umgedrehte Grassoden oder 8 cm Kies. Den Abschluß bildet eine ebenfalls etwa 8 cm dicke Schicht Erde. Erde für Steingartenpflanzen wird am besten aus 3 Teilen Mutterboden, 2 Teilen Torf und 1½ Teilen Grus oder grobem scharfem Sand gemischt.

Die Erde sinkt nach einigen Wochen etwas ein und muß eventuell aufgefüllt werden; solange sollte man mit dem Pflanzen warten. Felsbrocken und große Steine sorgen für interessante Akzente, sind jedoch nicht unbedingt erforderlich. Ein einzelner großer Stein ist besser als viele kleine, die selten natürlich wirken. Steine sollten so plaziert werden, daß es den Anschein hat, als sei auch der Boden darunter steinig. Bei Schichtgestein muß darauf geachtet werden, daß alle Schichten in der gleichen Richtung verlaufen. Befindet sich Ihr Steingarten an einem Hang, bauen Sie aus den Steinen Terrassen. Die Steine sollten leicht nach innen geneigt aufgeschichtet werden, um Wasser in die Erde zu leiten. Befinden sich die Steine an ihrem endgültigen Platz, wird Steingartenerde in die Zwischenräume gefüllt, um die Mauern zu stabilisieren.

Vorschläge zur Bepflanzung von Steingärten finden Sie auf S. 110 f. Nach dem Pflanzen wird noch freiliegender Boden mit Gesteinssplitt bedeckt. Er wirkt natürlich und verhindert, daß die Erde auf die Blätter gelangt.

Einen Kalkhügel anlegen

In Gegenden mit kalkarmen Böden ist ein Kalkhügel der ideale Standort für viele grazile Pflanzen (s. auch S. 27), darüber hinaus lockt er Eidechsen und ungewöhnliche Schmetterlinge an. Er sollte volle Sonne bekommen und kann beispielsweise an einer nach Süden ausgerichteten Mauer angelegt werden. In einem kleinen Garten sollte der Hügel nicht höher als 90 cm sein, ansonsten nicht über 1,2 m. Ein höherer Hügel würde in einem ebenen Garten seltsam und deplaziert wirken. Die Seiten sollten nur sanft abfallen, so daß Regenwasser nicht oberflächlich abfließt. Ist der Hügel von Gras umgeben, hält man dieses kurz, damit sich seine Samen nicht auf dem Hügel ausbreiten.

Sofern Sie in der Umgebung keinen Kalk bekommen, verwenden Sie für die Hügelbasis statt grobem Kalk Schutt oder Bruchsteine. Bedecken Sie diese dann mit einer 45 bis 60 cm dicken Schicht Kalkgestein und treten Sie die Oberfläche fest, so daß ein kompaktes Saatbett entsteht. Hier kann man nun direkt säen oder auch pflanzen.

Eidechsen haben eine besondere Vorliebe für solche Hügel. Legt man obendrein noch eidechsengroße Gänge an, werden sie kaum widerstehen können. Zu diesem Zweck setzt man entweder, während der Hügel aufgeschüttet wird, kurze, zur Mitte verlaufende

Bereich für Steingartenpflanzen *Ein Wildblumen-Steingarten sollte möglichst naturgetreu sein, mit großen verwitterten, in die Erde eingebetteten Steinen und heimischen Steingartenpflanzen, die in jeder Ritze wachsen.*

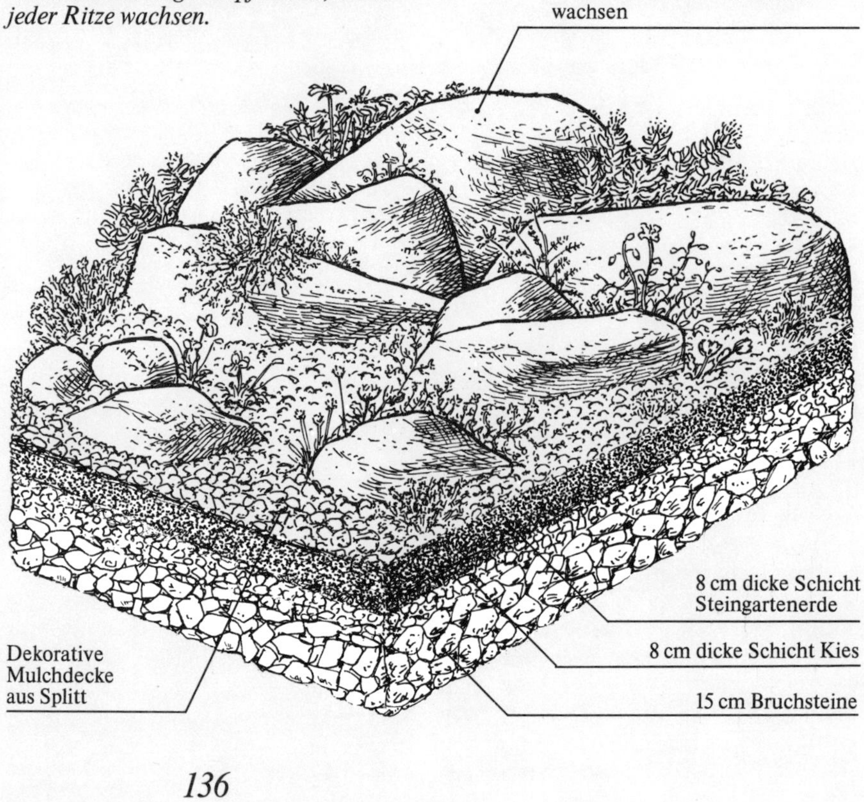

***Ein Kalkhügel** Durch das Anlegen eines Kalkhügels kann man die Pflanzenwelt eines Gartens mit einigen der schönsten heimischen Wildblumen bereichern. Kleine Gänge im Hügel locken Tiere, wie Eidechsen, an.*

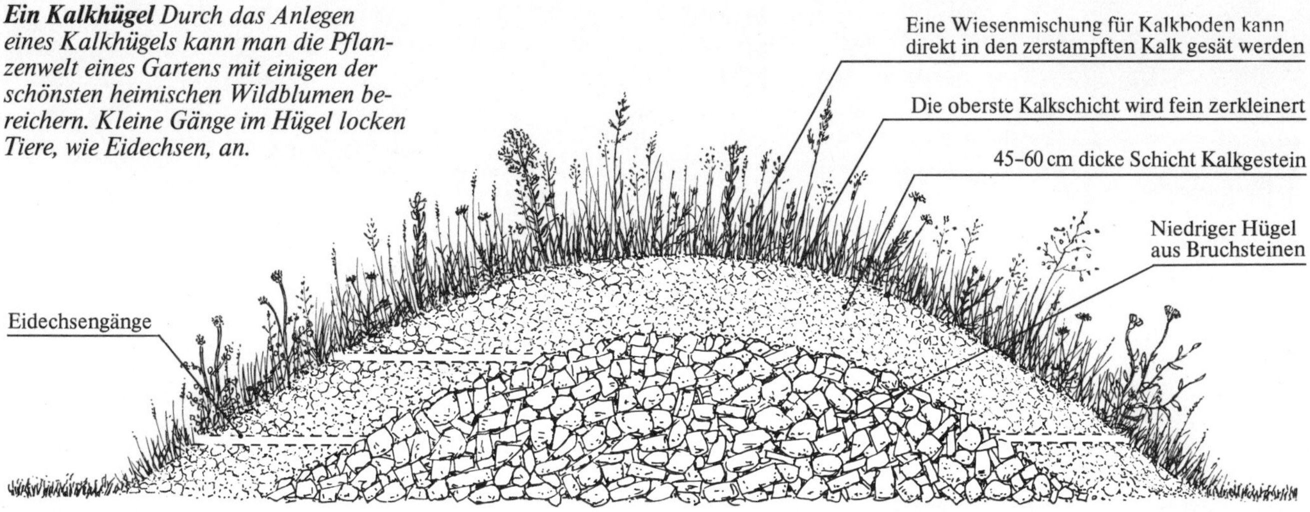

Rohrstücke von 4 bis 5 cm Durchmesser ein (nach Fertigstellung zieht man sie wieder heraus) oder rammt, wenn der Hügel angelegt ist, an verschiedenen Stellen eine Eisenstange hinein. Die Gänge sollten waagrecht oder nach innen leicht aufwärts verlaufen, damit kein Regenwasser hineinrinnen kann.

Die Grundstücksgrenzen

Ist das Grundstück in Ordnung gebracht, und sind die wichtigsten Bereiche des Gartens festgelegt, wendet man sich den Grundstücksgrenzen zu. Sicher wollen Sie zunächst für etwas Sicht- und Windschutz sowie für Schatten sorgen. Starre Linien und künstlich wirkende Designs sind im Wildblumengarten fehl am Platz, deshalb sollte man auf Materialien, wie vorgefertigte Betonblocksteine oder Kunststoffspaliere, verzichten. Vielleicht ist das Grundstück bereits mit einer Mauer oder einem Zaun umgeben. In diesem Fall kann man die harten Konturen auflockern, indem man Spaliere oder Drähte an den Flächen befestigt und verschiedene Kletterpflanzen und Sträucher an ihnen emporwachsen läßt, etwa Geißblatt, Bittersüßen Nachtschatten, Hundsrose, Hopfen, Waldrebe, Zaunwinde und Weinrose.

Gemischte Hecken Haben Sie die Möglichkeit zu wählen und einen verhältnismäßig großen Garten, ist die beste Einfriedung für einen Wildblumengarten zweifellos eine Hecke aus verschiedenen Sträuchern und Kletterpflanzen (wie eine Hecke gepflanzt wird, finden Sie auf S. 59 ff. und 142).

Weitere Möglichkeiten Es werden viele schöne und stabile Holzzäune im Handel angeboten. Sie sollten an dicken, sorgfältig imprägnierten Pfosten befestigt werden, denn unzureichende Stützen verrotten häufig schneller als die Zäune selbst. Den Zaun sollte man ebenfalls mit einem guten, dauerhaften Holzschutzmittel behandeln.

In Frage kommt auch ein stabiles Holzspalier. Es sollte aus robusten Stangen oder gediegenem, gesägtem Holz angefertigt sein, das gebeizt wurde.

Auch ein Spalier sollte an soliden Pfosten befestigt werden. Es eignet sich als Stütze für Kletterpflanzen wie Geißblatt, Waldrebe, Zaunwinde, Hopfen und Kletter- oder Schlingrose.

Die Anlage von Wegen

Wer in einem neuen Garten dauerhafte Wege anlegen will, sollte sie sorgfältig planen, damit sie wirklich von Nutzen sind. Natürlich kann man sich schlicht auf Abkürzungen beschränken – und vergessen, daß man gern durch den ganzen Garten schlendern wird, um ihn voll und ganz zu genießen – oder wahllos Wege schaffen, die nirgendwohinführen und selten benutzt werden. Viel sinnvoller aber ist es, im ersten Jahr überhaupt keine Wege anzulegen, um dann anhand der Trampelpfade festzustellen, wo sie tatsächlich angebracht sind.

Naturwege Für gestampfte Erdpfade ist in waldigen Gärten vermutlich kein weiterer Belag erforderlich. Sollten sie aber leicht naß und schlammig werden, empfiehlt sich eine Schicht Rindenschnitzel. Wege, die durch Wiesen führen, werden einfach gemäht. Wahrscheinlich wachsen auf solchen Trampelpfaden auch Gräser und Blumen, insbesondere »Rasenunkräuter«, wie Gänseblümchen und Ehrenpreis, aber es ist kein Problem, sie kurz zu halten. Mähen Sie die Pflanzen aber nicht zu weit ab – 10 bis 15 cm sind kurz genug –, andernfalls wirkt der Pfad sehr unnatürlich, und die Blumen blühen nicht. Die Breite sollte der des Rasenmähers entsprechen. Machen Sie Wege nie breiter als notwendig – dann haben Sie immer das Gefühl, als erforschten Sie Ihren Garten, während Sie darin herumschlendern.

Kieswege Für Gartenwege in der Nähe des Hauses ist Kies der ideale Belag. Läßt man Blumen auf ihm wachsen, wird er sogar zu einem besonderen Bereich des Gartens (Bepflanzungsideen s. S. 112). Ungewaschener Kies von einem örtlichen Lieferanten eignet sich am besten. Die Schicht sollte mindestens 5 cm dick und auf einem ebenso hohen Sandbett aufgetragen sein.

Schweren Tonboden muß man zunächst umgraben, bevor man darauf Sand und Kies von insgesamt 15 cm Dicke verteilt. Auf diese Weise können Pflanzen, die Nässe nicht mögen, in der oberen Schicht wurzeln, während solche, die Feuchtigkeit brauchen, die Möglichkeit haben, ihre Wurzeln tiefer auszuschicken.

Die Wegränder befestigt man mit Ziegeln oder Holz, damit der Kies an Ort und Stelle bleibt.

Ziegelwege Auch Ziegel gehören zu den natürlichen Materialien, die in Wildblumengärten schön zur Geltung kommen. Verwenden Sie alte oder gebrauchte Ziegel, die eine sehr viel wärmere Farbe haben als neue. Für Ziegelwege ist ein solider Unterbau erforderlich: Die untere Schicht sollte aus mindestens 7 cm verdichtetem Schotter bestehen, der mit 2 cm Sand bedeckt wird. Darauf verlegt man dann die Ziegel. Wer zwischen den Ziegeln Blumen und Kräuter pflanzen will, läßt bei der Anlage des Weges im Unterbau da und dort Lücken in Größe eines Ziegels und füllt sie mit Erde auf. Und wer zum Ausfugen nicht Mörtel, sondern Sand verwendet, kann auch später noch Ziegel herausnehmen und ein Loch in den Unterbau machen. Dieses Loch muß nicht einmal bis ganz nach unten reichen, die meisten Pflanzenwurzeln finden auch so ihren Weg in die darunterliegende Erde.

Umwandlung eines herkömmlichen Gartens

Der Wildblumengarten mit seinen natürlichen, zwanglosen Pflanzungen und fließenden Grenzen mag als krasser Gegensatz zu einem konventionellen Garten mit abgezirkelten Blumenbeeten, großartigen gezüchteten Pflanzen und einem gepflegten Zierrasen erscheinen. Dennoch wäre es Unsinn, alles dem Erdboden gleichzumachen. Prüfen Sie die Anlage genau – es kann durchaus Pflanzen und Bereiche geben, die es wert sind, erhalten zu werden. In der Wildblumengärtnerei gibt es keine festen Regeln, und vielleicht ist es ja gerade die eine oder andere Kulturpflanze oder gar eine ausgefallene Trennwand, die Ihrem Garten schließlich seinen einzigartigen Charakter verleiht.

Anfertigen eines Planes

Machen Sie einen Plan von der existierenden Gartenanlage, legen Sie dann ein Pauspapier darüber und markieren Sie alle Bereiche, die Sie erhalten wollen, ebenso vorhandene Sonnen- und Schattenflächen sowie gut drainierten oder nassen Boden. Diese Pause gibt Ihnen einen Überblick von der Beschaffenheit Ihrer Gartengrundfläche, die Sie nun gemäß Ihren Wünschen neu- oder umgestalten können.

Wenn Sie einen großen Garten haben oder radikale Änderungen vornehmen wollen, kann es sinnvoll sein, in mehreren Etappen zu planen, das heißt, die Ausführungen des Plans über zwei oder drei Jahre zu verteilen.

Sie sehen, was sofort entfernt werden muß und was bis zu einem späteren Zeitpunkt erhalten bleiben kann. Diese Planung ist sehr wichtig, weil man schnell in Versuchung kommt, mit bereits Vorhandenem zu arbeiten, und das führt wahrscheinlich zu einem unbefriedigenden Kompromiß.

Eine neue Einstellung gewinnen

Einer der wichtigsten Unterschiede zwischen einem herkömmlichen und einem Wildblumengarten ist die Art der Pflege. Sollen Wildblumen gedeihen, dürfen keine Unkrautvernichter und Pestizide eingesetzt werden, denn sie stören das ökologische Gleichgewicht, das notwendig ist, damit sich Tiere im Garten einfinden. Dünger ist ebenfalls überflüssig und sogar schädlich, da er viele Pflanzen wuchern läßt. Lassen Sie Wildblumen natürlich gedeihen, dann finden sie ihr eigenes Gleichgewicht. Magere Böden sind für Wildpflanzen ideal.

Gemeinschaften von Wild- und Gartenpflanzen

Welche Gartenblumen und Sträucher man erhalten möchte, ist in erster Linie eine Frage des persönlichen Geschmacks. Meistens jedoch ist offensichtlich, welche nicht in die Gesellschaft von Wildblumen passen. Wer herkömmliche Schnittblumen für das Haus ziehen möchte – etwa Chrysanthemen, Dahlien oder Astern –, läßt sie in einem eigenen Beet wachsen, und wer nicht auf moderne Teehybridrosen verzichten will, sollte zartere Farben wählen und sie nach Möglichkeit mit einigen Wildpflanzen mischen. Es gibt hier keine festen Regeln, und Regeln sind ohnehin dazu da, gebrochen zu werden. Verlassen Sie sich auf Ihr Gespür, und es wird Ihnen nicht schwerfallen zu entscheiden, was schön und was deplaziert wirkt.

Die Pflanzen, die am besten mit Wildblumen harmonieren, sind alte Bauernblumen und Kräuter. Oft handelt es sich dabei um in anderen Ländern wildwachsende Pflanzenarten oder um alte, durch Selektion entstandene Sorten, die ihren wilden Vorfahren noch recht ähnlich sind. Auch nostalgisch wirkende Rosen bilden immer einen schönen Hintergrund für Wildblumen.

Schauen Sie sich in anderen Gärten um, um Anregungen für mögliche Pflanzenzusammenstellungen zu erhalten. Augenblicklich ist die Zahl der Wildblumengärten noch sehr gering, doch ich bin überzeugt, daß sie innerhalb der nächsten fünf Jahre allerorts entstehen werden. Nehmen Sie Straßenränder in Augenschein, an denen Sie vorbeikommen, und natürlich auch alle anderen Plätze, wo Wildblumen wachsen, und stellen Sie fest, was die Schönheit dieser Orte ausmacht. Vielleicht ist es die schlichte Kombination der Farben, die manchmal leuchtend, oft aber sehr zart ist, vielleicht auch der Kontrast von Strukturen, Formen und Höhen. Ein einfaches Beispiel ist der rote Klatschmohn, der mit allen anderen Blumen und Farben unglaublich schön zu harmonieren scheint. Aber es liegt nicht an der Farbe selbst, sondern an ihrer speziellen Beschaffenheit – an jenen überaus zarten und beweglichen Blumenblättern, die so reizvoll zwischen leuchtendem Blau, Violett und Goldgelb zur Geltung kommen. Die meisten anderen scharlachroten Blüten würden nur aufdringlich wirken.

Vom grünen Zierrasen zum Blumenrasen

Am einfachsten ist es, eine langweilig ordentliche Grasfläche nicht mehr zu mähen, sondern einfach wachsen zu lassen. Die meisten alten Rasen sind voller Blumen, wie etwa Ehrenpreis, Gänseblümchen, Hopfenklee, Wegerich, Ferkelkraut, Löwenzahn und Wiesenklee. Und läßt man den Rasen im Frühjahr sprießen, hat man schon bald einen farbenfrohen Teppich. Im Juni beginnt man dann wieder zu mähen und pflegt die Fläche bis zum folgenden Frühjahr wie einen normalen Rasen. Man kann auch ohne weiteres neue Blumen ansiedeln. Dazu sticht man in einem blumenreicheren Rasen ein kleines Stück Grasnarbe ab und setzt dieses in den eigenen ein. Während des Herbstes und Winters können auch einzelne Exemplare gepflanzt werden (s. S. 142).

Wurde der Rasen lange Jahre mit Herbiziden behandelt, gibt es natürlich auch keine »Unkräuter«, die blühen könnten. In diesem Fall setzt man zahlreiche einzelne Pflanzen ein und wartet ab, bis sie sich ausbreiten. Verwechseln Sie den Blumenrasen aber nicht mit einer richtigen Wiese. Letztere braucht einen mageren Boden und setzt sich aus sehr viel weniger und vor allem schwachwüchsigeren Gräserarten zusammen als ein Rasen. Wer auf einer bereits üppig mit Gras bewachsenen Fläche, wie einem Rasen, eine Wiese anlegen will, muß die Grasnarbe entfernen und eine Wiesenmischung einsäen (s. S. 129f.).

Terrassen und betonierte Innenhöfe

Terrassen und kahle Innenhöfe sind ideale Orte, um Wildblumen in Kübeln und Steintrögen zu ziehen. Wildblumen samen sich auch an den unwirtlichsten Plätzen noch aus, und sie werden jede Ritze im Beton besiedeln. Vielleicht können Sie sogar ein oder zwei Bodenplatten entfernen und die darunterliegende Packlage herausstemmen, um Pflanzlöcher zu schaffen (s. S. 137).

Bäume und Sträucher auswählen

Heimische Bäume und Sträucher passen nicht nur gut in einen Wildblumengarten, sie locken darüber hinaus die größtmögliche Vielfalt an Tieren an. In der richtigen Umgebung können auch einige exotische oder eingebürgerte Arten hübsch aussehen, doch dürfen sie keinesfalls dominant sein – sie lenken vom zarteren Reiz der sie umgebenden heimischen Wildblumen ab. Koniferen sind in dieser Hinsicht besonders schlimm, vor allem kann man noch nicht einmal etwas darunter pflanzen. Die meisten stören in Wildgärten und bieten nur wenigen Tieren Lebensraum, wohingegen eine einzige heimische Birke bis zu 230 Insektenarten als Heimat dienen kann (s. auch S. 181).

Vorher *Diese herkömmliche Gartenanlage weist eine Unmenge gerader Linien und sauberer Begrenzungen auf. Machen Sie zunächst auf Pauspapier eine grobe Skizze von der bestehenden Aufteilung des Gartengrundstücks. Überlegen Sie anschließend, wie Sie jeden einzelnen Bereich natürlicher gestalten können, und betrachten Sie dann den Gesamtplan. Um natürlich zu wirken, dürfen die verschiedenen Bereiche nicht abrupt enden, sondern müssen sanft ineinander übergehen.*

Nachher *Die weichen, fließenden Begrenzungen des neuen Wildblumengartens laden zum Erkunden einer erstaunlichen Vielfalt von Lebensräumen ein, die im Garten entstanden sind. Teich, Steingarten, Blumenterrasse und Rabatten sind erhalten geblieben, wurden aber verändert, damit sie einladender und natürlicher wirken. Die konventionelle Bepflanzung mußte heimischen Arten weichen, und der Rasen wurde teilweise durch eine Sommerwiese ersetzt. Auch die Hecke besteht jetzt aus einheimischen Pflanzenarten statt aus schnellwüchsigen Koniferen.*

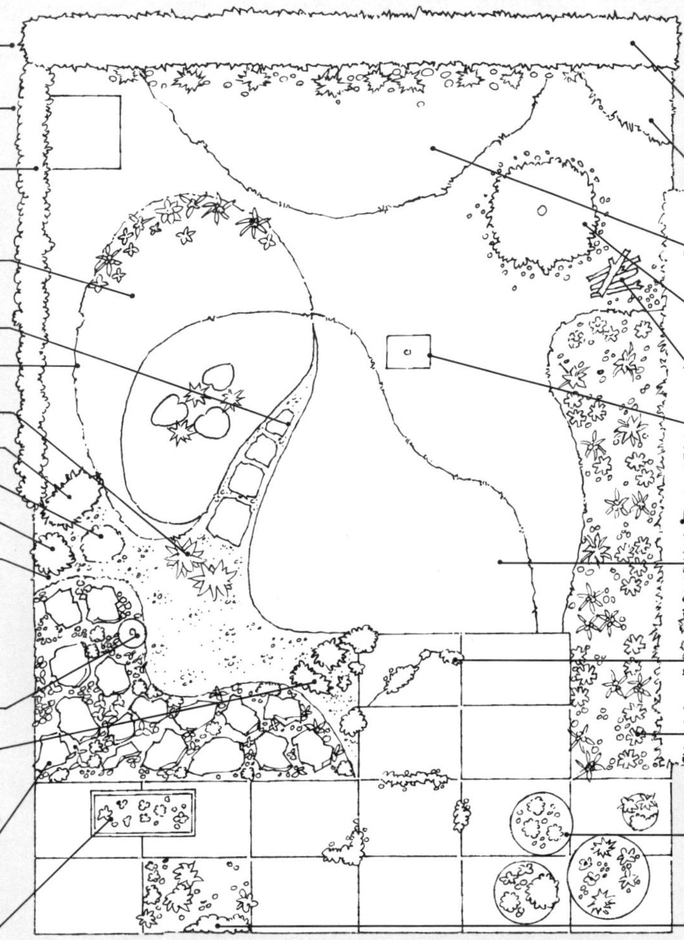

Die Pflege eines Wildblumengartens

Wer glaubt, ein Wildblumengarten mache keinerlei Arbeit, der irrt sich. In freier Natur reißen Wind und Wetter alte Bäume um und lassen Pflanzen verrotten. Im Garten aber ist dies allenfalls in einer Ecke möglich, weil er sonst ungepflegt wirkt. Läßt man, etwas sichtgeschützt, einige Stellen verwildern, werden Tiere angelockt, doch greift man gar nicht ein, überleben in dem Chaos nur die kräftigsten Pflanzen. Ihre sorgfältig ausgewählten Wildblumen werden dann durch wuchernde Gräser, Kriechpflanzen und wenige, aber dominante Blumenarten erstickt.

Das Ziel bei der Anlage eines Wildblumengartens ist, die Natur arbeiten zu lassen, sie zu beobachten und möglichst wenig in die Entwicklung einzugreifen. Dennoch ist eine gewisse Pflege wichtig, damit die Wildnis nicht überhand nimmt.

Jährliche Routinearbeiten

Eine gewisse regelmäßige Pflege ist unbedingt notwendig. Genauere Informationen zur Pflege einzelner Bereiche eines Wildblumengartens finden Sie auf den folgenden Seiten: Hecken und Gebüsche S. 142; Wald S. 142; Rasen und Wiesen S. 144–145; Blumenbeete S. 144. Grundlegende Pflegemaßnahmen sind:

Frühjahr Beobachten der jungen Sämlinge und Jäten unerwünschter Exemplare.

Mähen der im Spätsommer blühenden Wiesen, die zu üppig wachsen. Fortsetzen der Aussaat.

Sommer Mähen des Blumenrasens und der im Frühjahr und Frühsommer blühenden Wiesen.

Zurückschneiden einiger Nesseln, damit für Spätsommer- und Herbstschmetterlinge junge Triebe zur Verfügung stehen.

Herbst Aussaat einjähriger Acker- und Wiesenmischungen.
Mähen der im Spätsommer blühenden Wiesen.

Pflanzen von Bäumen, Sträuchern und Blumenzwiebeln sowie bereits eingebürgerten ausdauernden Gewächsen in Wiesen und Rasen.

Reinigung verschlammter Teiche.

Jetzt ist die beste Saatzeit für die meisten Wildblumen.

Winter Weiterpflanzen, solange der Boden noch nicht gefroren ist.

Zurückschneiden zu großer Hecken und Gebüsche.

Schneiden der unteren Äste bei jungen Bäumen.

Bäume und Sträucher ziehen

Bäume und Sträucher sorgen im Garten für angenehme kühle Schattenflächen, wo eine große Vielfalt an Wald- und Heckenpflanzen eine Heimat findet. Zur Auswahl stehen zahlreiche reizvolle heimische Baum- und Straucharten. (Empfehlenswerte Arten s. S. 181).

Viele Gärtner ziehen es vor, ihre Bäume und Sträucher selbst auszusäen, und da man in der Natur von vielen Bäumen problemlos Samen sammeln kann, ist dies auch eine sehr preiswerte Methode. Sie hat darüber hinaus den Vorteil, daß die in der Umgebung gefundenen Samen von Pflanzen stammen, die dem örtlichen Boden und Klima besonders gut angepaßt sind. Es ist verblüffend, wie rasch aus Samen Bäume wachsen. Wenn sie in den richtigen Töpfen gezogen werden, kann man sie schon nach zwei bis drei Jahren auspflanzen.

Frisch gesammelt, können Samen auch im Sommer oder Herbst direkt im Garten gesät werden. Da manche aber ein Jahr oder länger brauchen, um zu keimen, sollte man die Stelle gut markieren und unkrautfrei halten. Es ist ratsam, großzügig zu säen und später überzählige Sämlinge zu verpflanzen, sobald sie einige Zentimeter groß sind.

Wahrscheinlich siedeln sich in Ihrem Garten ganz von allein Bäume an. Sie eignen sich sehr gut zum Verpflanzen, doch sollten Sie hier selektiv vorgehen. Die sich am schnellsten ausbreitenden Bäume sind nicht immer die besten (s. »Empfehlenswerte Bäume und Sträucher« S. 181).

Pflanzung von Bäumen, Sträuchern und kletternden Gewächsen

Man ist oft versucht, den größten der angebotenen Bäume zu kaufen, damit im Garten sofort die erwünschte Wirkung erzielt wird. Tatsächlich aber müssen kleine Bäume weniger gewässert werden und wachsen viel rascher an als große Exemplare. Außerdem sind kleine Bäume erheblich preiswerter. Eine 30 bis 45 cm hohe Weißbirke kostet in einer Baumschule beispielsweise nur etwa ein Zehntel von einem 1,8 m hohen Exemplar. Kletterpflanzen werden in Containern angeboten, Bäume und Sträucher aber auch als Freilandpflanzen. (Bei Eichen sind Containerpflanzen vorzuziehen, andernfalls sollte man einen möglichst kleinen Baum kaufen, denn Eichen entwickeln lange Pfahlwurzeln.) Kletterpflanzen, Bäume und Sträucher pflanzt man am besten während der Ruhezeit von Oktober bis April.

Eine Pflanzstelle aussuchen und vorbereiten

Bei der Wahl eines Platzes ist zu berücksichtigen, welche Endhöhe Bäume, Sträucher und Kletterpflanzen einmal erreichen werden. Zu meiden sind Standorte in unmittelbarer Nähe von Gebäuden, Grundstücksgrenzen oder anderen Bäumen. Empfehlenswert ist ein Abstand, der der halben Endhöhe entspricht. Um rascher die gewünschte Wirkung zu erzielen, kann man die Bäume auch dichter – etwa mit 1,2 m Abstand – pflanzen und später einige fällen und andere auf den Stock setzen, so daß nur die schönsten Exemplare ihre volle Größe erreichen.

Bevor gepflanzt wird, müssen die Wurzeln vorbereitet werden.

Containerpflanzen haben einen dichten Ballen, den man vorsichtig lockern sollte, damit die Wurzeln im Pflanzloch ausgebreitet werden können. Bei Freilandpflanzen ist der Wurzelballen in Jutegewebe eingepackt, damit er feucht bleibt. Sollten die Wurzeln vollkommen trocken sein, setzt man sie eine halbe Stunde in einen Eimer mit Wasser. Aber auch wenn sie feucht sind, sollte man sie vor dem Pflanzen einige Minuten wässern.

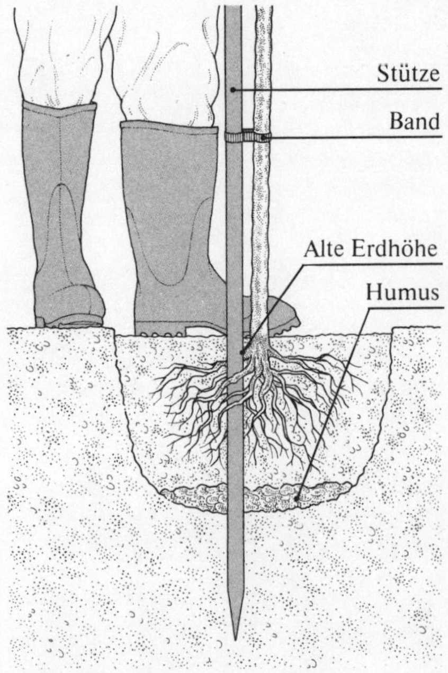

Junge Bäume stützen *Vor dem Pflanzen einen stabilen Holzpfahl im Pflanzloch in den Boden schlagen. Das Bäumchen mit einem Band an die Stütze binden.*

Ein Solitär *Manche Bäumchen entwickeln einen kräftigen Hauptstamm. Es entsteht die klassische Baumform.*

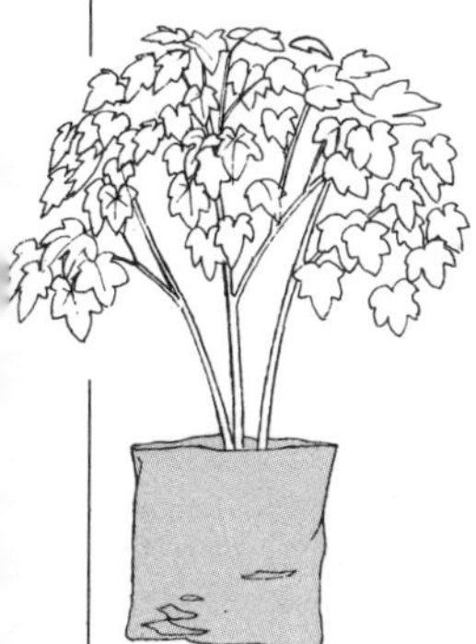

Ein buschiger Baum *Greift man nicht ein, entwikkeln viele Bäume mehrere Stämme und wachsen buschig.*

Heben Sie ein tiefes Loch aus, groß genug, um darin die Wurzeln ausbreiten zu können. Dies garantiert ein rasches Anwachsen und Standfestigkeit. Verdichtete Erde am Grund des Pflanzloches mit einem Rechen lockern und dann etwas Gartenkompost oder Knochenmehl einarbeiten.

Während der Stützpfahl eingeschlagen wird, hält man den kleinen Baum im Pflanzloch fest. (Bei nachträglichem Einsetzen der Stützen können die Wurzeln verletzt werden.) Gestützt werden Bäume über 60 cm; an geschützten Stellen kommen sie bis 90 cm Höhe ohne Pfahl aus.

Beim Auffüllen des Pflanzloches darauf achten, daß keine Lufteinschlüsse entstehen und der Baum in gleicher Tiefe wie zuvor gepflanzt wird. (Die Erdhöhe ist als dunkle Verfärbung am Stammende meist deutlich zu erkennen.) Die Erde wird um die Wurzeln herum sorgfältig angedrückt. Das ist sehr wichtig, damit die Pflanze guten Halt hat und alle Wurzeln Kontakt mit der Erde bekommen.

Wurde zum Pflanzen Grasnarbe abgestochen, legt man diese nun umgekehrt auf den Boden, um zu verhindern, daß neues Gras nachwächst.

Ist die Erde sehr trocken, werden Neupflanzungen mit einem Eimer Wasser gegossen. Muß in einem trockenen Sommer gewässert werden, ist ein Eimer Wasser pro Woche optimal. Einfach nach Gefühl, oder wenig, dafür aber oft zu gießen ist nicht empfehlenswert. Wenn Sie keine Zeit haben, regelmäßig zu jäten, legen Sie Kompost, einen alten Teppich oder Dachpappe als Mulch um den Baum, um das Unkraut zu unterdrücken. Die Mulchdecke hält auch die Erde feucht, und es muß weniger gegossen werden.

Junge Bäume schneiden

In der Natur und selbst in sehr großen Gärten sollten sich Bäume völlig natürlich entwickeln, in einem kleinen Garten aber muß der Platz unter einem Baum im allgemeinen frei bleiben. Deshalb entfernt man – am besten während der junge Baum heranwächst – jedes Jahr mit einer scharfen Gartenschere einige der unteren Äste, bis die gewünschte Stammhöhe erreicht ist. Der Schnitt erfolgt während der Winterruhe zwischen Herbst und Frühjahrsbeginn. Das Ziel ist ein gerader Stamm und eine Krone, die etwa in 1,5 m Höhe beginnt. Entwickelt der Baum zwei Leittriebe, wird der schwächere herausgenommen, damit der andere aufrecht wächst.

Auf den Stock setzen

Traditionell werden bei dieser Methode Bäume alle sieben bis zwanzig Jahre 15 bis 30 cm über dem Boden abgesägt. Sie treiben anschließend aus und entwickeln kräftige Stämmchen. Auf diese Weise gezogene Bäume können beinahe unbegrenzt existieren.

Für den Gärtner hat dieses Verfahren viele Vorteile. Erstens können normalerweise sehr hohe Bäume so in einer vertretbaren Größe gehalten werden, zweitens ist es eine einfache Methode, ein Dickicht aus dekorativen Stämmen und Laub entstehen zu lassen, und drittens kann man das anfallende Holz, je nach Art, als Brennholz, Zaunpfosten, Bohnenstangen und so weiter benutzen (Einzelheiten s. S. 181).

Auf den Stock setzen kann man Erle, Feldahorn, Haselnuß, Hainbuche, Eiche, Weißbirke, Winterlinde, Edelkastanie und Weide. Aber nur wenige

Auf den Stock setzen *Viele Bäume können im Garten kleingehalten werden, wenn man sie im Abstand von einigen Jahren während des Winters 30 cm über dem Boden absägt. Sie treiben schnell wieder aus.*

Baumarten bilden gerade Stämme aus; die meisten wachsen buschig.

Die Pflege waldiger Gärten

Die wichtigste Regel für Gärtner lautet: So wenig wie möglich eingreifen. Ein Teil der abgebrochenen Äste und verrottenden Baumstümpfe sollte für Tiere erhalten bleiben, aber auch für Moose, Farne und Blumen, die sich dort von allein ansiedeln. Entfernen Sie auch das Fallaub nicht, denn es verrottet zu kostbarer Lauberde, die für die meisten Waldblumen lebenswichtig ist, wenn sie sich selbst aussäen sollen.

Falls Sie einen waldigen Garten mit jungen Bäumen neu anlegen, sollten Sie diese erst dann mit Zwiebelblumen und containergezogenen Stauden unterpflanzen, wenn sie mindestens 1,5 m hoch sind und sich ein typischer Waldboden zu entwickeln beginnt.

Die Aussaat einzelner Arten oder einer Waldmischung ist jedoch schon im ersten Frühjahr oder Herbst nach dem Pflanzen möglich.

Hecken pflanzen

Heben Sie zunächst einen Graben in Länge der Hecke und in Spatentiefe aus. Die Grabensohle lockern Sie mit einer Gabel und arbeiten etwas Kompost ein. Die Heckenpflanzen sollten noch klein sein - 30 bis 60 cm Höhe sind ausreichend. Der Pflanzabstand beträgt etwa 30 cm. Wer eine gemischte Hecke pflanzt, sollte nicht wahllos durcheinander, sondern immer mehrere Pflanzen einer Arten zusammensetzen.

Das sieht natürlicher aus, und Farben und Strukturen kommen so besser zur Geltung.

Die Pflege von Hecken und Gebüschen

Sie können Hecken im großen und ganzen sich selbst überlassen, doch denken Sie daran, daß sie mit jedem Jahr nicht nur höher, sondern auch breiter werden. Und ungeschnittene Hecken haben oft auch eine dünne Basis. Darüber hinaus kann es sehr mühsam sein, eine einmal außer Kontrolle geratene Hecke wieder in eine vernünftige Form zu bringen. Plötzlich ist die Leiter zu kurz, und statt der Heckenschere muß eine Säge her.

Ordentlich geschnittene Hecken wiederum sehen in einem Naturgarten deplaziert aus und sind auch wenig tierfreundlich. Ein guter Kompromiß ist ein jährlicher Winterschnitt von Hand oder mit einer elektrischen Heckenschere. Gleichzeitig werden alle sich durch Selbstaussaat entwickelten Sämlinge herausgezogen (man kann sie an einen geeigneteren Platz umsetzen) und Wurzeltriebe, durch die sich die Hecke zu stark verbreitert, in der Erde abgeschnitten.

Achten Sie vor allem darauf, daß Brombeersträucher unter Kontrolle bleiben. Sie breiten sich mit alarmierender Geschwindigkeit aus, weil sich ihre Triebe ständig neu bewurzeln. Schneiden Sie die Sträucher jedes Jahr im Spätwinter auf die gewünschte Größe zurück, dann wird die Brombeerernte besser, und Sie verlieren nicht Ihren halben Garten.

Grasbewachsene Heckenböschungen sind für Tiere sehr wertvoll und bleiben deshalb am besten unangetastet. Damit sie nicht total verwildern, kann man sie aber im Spätwinter oder zu Frühjahrsbeginn, bevor die Blumen zu wachsen beginnen, mit der Sense mähen.

Stauden ziehen

Die meisten Stauden lassen sich gut aussäen (s. S. 127–128), und will man neue Pflanzen ziehen, ist das die preiswerteste Methode. Aber auch das Angebot an Wildpflanzen ist heute sehr groß. Man bekommt sie bei Spezialanbietern, in Gärtnereien und sogar in Gartencentern. Manche sind sogar über Postversand erhältlich. (Auf S. 183–184 finden Sie einen Bezugsquellennachweis.) Achten Sie darauf, daß es sich um echte Wildpflanzen handelt. Am besten, Sie kaufen bei einem Spezialisten.

In nicht bepflanztem Boden kann man jederzeit sowohl eigene Jungpflanzen als auch Containerpflanzen setzen. (Einige geeignete Arten können auch in Gras gepflanzt werden; die richtige Zeit dafür ist zwischen Herbst und Frühjahr.) Bei Trockenheit muß nach dem Pflanzen gut gegossen werden, und wenn der Boden austrocknet, ab und zu auch noch später.

In der Natur bilden Wildblumen Kolonien, denn sie breiten sich durch Aussaat und Ausläufer aus. Damit sie natürlich wirken, pflanzt man sie in kleinen Gruppen. Da sich diese Gruppen selbst aussamen, kann es sein, daß sie durch den Garten wandern, bis sie einen Platz gefunden haben, der ihnen zusagt. Dort werden sie am besten gedeihen, auch wenn der Standort von Ihnen nicht vorgesehen war.

In Wildblumenbeeten sollten Pflanzen dicht wachsen, damit sie sich gegenseitig stützen und kein Raum für unerwünschte einjährige Kräuter bleibt. Machen Sie sich keine Gedanken über die eine oder andere am Boden liegende Pflanze, sie wird ohne Ihr Eingreifen gedeihen.

Wenn die Blumen im Beet abgeblüht sind und Sie entschieden haben, welche Stengel zur Samenentwicklung stehenbleiben, können die übrigen bis auf die Grundblätter zurückgeschnitten werden. In vielen Fällen blühen diese Pflanzen im Herbst noch einmal. Und das ist auch bei Grasflächen der Fall, die im Juni oder Anfang Juli gemäht werden. Die stehengebliebenen Samenstände sehen sehr dekorativ aus und locken Vögel an.

Zwiebelblumen ziehen

Als Faustregel gilt: Das Pflanzloch sollte dreimal so tief sein wie die Zwiebel groß ist. Auch nachdem sie abgeblüht sind, speichern in Gras eingebürgerte Frühlingsblumen durch ihre Blätter noch Nährstoffe für die folgende Wachstumsperiode. Sie sollten deshalb auf natürlichem Weg absterben und dürfen erst gemäht werden, wenn sie sich braun färben. Da aber das absterbende Laub häßlich aussieht, ist es ohnehin vorteilhaft, wenn es von dem langen dekorativen Gras verdeckt wird.

Wer eine im Frühjahr blühende Wiesenmischung eingesät hat, wird sowieso nicht vor Juni mähen, bis alle Blumen abgeblüht und die Zwiebelpflanzen wieder voller Nährstoffe für das kommende Jahr sind.

In Gras pflanzen *Ein Loch graben, etwas tiefer und breiter als der Wurzelballen. Die Pflanze aus dem Topf nehmen – Kunststofftöpfe abziehen, Folie wegreißen – und den Wurzelballen lockern. Diesen in das Loch halten, so daß er eben mit dem umliegenden Gras abschließt. Gleichzeitig das Loch wieder auffüllen und die Erde rund um die Wurzeln festdrücken.*

Wildblumen in Gefäßen

Wildblumen gedeihen in Gefäßen sehr gut, so daß Sie auf kleinstem Raum einen Wildblumengarten anlegen können. Pflanzgefäße bekommt man in allen Formen und Größen, aber für Wildblumen sehen schlichte Designs und natürliche Materialien am schönsten aus. Geeignet sind Holzkübel, einfache Tontöpfe und Fensterkästen.

Die Behälter sollten immer mit Abzugslöchern versehen sein. Man bedeckt zunächst den Boden mit einer Schicht Scherben oder grobem Kies, und darauf verteilt man umgedrehte Grassoden (in großen Gefäßen) oder eine Schicht voluminöses organisches Material. Anschließend mit einem Lehmsubstrat auffüllen, das die Feuchtigkeit gut hält.

Wegen der begrenzten Erdmenge muß nach einiger Zeit gedüngt werden. Empfehlenswert ist die regelmäßige Verwendung eines Algen-Blattdüngers oder anderer organischer Langzeitdünger. Darüber hinaus sollte jedes Jahr etwas Kompost oder Mist in die Erde eingearbeitet werden.

Wichtig ist auch das Wässern. Wird es richtig durchgeführt, sind die Pflanzen gesund und kaum anfällig für Schädlinge und Krankheiten.

Nie dürfen Pflanzen naß stehen. Dadurch gehen mehr Topfpflanzen ein als durch Wassermangel. Warten Sie mit dem nächsten Wässern stets, bis die Erdoberfläche vollkommen trocken ist. Die meisten Pflanzen werden am besten von unten gewässert, das heißt, man gießt Wasser in den Untersetzer. Nehmen die Pflanzen das Wasser innerhalb weniger Minuten auf, war der Zeitpunkt richtig. Sollten sie allerdings schon welken, haben Sie zu lange gewartet. Bleibt das Wasser im Untersetzer stehen, ist die Pflanze nicht durstig. Dann gießt man es weg, damit die Wurzeln nicht zu faulen beginnen.

Denken Sie auch daran, daß die Erde in einem großen Topf zwar oben trokken, aber weiter unten im Wurzelbereich noch recht feucht sein kann. Pflanzen in Holzkübeln sollten von oben gegossen werden.

In Gefäßen gezogen, verhalten sich Wildblumen oft anders als im Garten. Sie können kleiner als üblich sein (in einem kleinen Gefäß) oder auch größer (wenn das Pflanzsubstrat fetter ist als die Erde, in der sie sonst wachsen), und falls sie zu unterschiedlichen Jahreszeiten gesät werden, kommen sie oft außerhalb ihrer Saison zur Blüte.

Eine lange Blütezeit ist garantiert, wenn man zu verschiedenen Zeiten bepflanzte Gefäße unterschiedlicher Größe zu einer Gruppe zusammenstellt.

Stützen für Kletterpflanzen

Die ordentlich erzogenen und aufgebundenen Kletterpflanzen herkömmlicher Gärten wirken in einem Wildblumengarten deplaziert und sind auch wenig tiergerecht. Kletternde Gewächse sollte man mit etwa 30 cm Abstand pflanzen und ungehindert wachsen lassen. Am Anfang wird man sie aufbinden und etwas lenken müssen, aber dann braucht man sich nicht mehr um sie zu kümmern. Erst im Spätherbst schneidet man sie etwas.

Wenn möglich, zieht man Kletterpflanzen so, daß sie Bäume und Sträucher als Stützen benutzen können. Eine Naturhecke voller Kletterpflanzen ist im Sommer und Herbst ein großartiger Anblick (s. S. 59 ff.).

Speziell angefertigte Stützen sollten stabil und unauffällig sein – am besten eignen sich einfache Stangen. Holz, das mit der Erde Kontakt hat, muß gründlich mit Holzschutzmittel behandelt werden. Aufrechte Stützen sollte man mindestens 60 cm tief im Boden verankern. Zuverlässiger sind aber Zaunpfosten aus Metall. Sie halten länger und können wiederverwendet werden.

Wer Kletterpflanzen an einer Hauswand ziehen will, befestigt die Drähte oder Spaliere mit mindestens 10 cm Abstand zur Wand, damit die Luft zirkulieren kann. So bleibt die Wand trocken, und die Kletterpflanze bietet Tieren Lebensraum. Efeu, der an einer Wand hochklettert, bedeutet solange keine Gefahr für das Haus, wie Mauerwerk und Fugen in Ordnung sind. Bei einem alten Haus sollte man es sich gut überlegen, bevor man Efeu pflanzt. Efeu berankt praktisch jede Oberfläche und eignet sich auch für tiefen Schatten.

Zeltstützen *Fünf oder sechs einfache Holzstangen bilden ein herrliches Stützgerüst. Pflanzt man an jede Stange eine Kletterpflanze, etwa Waldreben, beranken diese rasch die gesamte Stütze und bieten Vögeln Unterschlupf.*

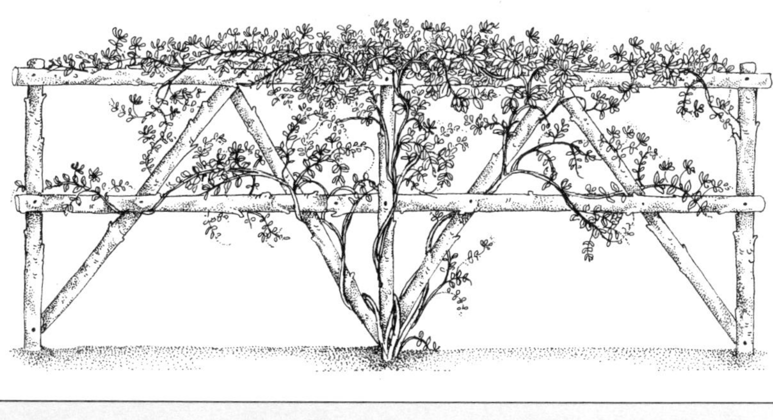

Eine grüne Wand *Wollen Sie einen Gartenbereich abtrennen, ist eine Wand aus Holz und Pflanzen sehr dekorativ. Zunächst senkrechte Stützen in den Boden einlassen und dann mit verzinkten Nägeln Quer- und Diagonalstangen anbringen.*

Kreatives Jäten

Kontrollierte Selbstaussaat

Einer der größten Vorteile von Wildpflanzen ist, daß sie sich – im Gegensatz zu Hybriden und vielen anderen gezüchteten Gartenpflanzen – üppig aussäen und artgetreu vermehren. Das Problem ist nur, welche Pflanzen man Samen ausbilden läßt und wie oft. Als Grundregel gilt: Auf Grasflächen darf sich alles aussäen, es sei denn, eine Art wird zu dominant. In diesem Fall wird die betreffende Pflanze gemäht, bevor sie sich aussamen und weiterverbreiten kann.

In kultiviertem Boden ist größere Sorgfalt vonnöten. Bei Arten, deren Samen vom Wind verbreitet werden, entfernt man die Fruchtstände, bevor sie reifen. Andere Pflanzen kann man zur Aussaat kommen lassen. Aber vergessen Sie nicht, daß viele Wildpflanzen Tausende von Samen produzieren, die jahrelang im Boden ruhen und immer wieder unregelmäßig keimen. Dies gilt für einjährige wie für ausdauernde Arten gleichermaßen. Deshalb ist es auch hier sinnvoll, nur einige Samenstände zur Reife kommen zu lassen und die anderen zu entfernen.

Sie können Sämlinge nach Gutdünken ausdünnen, aber es schadet nicht, wenn sie dichtgedrängt stehen, weil einige sich einfach durchsetzen.

Phantasievoll Jäten

Können sich Wildblumen ungehindert aussäen, entstehen großartige Blumengemeinschaften, die sehr natürlich wirken und darüber hinaus Anzucht und Auspflanzen von Sämlingen überflüssig machen. Doch selbst wenn man das Aussamen, wie oben beschrieben, nur begrenzt zuläßt, muß etwas gejätet werden. Die Blumenbeete sollen nicht unvermutet von einer Pflanzenart dominiert oder von unerwünschten Eindringlingen überwuchert werden. Schwierig ist allerdings, Wildblumensämlinge von anderen, weniger attraktiven Wildpflanzen, derer man sich entledigen möchte, zu unterscheiden.

Aber man bekommt erstaunlich rasch einen Blick dafür, was interessant aussieht (auch wenn man es vielleicht nicht bestimmen kann) und was zweifellos eines jener lästigen Unkräuter ist, die sich im ganzen Garten ausbreiten. Abbildungen von Wildblumensämlingen findet man in Bestimmungsbüchern (s. S. 184). Die meisten Unkräuter, wie Ampfer, einige Disteln und alle Einjährigen, haben einen gewissen dekorativen Wert und locken auch Tiere an, deshalb sollte man aus ihnen kein Problem machen. Einjährige Unkräuter sind außerdem ideal, um kahle Stellen auszufüllen. Sobald diese Flächen aber einmal bewachsen sind, was das Ziel der Wildblumengärtnerei ist, haben Einjährige ohnehin keine großen Chancen mehr. Pflanzen, die häßlich wirken oder aussehen, als würden sie wuchern, sollte man jäten, bevor sie Samen entwickeln.

Die meisten einjährigen Unkräuter können zu den Wildblumen gerechnet werden, solange sie nicht jene Blumen bedrängen, die Sie in Ihrem Garten ansiedeln möchten. Unkräuter, die unbedingt kontrolliert werden müssen, sind ausdauernde Pflanzen mit kriechenden Wurzelstöcken, wie Ackerwinde, Quekke, Ackerdistel und Kriechender Hahnenfuß. Und da sich diese Pflanzen aus dem winzigsten Wurzelstück entwikkeln, müssen Sie beim Jäten darauf achten, die Wurzeln nicht abzureißen. Noch schlimmer ist Beinwell, der sich – setzt man ihn um – nur noch stärker vermehrt. Finden Sie deshalb sofort einen endgültigen Standort für ihn.

Natürlich treten all diese Schwierigkeiten nur in kultivierten Böden auf. Auf Grasflächen werden die meisten sogenannten Unkräuter durch rechtzeitiges Mähen und die allgemeine Konkurrenz unter Kontrolle gehalten.

Wuchernde Unkräuter

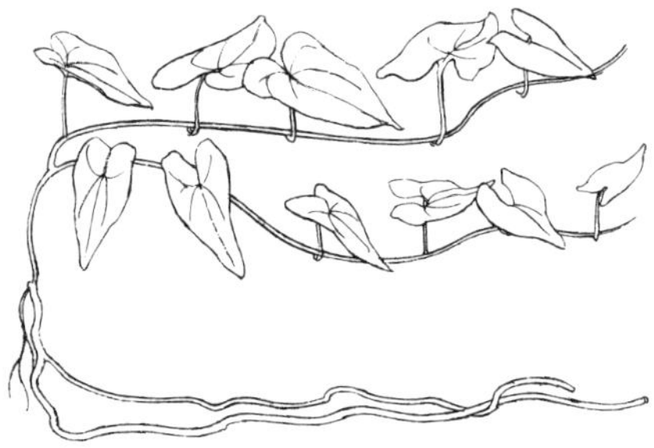

Ackerwinde *Gleich zu Frühjahrsbeginn mit einem Herbizid wie Round up vernichten. Diese Einzelpflanzenbehandlung ist hier leider erforderlich. Oder aber Sie ziehen die Ackerwinde mit den Wurzeln aus dem Boden, wo immer Sie sie sehen.*

Quecke *Sie breitet sich in kultiviertem Boden ungeheuer schnell aus, läßt sich aber problemlos ausrotten. Ihre drahtigen weißen Wurzeln liegen dicht unter der Erdoberfläche, und man sollte versuchen, sie mit einer Gabel ganz vorsichtig herauszuziehen.*

Ackerdistel *Mit einer Gabel – nicht mit dem Spaten – ausgraben, da aus jedem abgebrochenen Wurzelstückchen eine neue Pflanze wächst. Die Arbeit ist mühsam, aber sie lohnt sich.*

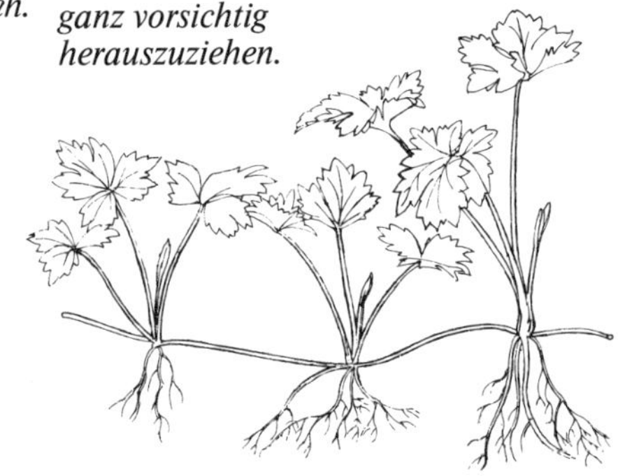

Kriechender Hahnenfuß *Blühend ist er sehr schön, aber in nassem Boden kann er wuchern. Jede Pflanze entwickelt schnell ein dichtes Netz aus Ablegern. Sie bedecken den ganzen Boden, können jedoch mit einer Gabel leicht ausgegraben werden. Auf keinen Fall zur Aussaat kommen lassen.*

Die Pflege von Blumenrasen und Blumenwiesen

Blühende Grasflächen, ob Rasen oder Wiese, müssen während der Wachstumsperiode regelmäßig gemäht werden, damit sie reizvoll aussehen und bei dem Blumenbestand ein Gleichgewicht gewahrt bleibt. Wer eine üppige Naturwiese sich selbst überläßt, findet dort nach einigen Jahren nur Ansammlungen von Gräsern und wenige, besonders kräftige Wildblumen. Schön sieht das dann nicht mehr aus. Eine interessante Mischung aus Gräsern und Wildblumen ist nur durch Pflege zu erhalten. Altes Grünland ist allein deshalb schön, weil es beweidet und gemäht oder von Kaninchen abgefressen wird. Als in England die Kaninchenseuche Myxomatose ihren Höhepunkt erreicht hatte, verschwanden da, wo zuvor Kaninchen ihr Futter gesucht hatten, viele botanisch interessante Flächen unter Gras, Sträuchern und Bäumen.

Routinemäßiges Mähen

Wann gemäht wird, richtet sich nach den Pflanzen, die auf den jeweiligen Flächen wachsen.

Im Frühling blühende Rasen (s. S. 26) sollten ungestört bleiben, bis die Blumen im Frühjahr oder Frühsommer verwelkt sind. Wächst das Gras doch zu rasch und üppig, kann bereits im Frühjahr ein Schnitt notwendig werden. In diesem Fall stellt man die Messer so hoch, daß sie zwar das Gras, nicht aber die Blätter der Blumen erreichen.

Ebenso sollten im Frühjahr blühende Wiesen bis Anfang Juli wachsen können und erst dann gemäht werden. Anschließend läßt man sie wieder wachsen und im Herbst ein zweitesmal zur Blüte kommen. Sommerblühende Wiesen können - wenn das Gras zu üppig gedeiht - zu Frühjahrsbeginn geschnitten werden. Danach sollten sie bis zum Frühherbst ungestört bleiben.

Mäht man Wiesen während der Wachstumsperiode zu unterschiedlichen Zeitpunkten sowie jedes Jahr zu einer anderen Zeit, ist es möglich, die Anteile der verschiedenen Blumenarten zu ändern. Wird nur im Herbst gemäht, tut es dem Boden gut, wenn der Schnitt zusammen mit abgestorbenen Gräsern und anderem toten Pflanzenmaterial zusammengerecht und entfernt wird.

Rasen und Wiesen mähen

Für den Blumenrasen ist lediglich ein Sichelmäher erforderlich (Luftkissen- und Spindelmäher mähen die Pflanzen zu kurz ab). Die Schnitthöhe wird möglichst hoch eingestellt, so daß das Gras, nicht aber die Blätter der Blumen abgemäht werden. Im Idealfall hat der Rasenmäher einen Fangsack für das Schnittgut.

Für die Wiese ist eine Hand- oder Motorsense erforderlich. Eine Motorsense kann man sich im allgemeinen ausleihen. Wer keine Erfahrung im Umgang mit einer Handsense hat, ist mit der Motorsense besser beraten.

Wenn Sie lernen wollen, wie man mit einer Handsense umgeht, sollten Sie einem Fachmann bei der Arbeit zusehen. Wichtig ist zu wissen, daß man nur mit einer rasiermesserscharfen Schneide gut mähen kann. Andernfalls wird die Arbeit mühsam und uneffektiv. Die Bewegungen beim Mähen sollten gleichmäßig und sparsam sein, das heißt, Sie müssen die Sense kurz und rhythmisch im Viertelkreis schwingen, während Sie die Wiese abschreiten. Diese Arbeit ist sehr befriedigend, vor allem, wenn man einmal den richtigen Rhythmus gefunden hat. Am besten eignet sich eine Handsense mit einem kurzen Blatt (s. unten rechts). Hohes Gras sollte nach dem Schneiden noch einige Tage liegenbleiben, damit die Samen herausfallen.

Die Wiese beweiden

Perfekte Gärtner für blumenreiche große Wiesen sind Schafe. Durch das Beweiden fördern sie den Wuchs der feineren Gräser, und wenn sie nicht zu lange auf einem Stück stehen, fügen sie den Wildblumen auch keinen Schaden zu, selbst wenn sie an ihnen knabbern. Bringen Sie die Schafe immer zu dem Zeitpunkt für einige Wochen auf die Wiese, an dem normalerweise gemäht würde.

Den Garten gesund erhalten

Ein gelungener Wildblumengarten ist ein natürlicher Garten, in dem Tiere eine Heimat finden, was bedeutet, daß er nach organischen Prinzipien gepflegt werden muß. Wenn Sie beginnen, Chemikalien zu verspritzen, bringen Sie die Natur aus dem Gleichwicht. Und Gleichgewicht ist das, was zählt, nicht nur in einem einzelnen Garten, sondern auf dem ganzen Planeten.

Düngen

Wildblumen müssen nicht gedüngt werden, möglicherweise aber der Boden, und dann ist ein organischer Dünger vorzuziehen.

Böden mit extrem guter oder schlechter Drainage profitieren insbesondere von Humuszusätzen. Leichte, sandige Böden halten durch sie die Feuchtigkeit besser, und darüber hinaus entwickeln sich Bakterien, die notwendig sind, um die Nährstoffe im Boden verfügbar zu machen. Schwere Böden lassen sich im Frühjahr leichter bearbeiten und werden im Sommer nicht steinhart und rissig.

Am besten setzt man dem Boden das organische Material in Form von Kompost zu. In Tüten angebotener Stalldung ist für die meisten Zwecke zu nährstoffreich und enthält vor allem zu viel Stickstoff. Verbrauchte Champignonerde dagegen eignet sich hervorragend für eine Kopfdüngung. Sie verbessert Ton- und Sandböden gleichermaßen, macht den Boden aber alkalischer (s. S. 132).

Wenn Sie sie auf Grasflächen verteilen, besteht darüber hinaus die Aussicht, daß einige Pilze wachsen.

__Umgang mit der Sense__ Am besten beobachtet man einen Fachmann bei der Arbeit. Achten Sie darauf, daß die Sense scharf ist. Feste Stiefel anziehen, um Füße und Beine zu schützen. Die Wiese langsam systematisch abschreiten und die Sense in lockeren, sehr gleichmäßigen rhythmischen Bewegungen schwingen.

Schädlingsbekämpfung

Schädlingsbekämpfung in einem Wildblumengarten birgt schon einen Widerspruch in sich. Schädlinge sind stets Nahrung für andere Insekten oder kleine Säugetiere, und wenn man die einen eliminiert, verhungern die anderen. Schädlinge stellen für Wildblumen ohnehin kaum eine Bedrohung dar, denn selten vernichten sie ganze Pflanzen. Mein Rat zur Schädlingsbekämpfung: Überlassen Sie diese Arbeit den natürlichen Feinden.

Stadtgärten

Was bisher über Schädlinge gesagt wurde, bezog sich auf Gärten in ländlichen Gebieten. Dem Wildblumengärtner in der Stadt stellt sich das Problem jedoch anders. Hier sind möglicherweise gar keine natürlichen Feinde vorhanden, und wenn man nun mitten in der Stadt eine Oase für Wildpflanzen anlegt, ziehen diese unter Umständen eine ganze Reihe von Schädlingen an. Vielleicht besteht Ihr Garten lediglich aus ein paar Pflanzkübeln auf einer Terrasse oder auf einem Dachgarten. Am wichtigsten bei der Schädlingsbekämpfung ist hier, daß die Pflanzen in der richtigen Erde wachsen und entsprechend ihren Bedürfnissen gedüngt und gewässert werden (s. S. 143). Torfsubstrate und anorganische Dünger locken Blattläuse geradezu an, da die Pflanzen zu üppig gedeihen. Tatsächlich sind Blattläuse die größte Plage. Versorgt man die Pflanzen jedoch regelmäßig mit einem flüssigen Algendünger, scheinen sie eine gewisse Resistenz gegen Blattlausbefall zu entwickeln.

Es gibt natürliche Insektenvernichtungsmittel, wie Pyrethrum und Derris, die Sie anwenden können. Achten Sie aber darauf, daß das gekaufte Präparat keine Zusätze enthält. Alle Mittel sollten abends ausgebracht werden, da sie für Bienen und Marienkäfer giftig sind. Derris bleibt am längsten wirksam.

Sie können auch selbst Blattlaus-Spritzmittel herstellen, indem Sie Rhabarber-, Holunder- und Wermutblätter in Wasser aufkochen und dann anderthalb Stunden simmern lassen (auf 500 g Blätter wird 1 l Wasser genommen). Anschließend die Brühe durch ein Sieb abgießen und abkühlen lassen.

Gegen Schnecken gibt es vielerlei Hausmittel, am wirksamsten aber ist es, sie in den Abendstunden, wenn sie alle aus ihren Verstecken kommen, einzusammeln.

Bienen (links) sind wertvolle Bestäuber.

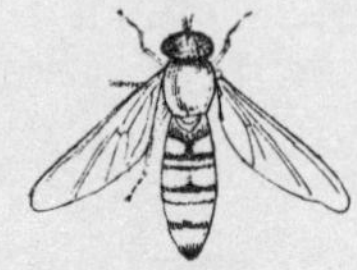

Schwebfliegen (rechts) vertilgen Blattläuse und andere Schädlinge.

Marienkäfer (links) fressen vor allem Blattläuse.

Gartenkompost

Voraussetzung für einen guten Kompost sind Sauerstoff und Feuchtigkeit. Sie sind notwendig, damit die Bakterien die kompostierten Materialien zersetzen. Es entsteht dann eine dunkelbraune, krümelige Masse. Die Feuchtigkeit verdampft, während sich der Haufen erhitzt. Allerdings entsteht durch übermäßiges Befeuchten oder Zusammendrücken des Haufens und dem Ausschluß von Sauerstoff Silage oder etwas viel Schlimmeres.

Setzen Sie für den Komposthaufen zunächst auf die gesamte Bodenfläche von vorn nach hinten verlaufende Ziegelreihen oder gerade Latten, damit Luftkanäle entstehen. Darauf legen Sie eine Schicht verholzter Stämme und Zweige, die nicht so rasch verrotten und dafür sorgen, daß von unten Luft an den Haufen gelangen kann. Darauf kommt nun eine Mischung aus Unkräutern, Gemüseresten und Küchenabfällen (kein Fett oder Fleisch; beides lockt Ratten an), Rasenschnitt und so weiter. Die Betonung liegt auf Mischung, denn alle feuchten Bestandteile, wie Küchenabfälle oder Rasenschnitt, müssen gut mit trockenerem Material vermengt werden. Und vergessen Sie nicht, daß Blütenpflanzen ihre Samen im Kompost zurücklassen. Deshalb ist es besser, Wiesengras nicht auf den Komposthaufen zu bringen. Andernfalls entstehen im ganzen Garten verteilt ungewollte neue Wiesenflecken.

Der Komposthaufen wird in 20 cm dicken Lagen aufgesetzt. Ist eine Schicht fertig, gibt man einen Kompostaktivator oder Algenmehl darüber.

Statt dessen kann auch abwechselnd Mist und Kalk verwendet werden. Am besten ist es, wenn man verdünnten Urin darübergießt, doch mag dieser Vorschlag nicht jedem gefallen. Aber es ist eine vollkommen hygienische Sache, die für große Fruchtbarkeit sorgt.

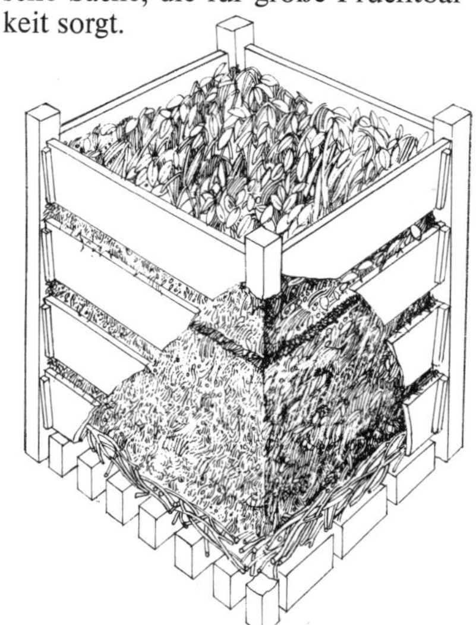

Komposthaufen anlegen *Das Abfallmaterial in 20 cm dicken Lagen aufschichten, dazwischen Kompostaktivator verteilen.*

Vermehrung der Pflanzen

Die meisten Wildblumen bilden viele Samen aus, so daß man sie am besten durch Aussaat vermehrt (s. »Gewinnung von Samen« und »das Ziehen neuer Pflanzen« S. 122 ff.). Manche Pflanzen allerdings – insbesondere Zwiebelblumen und Sträucher – entwickeln sich aus Samen nur sehr langsam. In diesem Fall kann eine andere Vermehrungsmethode vorteilhafter sein.

Zwiebelblumen

Die meisten Zwiebelblumen, wie beispielsweise Hasenglöckchen, bilden zahlreiche Brutzwiebeln aus. Diese können von der Mutterzwiebel abgenommen werden, nachdem die Blüten verwelkt und die Blätter abgestorben sind. Man pflanzt sie neu und läßt sie wachsen, bis sie Blühgröße erreicht haben.

Anders wiederum verhält es sich mit der Türkenbundlilie. Hier besteht die Zwiebel aus sich überlappenden, fleischigen Schuppen. Man gräbt sie im Herbst oder nach der Blüte aus und nimmt einige dieser Schuppen ab, die aufrecht in eine Saatschale mit einer Mischung aus 2 Teilen Erde und je 1 Teil Lauberde und scharfem Sand sowie etwas Holzkohle gesetzt werden. In der Schale muß noch Platz sein, um Erde auffüllen zu können, wenn die Zwiebeln größer werden.

Stecklingsschnitt

Stecklinge sollten nur von kräftigen, gesunden Pflanzen genommen werden und weder Blüten noch Knospen haben. Sie werden mit einem scharfen Messer, einer Schere oder (bei verholzten Stecklingen) einer Gartenschere geschnitten. Man unterscheidet zwischen drei Stecklingstypen: 1. Krautige Stecklinge. Sie eignen sich zur Vermehrung von verholzten Stauden. Man schneidet eine 5 bis 8 cm lange Triebspitze, bevor sich Knospen entwickeln. 2. Halbreife Stecklinge. Sie werden von Sträuchern genommen. Wenn im Spätsommer die Triebe hart zu werden beginnen, schneiden Sie tiefer unten an einem Stamm ein 8 bis 10 cm langes Stück ab. 3. Verholzte Stecklinge. Sie dienen zur Vermehrung von Sträuchern und Bäumen. Man nimmt im Herbst ein 15 cm langes Stück aus dem verholzten Teil der Pflanze. Es kann direkt in den Boden gesteckt werden, in den man zuvor etwas scharfen Sand einarbeitet. Im folgenden Frühjahr wird sich der Steckling bewurzeln. Außer bei krautigen Stecklingen sowie Weiden und Pappeln sollte Bewurzelungshormon verwendet werden.

Blattstecklinge

Verschiedene fleischige Blätter bewurzeln sich, wenn man sie auf eine mit Stecklingssubstrat gefüllte Saatschale

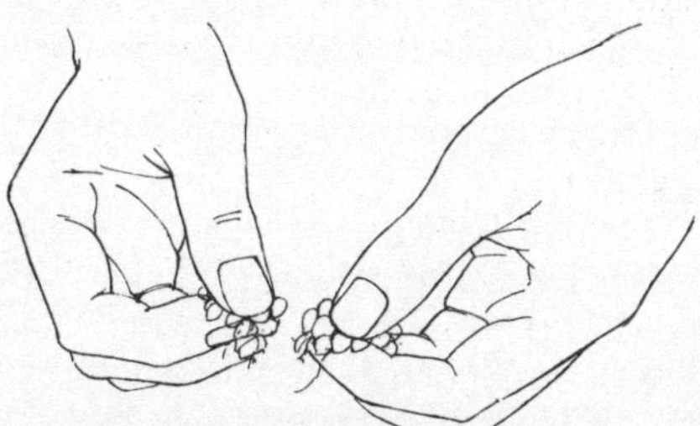

Blumenzwiebeln *Viele lassen sich durch Abnehmen der winzigen Brutzwiebeln vermehren.*

(s. oben) legt und feucht hält. So läßt sich beispielsweise Wiesenschaumkraut leicht durch Blattstecklinge vermehren.

Stecklinge bewurzeln

Zum Bewurzeln von Stecklingen kann man Saatschalen oder kleine Töpfe verwenden. Sie werden bis $\frac{1}{2}$ cm unter dem Rand mit einer Mischung aus gleichen Teilen Torf und Perlite (mittlere Körnung) gefüllt. Oder man verwendet nur Perlite und wässert gut. Vom Ende des Stecklings werden die Blätter abgestreift, damit keines mit dem Substrat in Berührung kommt. Den Steckling so tief einsetzen, daß noch etwa 3 cm sichtbar sind, doch darf das Ende nicht auf dem Boden von Schale oder Topf aufsitzen.

Stecklinge brauchen Licht (aber keine direkte Sonne), Wärme und Luftfeuchtigkeit. Einen einzelnen Topf mit nur wenigen Stecklingen setzt man daher am besten in eine Plastiktüte. Saatschalen kann man in einen beheizten

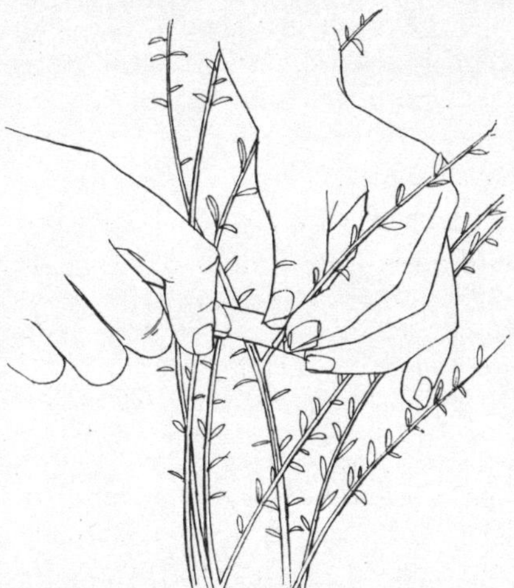

Krautige Stecklinge *Mit 5 bis 8 cm Länge können sie von verholzten ausdauernden Pflanzen, wie Besenginster, während des Sommers abgenommen werden.*

Vermehrungskasten stellen, sofern dieser hoch genug ist. Die Wärme beschleunigt die Bewurzelung erheblich.

Entwicklung der Stecklinge

Sobald die Stecklinge ein gutes Wurzelsystem ausgebildet haben, werden die Wurzeln durch die Abzugslöcher sichtbar. Halten die Stecklinge einem sanften Ruck stand, können sie in einzelne Töpfe umgepflanzt und an einen geschützten Platz ins Freie gestellt werden.

Falls sich Stecklinge dünn und schwächlich entwickeln, schneidet man sie bis auf die kräftigen Teile zurück, damit sich schöne, gesunde Pflanzen entwickeln.

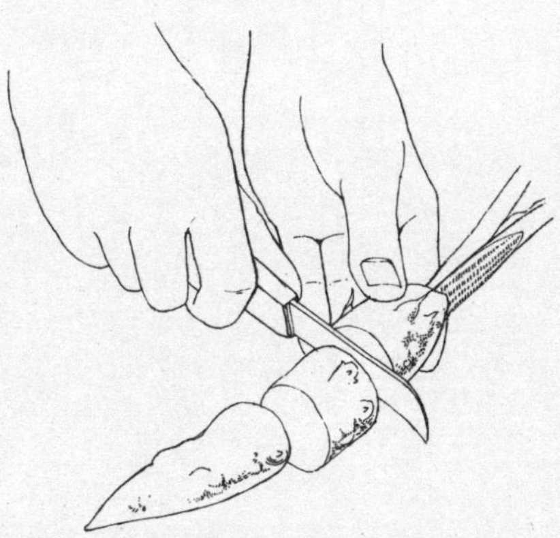

Wurzelstecklinge *Eine dicke Wurzel zerschneiden und darauf achten, daß jedes Stück ein Auge hat.*

Teilung

Stauden nach der Blüte ausgraben und teilen. Jedes Teil muß Wurzeln und mindestens einen Trieb haben.

Wurzelstecklinge

Manche Pflanzen haben große, holzige Wurzeln, von denen man im Herbst oder Frühjahr ein dickes Stück mit einem Auge oder einer Knospe abtrennen und neu pflanzen kann. Es sollte etwa 8 cm lang sein.

Ausläufer

Walderdbeeren schicken zahlreiche oberirdische Ausläufer aus, die an den Stellen, an denen sie sich bewurzeln, neue Pflanzen entwickeln. Viele andere bodendeckende Gewächse breiten sich durch unterirdische Ausläufer aus, und sobald sich in einiger Entfernung zur Mutterpflanze neue Triebe zeigen, kann man sie trennen und an einen anderen Platz setzen.

Wurzeltriebe

Wilde Rosen und einige Sträucher, beispielsweise die Schlehe, entwickeln Wurzeltriebe, die abgetrennt und wie neue Pflanzen behandelt werden können. Solche Triebe bilden auch auf den Stock gesetzte Bäume aus.

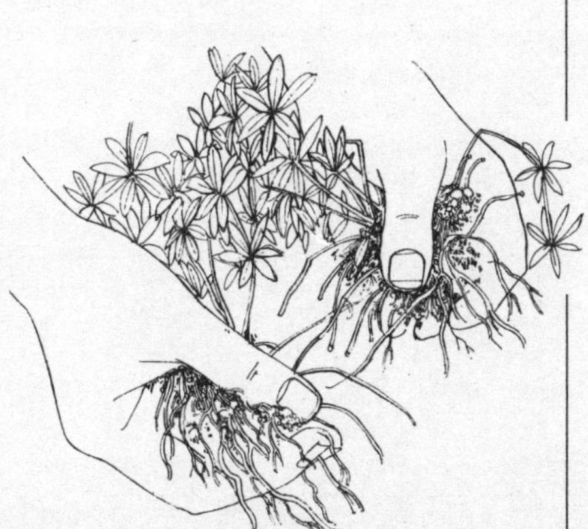

Teilung *Viele Stauden können im Herbst aus dem Boden genommen und auseinandergezogen oder -geschnitten werden, um den Bestand zu vergrößern.*

Absenken

Zahlreiche Holzpflanzen und vor allem Kletterpflanzen lassen sich absenken. Dabei befestigt man einfach ein Triebstück in der Erde, indem man einen Stein darauflegt. Vorher wird etwas Sand in den Boden eingearbeitet. Haben sich Wurzeln entwickelt (die einem leichten Ruck standhalten und zeigen sich vielleicht schon Triebe), kann man die Verbindung zwischen Mutter- und Jungpflanze durchtrennen.

Tiere im Garten

Die größte Freude, die ein Wildblumengarten seinem Besitzer beschert, ist die phantastische Vielfalt an Tieren, die er anlockt. Ich habe auf wenigen Quadratmetern mit Teufelsabbiß schon bis zu 40 Schmetterlinge gezählt, von den vielen Bienen- und Schwebfliegenarten, die den ganzen Sommer im Garten summen, gar nicht zu reden. Auch für Vögel ist ein solcher Garten voller Insekten und Samen ein Paradies.

Im Gemüsegarten wird unsere Freude an Tieren oft durch Schäden, die sie verursachen, getrübt. Der Große Kohlweißling ist dort eine Plage und der Gimpel ein wenig geliebter Gast; die Amseln plündern ganz ungeniert die Beerensträucher, von den Tauben ganz zu schweigen.

Wilde Bereiche

Wichtige Bestandteile eines tiergerechten Gartens sind, neben einer Vielzahl wilder Blumen, verwilderte, unberührte Bereiche. Vor allem kleinere Gärten sind häufig viel zu aufgeräumt, um Tieren Nahrung und Schutz zu bieten. Je ordentlicher ein Garten, um so weniger Tiere werden sich dort einfinden. Schonen Sie deshalb Ihre Kräfte ein wenig und helfen Sie so den Tieren.

Ein tiergerechter Garten muß weder ein Dschungel noch besonders ungepflegt sein, wichtig aber sind wilde, naturnahe Bereiche. Die Größe spielt eine untergeordnete Rolle. Bereits ein umgefallener Baum oder einige große Äste können für Scharen von Tieren ein wahres Paradies sein und darüber hinaus dekorativ wirken. Unterholz, altes Gras, da und dort ein Holzhaufen, eine efeuberankte Wand, Brombeergestrüpp oder ein Baum sind voller Leben, und Vögel finden dort Nistplätze. Vögel und Insekten brauchen zum Überleben nicht nur die lebendige Pflanzenwelt, ebenso wichtig ist totes Pflanzenmaterial, das das Gleichgewicht im Garten erst herstellt. Hecken sollten nicht zu ordentlich geschnitten werden, sondern eher natürlich wachsen können. Lassen Sie auch größere Flächen mit Nesseln, anderen »Unkräutern« und langen Gräsern stehen, insbesondere entlang der Hecken. Vor allem in Bodennähe bieten Hecken zahlreichen Tieren Unterschlupf.

Interessanterweise wirken wilde, nicht gepflegte Bereiche im Garten oft beabsichtigt und auch dekorativ, wenn sie von offensichtlich gepflegten Flächen gesäumt werden. Wächst beispielsweise Ihr ganzer Hintergarten wild, kann er zu manchen Zeiten des Jahres etwas chaotisch aussehen. Werden die längeren Gräser und Kräuter aber teilweise von einem säuberlich gemähten Streifen Gras gesäumt, bieten sie einen aufregenden Kontrast.

Schmetterlinge

Vom ersten Aurorafalter zu Frühlingsbeginn bis in den Frühherbst, wenn sich Admirale an Falläpfeln gütlich tun, tummeln sich im Wildblumengarten zahllose Schmetterlinge.

Sollten Sie in einer Gegend mit großen Wäldern, unberührten Gebieten und wenig intensiver Landwirtschaft leben, wo es noch viele Schmetterlinge gibt, stellen sich in Ihrem Garten vielleicht auch seltenere Arten ein. Grundsätzlich aber können sich nur solche Arten einfinden, die in der Nachbarschaft ohnehin vorkommen. Erwarten Sie nicht, daß plötzlich irgendeine seltene Art auftaucht, wie der wunderhübsche, auf alten Kalkwiesen heimische Himmelblaue Bläuling, nur weil Sie Hufeisenklee, seine bevorzugte Nahrungsquelle, angepflanzt haben.

Im Sommer gibt es im Wildblumengarten Nektar in Hülle und Fülle. Für jene Schmetterlinge aber, die sehr früh aus der Winterruhe erwachen, sollten Sie zusätzlich einige sehr frühblühende Nahrungspflanzen wie Judassilberling, Nachtviole und Blaukissen (alles beliebte Bauernblumen) ziehen. Knoblauchskraut und Wiesenschaumkraut locken den frühfliegenden Aurorafalter an, der seine Eier an den Pflanzen ablegt.

Von gleichem Wert sind spätblühende Pflanzen, die die Schmetterlingssaison verlängern. Besonders bemerkenswert darunter ist der Teufelsabbiß. Sehr nützlich sind auch Rote Spornblume sowie die Gartenblumen Eiskraut und Glattblattaster. Diese Pflanzen locken Tagfalter an.

Ebenso wichtig, wie Schmetterlinge mit Nektar zu versorgen, ist es, Futterpflanzen für die Raupen zu ziehen. An erster Stelle sind hier Brennesseln zu empfehlen, die Sie auch nicht in irgendeiner schattigen Ecke verstecken sollten, denn Schmetterlinge legen ihre Eier im allgemeinen in der Sonne ab. Außerdem bevorzugen sie junge Nesseln. Deshalb sollte man etwa alle drei Monate einen Teil der Nesseln mähen, damit sich die Pflanzenentwicklung gleichzeitig in verschiedenen Stadien befindet. Hier werden sich Admiral, Kleiner Fuchs, Distelfalter, Tagpfauenauge und C-Falter einfinden.

Auch die Familie der Kreuzblütler bietet vielen Schmetterlingen Nahrung. Die wunderhübschen Aurorafalter und Rapsweißlinge lieben besonders Wiesenschaumkraut und Knoblauchskraut. Großer und Kleiner Kohlweißling dagegen bevorzugen – wie Gemüsegärtner aus schmerzlicher Erfahrung wissen – kultivierte Mitglieder dieser Familie, etwa Kopfkohl und Blumenkohl. Allerdings besteht auch immer die Chance, daß ein üppiger Wildblumenbestand sie anlockt.

Hauhechelbläulinge finden sich mit Gewißheit selbst auf einer kleinen Wiese ein, wenn dort Klee und Gemeiner Hornklee wachsen. Manchen Schmetterlingen bieten Sträucher Nahrung. So

Ein verwilderter Bereich *bietet Lurchen, kleinen Säugetieren, Vögeln und Insekten Nahrung und Schutz.*

brauchen die wunderschönen Zitronenfalter Kreuzdorn und Faulbaumbläulinge Stechpalme oder Efeu. Feuerfalter ernähren sich von Ampfer, deshalb ist es wichtig, ihn nicht vollständig auszurotten.

Da einige Wiesen- und Waldschmetterlinge als Puppen auf Wiesengräsern überwintern, sollte ein Stück Wiese bis zum Frühjahr ungemäht bleiben. Großes Ochsenauge, Mauerfuchs, Rotbraunes Ochsenauge und mancher Dickkopffalter werden es Ihnen danken. Besonders bevorzugt wird hier die Quecke, die deshalb auf einer Fläche mit groben Gräsern wachsen sollte. Aber auch viele andere, insbesondere grobe Gräser, sind gute Nahrungspflanzen. Völlig nutzlos ist dagegen Weidelgras. In Naturschutzgebieten wird dieses wuchsfreudige Gras, das in vielen handelsüblichen Rasenmischungen enthalten ist, nicht gesät.

Bienen

Verschiedene Blumen werden von unterschiedlichen Insekten bestäubt. Offene Blüten, wie die der Wilden Möhre und Schafgarbe, können von kleinen Insekten, etwa Fliegen und Käfern, bestäubt werden. Bei anderen Blüten befindet sich der Nektar am Grund einer Röhre; sie werden von Bienen besucht. Sind die Röhren sehr tief, können nur die Schmetterlinge mit ihren langen Rüsseln den Nektar heraussaugen. Darüber hinaus gibt es Blüten, zu denen sich zwar die schweren Hummeln, nicht aber die leichteren Bienen Zutritt verschaffen können.

Wenn Sie in Ihrem Garten eine große Vielfalt an Wildblumen ziehen, wird sie Bienen wie Schmetterlinge gleichermaßen anlocken. Hält man Honigbienen, so ist es faszinierend zu beobachten, wie sie emsig ihre Nektarvorräte zusammentragen. Schön ist auch zu sehen, wie Bienen Pollen sammeln. Sie werden feststellen, daß jede Blume ihre eigene Pollenfarbe hat und die Vielfalt an Farben und Farbnuancen immens ist. Die Bienen sammeln den Pollen in besonderen Pollenkörbchen an ihren Hinterbeinen, die leicht zu erkennen sind, wenn die Tierchen von einer Blüte zur anderen fliegen.

Die Blüten locken die Bienen sowohl durch ihren Duft wie durch ihre Farben an. Als Wegweiser zur Nektarquelle dienen sogenannte Saftmale (in die Blüte führende farbige Linien und Flekken). Besonders auffällig sind sie bei Fingerhut und Malven, bei anderen Blüten sieht man sie nur unter ultraviolettem Licht.

Hummeln wie Honigbienen brauchen die ersten Frühlingsblumen als

Bestäubung durch Bienen
Viele Blüten haben Saftmale, die mitunter nur durch ultraviolettes Licht sichtbar werden. Sie lotsen die Bienen zum Nektarvorrat. Kriecht eine Biene in eine Blüte, bleibt Pollen an ihr hängen, den sie bei der nächsten Blüte wieder abstreift und diese dadurch bestäubt.

Nahrungsquelle, um nach einem langen, harten Winter wieder zu Kräften zu kommen. Deshalb ist es gerade zu dieser Jahreszeit wichtig, daß im Garten Blumen blühen. Vielleicht pflanzen Sie Schneeglöckchen, Wiesenschaumkraut, Primeln, Weiden, Hahnenfußarten, Gundermann, Winterling und Knoblauchskraut. Es gibt sehr viele verschiedene Bienenarten, und es macht Spaß, sie unterscheiden zu können.

Schwebfliegen und Marienkäfer

Von den Schwebfliegen gibt es viele verschiedene Arten, und um die Verwirrung vollständig zu machen, sind sie auch noch große Nachahmer. Ihre Tarnung ist ein wirksamer Schutz, denn weil sie wie Wespen und Bienen aussehen, lassen die Vögel sie in Ruhe. Schwebfliegen sind fast immer Nützlinge. Sie bestäuben Blumen, und ihre Larven vertilgen große Mengen Blattläuse. Ohne Zweifel gehören sie zu den Freunden des Gärtners.

Ein weiterer farbenfroher Freund im Garten ist der Marienkäfer. Sowohl erwachsene Tiere als auch Larven fressen Blattläuse. Marienkäfer überwintern in Schuppen und Außengebäuden sowie an ungestörten Fenstern im Haus. Deshalb sollten Sie nicht schon im Winter mit dem Frühjahrsputz beginnen.

Vögel

Mit all den Insekten, Samenständen, Beeren und Früchten finden Vögel im Wildblumengarten einen reichgedeckten Tisch. Naturhecken und Sträucher oder mit Kletterpflanzen bewachsene Mauern bieten ihnen darüber hinaus gute Nistmöglichkeiten. Natürlich kann man zusätzlich selbstgebaute oder fertiggekaufte Nistkästen aufhängen. In kleinen Gärten können solche Kästen auch die Naturhecke ersetzen.

Sind im Herbst die Blätter abgefallen, ist es interessant, die Hecken nach verlassenen Nestern abzusuchen und festzustellen, wie viele Vögel dort genistet haben. Im Winter kann das verringerte Nahrungsangebot durch Vogelfutter und Wasser ausgeglichen werden. Wahrscheinlich stellen sich in Ihrem Garten Amseln, Drosseln, Spatzen, Finken, Zaunkönige, Rotkehlchen, Blau- und Kohlmeisen und vielleicht auch Tannenmeisen, Mehlschwalben und Rauchschwalben ein. Gimpel sind mitunter weniger willkommen, weil sie ungeheure Mengen an Samen verspeisen. Aber auch Stare werden auftauchen und mit ihrer aggressiven Art die anderen Vögel umherscheuchen.

Nistkästen im Garten In den meisten Hausgärten gibt es nicht genügend natürliche Nistmöglichkeiten für jene Vögel, die angelockt werden sollen. Mittlerweile ist jedoch eine Auswahl an Nistkästen erhältlich, die man aber auch ganz einfach selber basteln kann. Das Buch »Naturschutz beginnt im Garten« von Michael Chinery enthält ein sehr informatives Kapitel zu diesem wichtigen Thema.

Nistkästen sollten sicher nicht in der Sonne und außerhalb der Reichweite von Katzen angebracht werden.

Sofern geeignete Kästen vorhanden sind, werden dort folgende Vögel einziehen: Meisen, Hausspatzen, Kleiber, Spechte, Rotkehlchen, Zaunkönige und Amseln.

Vogelbäder Wer schon einmal Vögeln beim Baden in einer Pfütze zugesehen hat, weiß, wie sehr sie das genießen. Man sollte also ein dauerhaftes Bad für sie anlegen, indem man eine flache Mulde in den Boden macht und mit schwarzer Folie auskleidet. An den Rändern wird die Folie mit kleinen Steinen beschwert.

Ein Vogelbad
Selbst die kleinste Wasserlache lockt Vögel an. Hier bietet ihnen eine mit Plastikfolie ausgeschlagene Mulde eine ständige Badegelegenheit. Die Folie ist mit Steinen am Rand befestigt.

Kunstvollere Vogelbäder sind in Gartencentern erhältlich. Oft handelt es sich dabei um Steinimitationen aus Fiberglas.

Vogelhäuschen Nichts ist vergnüglicher, als an einem kalten Wintermorgen vom Fenster aus den Vögeln beim Fressen zuzusehen. Vogelhäuschen gibt es fertig zu kaufen, man kann sie aber auch leicht selber bauen. Und wer besonders geschickt ist, konstruiert – passend zum Wildblumengarten – ein rustikales Vogelhaus. Das Futterangebot sollte sich aus Früchten, Nüssen, Samen, Speckschwarte und anderem Fett zusammensetzen. Hängen Sie darüber hinaus einen Knochen auf, an dem Fleischfresser picken können. Und vergessen Sie bei Kälte nicht, daß Vögel nicht nur fressen, sondern auch trinken müssen.

Teichbewohner

Ein Gärtner, der möglichst viele Tiere anlocken möchte, sollte einen Teich anlegen, mag er auch noch so klein sein. Aus unserer Landschaft sind so viele Teiche und Gräben verschwunden, daß Gartenteiche heute zu wichtigen Lebensräumen geworden sind.

Fische und Naturschutz vertragen sich nicht gut. Wollen Sie aber unbedingt Goldfische oder andere Fische halten, sollten Sie einen zweiten Teich anlegen, wo ihre Lebensweise (sie sind Fleischfresser) anderen Tieren keinen Schaden zufügt. Dagegen können Sie Stichlinge in den Naturteich setzen, weil sie zu klein sind, um Kaulquappen gefährlich zu werden.

Es ist verblüffend, wie rasch sich ein Teich belebt, wenn er richtig angelegt und bepflanzt wurde (s. S. 134 ff. und 96 ff.). Vielleicht stellen sich von allein einige Kröten und Frösche ein. Wenn nicht, so können Sie sicher aus dem Teich eines Bekannten etwas Laich oder einige Kaulquappen bekommen. Besorgen Sie sich Laich und Kaulquappen aber nie aus der freien Natur, denn Frösche und Kröten werden immer seltener. Frösche legen ihren gallertartigen Laich in ziemlich flachem Wasser ab, während Kröten mit ihren Laichschnüren tieferes Wasser bevorzugen und sehr kleine Teiche kaum aufsuchen.

Kaulquappen können im Frühjahr in den Teich gebracht werden. Es dauert etwa drei Monate, bis sie zu winzigen Fröschen oder Kröten herangewachsen sind. Dann verlassen sie den Teich und kehren drei Jahre lang nicht mehr zur Laichablage zurück.

Die Eier von Wassermolchen sind schwer zu finden, da die Molche sie einzeln ablegen und in Blättern verbergen. Aber es sind wundervolle kleine Kreaturen, und sie pflanzen sich auch im kleinsten Teich fort.

Frösche, Kröten und Wassermolche verbringen die meiste Zeit außerhalb des Wassers und brauchen zum Überwintern ausgedehnte Ruheplätze, etwa Berge aus altem Pflanzenmaterial, Holzstöße oder große Steinhaufen – kurzum, irgendeinen Unterschlupf, in dem es gemütlich und feucht bleibt.

Vermutlich werden Sie auch verschiedene Arten von Wasserschnecken aussetzen müssen, die Sie beim Wasserpflanzen-Spezialisten bekommen, wie etwa die Posthornschnecke oder die Spitzhorn-Schlammschnecke. Sie helfen, die Grünalgen unter Kontrolle zu halten. Auch Teichmuscheln filtern das Wasser und tragen so zur Beschränkung des Algenwuchses bei.

Wasserinsekten stellen sich von allein ein. Wer den Prozeß aber beschleunigen will, holt sich aus einem belebten Teich eines Bekannten einen Eimer Wasser. Ich könnte stundenlang dasitzen und die Groß- und Kleinlibellen beobachten, die sich von anderen am Teich lebenden Insekten ernähren. Und wenn Sie einmal in das Wasser schauen, werden Sie erstaunt sein, welch buntes Treiben dort herrscht. Auch Rauch- und Mehlschwalben werden den Teich besuchen und viel Zeit damit verbringen, im Sturzflug über das Wasser zu jagen, um sich Insekten zu fangen. Und falls Sie gar einen Reiher oder Eisvögel an ihrem Teich entdekken, werden Sie durch ihren Anblick den eventuellen Verlust einiger Fische leicht verschmerzen. Ich habe schon beide bei meinem Teich gesehen.

Säugetiere

Naturgärten sind ideale Lebensräume für kleine vierbeinige Kreaturen. Haben Sie noch nie Maulwürfe, Feld- oder Waldmäuse über Ihren säuberlich gemähten Rasen huschen sehen? Lassen Sie Gras und andere Pflanzen wachsen, mähen Sie eine kleine Fläche möglichst gar nicht, und räumen Sie dort auch die abgestorbene Vegetation nicht weg, dann wird Ihr Garten bald bewohnt sein.

Befindet sich in der Nähe Wasser oder ein Feuchtgebiet, stellen sich gewiß auch Maulwürfe ein. In einem peinlich gepflegten Rasen mögen sie eine Plage sein, doch in der Wiese stören sie kaum – interessanterweise gedeihen Wildblumen an und auf alten Maulwurfshügeln sehr gut.

Vielleicht ziehen Igel in Ihren Garten ein und vertilgen einen Teil der Schnekken. Oft kann man sie auch anlocken, indem man nachts ein Tellerchen mit verdünnter Kondensmilch (1/3 Kondensmilch, 2/3 Wasser [keine Kuhmilch]) nach draußen stellt.

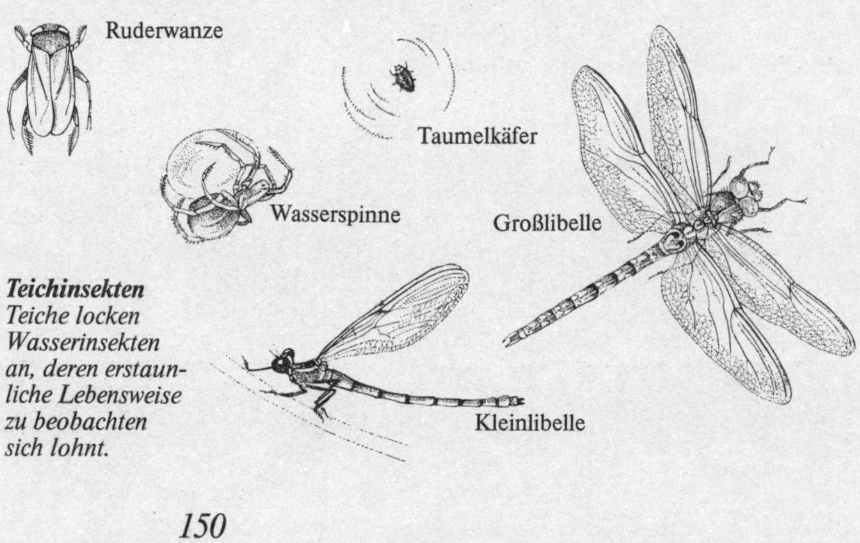

Teichinsekten
Teiche locken Wasserinsekten an, deren erstaunliche Lebensweise zu beobachten sich lohnt.

Nutzung von Wildpflanzen

Weit über 100 Wildpflanzen und Wildfrüchte sind nicht nur eßbar, sondern auch sehr schmackhaft. Fast alle bekannten winterharten Gemüse wurden im Lauf der Jahrhunderte aus heimischen Wildpflanzen gezüchtet. Daneben gibt es mindestens 85 heimische Gewächse, aus denen schöne, natürliche Färbemittel hergestellt werden können. Eine sehr große Zahl von Pflanzen diente in der Vergangenheit medizinischen Zwecken, und auch heute noch sind es mehr als 90 heimische Arten. Welche Wildblumen Sie auch für Ihren Garten auswählen, sicher befinden sich einige Pflanzen darunter, die schon seit Hunderten, wenn nicht Tausenden von Jahren dem Menschen in irgendeiner Weise nutzen.

Viele Wildblumen standen mit Volksbräuchen und Zauberei in Zusammenhang. Einst streute man sie auf den Boden und gab sie in Füllungen für Matratzen und Kissen. Abgesehen von ihrem angenehmen Duft, der den unhygienischen Verhältnissen entgegenwirken sollte, dienten sie auch als Abwehrmittel gegen Insekten und Ungeziefer. Tatsächlich werden noch heute viele Wildpflanzen für die Insektenbekämpfung verwendet.

Wildpflanzen in der Küche

Der wundervolle Löwenzahn wird von jedem Chemiegärtner als Erzfeind betrachtet, besonders im Rasen, obwohl er zu unseren nährstoffreichsten Pflanzen gehört. Verglichen mit dem allgegenwärtigen Kopfsalat, enthält diese verbreitete Wildpflanze mehr als dreimal soviel Vitamin C, sechsmal mehr Vitamin A, das Dreifache an Protein und über das Doppelte an Eisen, Calcium und Phosphor. Junge oder blanchierte Blätter eignen sich ausgezeichnet für Salate, und die Wurzeln liefern ein schmackhaftes Kaffeesurrogat. Tatsächlich wurde der Löwenzahn jahrhundertelang als Gemüse verwendet, und 1885 verkaufte man in Frankreich mindestens vier verschiedene Sorten. Bei uns dagegen beginnen wir erst jetzt, den Wert dieser stiefmütterlich behandelten Pflanze zu entdecken. Auch in der Medizin erweist sich der Löwenzahn als äußerst wertvoll, insbesondere zur Blutreinigung bei allen Leberleiden und speziell bei Gelbsucht. Darüber hinaus härtet der regelmäßige Verzehr von Löwenzahn den Zahnschmelz. Mit dem Milchsaft der Pflanze behandelte man früher Warzen und Blasen, außerdem gilt er als wirksames Diuretikum (daher der französische Name *pissenlit*).

Neben dem Löwenzahn gibt es noch eine Menge anderer sehr bekannter Wildpflanzen, die nicht nur schmackhaft, sondern auch sehr nährstoffreich sind. Viele werden wegen ihrer dicken, fleischigen Wurzeln gezogen, wie etwa Meerrettich, Pastinak, Weiße Seerose, Echter Eibisch, Gänsefingerkraut, Nelkenwurz, Stranddistel, Zichorie und Stern von Bethlehem. Von anderen werden die Blätter verwendet und als Salat oder gegart serviert – hier sind Wiesenmargerite, Gänseblümchen, Wiesenschaumkraut, Knoblauchskraut, Waldsauerklee, Kleiner Wiesenknopf, Bachbunge, Weißdorn, Gemeines Ferkelkraut, Rauher Löwenzahn, Wiesenbocksbart, Hopfen, Giersch und Ampfer zu nennen.

Besonders interessant sind die Malven. Es gibt verschiedene verbreitete Arten mit heilenden Eigenschaften. In Ägypten bereitet man aus den Blättern einer Malvenart eine traditionelle Suppe, die man *melokhia* nennt. Die Algiermalve kann auf ähnliche Weise verwendet werden, oder man ißt ihre Blätter in Salaten. Tatsächlich läßt sich jeder Pflanzenteil in irgendeiner Weise verwenden. Die Früchte kann man als Stärkungsmittel einnehmen, während die Wurzeln beruhigende, heilende Eigenschaften haben und für Umschläge geeignet sind: Auch aus religiösen Gründen wurde die Malve schon kultiviert. auf der heiligen Insel Delos in den Kykladen gilt sie als geheiligtes Symbol für die erste Nahrung des Menschen.

Eine reizvolle Feuchtgebietspflanze, der Knöterich, dient in England heute noch zur Zubereitung von *Ledger pudding*, den man während der letzten beiden Wochen der Fastenzeit ißt. Die wahrscheinlich bekanntesten heimischen Gewürzpflanzen, deren Samen man verwendet, sind Mohn und Fenchel.

Auch unsere heimischen Bäume und Sträucher bieten eine große Vielfalt an herrlichen Früchten, wie Brombeeren, Himbeeren, Walderdbeeren, Hagebutten, wilde Kirschen und Pflaumen, Holzäpfel, Stachelbeeren und rote Johannisbeeren.

Schlehen dienen zur Herstellung köstlichen Likörs, hervorragenden Schaumweins und schmackhafter Gelees. Der Schlehdorn ist der Vorfahre aller unserer Kulturpflaumen. Auch Vogelbeeren lassen sich gut zu Gelee verarbeiten und Holunderbeeren zu Kompott und Wein, der mit der Zeit Portwein gleicht. Das Öl der Wacholderbeeren verwendet man sowohl in der Medizin als auch zum Aromatisieren von Gin.

Darüber hinaus haben viele Blüten großen kulinarischen Wert. Die leuchtendgoldenen Blüten des Besenginsters können ebenso über Salate gestreut werden wie die wunderhübschen Blüten des Wilden Stiefmütterchens. Holunderblüten eignen sich nicht allein zur Weinbereitung, sondern können auch in Teig ausgebacken werden. Lindenblütentee schmeckt nicht nur gut, er wirkt auch beruhigend. Die Blüten der Hundsrose kann man frisch in Salate geben, daraus Wein und Gelee bereiten oder sie auch kandieren. Aus Weißdornblüten wird ein hervorragender Likör hergestellt und aus Heidekraut ein guter Tee.

Erfrischende und gesunde Tees *lassen sich leicht aus vielen Wildblumen bereiten. Die getrockneten Blüten oder Blätter mit kochendem Wasser übergießen und etwa eine Minute ziehen lassen.*

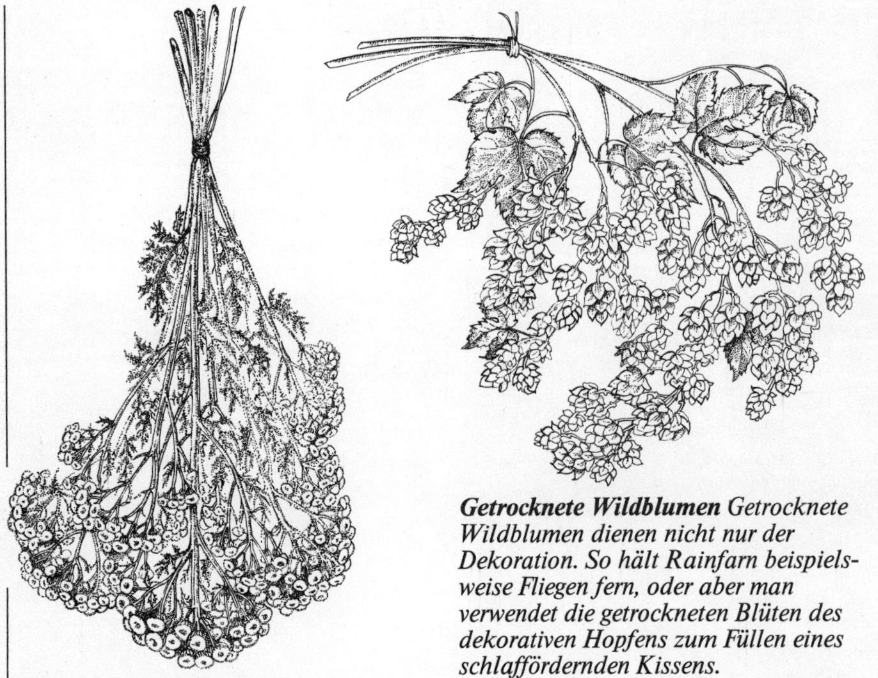

__Getrocknete Wildblumen__ Getrocknete Wildblumen dienen nicht nur der Dekoration. So hält Rainfarn beispielsweise Fliegen fern, oder aber man verwendet die getrockneten Blüten des dekorativen Hopfens zum Füllen eines schlaffördernden Kissens.

Wildpflanzen in der Medizin

Menschen, die auf dem Land leben, finden vermutlich in ihrer unmittelbaren Umgebung genügend wilde Pflanzen, um alle gängigen Krankheiten zu behandeln; Prellungen, von Fieber begleitete Erkrankungen, Husten und Erkältungen. Darüber hinaus sollte man nicht vergessen, daß auch viele unserer geächteten Gartenunkräuter nicht nur außerordentlich reich an Nährstoffen sind, sondern auch große Heilkraft besitzen. Zu ihnen gehören Ackerwinde, Labkraut, Quecke, Gemeines Kreuzkraut, Vogelmiere, Schachtelhalm und Brennessel.

Die Winde wirkt blutreinigend und als Stärkungsmittel. Entweder ißt man die Blüten roh oder bereitet aus den Trieben einen Tee. Die Wilde Möhre (und auch die kultivierte) hat viele wertvolle Eigenschaften und wurde in der Vergangenheit zur Behandlung von Krebs, schlechten Augen, Wunden, Tumoren, inneren Geschwüren, Würmern, Nieren- und Blasenbeschwerden, Wassersucht, Krampfadern und Menstruationsbeschwerden verwendet.

Die Stranddistel ist reich an Mineralien und wurde einst als Nerventonikum eingenommen. Der Widerstoß hat stark adstringierende Eigenschaften und wird zur Stillung von Blutungen und gegen Ruhr verwendet. Aus Fingerhut (*Digitalis*) wird ein starkes Herzmittel gewonnen. Mädesüß gilt als wertvolles, fiebersenkendes Kraut und dient zur Behandlung von Bluthochdruck und Diabetes. Schafgarbe (*Achillea*) ist ein Wundkraut, benannt nach dem griechischen Krieger Achilles, der mit ihm die Wunden seiner Soldaten behandelte. Man setzt es auch gegen Fieber und Malaria ein sowie gegen Erkältungen, Durchfall, Lungenentzündung und Haarausfall. Zur Behandlung von Fieber werden Blätter und Blüten in ein heißes Bad gegeben. Das Kauen der Blätter soll Zahnschmerzen lindern.

Auch wenn man leichtere Beschwerden nach Rücksprache mit einem Apotheker durchaus selbst mit Heilkräutern behandeln kann, sollte man bei ernsteren oder längeren Erkrankungen unbedingt die Behandlung von einem qualifizierten Heilpraktiker oder Homöopathen durchführen lassen; denn manche Kräuter haben eine sehr starke Wirkung und können, falsch angewandt, auch Schaden anrichten. Das heißt auch, daß es sich bei den zuvor genannten Beispielen um allgemeine Informationen und nicht um Empfehlungen handelt.

Verwendung von Duftpflanzen

Viele Wildblumen duften intensiv und können zur Herstellung von Duftpotpourris und Sträußchen für den Wäscheschrank verwendet werden. In der Vergangenheit streute man sie auch auf den Fußboden, wie etwa Mädesüß, Echtes Labkraut und Waldmeister. Diese Pflanzen enthalten Kumarin und verströmen, getrocknet, den Geruch frisch gemähten Heus. Echtes Labkraut füllte man auch in Matratzen. Aus Mädesüß läßt sich darüber hinaus Gesichtswasser bereiten, indem man die Blüten in etwas Regenwasser legt und dann in die Sonne stellt. Den süßduftenden und schlaffördernden Hopfen gab man in Kopfkissen.

Die Wurzeln des Baldrians, eine Feuchtgebietblume, haben einen intensiven Geruch, der einen großen Reiz auf Katzen und Hunde ausübt. Angeblich soll der Rattenfänger von Hameln weniger mit seiner Musik als vielmehr mit Baldrianwurzeln die Ratten angelockt haben. Zu den Wildblumen, deren Duft Schädlinge abschreckt, gehört auch Rainfarn, der Fliegen fernhält. Musselinsäckchen mit Waldmeister vertreiben Motten und andere Tiere aus Kleidern und Wäsche. Eine Hunden und Katzen ins Fell geriebene Mischung aus pulverisiertem Wermut und Rosmarin stößt Flöhe ab, und Poleiminzenzweige schlagen Ameisen in die Flucht.

Die Wohlriechende Süßdolde duftet myrrhenartig, und alle Teile der Pflanze lassen sich als Aromastoff verwenden. Die großen mahagonifarbenen Samen wurden einst, gemahlen und mit Wachs vermischt, zum Behandeln von Möbeln verwendet. Römische Kamille riecht, zerdrückt, intensiv nach Äpfeln und wird heute noch als Duftrasen gepflanzt.

Färbepflanzen

Aus zahlreichen Wildblumen kann Färbemittel gewonnen werden, und es ist möglich, mit Hilfe einheimischer Wildpflanzen eine umfassende Palette an Farben und Farbnuancen entstehen zu lassen.

Rot, Violett und Rosa werden durch Brombeeren, Holunderbeeren, Wiesen- und Echtes Labkraut, Gemeinen Wasserdost, Blutwurz, Schlehen und Weide erzeugt. Blau läßt sich aus Brombeeren, Teufelsabbiß, Holunderbeeren, Echtem Galant, Schlehen und Färberwaid gewinnen.

Gelb und Orange entstehen aus Kleinem Odermennig, Hartheu, Färberscharte, Rainfarn und Gemeinem Leinkraut, braune Töne durch Kreuzdorn, Klette, Gemeinen Beinwell, Ufer-Wolfstrapp, Goldrute, Gemeinen Dost, Ampfer, Rainfarn, Färberwaid, Wilde Möhre und Schafgarbe.

Grün wird hergestellt aus Kleinem Odermennig, Brombeere, Gemeinem Beinwell, Berufskraut, Maiglöckchen, Gemeinem Dost, Königskerze, Ampfer, Rainfarn, Färberwaid und Schafgarbe. Das sind nur einige Beispiele; natürlich lassen sich mit den gleichen Pflanzen unter Verwendung verschiedener Beizen noch ganz andere Farben erzielen.

Wildpflanzen-Katalog

Nützliche Informationen und Adressen

Wildpflanzen-Katalog

Im folgenden Kapitel finden Sie weitere Informationen über Wildpflanzen, die im Garten gezogen werden können. Es ist in drei Abschnitte unterteilt. Die ersten beiden Seiten geben eine Übersicht über alle in diesem Buch enthaltenen Pflanzen, eingeteilt nach den für sie geeigneten Standorten – genau wie das Kapitel »Die Anlage von Wildblumengärten« (S. 15–120). Sie umfaßt Pflanzenlisten für jeden Gartentyp: Sonnige, halbschattige und schattige Gärten sowie Wasser-, Stein- und Küstengärten. Die Seitenangabe hinter jeder Pflanze verweist auf die ausführliche Beschreibung und Kulturanleitung. Da viele Pflanzen nicht nur an einem Standort gut gedeihen, liefern diese Listen die nötigen Querverweise.

Der zweite Teil – Seite 156 bis 180 – bildet den eigentlichen Pflanzen-Katalog. Er enthält, in alphabetischer Reihenfolge der deutschen Namen, 150 Wildpflanzen, die im Kapitel »Die Anlage von Wildblumengärten« noch nicht behandelt wurden. Jeder Eintrag enthält eine Beschreibung der Pflanze, Vorschläge zur Standortwahl sowie klare und umfassende Kulturanleitungen.

Die aufgeführten Pflanzen wurden entsprechend ihrer Attraktivität, Anpassungsfähigkeit und der vergleichsweisen Pflegeleichtigkeit ausgewählt. Einige sind bereits vorgestellten Pflanzen ähnlich und viele andere auf Abbildungen innerhalb des Buches zu sehen. (Ob und wo eine Blume auf einem Foto oder einer Zeichnung abgebildet ist, können Sie unter dem jeweiligen Pflanzennamen im Register auf Seite 185 ff. nachschlagen.)

Schließlich befindet sich auf Seite 181 eine Liste heimischer Bäume und Sträucher, die sich gut für den Wildblumengarten eignen. Jede Eintragung beinhaltet eine kurze Beschreibung mit Höhe, Form und Farbe sowie eine Standortangabe. Manche Bäume und Sträucher wachsen besser in großen Gärten und müssen auf den Stock gesetzt werden, wenn man sie in einem kleinen Garten pflanzt. Ferner ist angegeben, wenn ein Baum oder Strauch für Insekten oder andere Tiere besonders interessant ist. Einige der Sträucher, vor allem die kletternden, sind im Pflanzen-Katalog oder an anderer Stelle im Buch auf Fotos abgebildet. Auch dafür finden Sie im Register die nötigen Hinweise.

Pflanzen für sonnige Gärten

Alle auf den Seiten 30 bis 47 beschriebenen Pflanzen sowie die folgenden:

Ackergauchheil (S. 156)
Ackerhahnenfuß (S. 156)
Ackerwitwenblume (S. 156)
Akelei (S. 86)
Algiermalve (S. 156)
Alpenfrauenmantel (S. 113)
Bachbunge (S. 106)
Bachminze (S. 103)
Bachnelkenwurz (S. 101)
Baumartige Strauchpappel (S. 175)
Bergjasione (S. 157)
Bergminze (S. 157)
Besenginster (S. 157)
Bibernellrose (S. 158)
Bittersüßer Nachtschatten (S. 72)
Blaue Himmelsleiter (S. 165)
Blumenbinse (S. 99)
Blutstorchschnabel (S. 114)
Blutwurz (S. 158)
Brauner Storchschnabel (S. 175)
Buschwindröschen (S. 86)
Dorniger Hauhechel (S. 164)
Drahtschmiele (S. 158)
Eberwurz (S. 158)
Echte Brombeere (S. 158)
Echte Hundszunge (S. 166)
Echte Kamille (S. 166)
Echte Kuhschelle (S. 115)

Gemeiner Beinwell

Echte Sternmiere (S. 73)
Echter Alant (S. 156)
Echter Baldrian (S. 106)
Echter Erdrauch (S. 159)
Echter Steinklee (S. 174)
Echter Ziest (S. 63)
Echtes Labkraut (S. 168)
Echtes Mädesüß (S. 100)
Echtes Seifenkraut (S. 173)
Echtes Tausendgüldenkraut (S. 176)
Edelgamander (S. 159)
Eibisch (S. 159)
Eisenkraut (S. 159)
Esparsette (S. 160)
Fadenehrenpreis (S. 160)
Färberginster (S. 160)
Färberreseda (S. 160)
Färberscharte (S. 160)
Fenchel (S. 160)
Flügelhartheu (S. 161)
Gamander-Ehrenpreis (S. 74)
Gänseblümchen (S. 162)
Gänsefingerkraut (S. 162)
Gefleckter Aronstab (S. 62)
Gelbe Reseda (S. 171)
Gelber Hornmohn (S. 165)
Gelber Lerchensporn (S. 168)
Gelbes Veilchen (S. 177)
Gemeine Goldrute (S. 163)
Gemeine Grasnelke (S. 163)
Gemeiner Andorn (S. 157)
Gemeiner Beinwell (S. 105)
Gemeiner Blutweiderich (S. 102)
Gemeiner Felberich (S. 102)
Gemeiner Frauenmantel (S. 161)
Gemeiner Hopfen (S. 165)
Gemeiner Steinquendel (S. 175)
Gemeiner Wasserdost (S. 100)
Gemeines Ferkelkraut (S. 161)
Gemeines Leimkraut (S. 168)
Gemeines Sonnenröschen (S. 114)
Goldlack (S. 162)
Grassternmiere (S. 163)
Gundermann (S. 163)
Hainveilchen (S. 75)
Hasenglöckchen (S. 88)
Hasenklee (S. 164)
Heidekraut (S. 164)
Heidenelke (S. 164)
Herbstfeuerröschen (S. 164)
Herbstlöwenzahn (S. 165)
Hopfenklee (S. 165)
Hufeisenklee (S. 166)
Hundsrose (S. 166)
Johanniskraut (S. 67)
Judassilberling (S. 166)
Kalkkreuzblume (S. 166)
Kissenprimel (S. 70)
Kleinblütige Königskerze (S. 167)
Kleine Bibernelle (S. 157)
Kleiner Odermennig (S. 170)
Kleiner Wiesenknopf (S. 179)
Kleines Habichtskraut (S. 163)
Kleines Immergrün (S. 75)
Kreuzdorn (S. 167)
Kriechender Günsel (S. 62)
Leimkraut, *Silene maritima* (S. 168)
Leinkraut (S. 168)
Löwenzahn (S. 169)
Mariendistel (S. 169)
Mauerpfeffer (S. 169)
Meerwermut (S. 169)
Mehlprimel (S. 115)
Moschuskraut (S. 169)
Mutterkraut (S. 169)
Nachtviole (S. 170)
Nelkenschmiele (S. 170)
Nesselblättrige Glockenblume (S. 64)
Nickende Distel (S. 158)
Pastinak (S. 170)
Pfennigkraut (S. 171)
Purpurrote Taubnessel (S. 176)
Pyrenäenstorchschnabel (S. 66)
Rainfarn (S. 171)
Rittersporn (S. 171)
Rotbeerige Zaunrübe (S. 180)
Rote Spornblume (S. 174)
Roter Fingerhut (S. 87)
Roter Hartriegel (S. 164)
Roter Steinbrech (S. 174)
Rotes Leimkraut (S. 72)
Römische Kamille (S. 167)
Ruprechtskraut (S. 66)
Saatwicke (S. 172)
Salbei (S. 172)
Salbeigamander (S. 172)
Scharbockskraut (S. 71)
Schneeglöckchen (S. 65)
Scheinmohn (S. 172)
Schlehdorn (S. 172)
Schnittlauch (S. 173)
Schwarze Flockenblume (S. 161)
Schwarzer Holunder (S. 165)
Schwertlilie (S. 173)
Scilla (S. 173)
Silberwurz (S. 113)
Sommerknotenblume (S. 174)
Stechpalme (S. 174)
Stern von Bethlehem (S. 175)
Stranddistel (S. 175)
Sumpfdotterblume (S. 99)
Sumpfherzblatt (S. 105)
Sumpfhornklee (S. 175)
Taumelkälberkropf (S. 176)
Teufelsabbiß (S. 73)
Trollblume (S. 176)
Trompetennarzisse (S. 69)
Türkenbundlilie (S. 90)
Uferwolfstrapp (S. 177)

Vogelwicke

Viersamige Wicke (S. 179)
Vogelwicke (S. 74)
Waldengelwurz (S. 177)
Walderdbeere (S. 65)
Waldprimel (S. 91)
Waldrebe (S. 64)
Waldstorchschnabel (S. 89)
Waldwicke (S. 177)
Wasserschwertlilie (S. 102)
Weidewegerich (S. 178)
Weinrose (S. 71)
Weiße Taubnessel (S. 68)
Weißes Leimkraut (S. 168)
Weißklee (S. 178)
Wermut (S. 178)
Widerstoß (S. 179)
Wiesensauerampfer (S. 180)

Wiesenbocksbart (S. 179)
Wiesenlabkraut (S. 179)
Wiesenplatterbse (S. 179)
Wildlein (S. 180)
Wohlriechende Süßdolde (S. 69)
Wolliger Schneeball (S. 172)
Wundklee (S. 180)
Zaunwicke (S. 180)
Zaunwinde (S. 63)
Zimbelkraut (S. 180)

Pflanzen für halbschattige Gärten

Alle auf den Seiten 62 bis 75 beschriebenen Pflanzen sowie die folgenden:

Akelei (S. 86)
Alpenveilchen (S. 156)
Bachbunge (S. 106)
Bachminze (S. 103)
Bachnelkenwurz (S. 101)
Bärenlauch (S. 157)
Bergjasione (S. 157)
Bibernellrose (S. 158)
Blaue Himmelsleiter (S. 165)
Blauer Eisenhut (S. 159)
Blutstorchschnabel (S. 114)
Brauner Storchschnabel (S. 175)
Breitblättrige Glockenblume (S. 162)
Buschwindröschen (S. 86)
Butterblume (S. 44)
Drahtschmiele (S. 158)
Duftveilchen (S. 92)
Echte Brombeere (S. 158)
Echte Kuhschelle (S. 115)
Echter Alant (S. 156)
Echter Baldrian (S. 106)
Echtes Labkraut (S. 168)
Echtes Lungenkraut (S. 92)
Echtes Mädesüß (S. 100)
Echtes Tausendgüldenkraut (S. 176)
Edelgamander (S. 159)
Eingriffliger Weißdorn (S. 178)
Färberscharte (S. 160)
Flügelhartheu (S. 161)
Französischer Knollenkümmel (S. 167)
Frühblühender Thymian (S. 116)
Gemeine Goldrute (S. 163)
Gemeine Grasnelke (S. 163)
Gemeine Schafgarbe (S. 30)
Gemeiner Beinwell (S. 105)
Gemeiner Blutweiderich (S. 103)
Gemeiner Dost (S. 42)
Gemeiner Efeu (S. 159)
Gemeiner Felberich (S. 102)
Gemeiner Frauenfarn (S. 161)
Gemeiner Hopfen (S. 165)
Gemeiner Seidelbast (S. 173)
Gemeiner Wasserdost (S. 100)
Grassternmiere (S. 163)
Grauheide (S. 36)
Grüne Nieswurz (S. 90)
Gundermann (S. 163)
Hartheu (S. 163)
Hasenglöckchen (S. 88)
Heidekraut (S. 164)
Hundsrose (S. 166)
Judassilberling (S. 166)
Kleinblütige Königskerze (S. 167)
Kleine Bibernelle (S. 157)
Kleine Braunelle (S. 44)
Kleiner Wiesenknopf (S. 179)
Kleines Habichtskraut (S. 163)
Knöllchensteinbrech (S. 45)
Königsfarn (S. 167)
Krauser Rollfarn (S. 171)
Kreuzdorn (S. 167)
Kuckucksblume (S. 40)
Maiglöckchen (S. 87)
Mandelblättrige Wolfsmilch (S. 88)
Moschuskraut (S. 169)
Moschusmalve (S. 41)
Nachtviole (S. 170)
Nelkenwurz (S. 170)
Pfaffenhütchen (S. 170)
Rainfarn (S. 171)
Rotbeerige Zaunrübe (S. 180)
Roter Fingerhut (S. 87)
Roter Hartriegel (S. 164)
Rundblättrige Glockenblume (S. 32)

Zittergras

Salbeigamander (S. 172)
Scheinmohn (S. 172)
Schlehdorn (S. 172)
Schwarze Flockenblume (S. 161)
Schwarzer Holunder (S. 165)
Schwertlilie (S. 173)
Skabiosenflockenblume (S. 33)
Sommerknotenblume (S. 174)
Stechpalme (S. 174)
Steinfeder (S. 174)
Sumpfdotterblume (S. 99)
Sumpfherzblatt (S. 105)
Sumpfvergißmeinnicht (S. 176)
Taumelkälberkropf (S. 176)
Trollblume (S. 176)
Türkenbundlilie (S. 90)
Uferwolfstrapp (S. 177)
Waldsauerklee (S. 91)
Waldengelwurz (S. 177)
Waldflattergras (S. 177)
Waldmeister (S. 89)
Waldplatterbse (S. 177)
Waldprimel (S. 91)
Waldstorchschnabel (S. 89)
Waldwicke (S. 177)
Waldziest (S. 178)
Wasserschwertlilie (S. 102)
Weberkarde (S. 32)
Weißklee (S. 178)
Wiesensauerampfer (S. 180)
Wiesenschaumkraut (S. 32)
Wiesenlabkraut (S. 179)
Wiesenmargerite (S. 39)
Wiesenprimel (S. 43)
Wiesenstorchschnabel (S. 38)
Wildes Stiefmütterchen (S. 47)
Wolliger Schneeball (S. 172)
Zaunwicke (S. 180)
Zittergras (S. 31)

Pflanzen für schattige Gärten

Alle auf den Seiten 86 bis 92 beschriebenen Pflanzen sowie die folgenden:

Alpenveilchen (S. 156)
Bachnelkenwurz (S. 101)
Bärenlauch (S. 157)
Bittersüßer Nachtschatten (S. 72)
Blauer Eisenhut (S. 159)
Blutstorchschnabel (S. 114)
Breitblättrige Glockenblume (S. 162)
Echte Brombeere (S. 158)
Echter Baldrian (S. 106)
Echter Ziest (S. 63)
schattige Gärten
Französischer Knollenkümmel (S. 167)
Gefleckter Aronstab (S. 62)
Gemeine Goldrute (S. 163)
Gemeiner Efeu (S. 159)
Gemeiner Frauenfarn (S. 161)
Gemeiner Hopfen (S. 165)
Gemeiner Seidelbast (S. 173)
Gemeiner Wasserdost (S. 100)
Goldnessel (S. 67)
Große Sternmiere (S. 73)
Gundermann (S. 163)
Hartheu (S. 163)
Hornveilchen (S. 75)
Kissenprimel (S. 70)
Kleines Immergrün (S. 75)
Königsfarn (S. 167)
Kriechender Günsel (S. 62)
Kuckucksblume (S. 40)
Moschuskraut (S. 169)
Nelkenwurz (S. 170)
Nesselblättrige Glockenblume (S. 64)
Pfaffenhütchen (S. 170)
Roter Hartriegel (S. 164)
Rotes Leimkraut (S. 72)
Ruprechtskraut (S. 66)
Scharbockskraut (S. 71)
Schneeglöckchen (S. 65)
Schwertlilie (S. 173)

Rotes Leimkraut

Sommerknotenblume (S. 174)
Stechpalme (S. 174)
Sumpfdotterblume (S. 99)
Uferwolfstrapp (S. 177)
Vielblütige Weißwurz (S. 70)
Waldengelwurz (S. 177)
Waldflattergras (S. 177)
Waldplatterbse (S. 177)
Waldwicke (S. 177)
Waldziest (S. 178)
Waldgeißblatt (S. 68)
Zaunwicke (S. 180)

Pflanzen für Wassergärten

Alle auf den Seiten 90 bis 106 beschriebenen Pflanzen sowie die folgenden:

Flügelhartheu (S. 161)
Froschbiß (S. 162)
Froschlöffel (S. 162)
Gelbe Teichrose (S. 176)
Heimische Seekanne (S. 173)
Königsfarn (S. 167)
Kriechender Günsel (S. 62)
Kuckucksblume (S. 40)
Pfeilkraut (S. 171)
Schachbrettblume (S. 37)
Sumpfhornklee (S. 175)
Sumpfvergißmeinnicht (S. 176)
Uferwolfstrapp (S. 177)
Waldengelwurz (S. 177)
Wasserknöterich (S. 178)
Wiesenschaumkraut (S. 32)

Pflanzen für Steingärten

Alle auf den Seiten 113 bis 116 beschriebenen Pflanzen sowie die folgenden:

Bergjasione (S. 157)
Blaue Himmelsleiter (S. 165)
Echter Erdrauch (S. 159)
Echtes Tausendgüldenkraut (S. 176)
Edelgamander (S. 159)
Färberginster (S. 160)
Felsensteinkraut (S. 161)
Gelber Lerchensporn (S. 168)
Gelbes Veilchen (S. 177)
Gemeine Grasnelke (S. 163)
Gemeiner Hornklee (S. 40)
Gemeiner Steinquendel (S. 175)
Gemeines Leimkraut (S. 168)
Goldlack (S. 162)
Heidenelke (S. 164)
Hufeisenklee (S. 166)
Kalkkreuzblume (S. 166)
Krauser Rollfarn (S. 171)
Leimkraut, *Silene maritima* (S. 168)
Mauerpfeffer (S. 169)
Nelkenschmiele (S. 170)
Pfennigkraut (S. 171)
Rote Spornblume (S. 174)
Roter Steinbrech (S. 174)
Rundblättrige Glockenblume (S. 32)
Ruprechtskraut (S. 66)
Scheinmohn (S. 172)
Schneeglöckchen (S. 65)
Schnittlauch (S. 173)
Scilla (S. 173)
Steinfeder (S. 174)
Wilde Möhre (S. 35)
Wildlein (S. 180)
Zimbelkraut (S. 180)

Pflanzen für Küstengärten

Alle auf den Seiten 117 bis 120 beschriebenen Pflanzen sowie die folgenden:

Baumartige Strauchpappel (S. 175)
Bergjasione (S. 157)
Besenginster (S. 157)
Bibernellrose (S. 158)
Eberwurz (S. 158)
Echte Hundszunge (S. 166)
Echter Baldrian (S. 106)
Echtes Labkraut (S. 168)
Echtes Tausendgüldenkraut (S. 176)
Eibisch (S. 159)
Färberginster (S. 160)
Fenchel (S. 160)
Gänsefingerkraut (S. 162)
Gelber Hornmohn (S. 165)
Gemeine Grasnelke (S. 163)
Gemeine Schafgarbe (S. 30)
Gemeiner Hornklee (S. 40)
Gemeines Ferkelkraut (S. 161)
Geruchlose Kamille (S. 167)
Hasenklee (S. 164)
Heidenelke (S. 164)
Kriechender Hauhechel (S. 41)
Leimkraut, *Silene maritima* (S. 168)
Mariendistel (S. 169)
Mauerpfeffer (S. 169)
Meerwermut (S. 169)
Rundblättrige Glockenblume (S. 32)
Ruprechtskraut (S. 66)
Saatwucherblume (S. 34)
Scilla (S. 173)
Skabiosenflockenblume (S. 33)
Stranddistel (S. 175)
Wermut (S. 178)
Widerstoß (S. 179)
Wiesenbocksbart (S. 179)
Wilde Möhre (S. 35)
Wundklee (S. 180)

Ackergauchheil
Anagallis arvensis

Standort: Sonnig; Küstengärten.
Boden: Jede gut kultivierte Erde.
Blütezeit: Mai bis August.
Höhe: Niederliegend.
Einjährig; leicht zu ziehen.

Der Ackergauchheil ist eine kleine, zarte Pflanze mit niederliegendem Wuchs und leuchtenden Sternblüten, die zumeist rot sind. Es kommen aber auch sehr hübsche blaue oder rosa Formen vor. Am besten gedeiht er auf nacktem Boden zwischen aufrechtwachsenden Pflanzen. Seine paarig stehenden Blätter sind eiförmig, zugespitzt und glänzend. Da der Ackergauchheil weder Nektar besitzt noch duftet, wird er kaum von Insekten besucht.

Kultur
Die Samen im Frühjahr oder Herbst an vorgesehener Stelle säen und dünn mit Erde bedecken. Der Ackergauchheil vermehrt sich üppig durch Selbstaussaat.

Ackerhahnenfuß
Ranunculus arvensis

Standort: Sonnig.
Boden: Durchlässig.
Blütezeit: Mai bis Juli.
Höhe: 15 bis 50 cm.
Einjährig; leicht zu ziehen.

Einst wuchs der Ackerhahnenfuß vor allem auf Getreideäckern üppig, heute ist er durch moderne Bewirtschaftungsmethoden praktisch ausgerottet. Seine Blüten haben ein leuchtendes, freundliches Gelb und locken Schmetterlinge an. Diese Blume zieht man zusammen mit anderen Ackerbegleitpflanzen wie Ackerstiefmütterchen, Kornblume, Kornrade und Hundskamille. Besonders schön sind die reifen Früchte. Sie haben eine runde, stachelige Form und werden von vorbeikommenden Tieren verbreitet.

Der Ackerhahnenfuß ist giftig, und wer ihn ißt, kann krank werden.

Kultur
Die Samen im Frühjahr säen und dünn mit Erde bedecken. Der Ackerhahnenfuß sät sich leicht aus.

Ackerwitwenblume
Knautia arvensis

Standort: Sonnig.
Boden: Durchlässig und fruchtbar.
Blütezeit: Juli bis September.
Höhe: 25 bis 100 cm.
Ausdauernd; braucht Pflege.

Aus bis zu fünfzig Einzelblütchen bestehen die reizvollen Blütenköpfe der Ackerwitwenblume. Es ist eine große, attraktive Pflanze, die am schönsten aussieht, wenn sie in einem sonnigen Wiesengarten zwischen den Gräsern wächst.

Die Ackerwitwenblume ist Nektarlieferant für Schmetterlinge und Bienen.

Kultur
Die Samen der Ackerwitwenblume keimen nur mühsam. Man sät sie im Frühjahr oder Herbst in eine Saatschale und bedeckt sie dünn mit Erde. Die Jungpflanzen werden im folgenden Frühjahr oder Herbst in die Wiese gesetzt.

Alant, Echter
Inula helenium

Standort: Sonnig; halbschattig.
Boden: Alle feuchten Böden.
Blütezeit: Juli bis August.
Höhe: 60 bis 150 cm.
Ausdauernd; leicht zu ziehen.

Der Echte Alant wurde vor langer Zeit ins Land gebracht. Es ist eine schöne hohe Pflanze, die man als Hintergrund in eine Rabatte setzt. Sie hat große, tiefgoldgelbe Korbblüten, die an den Enden sich verzweigender Stengel stehen. Die unteren Blätter können bis zu 30 cm Länge erreichen.

Die Blüten des Echten Alants können zum Färben von Stoffen verwendet werden.

Kultur
Die Samen im Frühjahr oder Herbst in eine Schale säen und sehr dünn mit Erde bedecken. Zwischen Frühjahr und Herbst im Abstand von 1 m auspflanzen. Wenn die Samenstände nicht entfernt werden, sät sich der Alant üppig aus.

Algiermalve
Malva sylvestris

Standort: Sonnig.
Boden: Durchlässig.
Blütezeit: Juni bis September.
Höhe: 30 bis 90 cm.
Ausdauernd; leicht zu ziehen.

Die Algiermalve ist eine buschige Pflanze mit großen handförmigen Blättern und auffälligen rosavioletten Blüten. Als Hintergrund einer Wildblumenrabatte oder vor einer Mauer kommt sie großartig zur Geltung.

Man schätzt diese Malve schon seit langem als Arzneipflanze. Aus ihr hergestellte Medizin wirkt lindernd bei entzündeter Haut und gegen Bienenstiche.

Kultur
Die Samen im Frühjahr oder Herbst an Ort und Stelle säen und dünn mit Erde bedecken. Die Sämlinge auf 60 cm Abstand verziehen.

Alpenveilchen
Cyclamen hederifolium

Standort: Halbschattig; schattig.
Boden: Fett und feucht.
Blütezeit: August bis Oktober.
Höhe: 10 bis 30 cm.
Ausdauernd; braucht Pflege.

Dieses schöne Alpenveilchen eignet sich besonders für halbschattige, waldige Gärten. Im Herbst öffnet es seine zarten rosa oder weißen Blüten. Am wirkungsvollsten kommt es gruppenweise im Halbschatten von sommergrünen Bäumen oder Sträuchern zur Geltung. Damit diese Pflanze gut gedeiht, darf der Boden um sie herum nur wenig bewachsen sein.

Das Alpenveilchen ist keine heimische Pflanze, bürgert sich aber gut ein.

Kultur
Die Knollen ab Juli 2 bis 4 cm tief und mit 15 cm Abstand in fetten, durchlässigen Boden an einen Platz pflanzen, der im Halbschatten liegt und vor kalten Winden geschützt ist. Pflanzen sind bei Wildblumen-Spezialisten erhältlich.

Andorn, Gemeiner
Marrubium vulgare

Standort: Sonnig.
Boden: Durchlässig und fruchtbar.
Blütezeit: Juni bis Oktober.
Höhe: 30 bis 60 cm.
Ausdauernd; braucht Pflege.

Der Gemeine Andorn ist eine ungewöhnliche und dekorative buschige Pflanze. An den oberen Enden der Stengel sitzen, zwischen silbergrünen, runzeligen Blättern, in dichten Scheinquirlen kleine weiße Blüten. Die Blätter erwecken den Anschein, als seien sie mit Reif überzogen. Die ganze Pflanze verströmt einen moschusartigen, würzigen Duft und lockt Bienen an. Der Gemeine Andorn eignet sich vorzüglich für Kräutergärten und bildet einen hübschen Kontrast zu grünblättrigen Blumen und Kräutern.

Kultur
Die Samen im Frühjahr in eine Saatschale säen und dünn mit Erde bedekken. Die Keimung kann sehr unregelmäßig erfolgen, so daß über Monate immer wieder ein oder zwei Sämlinge erscheinen. Pflanzen sind in Gärtnereien erhältlich.

Bärenlauch
Allium ursinum

Standort: Halbschattig; schattig.
Boden: Feucht und fruchtbar.
Blütezeit: April bis Juni.
Höhe: 30 bis 45 cm.
Ausdauernd; braucht Pflege.

Der Bärenlauch ist eine ungewöhnlich schöne Pflanze für einen schattigen, waldigen Garten. Seine schneeweißen Blüten stehen in Scheindolden an langen Stielen über breiten, leuchtendgrünen Blättern. Bärenlauch sieht besonders wirkungsvoll aus, wenn er in großen Gruppen, zusammen mit Hasenglöckchen und Akelei, wächst. Da er den charakteristischen Knoblauchgeruch hat, betrachten ihn viele Leute lieber aus sicherer Entfernung.

Kultur
Die Samen im Herbst an vorgesehener Stelle säen und dünn mit Erde bedekken. Die Keimung erfolgt zu Frühjahrsbeginn. Wenn die oberirdischen Pflanzenteile im Frühsommer abgestorben sind, können die kleinen Zwiebeln geteilt werden. Der Bärenlauch sät sich üppig aus und kann auf nassen Flächen stark wuchern.

Bergjasione
(Schafrapunzel) *Jasione montana*

Standort: Sonnig; halbschattig; Steingärten; Küstengärten.
Boden: Durchlässig.
Blütezeit: Mai bis August.
Höhe: 5 bis 50 cm.
Zweijährig; leicht zu ziehen.

Diese kleine, aufrechte Pflanze wächst bevorzugt in saurem Boden. Sie eignet sich gut für Stein- oder Kiesgärten und sieht auch zwischen Heidekraut in einer Rabatte hübsch aus. Die Bergjasione hat dichte Blütenköpfe, die wie himmelblaue Nadelkissen erscheinen. Ihre kleinen Blätter verströmen einen starken Geruch, wenn man sie zerdrückt.

Kultur
Die Samen im Frühjahr oder Herbst an vorgesehener Stelle säen und in die Erde drücken. In einem geeigneten Boden sät sich die Bergjasione problemlos aus.

Bergminze
Calamintha nepeta

Standort: Sonnig.
Boden: Durchlässig und alkalisch; verträgt mageren Boden.
Blütezeit: Juli bis September.
Höhe: 30 bis 60 cm.
Ausdauernd; Keimung schwierig.

Die Bergminze bildet, gruppenweise an eine Böschung gepflanzt, einen wunderhübschen Anblick. Sie hat winzige, zarte, blaßmalvenfarbige Blüten, ihre Stengel und Blätter sind blaßgrau und mit feinen, flaumigen Haaren bedeckt. Doch ihre bemerkenswerteste Eigenschaft ist ihr wunderbarer aromatischer Duft, der Schmetterlinge anlockt und einen weiteren Anreiz für ihre Kultur bietet. Darüber hinaus dient sie als Bienenweide.

Kultur
Die Samen im Frühjahr oder Herbst an Ort und Stelle oder in Schalen säen und dünn mit Erde bedecken. Wer im Herbst in Schalen sät, sollte diese mit Glasscheiben bedecken und über den Winter ins Freie stellen.

Besenginster
Cytisus scoparius

Standort: Sonnig; Küstengärten.
Boden: Durchlässig; bevorzugt leicht sauren Boden.
Blütezeit: Mai bis Juni.
Höhe: Bis 2,5 m.
Ausdauernd; braucht Pflege.

Der Besenginster ist ein sommergrüner Strauch mit langen, geraden Zweigen, die im Frühsommer unter einer Fülle goldgelber Blüten verschwinden. Ihnen folgen schwarze Samenhülsen. Sofern der Platz ausreicht, sieht der Besenginster in einer sonnigen Rabatte großartig aus. Er ist eine gute Bienenweide und darüber hinaus eine alte Heilpflanze. Früher benutzte man ihn zur Besenherstellung – was seinen Namen erklärt.

Kultur
Die Samen zwischen Sandpapier reiben, um die Keimung zu beschleunigen. Im Herbst an Ort und Stelle säen und dünn mit Erde bedecken. Die Pflanzen auf 1,2 m Abstand verziehen.

Bibernelle, Kleine
Pimpinella saxifraga

Standort: Sonnig; halbschattig.
Boden: Karg und trocken.
Blütezeit: Juli bis September.
Höhe: 30 bis 90 cm.
Ausdauernd; braucht Pflege.

Die Kleine Bibernelle ist eine hohe, schlanke Pflanze mit schirmförmigen, weißen Blütenständen. Sie ist in Sommerwiesen zu Hause und siedelt sich gut in leichten, insbesondere etwas kreidigen Böden an. Man kann sie außerdem in eine gemischte Wildblumenrabatte pflanzen, wo ihre zarten Blüten einen hübschen Kontrast zu leuchtenderen Blumen bilden. Auch das Laub ist dekorativ, und die Grundblätter sind denen des Kleinen Wiesenknopfes sehr ähnlich. Die Kleine Bibernelle hat einen für sie sehr typischen, süßlichen Duft.

Kultur
Die Samen im Herbst an Ort und Stelle aussäen und dünn mit Erde bedecken. Sämlinge erscheinen im Frühjahr. Die Kleine Bibernelle bürgert sich gut in kargem Grasland ein und sät sich bereitwillig aus.

Bibernellrose
(Dünenrose) *Rosa pimpinellifolia*

Standort: Sonnig; halbschattig; Küstengärten.
Boden: Durchlässig.
Blütezeit: Mai bis Juli.
Früchte: August bis September.
Höhe: 15 bis 60 cm.
Strauch; braucht Pflege.

Die Bibernellrose bildet niedrige, undurchdringliche Büsche, die im Sommer süßduftende, cremeweiße und manchmal rosa getönte Blüten tragen. Ihnen folgen im Herbst violettschwarze Hagebutten.

Mit purpurnem Heidekraut und Färberginster zusammengepflanzt, bietet die Bibernellrose einen farbenfrohen Blickfang.

Kultur
Die Keimung der Samen erfordert mitunter ein bis zwei Jahre. Sie werden über den Winter in feuchten Torf gelegt (s. S. 126) und im Frühjahr gesät. Bei Spezialanbietern sind auch Pflanzen erhältlich.

Blutwurz
Potentilla erecta

Standort: Sonnig.
Boden: Fast alle fruchtbaren, vor allem saure Böden.
Blütezeit: Mai bis Oktober.
Höhe: 5 bis 50 cm.
Ausdauernd; leicht zu ziehen.

Die Blutwurz hat hübsche, butterblumenähnliche, goldgelbe Blüten, die an sich verzweigenden Stengeln stehen. Besonders schön kommt sie in kurzem Gras und zwischen Erika zur Geltung. Vor allem gedeiht sie auf Torf gut. Bei warmem Wetter wird sie von Insekten bestäubt, bei Nässe oder in der Nacht aber bestäubt sie sich selbst.

Aus den Wurzeln wird rotes Färbemittel gewonnen; darüber hinaus ist die Blutwurz eine Heilpflanze mit stark adstringierenden Eigenschaften. Ferner verwendete man sie früher zum Gerben von Leder.

Kultur
Die Samen im Frühjahr oder Herbst an den vorgesehenen Standort säen und dünn mit Erde bedecken.

Brombeere, Echte
Rubus fruticosus

Standort: Sonnig; halbschattig; schattig.
Boden: Fast alle, auch saure Bodentypen.
Blütezeit: Mai bis September.
Früchte: August.
Höhe: Bis 90 cm.
Ausdauernd; leicht zu ziehen.

Die Brombeere ist ein reizvoller Strauch für eine Hecke. Die wunderschönen weißen bis rosaroten Blüten ziehen vor allem Bienen und Schmetterlinge an, die dort Pollen sammeln. Ab August hängen dicke Beeren an den Trieben, während sich die Blätter in herrlichen Herbsttönen verfärben.

Kultur
Zur Gewinnung der Samen reife Beeren zerdrücken. In sandigen Boden oder eine Schale säen und dünn mit Erde bedecken. Die Schalen mit Glasscheiben abdecken und im Freien überwintern. Die Sämlinge im Frühjahr auspflanzen. Man kann auch einen jungen Trieb auf dem Boden feststecken. Er bewurzelt sich rasch und kann dann abgetrennt und verpflanzt werden.

Distel, Nickende
Carduus nutans

Standort: Sonnig.
Boden: Fruchtbarer, kultivierter Boden.
Blütezeit: Mai bis August.
Höhe: 20 bis 100 cm.
Zweijährig; leicht zu ziehen.

Diese schöne Distel ist an ihren typischen nickenden Blütenköpfen erkennbar, die sehr groß und rötlichviolett sind. Sie stehen an langen Stengeln über stacheligen Blättern.

Die Nickende Distel verströmt einen intensiven, moschusartigen Duft. Sie lockt Schmetterlinge an und auch einige Vögel, die ihre Samen fressen.

Kultur
Die Samen im Spätsommer am vorgesehenen Standort 1 cm tief säen. Während des Herbstes und Winters sollte sich eine Blattrosette entwickeln, im folgenden Frühjahr ein Blütenschaft. Die Nickende Distel sät sich selbst aus.

Drahtschmiele
Deschampsia flexuosa

Standort: Sonnig; halbschattig.
Boden: Durchlässig; wächst in sauren Böden.
Blütezeit: Juni bis Juli.
Höhe: 50 bis 200 cm.
Ausdauernd; leicht zu ziehen.

Die Draht- oder Flatterschmiele ist ein horstbildendes Gras, das sich durch Rhizome ausbreitet. Die Drahtschmiele hat zarte rosa Blütenköpfchen und sieht am besten, großflächig wachsend, in einer Sommerwiese oder einer schattigen Lichtung aus. Während der Blütezeit erscheint sie, aus der Ferne gesehen, wie ein rosa Schleier.

Kultur
Die Samen im Frühjahr in durchlässigen Sandboden oder Torf säen und festdrücken. Die Aussaat kann auch im Frühherbst erfolgen. Ein Ausdünnen der Sämlinge ist nicht erforderlich.

Eberwurz, Gemeine
Carlina vulgaris

Standort: Sonnig; Küstengärten.
Boden: Durchlässig.
Blütezeit: Juli bis Oktober.
Höhe: 10 bis 60 cm.
Zweijährig; leicht zu ziehen.

Diese attraktive Distel (auch Silber-, Gold- oder Wetterdistel genannt) ist eine zweijährige Pflanze. Im ersten Jahr entwickelt sie nur eine stechende Blattrosette, im zweiten Stengel mit ebenfalls stechenden Blättern und dekorativen, strohfarbenen Blütenköpfen, die sich bei trockenem Wetter weit öffnen und bei feuchter Luft schließen. Sie werden häufig von Bienen und Schmetterlingen besucht. Auch getrocknet ist die Eberwurz sehr schön.

Kultur
Die Samen im Frühjahr an Ort und Stelle säen und dünn mit Erde bedecken. Sämlinge in gutem Boden auf 20 cm, in weniger gutem oder magerem Boden auf einen geringeren Abstand verziehen.

Edelgamander
Teucrium chamaedrys

Standort: Sonnig; halbschattig; Steingärten.
Boden: Durchlässig und fruchtbar.
Blütezeit: Juli bis September.
Höhe: 10 bis 20 cm.
Ausdauernd; braucht Pflege.

Der Edelgamander ist eine kleine, buschige Pflanze mit glänzenden, dunkelgrünen Blättern, rotbraunen Blüten und einem kriechenden Wurzelstock. Wegen seines immergrünen Laubes und seiner späten Blütezeit ist er ideal für Steingärten. Auch auf einer Mauer wachsend wirkt er ungemein dekorativ. Die Blätter des Edelgamanders haben einen intensiven Duft.

Kultur
Der Edelgamander läßt sich nur schwer aus Samen ziehen. Man sät sie im Frühjahr in eine Saatschale und führt ihnen etwas Wärme zu. Die Aussaat kann aber auch im Frühsommer in eine im Freien stehende Schale erfolgen. Die Samen dünn mit Erde bedecken. Um den Edelgamander in einer Mauer anzusiedeln, eignen sich Sämlinge besser als große Pflanzen.

Efeu, Gemeiner
Hedera helix

Standort: Halbschattig; schattig.
Boden: Fett und durchlässig.
Blütezeit: September bis November.
Früchte: November bis Dezember.
Höhe: Bis 30 m.
Ausdauernde Kletterpflanze; leicht zu ziehen.

Efeu ist eine immergrüne Kletterpflanze, die an Wänden, Bäumen und Hecken emporwächst oder auf der Erde dichte Teppiche bildet. Er hat dunkelgrüne, glänzende Blätter, die einen schönen Hintergrund für die gelblichgrünen, runden Blütenköpfchen bilden. Im Winter trägt er darüber hinaus dekorative schwarze Beeren.

Kultur
Efeu kann aus Samen gezogen werden, die aber lange brauchen, um zu keimen. Sie sollten daher zuerst stratifiziert werden (s. S. 126). Einfacher ist es, ein Exemplar in der Gärtnerei zu kaufen oder von einer alten Pflanze ein Triebstück mit Luftwurzeln abzubrechen. Auf Erde festgesteckt, entwickelt sich aus diesem Steckling rasch eine neue Pflanze.

Eibisch
(Samtpappel) *Althaea officinalis*

Standort: Sonnig; Küstengärten.
Boden: Feucht oder naß.
Blütezeit: Juli bis September.
Höhe: 60 bis 120 cm.
Ausdauernd; braucht Pflege.

Der Eibisch ist eine hohe, stattliche Pflanze. Seine großen blaßrosa Blüten stehen in Büscheln am oberen Teil der Stengel, und seine samtigen Blätter scheinen, ähnlich wie ein Fächer, leicht gefaltet. Man kann ihn als Dekorationspflanze ziehen oder auch gruppenweise hinten in eine Rabatte setzen.

Mit Eibischwurzeln wurden früher verschiedene Schmerzen und Schwellungen behandelt, darüber hinaus dienten sie zur Herstellung von Süßigkeiten. Die Blüten locken Schmetterlinge an.

Kultur
Die Samen im Herbst an vorgesehener Stelle oder in Schalen säen und dünn mit Erde bedecken. Die Schalen mit Glasscheiben bedecken und über den Winter ins Freie stellen. Die Keimung ist unregelmäßig, sollte aber im Frühjahr stattfinden. Zur Blüte kommen die Pflanzen erst im zweiten Jahr.

Eisenhut, Blauer
Aconitum napellus

Standort: Sonnig; halbschattig; schattig.
Boden: Feucht und fruchtbar.
Blütezeit: Mai bis September.
Höhe: 1 bis 1,5 m.
Ausdauernd; leicht zu ziehen.

Die helmförmigen violettblauen Blüten des Eisenhuts stehen in hohen Trauben über den dekorativen geteilten Blättern. Er sieht in einer waldigen Umgebung großartig aus, aber auch gruppenweise vor einer schattigen Wand. Hummeln besuchen ihn besonders gern.

Der Eisenhut ist eine alte Heilpflanze, die in der Homöopathie auch heute noch eine wichtige Rolle spielt. Er ist außerordentlich giftig!

Kultur
Die Samen im März in Schalen unter einem Schutz oder im April am vorgesehenen Standort ins Freie säen. Der Eisenhut sät sich selbst aus, und wenn im Herbst die oberirdischen Pflanzenteile abgestorben sind, kann man auch den Wurzelstock teilen. Vorsicht: Wer Eisenhut anfaßt, sollte stets Handschuhe tragen.

Eisenkraut
Verbena officinalis

Standort: Sonnig.
Boden: Durchlässig.
Blütezeit: Juli bis September.
Höhe: 30 bis 90 cm.
Ausdauernd; leicht zu ziehen.

Das Eisenkraut ist eine buschige Pflanze mit vierkantigen, rauhen Stengeln, an denen graugrüne Blätter und in langen, schlanken Ähren winzige, fliederfarbene Blüten sitzen. Am schönsten sieht das Eisenkraut in großen Gruppen aus. Es paßt gut zu kleinblütigen Wikken, die an ihm emporranken, insbesondere zur Viersamigen Wicke. Eisenkraut gedeiht auch in Töpfen.

Die Pflanze soll heilende Eigenschaften besitzen.

Kultur
Die Samen im Frühjahr oder Herbst an vorgesehener Stelle säen und in die Erde drücken oder einwässern. Sämlinge können auf 30 cm Abstand ausgedünnt werden. Das Eisenkraut kann auch leicht in Schalen gezogen werden, falls Containerpflanzen benötigt werden.

Erdrauch, Echter
Fumaria officinalis

Standort: Sonnig; Steingärten.
Boden: Durchlässig.
Blütezeit: Mai bis September.
Höhe: 30 bis 50 cm.
Einjährig; leicht zu ziehen.

Der Erdrauch ist eine ungewöhnliche Pflanze, die im Ackergarten eine attraktive Ergänzung darstellt und sich gut eignet, um auf nackte Flecken Erde gepflanzt zu werden. Sie hat schmale, fiederteilige Blätter von bläulichgrüner Farbe und Trauben kleiner rosa Röhrenblüten. Aus der Ferne sieht eine Gruppe dieser Pflanzen manchmal aus wie blauer Rauch, was ihren Namen erklärt.

Kultur
Die Samen im Frühjahr an Ort und Stelle säen und dünn mit Erde bedecken. Die Keimung erfolgt nach ein bis zwei Wochen.

Esparsette

(Hahnenkamm) *Onobrychis viciifolia*

Standort: Sonnig.
Boden: Durchlässig.
Blütezeit: Mai bis August.
Höhe: 10 bis 80 cm.
Ausdauernd; leicht zu ziehen.

Die Esparsette ist eine buschige Pflanze mit wickenartigen Blättern und hübschen, konischen Trauben aus rosa Blüten, die rotgestreift sind. Im sommerlichen Wiesengarten setzt sie freundliche rosa Farbtupfer, und sie wird gern von Bienen besucht. *Onobrychis viciifolia* ist eine Blume für Kalkwiesen. Ihre Samen sind ebenfalls sehr schön, und es lohnt sich, sie unter einem Vergrößerungsglas zu betrachten.

Kultur
Die großen Samen für die Aussaat zwischen Sandpapier reiben, um die Keimung zu beschleunigen. Im Frühjahr oder Frühherbst am vorgesehenen Standort 1 cm tief säen.

Fadenehrenpreis

Veronica filiformis

Standort: Sonnig.
Boden: Fruchtbar.
Blütezeit: März bis Juli.
Höhe: Kriechend und rasenbildend.
Ausdauernd; leicht zu ziehen.

Der Fadenehrenpreis ist eine kriechende, rasenbildende Pflanze, die sich rasch ausbreitet. Er hat kleine nierenförmige Blätter und hübsche blaue Blüten, die denen des Gamanderehrenpreises ähneln, aber kleiner sind. Er sieht im Rasen schön aus oder auch in unkultivierten Grasflächen, die verhältnismäßig kurz gehalten werden.

Kultur
Da Samen nicht ohne weiteres erhältlich sind, besorgt man sich am besten kleine Pflanzen (vielleicht aus dem Rasen des Nachbarn). Im Frühjahr oder Herbst kann ein kleines Stück Grasnarbe mit einigen Pflanzen umgesetzt werden. Der Ehrenpreis breitet sich dann langsam im Gras aus.

Färberginster

Genista tinctoria

Standort: Sonnig; Steingärten; Küstengärten.
Boden: Durchlässig.
Blütezeit: Juli bis September.
Höhe: 30 bis 70 cm.
Ausdauernd; braucht Pflege.

Der Färberginster ist ein widerstandsfähiger Strauch, der in kargen Böden wächst. Es handelt sich hierbei um eine Zwergform des Besenginsters mit kleinen, glänzenden Blättern und goldgelben Schmetterlingsblüten. Er eignet sich gut für Steingärten und kann auch als Solitärpflanze verwendet werden.

Aus den Blüten werden gelbe Färbemittel gewonnen. Mit der blauen Farbe des Färberwaids gemischt, ergibt es Grün.

Kultur
Gesät wird im Herbst. Die Samen zwischen Sandpapier reiben, um die Keimung zu beschleunigen. Meist erfolgt sie im Frühjahr. In Spezialgärtnereien sind auch Pflanzen erhältlich, die im Frühjahr oder Herbst gesetzt werden.

Färberreseda

Reseda luteola

Standort: Sonnig.
Boden: Durchlässig und fruchtbar.
Blütezeit: Juni bis August.
Höhe: 50 bis 150 cm.
Zweijährig; braucht Pflege.

Die Färberreseda ist eine beeindrukkende Pflanze, die bis 1,5 m Höhe erreicht. Im ersten Jahr entwickelt sie eine Blattrosette, aus der im zweiten Jahr ein Blütenstand emporwächst. Dieser besteht aus kleinen, grüngelben Blüten, unter denen lange, schmale Blätter sitzen. Die Färberreseda wirkt außerordentlich dekorativ und sieht besonders großartig aus, wenn sich ihre Silhouette vom Hintergrund gut abhebt.

Aus den Blüten der Pflanze kann leuchtendgelbes Färbemittel gewonnen werden; früher wurde die Färberreseda allein zu diesem Zweck kultiviert.

Kultur
Die Samen im Spätsommer an Ort und Stelle säen und dünn mit Erde bedekken. Die Keimung sollte im Frühjahr erfolgen.

Färberscharte

Serratula tinctoria

Standort: Sonnig; halbschattig.
Boden: Feucht bis trocken und fruchtbar.
Blütezeit: Juli bis September.
Höhe: 20 bis 80 cm.
Ausdauernd; leicht zu ziehen.

Mit ihren rosavioletten duftigen Blütenköpfen, die an verzweigten Stengeln stehen, sieht die Färberscharte wie eine kleine Flockenblume aus. An einer Hecke, wo sie zwischen dem Grün für bunte Farbtupfer sorgt, kommt sie sehr hübsch zur Geltung. Die Färberscharte gedeiht sowohl auf moorigen Wiesen als auch auf trockenen, kiesigen Böden. Wildwachsend sieht man sie heute aber nur noch selten.

Früher verwendete man die Färberscharte als Mittel zur Wundbehandlung. Mit Alaun zusammen läßt sich aus den Blättern eine gelbgrüne Farbe gewinnen.

Kultur
Die Samen im Frühjahr oder Herbst in eine Saatschale säen und dünn mit Erde bedecken. Die Sämlinge auspflanzen, sobald sie groß genug sind.

Felsensteinkraut

Potentilla rupestris

Standort: Steingärten.
Boden: Durchlässig.
Blütezeit: Mai bis Juni.
Höhe: 20 bis 50 cm.
Ausdauernd; leicht zu ziehen.

Das Felsensteinkraut ist eine wunderschöne, aber seltene einheimische Pflanze. Man sollte sie wegen ihrer großen, weißen, erdbeerähnlichen Blüten ziehen, die in lockeren Büscheln an verzweigten Stengeln von 30 cm Höhe und mehr stehen. Diese Blume bildet einen hübschen Kontrast zu den niedrigen, polsterbildenden alpinen Pflanzen.

Kultur
Die Samen im Frühjahr oder Herbst im Garten auf die Erde oder in eine Saatschale streuen. Saatschalen sollten sandiges Substrat enthalten. Alte Pflanzen können im März oder April geteilt werden. Pflanzen bekommt man bei Spezialanbietern für Alpengewächse.

Fenchel
Foeniculum vulgare

Standort: Sonnig; Küstengärten.
Boden: Fett und durchlässig.
Blütezeit: Juli bis Oktober.
Höhe: 1,5 bis 2 m.
Ausdauernd; leicht zu ziehen.

Fenchel ist eine Pflanze, die bereits in alter Zeit eingeführt wurde und aufgrund ihres filigranen grünen Laubs und der Fülle winziger gelber Blüten äußerst dekorativ wirkt. Daneben gibt es auch eine bronzefarbene Sorte. Fenchel hat einen typischen anisartigen Geschmack, und seine Blätter werden als Würze für Fisch und Eiergerichte verwendet. Besonders gut gedeiht Fenchel vor einer Wand.

Fenchel ist eine gute Nektarpflanze für Bienen und wird auch zum Färben von Stoffen verwendet.

Kultur
Die Samen zwischen Februar und Mai 5 mm tief an einem sonnigen Platz mit durchlässiger Erde säen. Sämlinge auf 45 bis 60 cm Abstand ausdünnen. Nachdem die Blüten im Herbst oder Winter verwelkt sind, die Stengel auf 7 cm über dem Boden zurückschneiden.

Ferkelkraut, Gemeines
Hypochaeris radicata

Standort: Sonnig; Küstengärten.
Boden: Durchlässig.
Blütezeit: Mai bis September.
Höhe: 20 bis 60 cm.
Ausdauernd; leicht zu ziehen.

Das Ferkelkraut hat schöne, dem Löwenzahn ähnliche Blüten, und wenn es sich im Sommer in der Gartenwiese ausbreiten kann, bildet es bald einen leuchtenden gelben Blütenteppich. Es hat drahtige Triebe und rauhe Blätter, die für Salate geeignet sind. Die Blüten locken Bienen und andere Insekten an.

Kultur
Die Samen im Frühjahr oder Herbst an einem sonnigen Platz aussäen, aber nur ganz dünn mit Erde bedecken. Das Ferkelkraut breitet sich rasch aus und sollte am besten auf Grasflächen beschränkt werden.

Flockenblume, Schwarze
Centaurea nigra

Standort: Sonnig; halbschattig.
Boden: Mittelmäßig fruchtbar.
Blütezeit: Juni bis September.
Höhe: 30 bis 60 cm.
Ausdauernd; leicht zu ziehen.

Die Schwarze Flockenblume ist eine farbenfrohe, distelähnliche Pflanze. Sie hat rötlichviolette Blüten und lanzettliche Blätter, wird ziemlich hoch und sieht im Wiesengarten, in einer Rabatte oder an einer Böschung sehr schön aus.

Diese Flockenblume zieht Bienen und Schmetterlinge an und dient insbesondere dem Großen Scheckenfalter als Futterpflanze. Auch getrocknet sieht sie sehr schön aus.

Kultur
Die Samen im Frühjahr entweder an Ort und Stelle oder in Schalen säen und ganz dünn mit Erde bedecken. Die Keimung erfolgt nach wenigen Wochen. Die Flockenblume wird am besten zwischen Herbst und Frühjahrsbeginn in Gras gepflanzt.

Flügelhartheu
Hypericum tetrapterum

Standort: Sonnig; halbschattig; Wassergärten.
Boden: Fruchtbar.
Blütezeit: Juni bis September.
Höhe: 30 bis 70 cm.
Ausdauernd; leicht zu ziehen.

Der Flügelhartheu sieht dem Johanniskraut (s. S. 67) ähnlich, doch sind seine Blüten in der Mitte orange und seine Stengel nicht rund, sondern viereckig. Ein weiteres Merkmal dieser Pflanze ist, daß sie auch am Rand eines Gartenteiches wächst, weil sie gern feucht steht. Zusammen mit anderen Pflanzen feuchter Standorte, wie Spornblume und Felberich, sieht sie sehr hübsch aus. Sie gedeiht auch gut auf nassen Wiesen.

Kultur
Die Samen im Frühjahr oder Herbst in eine Saatschale säen, aber nur sehr dünn mit Erde bedecken. Sobald die Sämlinge groß genug sind, zwischen Herbst und Frühjahr auspflanzen.

Frauenfarn, Gemeiner
Athyrium filix-femina

Standort: Halbschattig; schattig.
Boden: Feucht.
Wachstumsperiode: Frühjahr bis Herbst.
Höhe: Wedel 20 bis 100 cm.
Ausdauernd; leicht zu ziehen.

Frauenfarne haben eine sehr zarte Struktur und wirken überaus anmutig und grazil. Ihre frischgrünen Wedel sehen besonders hübsch aus, wenn sie mit Veilchen und Akelei in einer schattigen Rabatte oder einem waldigen Garten wachsen.

Frauenfarne breiten sich rasch aus und bilden dichte Büsche, die geteilt werden können.

Kultur
Der Frauenfarn kann aus Sporen gezogen werden (s. S. 127), die im Juli oder August reifen. In vielen Gärtnereien sind auch Jungpflanzen erhältlich, die einen Platz benötigen, an dem sie vor der Mittagssonne geschützt sind.

Frauenmantel, Gemeiner
Alchemilla vulgaris

Standort: Sonnig.
Boden: Feucht und fruchtbar.
Blütezeit: Juni bis September.
Höhe: 15 bis 45 cm.
Ausdauernd; braucht Pflege.

Der Frauenmantel ist niedrig und für den Garten ein hübscher Bodendecker. Er hat große, charakteristische blaßgrüne Blätter und lockere Rispen aus winzigen, gelblichgrünen Blüten, die viele Wochen attraktiv bleiben.

Die mittelalterlichen Alchemisten schrieben dem Fauenmantel himmlische Eigenschaften zu und verwendeten bei ihren Versuchen, Gold herzustellen, den Tau von seinen Blättern.

Kultur
Die Samen im Frühsommer in eine Saatschale säen. Nicht bedecken, aber darauf achten, daß die Erde nicht austrocknet. Die Sämlinge auspflanzen, sobald sie groß genug sind. Wildblumen-Anbieter führen auch Jungpflanzen. Große Exemplare im Frühjahr teilen. Der Frauenmantel sät sich leicht aus.

Froschbiß

Hydrocharis morsus-ranae

Standort: Wassergärten.
Boden: Naß.
Blütezeit: Juli bis August.
Höhe: Über Wasser bis 10 cm.
Ausdauernd; leicht zu ziehen.

Der Froschbiß ist eine hübsche ausdauernde Pflanze für den Gartenteich. Seine runden Blätter stehen in einer Rosette um die kleinen, weißen Blüten, die in der Mitte gelbgefleckt sind. Sowohl Blätter als auch Blüten schwimmen auf der Wasseroberfläche. Die Pflanze breitet sich unter Wasser durch waagrechte Triebe aus, an denen sich in regelmäßigen Abständen rasch neue Pflanzen entwickeln.

Kultur
Pflanzen sind bei Lieferanten für Teich- und Wasserpflanzen erhältlich. Man legt den Froschbiß einfach in das Wasser – am besten während des Frühjahrs. Die fleischigen Wurzeln können in der Wachstumsperiode mit einem scharfen Messer geteilt werden.

Froschlöffel

Alisma plantago-aquatica

Standort: Wassergärten.
Boden: Naß.
Blütezeit: Juli bis August.
Höhe: 30 bis 100 cm.
Ausdauernd; leicht zu ziehen.

Der Froschlöffel wird in die Randzone von Teichen und Wasserläufen gepflanzt. Seine hübschen, breiten Blätter sorgen das ganze Jahr hindurch für üppiges Grün, und im Sommer stellen seine langen Rispen aus winzigen weißen Blüten eine weitere Attraktion dar. Die Blüten reagieren sehr empfindlich auf Licht und öffnen sich nur während weniger Nachmittagsstunden. Damit sich der Froschlöffel nicht aussät und im Teich oder Bach zu wuchern beginnt, werden die Blüten entfernt, sobald sie verwelkt sind.

Kultur
Die Samen im Frühjahr oder Herbst am vorgesehenen Standort in feuchten Boden säen und dünn mit Erde bedekken. Der Froschlöffel braucht das ganze Jahr hindurch Feuchtigkeit, besonders im Sommer, wenn die meisten Böden an der Oberfläche austrocknen.

Gänseblümchen

Bellis perennis

Standort: Sonnig.
Boden: Fruchtbar.
Blütezeit: März bis Oktober.
Höhe: 7 bis 15 cm.
Ausdauernd; leicht zu ziehen.

Gänseblümchen sind anmutige Pflänzchen, die von Kindern geliebt, aber von Rasenfanatikern erbarmungslos vernichtet werden. Ihre hübschen Blütenköpfchen bestehen aus gelben Röhrenblüten und weißen, manchmal rosa getönten Zungenblüten, die sie umgeben. Die Blätter sind spatelförmig und bilden eine grundständige Rosette. Das Gänseblümchen ist eine gute Nektarpflanze für Schmetterlinge.

Gänseblümchen gehören in jeden Blumenrasen und sehen neben Ehrenpreis besonders schön aus.

Kultur
Die Samen im Frühjahr oder Spätsommer in einen gut geharkten Rasen säen. Sehr dünn ausstreuen und in die Erde drücken, bei Trockenheit einwässern. Die Erde nicht trocken werden lassen, bis sich die Gänseblümchen eingebürgert haben.

Gänsefingerkraut

Potentilla anserina

Standort: Sonnig; Küstengärten.
Boden: Fast alle Bodentypen.
Blütezeit: Mai bis Juli.
Höhe: Niedrig und kriechend.
Ausdauernd; leicht zu ziehen.

Das Gänsefingerkraut ist eine niedrige, sich ausbreitende Pflanze, die an sonnigen Plätzen hübsche Teppiche bildet. Es hat glänzende, silbrige Blätter, die unterseits behaart sind, und rosenartige gelbe Blüten. Es gedeiht in den meisten Böden und verträgt Trockenheit.

Die Wurzeln des Gänsefingerkrautes wurden früher gegessen. Manchmal röstete man sie und machte sogar Brot daraus. Auch die Blätter aß man. Die Kräuterkundigen verwendeten die Wurzeln zur Behandlung von Halsentzündungen und Geschwüren im Mund.

Kultur
Die Samen im Frühjahr oder Herbst an vorgesehener Stelle säen und dünn mit Erde bedecken. Oder man sät in Schalen und pflanzt später aus. Das Gänsefingerkraut breitet sich durch Ausläufer rasch aus und kann im Sommer und Herbst leicht geteilt werden.

Glockenblume, Breitblättrige

Campanula latifolia

Standort: Halbschattig; schattig.
Boden: Feucht und fruchtbar.
Blütezeit: Juli bis August.
Höhe: 60 bis 120 cm.
Ausdauernd; braucht Pflege.

Die Breitblättrige Glockenblume ist eine großartige Pflanze. Sie hat wunderschöne blaßblaue, manchmal auch weiße Glockenblüten, die an hohen Schäften über einer großen Zahl eiförmiger Blätter stehen. Am besten kommt sie zur Geltung, wenn man sie in einer Gruppe vor eine Wand pflanzt oder in einem schattigen Garten hinten in eine Rabatte setzt.

Kultur
Die Samen im Herbst entweder an Ort und Stelle oder in Schalen säen und dünn mit Erde bedecken. Glas über die Schalen legen und diese den Winter über ins Freie stellen. Die Keimung erfolgt im Frühjahr.

Goldlack

Cheiranthus cheiri

Standort: Sonnig; Steingärten.
Boden: Durchlässig.
Blütezeit: Von April bis September mit Unterbrechungen.
Höhe: 20 bis 60 cm.
Ausdauernd; leicht zu ziehen.

Wilder Goldlack bildet in jedem Garten einen reizvollen Anblick. Er hat schmale Blätter, über denen dichtgedrängt goldgelbe bis braungelbe Blüten stehen. Man kann ihn in großen Mengen pflanzen, um ausgedehnte farbige Flächen entstehen zu lassen, oder nahe beim Haus in kleinen Gruppen ziehen, wo man seinen berauschenden Duft am besten genießen kann. Goldlack sieht außerdem sehr hübsch aus in den Spalten einer alten Mauer, in Steingärten oder auf Rundkieswegen.

Er ist kurzlebig, vermehrt sich aber reichlich durch Selbstaussaat, so daß sich den ganzen Sommer über neue Pflanzen entwickeln.

Kultur
Die Samen im Spätfrühjahr oder Frühsommer an vorgesehener Stelle säen und dünn mit Erde bedecken.

Goldrute, Gemeine
Solidago virgaurea

Standort: Sonnig, halbschattig; schattig.
Boden: Durchlässig.
Blütezeit: Juli bis September.
Höhe: 30 bis 60 cm.
Ausdauernd; leicht zu ziehen.

Die Goldrute eignet sich für Staudenrabatten, denn sie breitet sich rasch aus und bildet bald dichte Horste. Im Spätsommer drängen sich zwischen den schmalen, spitzzulaufenden und mit Härchen besetzten Blättern leuchtendgelbe Blütenrispen. Früher behandelte man mit dieser Pflanze innere und äußere Verletzungen.

Kultur
Die Samen im Frühjahr oder Herbst an Ort und Stelle säen und dünn mit Erde bedecken. Die Aussaat kann auch im Frühjahr oder Frühsommer in Schalen erfolgen. Die Goldrute läßt sich auch in Gras auf kargem, druchlässigem Boden ansiedeln.

Grasnelke, Gemeine
Armeria maritima

Standort: Sonnig; halbschattig; Steingärten; Küstengärten.
Boden: Wächst in fast allen Böden.
Blütezeit: April bis Mai.
Höhe: 10 bis 20 cm.
Ausdauernd; leicht zu ziehen.

Die Gemeine Grasnelke ist eine hübsche kleine Blume, die, in großen Gruppen, einen großartigen Teppich aus rosaroten und weißen Blüten bildet. Die wunderschönen Sternblüten stehen in rundlichen Köpfchen über schmalen, fleischigen Blättern, die dicht zusammenstehen. Diese Grasnelke duftet nach Honig und ist eine gute Nektarpflanze für Schmetterlinge.

Kultur
Die Samen im Herbst oder Frühjahr in eine Saatschale säen und dünn mit Erde bedecken. Die Sämlinge auspflanzen, sobald sie groß genug sind. Im Frühjahr erfolgt die Keimung meist ziemlich rasch. Man kann auch im Juli und August 4 cm lange Grundstecklinge in ein Sand- oder Torfsubstrat setzen und an einen schattigen Platz stellen, bis sie sich bewurzelt haben.

Grassternmiere
Stellaria graminea

Standort: Sonnig; halbschattig.
Boden: Fast alle Böden, die etwas Feuchtigkeit halten; gedeiht gut in sauren Böden.
Blütezeit: Mai bis Juli.
Höhe: 15 bis 60 cm.
Ausdauernd; leicht zu ziehen.

Die Grassternmiere wächst in unkultivierten Grasflächen und an Hecken. Mit ihren vielen winzigen, weißen Blüten, die gelbe Mitten haben, wirkt sie besonders dekorativ. Von der Echten Sternmiere unterscheidet sie sich durch glattrandige Blätter und sehr viel kleinere Blüten. Besonders hübsch sieht es aus, wenn die Grassternmiere an großblättrigen Pflanzen emporsteigt, die ihre kleinen weißen Blüten gut hervorheben.

Kultur
Die Samen im Frühjahr oder Herbst in eine Saatschale säen und sehr dünn mit Erde bedecken oder an vorgesehener Stelle ausstreuen und in den Boden drücken beziehungsweise einwässern. Die Grassternmiere vermehrt sich durch Selbstaussaat.

Gundermann
(Gundelrebe) *Glechoma hederacea*

Standort: Sonnig; halbschattig; schattig.
Boden: Fett und ziemlich feucht.
Blütezeit: März bis Mai.
Höhe: 10 bis 30 cm.
Ausdauernd; leicht zu ziehen.

Der Gundermann bildet in einem halbschattigen Garten hübsche Teppiche. Seine immergrünen Blätter sind zierlich und nierenförmig, seine lavendelähnlichen Blüten klein und malvenfarben.

Das Laub hat einen intensiven, minzeartigen Geruch und wurde früher zur Herstellung von Bier verwendet. Aus der Pflanze bereiteter Tee soll gegen Husten helfen.

Kultur
Die Samen im Frühjahr oder Herbst in eine Saatschale säen und dünn mit Erde bedecken. Die Sämlinge auspflanzen, sobald sie groß genug sind.

Habichtskraut, Kleines
Hieracium pilosella

Standort: Sonnig; halbschattig.
Boden: Fast alle Böden.
Blütezeit: Mai bis September.
Höhe: 5 bis 30 cm.
Ausdauernd; leicht zu ziehen.

Das Kleine Habichtskraut ist eine niedrige Pflanze und geeignet für natürliche Grasflächen oder Gehölze. Es breitet sich schnell aus, und zwar durch Ausläufer wie durch Aussaat, und läßt bunte Farbtupfer entstehen. Es hat leuchtendgelbe Blütenköpfe, die denen des Löwenzahns ähnlich sind, an den Unterseiten jedoch rote Streifen aufweisen. Sie stehen einzeln an langen Blütenstielen über einer Rosette aus eiförmigen Blättern. Die Pflanze ist mit weißen Haaren bedeckt.

Kultur
Die Samen im Frühjahr an vorgesehener Stelle säen und in den Boden drükken. Nicht mit Erde bedecken. Werden die Pflanzen in Gras angesiedelt, sät man die Samen im Frühjahr oder Herbst zuerst in eine Schale und pflanzt die Sämlinge aus, sobald sie groß genug sind.

Hartheu
Hypericum androsaemum

Standort: Halbschattig; schattig.
Boden: Durchlässig und fruchtbar.
Blütezeit: Juni bis August.
Früchte: August bis September.
Höhe: 40 bis 100 cm.
Ausdauernd; leicht zu ziehen.

Diese strauchige, immergrüne Pflanze ist den größten Teil des Jahres dekorativ und in jeder schattigen Rabatte eine schöne Ergänzung. In sandigem Boden gedeiht sie gut. Im Frühsommer erscheinen an den Enden der Zweige kleine, tiefgelbe Blüten. Ihnen folgen im Herbst fleischige rote Früchte, die sich beim Reifen schwarz färben. Auch das Laub mit seinen herbstlichen Tönen bildet einen hübschen Hintergrund.

Kultur
Die Samen im Frühjahr oder Herbst in eine Saatschale säen und sehr dünn mit Erde bedecken. Die Sämlinge auspflanzen, sobald sie groß genug sind.

Hartriegel, Roter
Cornus sanguinea

Standort: Sonnig; halbschattig; schattig.
Boden: Durchlässig und fruchtbar.
Blütezeit: Juni bis Juli.
Früchte: September.
Höhe: Bis 4 m.
Sommergrüner Strauch; leicht zu ziehen.

Der Hartriegel ist ein Heckengehölz, das im Sommer duftende weiße Blüten und im September Trauben von kleinen, schwarzen Beeren trägt. Blätter und Triebe dieses Hartriegels färben sich im Herbst häufig in einem wunderschönen Rot und sehen außerordentlich dekorativ aus. Die Beeren sind ungenießbar, enthalten aber sehr viel Öl, das man früher für Lampen benutzte.

Kultur
Junge Pflanzen bekommt man bei Spezialanbietern. Zwischen Herbst und Frühjahr pflanzen.

Hasenklee
Trifolium arvense

Standort: Sonnig; Küstengärten.
Boden: Leicht, durchlässig und etwas fruchtbar; bevorzugt sauren Boden.
Blütezeit: Juni bis September.
Höhe: 10 bis 20 cm.
Einjährig; leicht zu ziehen.

Die hübschen Blüten des Hasenklees sind weich, behaart und zunächst weiß, später rötlich getönt. Sie stehen aufrecht über den kleinen, dreiteiligen Blättern. Der Hasenklee bildet Teppiche und gedeiht gut in kargen, trockenen Böden. Er kann auch auf sandigen, kiesigen Wegen angesiedelt werden, wo er sich jedes Jahr selbst aussät.

Der Hasenklee lockt Bienen und Schmetterlinge in großer Zahl an.

Kultur
Die Samen vor der Aussaat im Frühjahr zwischen Sandpapier reiben, um die Keimung zu erleichtern, dann in die Erde drücken. Man kann auch im Spätsommer säen.

Hauhechel, Dorniger
Ononis spinosa

Standort: Sonnig.
Boden: Mittel bis schwer.
Blütezeit: Juni bis September.
Höhe: 30 bis 40 cm.
Ausdauernd; braucht Pflege.

Der Dornige Hauhechel ist eine strauchige Pflanze, die während des Sommers hübsche rosarote Blüten entwikkelt. Er hat bedornte Stengel mit kleinen grünen Blättern und sieht in einer niedrigen Hecke oder in einem sonnigen Wiesengarten sehr dekorativ aus. Er ist dem Kriechenden Hauhechel (s. S. 41) sehr ähnlich und dient verschiedenen Raupen als Nahrungspflanze.

Kultur
Die Samen im Frühjahr oder Herbst säen und dünn mit Erde bedecken. Zuvor zwischen Sandpapier reiben, um die Keimung zu unterstützen. Sie kann unregelmäßig erfolgen, doch unter den richtigen Bedingungen gehen die Samen auf. Der Dornige Hauhechel sät sich problemlos aus.

Heidekraut
(Besenheide) *Calluna vulgaris*

Standort: Sonnig; halbschattig.
Boden: Sauer und mager.
Blütezeit: Juli bis September.
Höhe: Bis 60 cm.
Ausdauernd; braucht Pflege.

Das Heidekraut ist eine attraktive immergrüne Pflanze. Es hat kleine rosaviolette Blüten, die am Ende der Stengel in lockeren Trauben stehen, und winzige Blätter. Heidekraut sieht in großen Gruppen oder als Hintergrund gepflanzt am schönsten aus.

Heidekraut dient verschiedenen Tieren als Nahrungsquelle, wie etwa Bienen, Schmetterlingen und Raupen.

Kultur
Im August 2 cm lange Stecklinge nehmen und am Rand eines Topfes mit einer Torf-Sand-Mischung einsetzen und in ein schattiges Frühbeet stellen. Oder im Herbst Samen in torfige Erde säen und mit Sand bedecken. Die Keimung dauert mitunter bis zu zwei Jahren. Die Pflanzen können auch im Frühjahr durch Absenken vermehrt werden. Jungpflanzen sind in vielen Gärtnereien erhältlich.

Heidenelke
Dianthus deltoides

Standort: Sonnig; Steingärten; Küstengärten.
Boden: Durchlässig; bevorzugt sauren Boden.
Blütezeit: Juni bis September.
Höhe: 15 bis 45 cm.
Ausdauernd; leicht zu ziehen.

Die Heidenelke ist eine reizvolle Pflanze für Steingärten und Kieswege. Sie wächst kriechend und bildet flache, lockere Matten aus graugrünem Laub. Im Sommer erscheint ein Meer blaßgepunkteter rosaroter Blüten, die zwar nicht duften, aber durch ihre leuchtende Farbe Insekten anlocken. Bei trübem Wetter schließen sich die Blüten.

Kultur
Die Samen im Frühjahr an vorgesehener Stelle säen und dünn mit Erde bedecken. Sobald sie groß genug sind, die Sämlinge auf 30 cm Abstand verziehen. Die Heidenelke breitet sich durch Selbstaussaat rasch aus.

Herbstfeuerröschen
Adonis annua

Standort: Sonnig.
Boden: Kultivierter Boden, der durchlässig, fruchtbar und alkalisch ist.
Blütezeit: Mai bis Juli.
Höhe: 10 bis 40 cm.
Einjährig; braucht Pflege.

Das Herbstfeuerröschen hat scharlachrote Blüten mit dunklen Mitten, die wie rote Butterblumen aussehen, und dekorative gefiederte Blätter. In einem sonnigen Ackergarten setzt es leuchtendrote Tupfer, die Schmetterlinge anlokken. Das Herbstfeuerröschen stammt aus Südeuropa, wo man es als Unkraut betrachtet und vernichtet. Bei uns hat es sich auf Äckern eingebürgert. Heute zählt es zu den seltenen, zurückgehenden Arten.

Kultur
Die Samen im Herbst am vorgesehenen Standort breitwürfig aussäen und einharken. Eine Aussaat im Frühjahr ist ebenfalls möglich, aber nicht so zuverlässig. In Gras siedelt sich das Herbstfeuerröschen nicht an. Es vermehrt sich üppig durch Selbstaussaat.

Herbstlöwenzahn
Leontodon autumnalis

Standort: Sonnig; Küstengärten.
Boden: Fruchtbar.
Blütezeit: Juni bis Oktober.
Höhe: 15 bis 50 cm.
Ausdauernd; leicht zu ziehen.

Der Herbstlöwenzahn sieht dem im Frühjahr blühenden Wiesenlöwenzahn sehr ähnlich. Er hat lange, gezähnte Blätter, die um den Blütenstiel herum eine Grundrosette bilden, und gelbe Blüten. Zusammen mit Gänseblümchen sieht er in Rasen und Wiesen sehr hübsch aus.

Kultur
Die Samen im Frühjahr oder zu Herbstbeginn an vorgesehener Stelle säen und in die Erde drücken, aber nicht bedekken. Die Aussaat kann auch im Frühjahr in eine Saatschale erfolgen. Die Sämlinge im folgenden Frühjahr oder Herbst in Gras umsetzen.

Himmelsleiter, Blaue
Polemonium caeruleum

Standort: Sonnig; halbschattig; Steingärten.
Boden: Fruchtbar und durchlässig.
Blütezeit: Juni bis Juli.
Höhe: 30 bis 90 cm.
Ausdauernd; leicht zu ziehen.

Die Blaue Himmelsleiter kommt heute wildwachsend nur noch selten vor und steht unter Naturschutz. Ihre wunderschönen kobaltblauen Blüten und dekorativen hellgrünen Blätter, die wie die Stufen einer Leiter aussehen, haben diese Blume zu einem Favoriten im Bauerngarten gemacht. Es gibt auch eine weißblühende Form.

Die Himmelsleiter ist eine gefällige Pflanze, die in sonnigen Rabatten und an halbschattigen Standorten gut gedeiht. In Steingärten bildet sie einen dekorativen Blickfang, kann aber auch in kurzem Gras eingebürgert werden.

Kultur
Die Samen im Frühjahr oder Herbst an Ort und Stelle säen und dünn mit Erde bedecken. Die Himmelsleiter vermehrt sich üppig durch Selbstaussaat.

Holunder, Schwarzer
Sambucus nigra

Standort: Sonnig; halbschattig.
Boden: Fruchtbar.
Blütezeit: Mai bis Juni.
Früchte: August bis November.
Höhe: Bis 7 m.
Ausdauernd; sommergrün; leicht zu ziehen.

Der Schwarze Holunder ist ein sehr dekorativer Strauch, dessen kleine, cremeweiße Blüten in dichten, flachen Trugdolden stehen. Sie erscheinen im Frühsommer und locken zahlreiche Insekten an. Außerdem läßt sich aus ihnen ein köstlicher Wein bereiten. Im Herbst reifen die schwarzen Holunderbeeren, die von den Vögeln gefressen werden, wenn man sie nicht erntet, um daraus Wein oder Gelee zu machen.

Kultur
Reife Samen 2 cm tief in einen Topf säen und diesen im Freien überwintern. Sämlinge auspflanzen, sobald sie groß genug sind. Holunder ist auch in vielen Gärtnereien erhältlich. Werden die Büsche zu groß, kann man sie zurückschneiden.

Hopfen, Gemeiner
Humulus lupulus

Standort: Sonnig; halbschattig; schattig.
Achtung: In Hopfen-Anbaugebieten sollte kein wilder Hopfen gepflanzt werden.
Boden: Fett und feucht.
Blütezeit: Juli bis August.
Früchte: September bis Oktober.
Höhe: Bis 6 m.
Ausdauernde Schlingpflanze; braucht Pflege.

Eine besonders reizvolle Schlingpflanze, bei der es männliche und weibliche Pflanzen gibt. Die männlichen haben gelbliche Blüten, die in verzweigten Büscheln stehen, die weiblichen winzige, grüne, duftende Blüten, denen im Herbst rundliche, grüne Früchte folgen.

In Hopfen-Anbaugebieten sollte wilder Hopfen nicht gezogen werden, da er die Ernte beeinträchtigen kann.

Kultur
Die Samen im Sommer oder Herbst in Schalen säen und mit Erde bedecken. Eine Glasscheibe darüberlegen und an einen kühlen Platz stellen. Die Keimung erfolgt mitunter unregelmäßig.

Hopfenklee
Medicago lupulina

Standort: Sonnig.
Boden: Durchlässig.
Blütezeit: April bis Juli.
Höhe: 5 bis 50 cm.
Ausdauernd; leicht zu ziehen.

Hopfenklee ist eine niedrige Pflanze, die in natürlichen Grasflächen hübsch aussieht. Er hat reingelbe Blütenköpfchen und winzige rundliche Teilblättchen, die flaumig behaart sind. Seine typischen nierenförmigen Samen werden beim Reifen schwarz.

Kultur
Hopfenklee ist ein Grundbestandteil der meisten Wiesen-Saatmischungen und wird im allgemeinen nicht allein gesät. Um ihn in einer existierenden Grasfläche anzusiedeln, mäht man diese – am besten im Spätsommer – und harkt sie gründlich mit dem Rechen. Dann die Samen ausstreuen und festtreten oder mit der Walze darübergehen.

Hornmohn, Gelber
Glaucium flavum

Standort: Sonnig; Küstengärten.
Boden: Durchlässig.
Blütezeit: Juni bis Oktober.
Höhe: 30 bis 90 cm.
Ausdauernd; braucht Pflege.

Der Gelbe Hornmohn ist eine ungewöhnlich attraktive Pflanze. Er hat weiche, leuchtendgelbe Blüten und fleischige, graugrüne Blätter. Seine gebogenen, schlanken Samenschoten erreichen mitunter 30 cm Länge. Ideal für diese Pflanze ist kiesiger Untergrund.

Der Gelbe Hornmohn ist giftig und sollte nicht gegessen werden.

Kultur
Die Samen im Herbst in eine Saatschale säen und diese, mit Glas abgedeckt, über den Winter ins Freie oder an einen kühlen Platz stellen. Die Keimung sollte im Frühjahr erfolgen. Die Sämlinge während des Sommers auspflanzen, sobald sie groß genug sind. Sie blühen im folgenden Jahr.

Hufeisenklee
Hippocrepis comosa

Standort: Sonnig; Steingärten.
Boden: Durchlässig.
Blütezeit: Mai bis August.
Höhe: 10 bis 40 cm.
Ausdauernd; leicht zu ziehen.

Der Hufeisenklee ist eine kriechende, niedrige Pflanze mit schönen goldgelben Schmetterlingsblüten, die mitunter rotgestreift sind. Er sieht dem Hornklee ähnlich, doch kann man ihn an seinen in Reihen sitzenden Teilblättchen und Hülsen, die eine typische Hufeisenform haben, erkennen. Der Hufeisenklee ist eine farbenfrohe Pflanze für den Steingarten und ideal für Kalkwiesen.

Er dient als Bienenweide und Nahrungspflanze für die Raupen des Himmelblauen Bläulings.

Kultur
Die Samen im Frühjahr oder Spätsommer 5 mm tief an Ort und Stelle säen. Vorher zwischen Sandpapier reiben, um die Keimung zu beschleunigen. Die Sämlinge auf 30 cm ausdünnen. Kleine Pflanzen können leicht in eine Kalkwiese versetzt werden.

Hundsrose
Rosa canina

Standort: Sonnig; halbschattig.
Boden: Jede gute kultivierte Erde.
Blütezeit: Juni bis Juli.
Früchte: August bis November.
Höhe: Bis 3 m.
Ausdauernd; braucht Pflege.

Mit ihren großen, duftenden blaßrosa oder weißen Blüten ist uns die Hundsrose ein vertrauter und willkommener Anblick. Den Blüten folgt im Herbst ein Meer scharlachroter Hagebutten, die nicht nur hübsch aussehen, sondern auch zur Herstellung von Medizin dienen. Die Hundsrose ist starkwüchsig und lange dekorativ. Deshalb eignet sie sich gut für Gartenhecken oder um an Bäumen emporzuwachsen.

Kultur
Die Samen benötigen zum Keimen mitunter ein bis zwei Jahre. Die Samen über den Winter stratifizieren (s. S. 126) und im Frühjahr in eine Saatschale oder im Garten säen. In Spezialgärtnereien sind auch Pflanzen erhältlich. Containerpflanzen können jederzeit gesetzt werden, Freilandpflanzen nur im Frühjahr.

Hundszunge, Echte
Cynoglossum officinale

Standort: Sonnig; Küstengärten.
Boden: Leicht und durchlässig.
Blütezeit: Juni bis August.
Höhe: 30 bis 90 cm.
Zweijährig; braucht Pflege.

Die Echte Hundszunge ist eine hohe Pflanze, die gut in sonnigen Gärten gedeiht. Sie hat kleine, braunrote Trichterblüten, die über weichen, filzigen, grauen Blättern stehen, und einen für sie typischen Geruch. Sie ist eine bedeutende Nektarpflanze für Bienen und Schmetterlinge.

Früher verwendete man die Echte Hundszunge für Umschläge zur Behandlung von Verbrennungen, Verbrühungen und Krätze.

Kultur
Die Samen im Spätsommer an Ort und Stelle säen und dünn mit Erde bedecken. Da die Samenschalen extrem hart sind (sie sehen wie Miniaturigel aus), sind Zeit und Winterfröste erforderlich, damit sie aufbrechen. Die Echte Hundszunge kommt eine Wachstumsperiode nach erfolgter Keimung zur Blüte. Sie sät sich problemlos aus.

Judassilberling
Lunaria annua

Standort: Sonnig; halbschattig.
Boden: Leicht und durchlässig.
Blütezeit: April bis Juni.
Höhe: Bis 1 m.
Zweijährig; leicht zu ziehen.

Der Judassilberling kann eine etwas schattige Ecke des Gartens mit Farbe beleben, wächst aber auch in Ritzen von Pflasterplatten und erscheint mitunter an völlig unerwarteten Stellen. Seine leuchtendvioletten oder weißen Blüten stehen in lockeren, duftenden Büscheln. Ihnen folgen Früchte, die aufreißen und fast transparente, scheibenförmige Samenblätter sichtbar werden lassen. Sie schmücken den Garten im Winter und können auch getrocknet werden.

Schmetterlinge lieben den Judassilberling, und den Raupen des Aurorafalters dient er als Futterpflanze.

Kultur
Die Samen im Sommer an Ort und Stelle säen. Die Pflanzen blühen im folgenden Frühjahr. Der Judassilberling samt sich immer wieder selbst aus.

Kalkkreuzblume
Polygala calcarea

Standort: Sonnig; Steingärten.
Boden: Durchlässig und alkalisch.
Blütezeit: Mai bis Juli.
Höhe: 5 bis 20 cm.
Ausdauernd; braucht Pflege.

Die Kalkkreuzblume ist eine hübsche, sich ausbreitende Pflanze für den Steingarten oder ein sonniges Beet. Sie bildet Teppiche aus graugrünen Blättern, über denen kurze, steife, eisblaue Blütentrauben stehen, die schon von weitem sichtbar sind.

Kultur
Samen sind unter Umständen nur schwer erhältlich. Jungpflanzen bekommt man bei Spezialanbietern für Alpenblumen. Gepflanzt wird im Verlauf der Wachstumsperiode.

Kamille, Echte
Chamomilla recutita

Standort: Sonnig.
Boden: Trocken.
Blütezeit: Mai bis August.
Höhe: 10 bis 50 cm.
Einjährig; leicht zu ziehen.

Die Echte Kamille blüht im allgemeinen vor den anderen Kamillenarten. Sie ist auch sehr viel zarter, und ihre Korbblüten sind kleiner. Sie verströmen einen intensiven, süßen Duft. Am besten wird die Echte Kamille in Ackergärten gezogen – sie sieht vor allem neben rotem Mohn sehr schön aus – oder locker verteilt zwischen anderen Wildblumen in einem Beet oder einer Rabatte.

Die Echte Kamille ist eine Heilpflanze, die vor allem schmerzstillende Eigenschaften hat.

Kultur
Die winzigen Samen im Frühjahr oder Frühsommer an vorgesehener Stelle säen. Nicht mit Erde bedecken.

Kamille, Geruchlose
Matricaria perforata

Standort: Sonnig; Küstengärten.
Boden: Fruchtbar.
Blütezeit: Juli bis September.
Höhe: 15 bis 60 cm.
Einjährig; leicht zu ziehen.

Die großen, fröhlich wirkenden Korbblüten und fadendünnen Blätter der Geruchlosen Kamille können jedes trostlose Fleckchen im Garten aufhellen, und besonders in Ackergärten sehen sie sehr dekorativ aus. Diese Kamille ist eine sehr anpassungsfähige Pflanze, die in fast allen Böden wächst. Aus diesem Grund betrachtete man sie lange als Unkraut. Sie ist praktisch geruchlos, was ihren Namen erklärt. Auf Äckern, wo sie häufig vorkommt, ist ihre Blüte Ende Juli schon fast vorüber.

Kultur
Die Geruchlose Kamille ist Grundbestandteil jeder Ackerblumen-Mischung. Die Samen im Spätsommer oder zu Frühjahrsbeginn an vorgesehener Stelle säen und einwässern. Die Pflanze sät sich selbst üppig aus, aber in Gras siedelt sie sich nicht an.

Kamille, Römische
Chamaemelum nobile

Standort: Sonnig.
Boden: Durchlässig und mager.
Blütezeit: Juni bis August.
Höhe: 10 bis 30 cm.
Ausdauernd; leicht zu ziehen.

Die Römische Kamille ist eine kräftige Pflanze mit sich ausbreitendem Wuchs, weißen Korbblüten und hübschem, gefiedertem Laub. Wenn die Pflanze mit Heckenschere oder Rasenmäher kurz gehalten wird, kann man mit ihr einen duftenden Rasen anlegen. Im ersten Jahr sollte man sie noch nicht blühen lassen.

Die Blätter der Römischen Kamille duften angenehm nach Äpfeln. Aus den Blüten kann Tee bereitet werden, der verdauungsfördernd und nervenberuhigend wirkt.

Kultur
Im Frühjahr in Schalen gesäte Pflanzen blühen noch im gleichen Jahr. Die Samen in die Erde drücken, aber nicht bedecken. Alte Pflanzen können im Frühjahr geteilt werden.

Knollenkümmel, Französischer
Conopodium majus

Standort: Halbschattig; schattig.
Boden: Fruchtbar und nicht zu trocken.
Blütezeit: Mai und Juni.
Höhe: 25 bis 50 cm.
Ausdauernd; braucht Pflege.

Der Französische Knollenkümmel hat zarte Dolden aus hübschen weißen Blüten und feingeteilte Blätter, die denen der Wilden Möhre ähnlich sehen, aber dunkler sind. Tatsächlich ist der Knollenkümmel mit der Möhre verwandt, und sein brauner knolliger Wurzelstock ist eßbar. Schweine mögen ihn besonders gern. Die Pflanze ist ausdauernd und sieht vor allem in einer waldigen Umgebung oder im Schatten einer Hekke hübsch aus.

Kultur
Die Samen im Herbst an vorgesehener Stelle säen und dünn mit Erde bedecken. Sie keimen entweder noch im Herbst oder im folgenden Frühjahr. Große Pflanzen können im Frühjahr geteilt werden.

Königsfarn
Osmunda regalis

Standort: Halbschattig; schattig; Wassergärten.
Boden: Fett und feucht.
Blütezeit: März bis September.
Höhe: 1 bis 2 m.
Ausdauernd; leicht zu ziehen.

Der Königsfarn ist der edelste unter den Farnen. Dicht an Wasser gepflanzt, wächst er zu einer stattlichen Solitärpflanze heran. Wenn sich seine eleganten Wedel im Frühjahr aufrollen, sind sie bräunlichrosa und cremefarben gestreift, später nehmen sie ein reines Grün an und sehen wunderschön aus. Im Herbst färben sie sich golden oder rotbraun. Der Königsfarn bildet dichte Büsche, die geteilt und neu gepflanzt werden können.

Kultur
Der Königsfarn läßt sich aus Sporen ziehen (s. S. 127). Jungpflanzen bekommt man bei Spezialanbietern. Man sollte sie im März oder April beziehungsweise September oder Oktober pflanzen.

Königskerze, Kleinblütige
Verbascum thapsus

Standort: Sonnig; halbschattig.
Boden: Durchlässig und fruchtbar.
Blütezeit: Juni bis August.
Höhe: 30 bis 200 cm.
Zweijährig; leicht zu ziehen.

Die Kleinblütige Königskerze ist eine beeindruckende Pflanze, die am besten hinten in einer sonnigen Rabatte wächst. Sie entwickelt dichte gelbe Blütentrauben, die über filzigen Blättern stehen, und eignet sich gut als Bienenweide. Die Blätter locken die Raupen der Königskerzenmotte an.

Die Kleinblütige Königskerze diente früher als Mittel gegen Bronchialbeschwerden.

Kultur
Die winzigen Samen im Herbst an Ort und Stelle säen und in den Boden drükken oder einwässern. Die Keimung erfolgt mitunter unregelmäßig. Im ersten Jahr entwickeln die Pflanzen eine große Blattrosette mit filzigen Blättern, im folgenden Jahr einen hohen Blütenstand. Die Kleinblütige Königskerze sät sich problemlos aus.

Kreuzdorn
Rhamnus catharticus

Standort: Sonnig; halbschattig.
Boden: Fruchtbar und alkalisch.
Blütezeit: Mai bis Juni.
Früchte: September bis Oktober.
Höhe: Bis 6 m.
Strauch; leicht zu ziehen.

Kreuzdorn ist ein sommergrüner Strauch, der allein oder in einer Hecke wachsen kann. Er hat winzige grüngelbe Blüten, denen Beeren folgen, die zunächst rot sind, sich dann aber schwarz färben. Die Beeren wurden früher, gekocht und mit Zucker gesüßt, als Abführmittel verwendet. Unreife Beeren liefern gelbes Färbemittel, reife Beeren grünes.

Kultur
Die Samen im Herbst 1 bis 2 cm tief in ein Anzuchtbeet säen. Jungpflanzen mit etwa 15 cm Höhe an den endgültigen Standort umsetzen. In Baumschulen gekaufte Pflanzen werden im Herbst oder Frühjahr gepflanzt. Achten Sie darauf, daß es sich um die richtige Art handelt.

Labkraut, Echtes
Galium verum

Standort: Sonnig; halbschattig; Küstengärten.
Boden: Durchlässig.
Blütezeit: Juli bis August.
Höhe: 15 bis 100 cm.
Ausdauernd; Keimung schwierig.

Das Echte Labkraut ist eine attraktive Pflanze, die am besten großflächig in einer sonnigen Wiese oder einem Küstengarten angesiedelt wird. Es hat sehr schmale Blätter und goldgelbe Blüten, die in dichten Rispen stehen, und breitet sich durch unterirdische Ausläufer aus. Das Labkraut kann vielseitig verwendet werden. So liefert es beispielsweise gelbe und rote Farbe, und bei der Käseherstellung kann man es benutzen, um die Milch gerinnen zu lassen und dem Käse Farbe zu verleihen.

Kultur
Die Samen im Frühjahr oder Herbst in eine Saatschale säen und sehr dünn mit Erde bedecken. Die Keimung erfolgt mitunter erst nach vielen Wochen. Novembersaaten keimen meist im Februar. Im Frühjahr im Abstand von 45 cm auspflanzen.

Leimkraut, Weißes
Silene alba

Standort: Sonnig.
Boden: Fast alle fruchtbaren Böden.
Blütezeit: Mai bis August.
Höhe: 30 bis 100 cm.
Ausdauernd; leicht zu ziehen.

Das Weiße Leimkraut hat zarte, weiße Blüten, die nach Einbruch der Dämmerung einen leichten Duft verströmen. Es ist mit dem Roten Leimkraut verwandt. Pflanzt man beide zusammen, ist es wahrscheinlich, daß sie sich kreuzen und Blüten in unterschiedlichen Rosaschattierungen erscheinen.

Am schönsten sieht Leimkraut in großen Gruppen aus, vielleicht als Hintergrund für kleinere, farbenfrohere Pflanzen. Die Blüten kommen auch großartig zur Geltung, wenn man das Leimkraut zusammen mit anderen Blumen und Gräsern in einer Wiese zieht.

Kultur
Die Samen im Frühherbst oder Frühjahr an vorgesehener Stelle säen und dünn mit Erde bedecken. Das Weiße Leimkraut vermehrt sich üppig durch Selbstaussaat.

Leimkraut
Silene maritima

Standort: Sonnig; Steingärten; Küstengärten.
Boden: Durchlässig; alkalisch bis leicht sauer.
Blütezeit: Mai bis Juli.
Höhe: 15 bis 20 cm.
Ausdauernd; leicht zu ziehen.

Dieses Leimkraut bildet sich ausbreitende Polster aus kleinen, wachsartigen Blättern mit weißlicher Bereifung. Über ihnen stehen an kurzen Stielen große, weiße Blüten. Diese haben zylindrische aufgeblähte Kelche, die aber kleiner als die großen Ballons des Gemeinen Leimkrauts sind.

Man zieht die Pflanze am besten zusammen mit vielen Grasnelken oder in einem Steingarten, wo sie einen wunderschönen Kontrast zu einem Teppich aus Thymian bildet.

Kultur
Die Samen im Frühjahr oder Herbst am vorgesehenen Standort säen und dünn mit Erde bedecken. Sollen Pflanzen später versetzt werden, kann die Aussaat auch in Schalen erfolgen.

Leinkraut
Linaria purpurea

Standort: Sonnig.
Boden: Durchlässig.
Blütezeit: Juni bis August.
Höhe: 60 bis 100 cm.
Ausdauernd; leicht zu ziehen.

Dieses Leinkraut ist eine sehr dekorative Pflanze für gemischte Rabatten. Es wird bis zu 1 m hoch und entwickelt schlanke Trauben aus purpurvioletten, löwenmaulartigen Blüten. Seine Blätter sind kurz und schmal.

Dieses Leinkraut stammt ursprünglich aus Italien, hat sich aber eingebürgert.

Kultur
Die Samen im Frühjahr oder Herbst an vorgesehener Stelle säen. Ganz dünn mit Erde bedecken.

Leimkraut, Gemeines
(Taubenkropf)) *Silene vulgaris*

Standort: Sonnig; Steingärten.
Boden: Durchlässig.
Blütezeit: Mai bis August.
Höhe: 25 bis 90 cm.
Ausdauernd; leicht zu ziehen.

Das Gemeine Leimkraut hat kleine, weiße Blüten mit aufgeblasenen Kelchen, weshalb es auch Aufgeblasenes Leimkraut genannt wird. Die wachsartigen, graugrünen Blätter können roh in Salaten oder gekocht gegessen werden und schmecken ähnlich wie grüne Erbsen.

Dieses Leimkraut gedeiht in Steingärten gut und bürgert sich auch in Wiesengärten ein. Besonders hübsch sieht es an einer grasbewachsenen Böschung aus. Es ist eine Nektarpflanze für Schmetterlinge.

Kultur
Die Samen im Frühjahr oder Spätsommer an Ort und Stelle säen und sehr dünn mit Erde bedecken. Die Aussaat kann auch im Frühjahr und Frühsommer in Saatschalen erfolgen; die Sämlinge werden ins Gras ausgepflanzt.

Lerchensporn, Gelber
Corydalis lutea

Standort: Halbschattig; Steingärten.
Boden: Durchlässig und fruchtbar.
Blütezeit: Mai bis September.
Höhe: 15 bis 30 cm.
Ausdauernd; leicht zu ziehen.

Der Gelbe Lerchensporn ist eine zarte, sich ausbreitende Pflanze mit hellgelben Röhrenblüten und hübschem, farnartigem Laub. Seine Blütenstiele sind gedreht, so daß die Blüten alle in die gleiche Richtung stehen.

Der Gelbe Lerchensporn ist ideal für sonnige Ecken des Gartens. Einmal angesiedelt, wächst er bald an jedem freien Plätzchen, auch in Pflasterspalten. Besonders hübsch sieht er auf einer Mauer aus. Er war ursprünglich in Südeuropa heimisch.

Kultur
Die Samen im Frühjahr an vorgesehener Stelle säen und dünn mit Erde bedecken. Falls sich die Pflanzen nicht aussäen sollen, werden sie im Herbst nach der Blüte zurückgeschnitten.

Löwenzahn
Taraxacum officinale

Standort: Sonnig.
Boden: Fast alle Böden.
Blütezeit: März bis Oktober.
Höhe: 5 bis 30 cm.
Ausdauernd; leicht zu ziehen.

Die goldgelben Blüten des Löwenzahns sind ein vertrauter Anblick, doch für die meisten Gärtner eine Quelle ständigen Ärgers. Die Blütenköpfe stehen einzeln an hohen Stielen über flachen Rosetten aus gezähnten Blättern. Im Rasen, zusammen mit Gänseblümchen und Ehrenpreis, sehen sie großartig aus. Den Blüten folgen im Juni die »Pusteblumen«, gerippte Früchte, an denen winzige Fallschirmchen mit weißen Haaren sitzen, die der Pflanze ein flaumiges Aussehen verleihen.

Löwenzahn ist sehr vitaminreich, und seine jungen Blätter schmecken köstlich in Salaten. Die Blüten ziehen vor allem Bienen an.

Kultur
Die Samen zwischen Frühjahr und Frühherbst aussäen und sehr dünn mit Erde bedecken. Löwenzahn sät sich üppig aus.

Mariendistel
Silybum marianum

Standort: Sonnig; Küstengärten.
Boden: Durchlässig.
Höhe: 1 bis 1,5 m.
Zweijährig; leicht zu ziehen.

Die Mariendistel ist eine großartige Pflanze mit großen violetten Blütenköpfen und dekorativen weißgeaderten, bedornten Blättern. Sie bildet in jeder Rabatte einen fesselnden Blickfang, kann aber auch in einer natürlichen Umgebung angesiedelt werden. Im ersten Jahr bildet sie eine sehr schöne niedrige Rosette aus weißgeaderten Blättern, im zweiten Jahr lockt sie mit ihren farbenfrohen Blütenköpfen Bienen und Schmetterlinge an. Die ursprüngliche Heimat der Mariendistel ist Südeuropa.

Kultur
Die Samen im Spätfrühjahr oder Frühsommer 1 cm tief an vorgesehener Stelle säen. Die Mariendistel läßt sich nur schlecht verpflanzen, sät sich aber üppig aus.

Mauerpfeffer
Sedum acre

Standort: Sonnig; Steingärten; Küstengärten.
Boden: Mager und trocken.
Blütezeit: Juni bis Juli.
Höhe: 2 bis 10 cm.
Ausdauernd; leicht zu ziehen.

Der Mauerpfeffer breitet sich rasch aus und ist für sonnige Stellen ein ausgezeichneter Bodendecker. Im Sommer bildet er einen Teppich aus winzigen, goldgelben Sternblüten. Der Mauerpfeffer wächst auf Mauern und Dächern, in Steingärten und Geröll.

Kultur
Der Mauerpfeffer ist als Containerpflanze erhältlich und kann bei schönem Wetter jederzeit gepflanzt werden. Der Boden sollte durchlässig und sandig oder kiesig sein. Im Spätsommer ist eine Teilung der Pflanzen möglich. Oder man nimmt im Mai und Juni Triebstecklinge und bewurzelt sie in sandiger Erde. Man kann auch bereits bewurzelte Triebe von der Mutterpflanze abtrennen.

Samen im Herbst auf kiesigen oder sandigen Boden ausstreuen.

Meerwermut
Artemisia maritima

Standort: Sonnig; Küstengärten.
Boden: Durchlässig.
Blütezeit: Juli bis September.
Höhe: 20 bis 50 cm.
Ausdauernd; braucht Pflege.

Der Meerwermut, auch Strandbeifuß genannt, ist eine zarte, feinstrukturierte Pflanze, die sich ausbreitet und in der Blumenrabatte oder der Wiese eines Küstengartens zu einem dekorativen silbrigen Busch heranwächst. Seine kleinen, dunkelgoldgelben Blüten stehen in anmutigen Trauben oder Ähren über gefiedertem Laub. Die Pflanze ist sehr aromatisch.

Kultur
Die staubfeinen Samen in eine Saatschale säen, leicht einwässern, aber nicht mit Erde bedecken. Eine Glasscheibe über die Schale legen, bis die Keimung erfolgt ist. Im Frühjahr oder Herbst im Abstand von 1 m auspflanzen. Große Pflanzen können im Frühjahr leicht geteilt werden.

Moschuskraut
(Bisamkraut) *Adoxa moschatellina*

Standort: Sonnig; halbschattig; schattig.
Boden: Fruchtbar und wenig bis sehr feucht.
Blütezeit: April bis Mai.
Höhe: 5 bis 15 cm.
Ausdauernd; braucht Pflege.

Das Moschuskraut ist eine kleine, kriechende Pflanze mit zarten grüngelben Blüten und blaßgrünen Blättern. Die kleinen Blüten sind auf ungewöhnliche Weise würfelartig an den Stengeln angeordnet. Das Moschuskraut bildet in schattigen, waldigen Gärten hübsche Teppiche und sieht am schönsten in großen Gruppen aus.

Die interessanteste Eigenschaft dieser Pflanze ist ihr moschusartiger Duft, der sich mit Einbruch der Dämmerung und feuchter Witterung verstärkt und Insekten anlockt.

Kultur
Die Samen im Herbst in eine Saatschale säen und dünn mit Erde bedecken. Eine Glasscheibe darüberlegen und über den Winter nach draußen stellen.

Mutterkraut
Chrysanthemum parthenium

Standort: Sonnig.
Boden: Fast alle Böden.
Blütezeit: Juli bis August.
Höhe: 25 bis 60 cm.
Ausdauernd; leicht zu ziehen.

Jahr für Jahr bieten die hübschen Korbblüten des Mutterkrauts einen großartigen Anblick, wenn sie in Büscheln über dem hellgrünen, gefiederten Laub stehen. Das Mutterkraut sieht zwischen Pflasterplatten hübsch aus oder kann im Kräutergarten einen Weg säumen. Es läßt sich auch gut mit Wildblumen in ein Beet oder eine Rabatte pflanzen. Zerdrückt verströmt es einen intensiven Geruch, und seine Blätter schmecken bitter. Es ist eine gute Bienenweide.

Kultur
Die winzigen Samen dünn auf die Erde streuen und einwässern. Am besten erfolgt die Aussaat zu Frühjahrsbeginn oder im Spätsommer. Das Mutterkraut sät sich üppig aus.

Nachtviole
Hesperis matronalis

Standort: Sonnig; halbschattig.
Boden: Gut kultivierte Erde.
Blütezeit: Mai bis Juli.
Höhe: 40 bis 90 cm.
Ausdauernd; leicht zu ziehen.

Die Nachtviole ist eine weithin eingebürgerte Pflanze mit weißen und violetten Blüten, die gegen Abend zu duften beginnen. Die Pflanze wird verhältnismäßig hoch und sieht in einer Rabatte sehr hübsch aus, ebenso in großen Gruppen an feuchten, sonnigen Stellen, wo sie zahlreiche Blüten entwickelt. Die Nachtviole ist eine Nektarpflanze für Schmetterlinge und Nahrungspflanze für den Aurorafalter.

Kultur
Die Samen im Frühsommer an Ort und Stelle 5 mm tief säen. Kleine Pflanzen sollten auf 30 bis 40 cm Abstand ausgedünnt werden. Die Nachtviole sät sich leicht aus.

Nelkenschmiele
Aira caryophyllea

Standort: Sonnig; Steingärten.
Boden: Durchlässig.
Blütezeit: Mai bis Juli.
Höhe: 5 bis 30 cm.
Einjährig; leicht zu ziehen.

Die Nelkenschmiele – auch Nelkenhafer oder Silbergras genannt – ist eines unserer schönsten heimischen Gräser. Sie wirkt sehr leicht und zart, und wo sie in großen Mengen wächst, erwecken die winzigen Köpfe einen großartigen, fast lebhaften Eindruck. Am besten gedeiht sie in einem großen Steingarten und an trockenen, kiesigen oder brachliegenden Stellen, wo sie sehr hübsch zur Geltung kommt.

Kultur
Die Samen im Frühjahr an vorgesehener Stelle säen. Dünn mit Erde bedekken oder nur einharken und den Boden andrücken. Die Nelkenschmiele vermehrt sich üppig durch Selbstaussaat.

Nelkenwurz
Geum urbanum

Standort: Halbschattig; schattig.
Boden: Fruchtbar.
Blütezeit: Juni bis August.
Höhe: 30 bis 60 cm.
Ausdauernd; leicht zu ziehen.

Die zierlichen, hellgelben Blüten der Nelkenwurz – man nennt sie auch Benediktenkraut – kommen am besten in einem schattigen Teil des Gartens zur Geltung, wo die dunkelgrünen Blätter gleichzeitig eine schöne Bodendecke bilden.

Die Wurzeln der Nelkenwurz haben ein zartes, gewürznelkenartiges Aroma und heilende Wirkung.

Kultur
Die Samen im Frühjahr oder Herbst an vorgesehener Stelle säen und dünn mit Erde bedecken. Pflanzen können auf 15 cm Abstand verzogen werden.

Odermennig, Kleiner
Agrimonia eupatoria

Standort: Sonnig.
Boden: Durchlässig.
Blütezeit: Juni bis September.
Höhe: 15 bis 60 cm.
Ausdauernd; braucht Pflege.

Der Odermennig ist eine hübsche Pflanze für sonnige Rabatten. Er hat schlanke, lange Trauben aus blaßgelben Sternblüten und feingeteilte, dekorative Blätter, die abwechselnd in kleinen und großen Paaren wachsen. Darüber hinaus duftet der Odermennig angenehm, ähnlich wie Aprikosen, und lockt Bienen und andere Insekten an. Er dient seit alters her als Heilpflanze; in jüngerer Zeit verwendete man ihn auch zum Färben von Textilien.

Kultur
Die Samen zwischen Februar und Mai oder besser August und November 5 mm tief säen. Die Samen sind groß und haben klettenartige Haare. Der Odermennig siedelt sich in Gras gut an.

Pastinak
Pastinaca sativa

Standort: Sonnig.
Boden: Fruchtbar und durchlässig.
Blütezeit: Juni bis August.
Höhe: 30 bis 120 cm.
Zweijährig; leicht zu ziehen.

Der wilde Pastinak ist eine hohe, verzweigte Pflanze für sonnige Hecken- oder Wiesengärten. Er hat filzige Blätter und große, schirmförmige Blütenköpfe aus winzigen grünlichgelben Blüten, die dichtgedrängt stehen. Sehr schön sieht er aus, wenn er zusammen mit Bärenklau und Weidenröschen in unkultivierten Grasflächen wächst.

Obgleich der wilde Pastinak nur ein schlechter Ersatz für Gemüsepastinak ist, der aus der Wildform gezüchtet wurde, kann er in Notzeiten als Gemüse gegessen werden.

Kultur
Die Samen im Herbst an vorgesehener Stelle säen und dünn mit Erde bedekken. Sollen Pflanzen eingebürgert werden, kann die Aussaat auch im Herbst in Schalen erfolgen. Die Sämlinge auspflanzen, sobald sie groß genug sind.

Pfaffenhütchen
Euonymus europaea

Standort: Sonnig; halbschattig; schattig.
Boden: Fruchtbar.
Blütezeit: Mai bis Juni.
Früchte: September bis Dezember.
Höhe: Bis 6 m.
Ausdauernd; leicht zu ziehen.

Das sommergrüne Pfaffenhütchen ist den überwiegenden Teil des Jahres recht unauffällig. Im Herbst aber entwickelt es rote Früchte, die schließlich aufplatzen und leuchtendorange Samen sichtbar werden lassen. Diese Samen sind für Menschen hochgiftig. Das Pfaffenhütchen wächst am besten in einer Hecke, wo es im Winter die Blicke auf sich zieht.

Kultur
Sträucher sind in Baumschulen erhältich. Sie werden im Winter oder zu Frühjahrsbeginn gepflanzt. Samen brauchen mitunter zwei Jahre, um zu keimen. Sie werden über den Winter stratifiziert (s. S. 126) und im Frühjahr in eine Saatschale gesät. Man kann auch im Frühherbst ausgereifte Triebspitzen als Stecklinge nehmen.

Pfeilkraut
Sagittaria sagittifolia

Standort: Wassergärten.
Schwimmt im Wasser.
Blütezeit: Juli bis August.
Höhe: 30 bis 90 cm.
Ausdauernd; leicht zu ziehen.

Das Pfeilkraut ist eine herrliche Pflanze für den Wassergarten. Seinen Namen verdankt es den ungewöhnlich dekorativen, pfeilförmigen Blättern, die über Wasser wachsen. Es hat attraktive weiße Blüten, die violett überlaufen sind und in kleinen Rispen stehen. Damit sich das Pfeilkraut nicht zu stark ausbreitet, werden die Samen vor der Reife entfernt.

Kultur
Stehen frische Samen zur Verfügung, sät man sie im Frühjahr in feuchte Erde. Da sie nicht überall erhältlich sind, kauft man besser Pflanzen bei einem Spezialisten für Wasserpflanzen. Das Pfeilkraut läßt sich vermehren, indem man ein kleines Stück einer Pflanze abtrennt und in den Teich wirft.

Pfennigkraut
Lysimachia nummularia

Standort: Sonnig; Steingärten.
Boden: Feucht und fruchtbar.
Blütezeit: Mai bis August.
Höhe: Niedrig und kriechend.
Ausdauernd; leicht zu ziehen.

Das Pfennigkraut ist eine niederliegende Pflanze, die einen dichten Teppich aus glänzenden, leuchtendgrünen Blättern und lebhaftgelben Blüten bildet. Es ist ein nützlicher Bodendecker für schattige waldige Bereiche oder feuchte Wiesengärten.

Kultur
Die Samen im Frühjahr oder Herbst an Ort und Stelle säen und dünn mit Erde bedecken. Die Sämlinge können auf 15 cm verzogen werden. Pflanzen zwischen Herbst und Frühjahr in kurzes Gras setzen.

Rainfarn
Chrysanthemum vulgare

Standort: Sonnig; halbschattig.
Boden: Feucht.
Blütezeit: Juli bis September.
Höhe: 30 bis 120 cm.
Ausdauernd; braucht Pflege.

Der Rainfarn ist eine dekorative Pflanze für Wildblumenrabatten oder Kräutergärten. Er hat goldgelbe Scheibenblüten und dunkelgrünes, filigranartiges Laub, das sehr aromatisch riecht. Da er unter Umständen stark wuchert, sollte er sich nicht aussamen.

Früher war Rainfarn ein beliebtes Kraut, dessen Blätter man zum Würzen von Eiergerichten und Brötchen verwendete. Auch Bienen besuchen ihn gern. Darüber hinaus wird aus den Blüten gelbes Färbemittel gewonnen. Es gibt eine sehr dekorative Gartenform des Rainfarns, die kleiner ist und festere Blätter hat.

Kultur
Die Samen im Frühjahr oder Frühherbst an vorgesehener Stelle oder in Schalen säen. Die Keimung erfolgt mitunter nur langsam. Pflanzen können im Frühjahr oder Herbst geteilt werden.

Reseda, Gelbe
Reseda lutea

Standort: Sonnig.
Boden: Durchlässig.
Blütezeit: Mai bis August.
Höhe: 30 bis 75 cm.
Zweijährig/ausdauernd; leicht zu ziehen.

Die Gelbe Reseda mit ihren hohen, plumpen Blütenständen aus ungezählten cremegelben, duftenden Blüten hat gewisse Ähnlichkeit mit der Färberreseda. Sie ist jedoch kleiner, und die Blätter sind stärker geteilt und gewellt. Die Gelbe Reseda findet sich in vielen Blumenwiesen-Saatmischungen für leichte Böden. Ihre Blüten ziehen Bienen und Schmetterlinge an.

Kultur
Die Samen im Herbst oder Frühjahr am vorgesehenen Standort säen und dünn mit Erde bedecken. Diese Pflanze gedeiht in sandigen Böden sehr gut.

Rittersporn
Delphinium ajacis

Standort: Sonnig.
Boden: Durchlässig.
Blütezeit: Juni bis Juli.
Höhe: 30 bis 60 cm.
Einjährig; leicht zu ziehen.

Verwilderte Arten des Rittersporns haben zwar kleinere Blüten als die des kultivierten, doch sind es elegante Pflanzen, deren violettblaue Blüten in lockeren Ähren über gefiederten, farnartigen Blättern stehen. Sie gedeihen gut im Ackergarten, ziehen aber auch in einer gemischten Wildblumenrabatte die Blicke auf sich.

Rittersporn wird gern von Schmetterlingen und anderen Insekten besucht.

Kultur
Die Samen im Frühherbst oder zu Frühjahrsbeginn an einen sonnigen Platz mit durchlässigem Boden säen. Dünn mit Erde bedecken. Die Sämlinge auf 30 cm Abstand verziehen.

Rollfarn, Krauser
Cryptogramma crispa

Standort: Sonnig; halbschattig;
Steingarten.
Boden: Karg, feucht und sauer.
Blütezeit: Frühjahr bis Herbst.
Höhe: 15 bis 20 cm.
Ausdauernd; braucht Pflege.

Der Krause Rollfarn ist eine hübsche Pflanze mit ungemein dekorativen, gefiederten Wedeln, die an Petersilie erinnern. Er ist außerordentlich widerstandsfähig und findet sich auch an unwirtlichen, felsigen Plätzen. Er gedeiht im Steingarten in leichtem Schatten oder voller Sonne gut und kann als Hintergrund für farbenfrohere Steingartenpflanzen dienen. Weil er aber in alkalischer Erde nicht wächst, sollte zuerst eine Bodenuntersuchung durchgeführt werden.

Kultur
Pflanzen sind bei Spezialanbietern erhältlich. Dieser Farn braucht einen sauren Boden, und man sollte ihn in mit Granitsplitt gemischten Torf setzen, der nicht austrocknen darf. Er läßt sich auch aus Samen ziehen (s. S. 127).

Saatwicke
(Ackerwicke) *Vicia sativa*

Standort: Sonnig.
Boden: Fruchtbar.
Blütezeit: Mai bis September.
Höhe: 15 bis 120 cm.
Einjährig; leicht zu ziehen.

Diese hübsche Pflanze kann man in einer sonnigen Hecke klimmen lassen oder in Gras einbürgern. Sie hat kurzstielige malvenfarbene Blüten, die paarig in den Blattachseln stehen, und lange, behaarte Hülsen. Wenn sie sich an anderen Pflanzen festhalten kann, klettert die Saatwicke bis in 1,2 m Höhe empor.

Kultur
Um die Saatwicke in Gras einzubürgern, sät man sie mit einer Saatmischung zusammen aus. Die Samen ausstreuen und festtreten oder den Boden walzen. Wenn die Pflanzen zu stark wuchern, mäht man sie vor der Samenreife ab.

Salbei
Salvia viridis

Standort: Sonnig.
Boden: Durchlässig und fruchtbar.
Blütezeit: Mai bis September.
Höhe: 30 bis 90 cm.
Ausdauernd; braucht Pflege.

Dieser Salbei ist eine leicht aromatische Pflanze mit gerunzelten, gezähnten Blättern, die grau und bereift wirken, und kleinen blauvioletten Blüten an langen Stengeln. Sehr schön sieht er zwischen anderen Blumen aus, die leichten Boden brauchen, wie etwa Horn- und Wundklee. Auf leichten, grasbewachsenen Böden siedelt er sich rasch an, außerdem kommt er in dieser Umgebung auch sehr schön zur Geltung.

Kultur
Die großen Samen im Frühjahr oder zu Herbstbeginn am vorgesehenen Standort 5 mm tief säen. Die Keimung erfolgt mitunter nur langsam.

Salbeigamander
Teucrium scorodonia

Standort: Sonnig; halbschattig.
Boden: Durchlässig; neutral bis sauer.
Blütezeit: Juli bis September.
Höhe: 15 bis 60 cm.
Ausdauernd; leicht zu ziehen.

Der Salbeigamander hat dekorative Blätter und blasse, grünlichweiße Blüten, die in einseitswendigen Scheinähren stehen. Seine Blätter sind herzförmig und riechen nach Knoblauch, wenn man sie zerdrückt. Er gedeiht sowohl an halbschattigen als auch an sonnigen Plätzen in kiesigen und sandigen Böden.

Der Salbeigamander schmeckt nach Hopfen und wurde früher in manchen Gegenden als Hopfenersatz verwendet. Ferner diente er als Heilpflanze, mit der man Blutkrankheiten, Erkältungen und Fieber behandelte.

Kultur
Die Samen im Frühjahr oder Herbst in eine Saatschale säen und dünn mit Erde bedecken. Die Sämlinge im Frühjahr oder Herbst auspflanzen, sobald sie groß genug sind.

Scheinmohn
Meconopsis cambrica

Standort: Sonnig; halbschattig; Steingärten.
Boden: Fruchtbar und feucht.
Blütezeit: Juni bis Juli.
Höhe: 30 bis 60 cm.
Ausdauernd; braucht Pflege.

Dieser Scheinmohn ist eine zarte, buschige Pflanze, die eine Fülle leuchtendgelber, papierartiger Blüten und dekoratives hellgrünes Laub entwickelt. Er siedelt sich leicht auf Mauern an und sieht in Steingärten sehr hübsch aus. Auch in einer lockeren Pflanzung zwischen Farnen und Vielblütiger Weißwurz kommt er gut zur Geltung.

Kultur
Die Samen im Herbst an vorgesehener Stelle säen und in den Boden drücken, aber nicht mit Erde bedecken. Die Aussaat kann auch im Frühjahr oder Herbst in eine Schale erfolgen. Die Keimung geht mitunter nur langsam vonstatten. Der Scheinmohn sät sich üppig aus.

Schlehdorn
(Schlehe) *Prunus spinosa*

Standort: Sonnig; halbschattig.
Boden: Fast alle Bodentypen.
Blütezeit: März bis Mai.
Früchte: August bis Oktober.
Höhe: Bis 4 m.
Ausdauernd; leicht zu ziehen.

Der Schlehdorn ist eine sehr schöne Heckenpflanze und wächst in den meisten Böden. Das Frühjahr empfängt er mit einem weißen Blütenmeer. Im Spätsommer und Frühherbst sitzen blaue Beeren - Schlehen - an seinen Zweigen. Sie sind herb, sehen köstlich aus und eignen sich gut für Gelee. Zur Herstellung von Schlehenlikör läßt man die Beeren mit Zucker in Gin ziehen, der dadurch eine tief rosaviolette Farbe bekommt.

Kultur
Kleine Pflanzen sind in Baumschulen erhältlich und werden zwischen Herbst und Frühjahr gepflanzt. Und Vorsicht: Der Schlehdorn breitet sich durch kräftige Ausläufer rasch aus. Um dies zu verhindern, sät man um ihn herum Gras, das gemäht oder beweidet werden kann.

Schneeball, Wolliger
Viburnum lantana

Standort: Sonnig; halbschattig.
Boden: Durchlässig und verhältnismäßig fruchtbar.
Blütezeit: Mai bis Juni.
Früchte: Juli bis September.
Höhe: 2 bis 6 m.
Ausdauernd; leicht zu ziehen.

Der Wollige Schneeball kann als Zierstrauch gezogen werden oder in einer Hecke wachsen. Seine cremefarbenen Blüten stehen dichtgedrängt in rundlichen Trugdolden zwischen den filzigen, graugrünen Blättern. Ihnen folgen grüne Beeren, die sich während des Reifens rot und schließlich glänzendschwarz färben.

Kultur
Eine Anzucht aus Samen erfordert zwei Wachstumsperioden; deshalb kauft man am besten in einer Baumschule eine Containerpflanze. Zwischen Herbst und Frühjahr pflanzen.

Schnittlauch
Allium schoenoprasum

Standort: Sonnig; Steingärten.
Boden: Feucht mit geringer bis mittlerer Fruchtbarkeit.
Blütezeit: Juni bis Juli.
Höhe: 15 bis 40 cm.
Ausdauernd; leicht zu ziehen.

Der wild nur selten vorkommende Schnittlauch sieht den kultivierten Gartensorten sehr ähnlich. Er hat violette, pomponartige Blütenstände, die an schlanken Stielen stehen, und schmale, zylindrische Blätter. Eine große, mit Schnittlauch bewachsene Fläche wirkt sehr dekorativ, aber auch zum Einfassen eines Gartenteichs eignet er sich gut. Schnittlauch gehört zur gleichen Familie wie die Zwiebel und wird zum Würzen von Suppen, Saucen, Salaten und Kartoffeln verwendet.

Kultur
Im April oder Mai frische Samen (sie bleiben nur zwei Jahre keimfähig) an Ort und Stelle säen und ganz dünn mit Erde bedecken. Schnittlauch vermehrt sich durch Selbstaussaat; alte Pflanzen lassen sich zu Frühjahrsbeginn auch leicht teilen.

Schwertlilie
Iris foetidissima

Standort: Sonnig; halbschattig; schattig.
Boden: Durchlässig und fruchtbar.
Blütezeit: Mai bis Juli.
Früchte: September bis März.
Höhe: 30 bis 80 cm.
Ausdauernd; leicht zu ziehen.

Diese Iris ist für jeden schattigen Garten ein großartiger Schmuck. Ihre kleinen, blaßlila, mitunter gelblichen Blüten kommen über einem Fächer aus immergrünen, schwertartigen Blättern sehr schön zur Geltung. Ein besonderes Merkmal dieser Pflanze sind ihre orangefarbenen Samen, die den ganzen Winter hindurch lebendig leuchten.

Wenn man die Blätter zerdrückt oder quetscht, verströmen sie einen Duft, der an rohes Fleisch erinnert.

Kultur
Die Samen im Herbst 1 cm tief an vorgesehener Stelle säen. Die Keimung erfolgt zu Frühjahrsbeginn. Die Sämlinge auf 15 cm Abstand ausdünnen.

Scilla
Scilla verna

Standort: Sonnig; Küstengärten.
Boden: Durchlässig.
Blütezeit: April bis Mai.
Höhe: 5 bis 15 cm.
Zwiebelblume; braucht Pflege.

Diese Scilla ist eine reizvolle, zarte Pflanze mit grünen, grasartigen Blättern und bläulichvioletten Sternblüten, die in Trauben stehen. Wenn man eine große Gruppe Scilla in kurzes Gras pflanzt, etwa unter einen sommergrünen Baum, erinnern die Blüten an einen blauen Dunstschleier. Den Blüten folgen schwarze, runde Früchte.

Kultur
Aus Samen gezogene Scilla kommen erst nach einigen Jahren zur Blüte. Die Samen im Herbst in eine Saatschale säen und mit Erde bedecken. Eine Glasscheibe darüberlegen und über den Winter nach draußen stellen. Die Keimung erfolgt im Frühjahr. Es vergeht eine weitere Wachstumsperiode, bevor sich Zwiebeln entwickeln. Zwiebeln bekommt man auch bei Spezialanbietern. Sie sollten im Herbst gesteckt und dünn mit Erde bedeckt werden.

Seekanne, Heimische
Nymphoides peltata

Standort: Wassergärten.
Boden: Fett.
Blütezeit: Juni bis September.
Höhe: Flutende Stengel bis 1,5 m Länge.
Ausdauernd; leicht zu ziehen.

Die Heimische Seekanne ist insofern einer Miniaturseerose ähnlich, als ihre runden, glänzenden Blätter auf dem Wasser schwimmen. Ihre reizvollen gelben Trichterblüten haben typisch gefranste Blumenblätter und sitzen direkt auf der Wasseroberfläche. Die Seekanne wurzelt im Grund des Teiches und kann im Wasser 1,5 m hoch werden.

Kultur
Die Heimische Seekanne bekommt man bei Spezialanbietern für Wasserpflanzen. Man setzt sie während der Wachstumsperiode in den Grund des Teiches und beschwert die Wurzeln mit einem Stück Grasnarbe. Reife Samen in eine flache Saatschale mit Wasser säen. Die Sämlinge werden in kleine Töpfe verpflanzt. Die Erde stets gut feucht halten.

Seidelbast, Gemeiner
Daphne mezereum

Standort: Halbschattig; schattig.
Boden: Fett und feucht.
Blütezeit: Februar bis März.
Früchte: Juli bis September.
Höhe: 50 bis 100 cm.
Ausdauernd; braucht Pflege.

Der Gemeine Seidelbast ist ein schwachwüchsiger Strauch, der schon zeitig im Jahr seine reizvollen Blüten entwickelt. Am schönsten sieht er in einer waldigen Umgebung aus. Es handelt sich hier um eine seltene einheimische Pflanze, die unter Naturschutz steht. Seine zierlichen rosaroten Röhrenblüten sitzen in Büscheln an den Zweigen und erscheinen vor den Blättern. Im Spätsommer folgen ihnen leuchtendscharlachrote Beeren, die für Menschen giftig, aber außerordentlich dekorativ sind und von den Vögeln gefressen werden.

Kultur
Samen sind nur schwer erhältlich, doch bekommt man in Gärtnereien und Gartencentern Pflanzen. Im Frühherbst oder Frühjahr an einen Platz mit leichtem oder tiefem Schatten und durchlässigem Boden pflanzen.

Seifenkraut, Echtes
Saponaria officinalis

Standort: Sonnig.
Boden: Fruchtbar.
Blütezeit: Juli bis September.
Höhe: 30 bis 60 cm.
Ausdauernd; braucht Pflege.

Das Seifenkraut erhielt seinen Namen, weil durch Kochen seiner Blätter und Wurzeln eine Seifenlauge entsteht, in der man früher Wolle wusch. Die Pflanze ist recht hoch, doch ohne Stütze meist niederliegend. Ihre Blätter sind blaßgrün, die auffälligen fleischfarbenen Blüten stehen in kompakten Büscheln.

Eine große Gruppe Seifenkraut sieht in der Rabatte sehr schön aus. Man kann es auch zwischen Gras und andere Blumen an eine Böschung pflanzen. Es breitet sich rasch aus.

Kultur
Die Samen im Frühherbst an vorgesehener Stelle oder in eine Saatschale säen. Dünn mit Erde bedecken. Glas über die Schale legen und diese den Winter über ins Freie stellen. Die Keimung erfolgt gewöhnlich im Frühjahr, kann aber unregelmäßig sein.

Sommerknotenblume
Leucojum aestivum

Standort: Sonnig; halbschattig; schattig; Wassergärten.
Boden: Fett und feucht.
Blütezeit: April bis Mai.
Höhe: 30 bis 60 cm.
Zwiebelpflanze; leicht zu ziehen.

Die Sommerknotenblume mit ihren anmutigen weißen, leicht grüngetönten Glockenblüten und schmalen, spitzen Blättern eignet sich sehr gut für den Rand eines Gartenteiches. Sehr hübsch sieht sie zusammen mit Sumpfdotterblumen aus. Die Horste vergrößern sich mit jedem Jahr.

Kultur
Im Spätsommer oder Frühherbst 10 cm tief und mit einem Abstand von 15 bis 20 cm an einem sonnigen oder halbschattigen Platz in feuchte Erde pflanzen. Wenn sich die Pflanzen zu dicht drängen, teilt man die Horste.

Spornblume, Rote
Centranthus ruber

Standort: Sonnig; Steingärten.
Boden: Durchlässig; wenig fruchtbar.
Blütezeit: Juni bis August.
Höhe: 30 bis 90 cm.
Ausdauernd; braucht Pflege.

Die tiefroten Blüten der Roten Spornblume setzen in Steingärten warme Farbtupfer, können aber auch in Pflasterspalten wachsen. Oft wird diese graugrüne Pflanze auch auf oder vor einer Mauer gezogen. Die Rote Spornblume wächst buschig und hat große, verzweigte Blütenstände, die elegant wirken und duften. Sie werden gern von Schmetterlingen besucht. Der in Mittel- und Südeuropa heimische *Centranthus ruber* kommt in allen Rosaschattierungen sowie in Weiß vor.

Kultur
Die Samen im Spätsommer oder Frühherbst in Schalen säen und dünn mit Erde bedecken. Glas darüberlegen und über den Winter ins Freie stellen. Im folgenden Herbst im Abstand von 30 cm auspflanzen. Die Rote Spornblume jedes Jahr zurückschneiden, damit sie sich nicht selbst aussät.

Stechpalme
Ilex aquifolium

Standort: Sonnig; halbschattig; schattig.
Boden: Durchlässig.
Blütezeit: Mai bis August.
Früchte: September bis März.
Höhe: 3 bis 12 m.
Ausdauernd; leicht zu ziehen.

Die Stechpalme wächst nur langsam. Im Sommer erscheinen kleine weiße Blütenbüschel, die fast unter den dornig gezähnten, immergrünen Blättern verschwinden, im Winter schmücken rote Beeren den Busch. Sie dienen den Vögeln als Nahrung und können als Weihnachtsschmuck verwendet werden.

Die Stechpalme ist eine Nahrungspflanze des Faulbaumbläulings.

Kultur
Die Stechpalme wird am besten als Containerpflanze gekauft und zwischen Herbst und Frühjahr gepflanzt. Im Herbst gesammelte Samen sollten 18 Monate stratifiziert (s. S. 126) und im Frühjahr gesät werden. Oder man nimmt im Spätsommer halb ausgereifte Stecklinge und bewurzelt sie in einem kalten Frühbeet.

Steinbrech, Roter
Saxifraga oppositifolia

Standort: Sonnig; Steingärten.
Boden: Karg, nicht zu trocken und leicht sauer.
Blütezeit: März bis Mai.
Höhe: Kriechend und polsterbildend.
Ausdauernd; leicht zu ziehen.

Der Rote Steinbrech ist eine herrliche Pflanze, die sich ausbreitet und zu Frühjahrsbeginn unter einem leuchtenden Blütenmeer versinkt. Die kleinen rosa bis tiefvioletten Sternblüten wachsen an kriechenden, drahtigen Stengeln mit winzigen Blättern. Am besten pflanzt man den Roten Steinbrech im Steingarten in großen Gruppen, so daß ein wunderschöner, bunter Teppich entsteht.

Kultur
Die winzigen Samen im Frühjahr in eine Saatschale mit sehr sandiger Erde säen, aber nicht bedecken. Alte Pflanzen lassen sich im Frühjahr leicht teilen. Oder man nimmt im Mai oder Juni blütenlose Triebe als Stecklinge und setzt sie in sandige Erde. Sie brauchen nur sehr wenig Feuchtigkeit, um sich zu bewurzeln.

Steinfeder
Asplenium trichomanes

Standort: Halbschattig; Steingärten.
Boden: Durchlässig; verträgt auch trockene Bedingungen; ganzjährig dekorativ.
Höhe: 5 bis 35 cm.
Ausdauernd; immergrün; braucht besondere Pflege.

Die filigrane Steinfeder ist ein besonders dekorativer Farn. An ihren schwarzen, haarähnlichen Blattstielen sitzen auf der ganzen Länge in ordentlichen Paaren Fiederblättchen.

Die Steinfeder wächst in Mauerritzen, zwischen Steinen und in Pflasterspalten. Einmal angesiedelt, vermehrt sie sich mitunter von allein und bildet dekorative natürliche Gruppen.

Kultur
Farne können zwar aus ihren staubfeinen Sporen gezogen werden (Anleitungen s. S. 100), einfacher aber ist es, man kauft bei einem Spezialanbieter Pflanzen. Diese werden im Frühjahr oder zu Herbstbeginn in durchlässige Erde gesetzt.

Steinklee, Echter
Melilotus officinalis

Standort: Sonnig.
Boden: Fruchtbar.
Blütezeit: Juni bis September.
Höhe: 30 bis 120 cm.
Zweijährig; leicht zu ziehen.

Der Echte Steinklee ist eine hohe Pflanze mit langen Trauben aus kleinen gelben Blüten. Er wächst sehr rasch und sieht in einem Wildblumenbeet oder sommerlichen Wiesengarten besonders hübsch aus, wo er Bienen und Raupen anlockt. *Melilotus officinalis* ist eine eingebürgerte Pflanze.

Der Echte Steinklee wurde früher in der Medizin für Umschläge verwendet. Wenn er trocknet, verströmt er einen angenehmen Geruch von frisch gemähtem Heu.

Kultur
Die Samen im Spätfrühjahr oder Frühsommer an vorgesehener Stelle oder in Schalen säen und dünn mit Erde bedecken.

Steinquendel, Gemeiner
Acinos arvensis

Standort: Sonnig; Steingärten.
Boden: Durchlässig.
Blütezeit: Mai bis September.
Höhe: 10 bis 20 cm.
Einjährig; leicht zu ziehen.

Der Gemeine Steinquendel ist eine reizvolle, sich ausbreitende Kriechpflanze mit kleinen, duftenden Blättern und leuchtendvioletten Blüten, deren Unterlippen weiße Flecken aufweisen. Früher benutzte man *Acinos arvensis* zur Behandlung von Zahnschmerzen und zur Beruhigung der Nerven. Die Blütenstände können anstelle von Thymian zum Würzen benutzt werden.

Kultur
Die Samen im Frühjahr dünn an den vorgesehenen Standort säen und nur leicht mit Erde bedecken. Sämlinge auf 15 cm Abstand verziehen. Der Steinquendel sät sich üppig aus.

Stern von Bethlehem
Ornithogalum umbellatum

Standort: Sonnig.
Boden: Fruchtbar und durchlässig.
Blütezeit: April bis Juni.
Höhe: 10 bis 30 cm.
Zwiebelpflanze; leicht zu ziehen.

Der Stern von Bethlehem erhielt seinen Namen aufgrund seiner Sternblüten. Sie reagieren auf Licht und öffnen sich nur bei sonnigem Wetter. Den Stern von Bethlehem gruppenweise in unkultivierte Grasflächen, Rasen oder um kleine Sträucher pflanzen, wo er im Frühsommer seine faszinierend schönen Blüten öffnet. Die Zwiebeln sind eßbar.

Kultur
Aus Samen gezogene Pflanzen blühen erst nach mehreren Jahren. Die Samen, sobald sie reif sind, in eine Saatschale säen und dünn mit Erde bedecken. Sämlinge mit 4 cm Abstand in eine andere Schale pikieren, wo sie während einer weiteren Wachstumsperiode Zwiebeln entwickeln. Zwiebeln bekommt man auch bei Spezialanbietern. Sie werden am vorgesehenen Standort gesteckt (Pflanztiefe gleich Zwiebellänge).

Storchschnabel, Brauner
Geranium phaeum

Standort: Sonnig; halbschattig.
Boden: Fruchtbar.
Blütezeit: Mai bis Juni.
Höhe: 60 bis 90 cm.
Ausdauernd; braucht Pflege.

Seine dunkelvioletten, beinahe schwarzen Blüten machen diesen Storchschnabel zu einer bemerkenswerten Pflanze, die sich für sonnige und halbschattige Gärten eignet. Am besten kommt sie in lockeren Gruppen zur Geltung. Darüber hinaus ist sie ein ausgezeichneter Bodendecker.

Der Braune Storchschnabel stammt aus Südeuropa und hat sich in einigen Gebieten bei uns angesiedelt.

Kultur
Wenn Samen erhältlich sind, sät man sie im Frühjahr in eine Schale und bedeckt sie dünn mit Erde. Sind die Sämlinge groß genug, werden sie – im Frühjahr oder Herbst – ausgepflanzt. Mitunter bekommt man den Braunen Storchschnabel in Gärtnereien, die sich auf seltene Pflanzen spezialisiert haben.

Stranddistel
Eryngium maritimum

Standort: Sonnig; Küstengärten.
Boden: Verträgt auch kargen Boden.
Höhe: 30 bis 90 cm.
Ausdauernd; braucht Pflege.

Die Stranddistel ist eine ungewöhnliche und reizvolle Pflanze. Ihre Blütenköpfe bestehen aus dichtgedrängten, winzigen, metallischblauen Blüten; die stechenden Blätter sind bläulichgrün und weißgerändert. Besonders dekorativ ist sie in Küstengärten.

Die Wurzeln der Stranddistel wurden früher mit Zucker kandiert und als Aphrodisiakum verkauft.

Kultur
Die Samen im Herbst 5 mm tief an einem sonnigen Platz mit sandigem Boden säen. Die Keimung erfolgt im Frühjahr. Pflanzen sind bei Spezialanbietern erhältlich.

Strauchpappel, Baumartige
Lavatera arborea

Standort: Sonnig; Küstengärten.
Boden: Karg und sehr durchlässig.
Blütezeit: Juli bis Oktober.
Höhe: 60 bis 300 cm.
Ausdauernd; leicht zu ziehen.

Die baumartige Strauchpappel ist eine buschige Pflanze mit dichtstehenden, gerunzelten, filzigen Blättern. Im Sommer trägt sie große, rosaviolette Blüten mit dunklen Mitten. Die Stengel verholzen wie bei einem kleinen Baum. Die Pflanze ruft Erinnerungen an alte Bauerngärten wach und sieht mit Nelken, Rosen und Stauden, die von Sommermitte an blühen, besonders reizvoll aus.

Der beste Standort liegt vor einer Mauer, wo der erforderliche Schutz und gute Drainage gewährleistet sind.

Kultur
Die Samen im Frühjahr an vorgesehener Stelle säen und dünn mit Erde bedecken. Sind die Pflänzchen einige Zentimeter hoch, werden sie auf 1 m Abstand verzogen. Bei Wildblumenspezialisten sind auch Pflanzen erhältlich.

Sumpfhornklee
Lotus uliginosus

Standort: Sonnig; Wassergärten.
Boden: Naß und fruchtbar.
Blütezeit: Juli bis September.
Höhe: 30 bis 60 cm.
Ausdauernd; braucht Pflege.

Der Sumpfhornklee wird höher als der Gemeine Hornklee und wächst üppiger. Er hat breite, dunkelgrüne Blätter und tiefgelbe Blüten, die größer sind als die des Gemeinen Hornklees. Auch fehlt ihnen die Rottönung, welche für die anderen Hornklee-Arten charakteristisch ist. Die Pflanze gedeiht auf nassen Böden und kann im Garten am Ufer eines Teiches wachsen, wo sie zwischen größeren Sumpfpflanzen emporsteigt.

Kultur
Die Samen im Frühjahr oder Herbst aussäen und dünn mit Erde bedecken. Zuvor zwischen Sandpapier reiben, um die Keimung zu beschleunigen. Die Sämlinge auf 15 cm ausdünnen.

Sumpfvergißmeinnicht
Myosotis palustris

Standort: Halbschattig; Wassergärten.
Boden: Naß.
Blütezeit: Mai bis September.
Höhe: 15 bis 30 cm.
Ausdauernd; leicht zu ziehen.

Das Sumpfvergißmeinnicht ist eine hübsche Pflanze für das Ufer eines Gartenteiches. Es hat lange, spitzzulaufende Blätter und reinblaue Blüten mit gelben Mitten. Es breitet sich rasch aus und bildet bald ein großartiges Blütenmeer. Die Wurzeln sollten stets feucht gehalten werden.

Kultur
Samen des Sumpfvergißmeinnichts sind nicht ohne weiteres erhältlich, Pflanzen bekommt man jedoch bei Spezialanbietern. Sie können während der Wachstumsperiode jederzeit gepflanzt werden.

Taubnessel, Purpurrote
Lamium purpureum

Standort: Sonnig.
Boden: Alle fruchtbaren Böden.
Blütezeit: März bis Oktober.
Höhe: 10 bis 45 cm.
Einjährig; leicht zu ziehen.

Die Purpurrote Taubnessel ist eine sehr anpassungsfähige Pflanze, die an den meisten Plätzen und in fast allen Böden gedeiht. Oft wird sie als Unkraut behandelt, was schade ist, denn sie wirkt sehr dekorativ und blüht lange Zeit. Ihre purpurroten Blüten sind leicht helmförmig und stehen in kleinen Scheinquirlen zwischen herzförmigen, grünvioletten Blättern.

Wenn man die Blätter zerdrückt, verbreiten sie einen durchdringenden Geruch. Diese Taubnessel ist eine wichtige Pflanze, denn hier finden Bienen und Schmetterlinge schon früh im Jahr Nektar.

Kultur
Die Samen im Frühjahr an vorgesehener Stelle säen, aber nur ganz dünn mit Erde bedecken. Pflanzen säen sich problemlos aus und erscheinen deshalb in kultivierter Erde Jahr für Jahr wieder.

Taumelkälberkropf
Chaerophyllum temulum

Standort: Sonnig; halbschattig.
Boden: Fruchtbar und durchlässig.
Blütezeit: Juni bis Juli.
Höhe: 30 bis 90 cm.
Zweijährig; leicht zu ziehen.

Der Taumelkälberkropf ist eine Pflanze für Hecken, die in gebrochenem Sonnenlicht gut gedeiht. Mit seinen großen schirmförmigen Blütenständen, die aus winzigen weißen Blüten bestehen, und den dekorativen Blättern sieht er dem Wiesenkerbel ähnlich, ist aber zarter. Darüber hinaus unterscheidet er sich durch rosagefleckte Stengel und eine spätere Blütezeit.

Der Taumelkälberkropf ist eine Giftpflanze.

Kultur
Die Samen im Spätfrühjahr oder Frühsommer an vorgesehener Stelle säen und dünn mit Erde bedecken. Blüten und Samen entwickeln sich erst im zweiten Jahr. Der Taumelkälberkropf vermehrt sich üppig durch Selbstaussaat.

Tausendgüldenkraut, Echtes
Centaurium erythraea

Standort: Sonnig; halbschattig; Steingärten; Küstengärten.
Boden: Fast alle, auch trockene Böden.
Blütezeit: Juni bis September.
Höhe: 3 bis 30 cm.
Einjährig; keimt mitunter nur langsam.

Das Echte Tausendgüldenkraut ist eine wunderschöne, zarte Pflanze, deren Größe vom Standort abhängt. Manchmal wird sie nur wenige Zentimeter hoch, dann wieder entwickelt sie 30 cm hohe, anmutige Stengel. Sie hat kleine, zartrosa Röhrenblüten mit gelben Mitten und graugrünes Laub. In Steingärten, Gras oder einer gemischten Wildblumenrabatte wirkt sie sehr hübsch und sät sich selbst aus.

Kultur
Die Samen zwischen Februar und Mai säen und ganz dünn mit Erde bedecken. In nacktem Boden und dünnem Gras sät sich die Pflanze selbst aus.

Teichrose, Gelbe
Nuphar lutea

Standort: Sonnig; Wassergärten.
Boden: Fett.
Blütezeit: Juni bis August.
Höhe: Über dem Wasser bis 15 cm.
Ausdauernd; leicht zu ziehen.

Die Gelbe Teichrose – oder Große Mummel – darf in keinem Gartenteich fehlen, sofern dieser groß genug ist. Ihre dunkelgrünen, ledrigen Blätter erreichen bis 40 cm Durchmesser und schwimmen auf der Wasseroberfläche um die ungefüllten, gelben Blüten herum. Diesen folgen ungewöhnliche, kannenförmige Früchte, die der Pflanze auch den Namen Seekanne eingebracht haben.

Kultur
Die Pflanzen sind bei Spezialanbietern erhältlich. Man pflanzt die Wurzeln in den Grund eines natürlichen Teiches und beschwert sie mit einem Stück Grasnarbe oder einem Stein. Wenn die Ausbreitung begrenzt werden soll, setzt man die Pflanze in einen geeigneten Behälter.

Trollblume
Trollius europaeus

Standort: Sonnig; halbschattig.
Boden: Naß und fett.
Blütezeit: Juni bis August.
Höhe: 10 bis 50 cm.
Ausdauernd; braucht Pflege.

Die Trollblume ist eine außergewöhnlich dekorative Pflanze für feuchte Standorte. Bei uns findet man sie auf feuchten Wiesen und Bergwiesen, doch sie ist sehr selten. Sie hat große, zartgelbe, rundliche Blüten und attraktives Laub, das dem des Hahnenfußes ähnelt, aber sehr viel größer ist und stärker glänzt. Trollblumen sehen an einem Gartenteich sehr schön aus, vor allem zusammen mit Sumpfvergißmeinnicht, Waldstorchschnabel und Farnen.

Kultur
Die Samen (möglichst frisch) im Spätsommer und Frühherbst an Ort und Stelle säen und dünn mit Erde bedekken. Die Keimung erfolgt mitunter unregelmäßig. Alte Pflanzen kann man im Frühjahr teilen und neu in einen Boden setzen, der Feuchtigkeit gut hält.

Uferwolfstrapp
Lycopus europaeus

Standort: Sonnig; halbschattig; schattig; Wassergärten.
Boden: Feucht.
Blütezeit: Juni bis September.
Höhe: 30 bis 100 cm.
Ausdauernd; braucht Pflege.

Beim Uferwolfstrapp wachsen winzige weiße oder rötliche Glockenblüten büschelweise in den Blattachseln gegenständiger Blätter, die grob gezähnt sind. Die Pflanze bildet dichte Büsche und gedeiht gut am Ufer eines Gartenteiches. Man muß sie jedoch unter Kontrolle halten, weil sie sonst wuchert.

Aus Uferwolfstrapp wird schwarzes Färbemittel gewonnen.

Kultur
Die Samen im Herbst in eine Saatschale säen, dünn mit Erde bedecken, eine Glasscheibe darüberlegen und ins Freie stellen. Sobald die Sämlinge groß genug sind, werden sie mit 30 cm Abstand voneinander ausgepflanzt.

Veilchen, Gelbes
Viola lutea

Standort: Sonnig; Steingärten.
Boden: Mager und durchlässig.
Blütezeit: Mai bis August.
Höhe: Niedrig und kriechend.
Ausdauernd; leicht zu ziehen.

Das Gelbe Veilchen ist eine reizvolle Pflanze für den Steingarten, die dichte Laubteppiche bildet. Es entwickelt schöne, große Blüten, die oft leuchtendgelb, manchmal aber auch violettbunt sind. Es siedelt sich schnell in Erdspalten an, und auch auf Steinmauern und gekiesten Wegen sieht es sehr hübsch aus.

Kultur
Die Samen im Frühjahr oder Spätsommer an vorgesehener Stelle säen und einwässern. Einmal angesiedelt, läßt sich das Gelbe Veilchen leicht teilen. Es sät sich auch üppig aus.

Waldengelwurz
Angelica sylvestris

Standort: Sonnig; halbschattig; schattig; Wassergärten.
Boden: Feucht und fruchtbar.
Blütezeit: Juli bis August.
Höhe: 30 bis 150 cm.
Ausdauernd; leicht zu ziehen.

Die Waldengelwurz ist eine eindrucksvolle, stattliche Pflanze, die als Hintergrund einer Rabatte oder an das Ufer eines Gewässers gepflanzt werden kann. Ihre hohen Blütenschäfte wachsen weit über die dekorativen, gefiederten Blätter hinaus. Die schirmförmigen Dolden bestehen aus winzigen weißen oder blaßrosa Blüten, die auch getrocknet sehr attraktiv sind.

Kultur
Sobald die Samen reif sind (im Juli oder August), werden sie an vorgesehener Stelle gesät und ganz dünn mit Erde bedeckt. Getrocknete (oder abgepackte) Samen können auch im Herbst gesät werden. Sie brauchen die Winterkälte, um im Frühjahr keimen zu können. Jungpflanzen im Abstand von 60 bis 90 cm setzen. Die Waldengelwurz sät sich üppig aus.

Waldflattergras
Milium effusum

Standort: Halbschattig; schattig.
Boden: Feucht und schwer.
Blütezeit: Mai bis Juli.
Höhe: 45 bis 180 cm.
Ausdauernd; leicht zu ziehen.

Das Waldflattergras gehört zu unseren schönsten Waldgräsern. Heute sät man es als Futterpflanze für Jagdvögel sowie als Ziergras, doch es ist eine Zeigerpflanze für alte Wälder, wo es häufig wild wächst. Es gedeiht in lockeren Horsten und entwickelt kleine grüne Blütenstände. An einer schattigen Stelle kann es sehr dekorativ wirken. Es sollte zusammen mit einer Waldgräser- oder Blumen-Saatmischung gesät werden.

Kultur
Die Samen im Frühherbst oder Frühjahr an vorgesehener Stelle säen. Auf die Erde streuen und einharken oder festdrücken beziehungsweise mit einer Walze darübergehen.

Waldplatterbse
Lathyrus sylvestris

Standort: Sonnig; halbschattig; schattig.
Boden: Fruchtbar und durchlässig.
Blütezeit: Juni bis August.
Höhe: 1 bis 3 m.
Ausdauernde Kletterpflanze; leicht zu ziehen.

Die Waldplatterbse ist eine nahe Verwandte der Wicke, der sie auch recht ähnlich sieht. Sie hat kleine braungelbe, rosa überlaufene Blüten und lange, schmale Blätter. Die Pflanze kommt gut zur Geltung, wenn sie an einem halbschattigen Standort durch eine Hecke oder einen Strauch klettern kann.

Kultur
Die Samen im Frühjahr am vorgesehenen Standort 1,5 cm tief säen. Zuvor zwischen Sandpapier reiben, um die Keimung zu beschleunigen. Später können zur Gewinnung von Samen die zahlreichen Früchte der Pflanzen gesammelt werden.

Waldwicke
Vicia sylvatica

Standort: Sonnig; halbschattig; schattig.
Boden: Fast alle verhältnismäßig fruchtbaren Böden.
Blütezeit: Juni bis August.
Höhe: 60 bis 200 cm.
Ausdauernd; leicht zu ziehen.

Die Waldwicke ist eine besonders reizvolle Wicke. Ihre großen, weißen Blüten sind mit bläulichvioletten Adern durchzogen. Sie ist ein kräftiger Kletterer und sieht großartig aus, wenn sie sich durch einen Busch oder eine Hecke rankt. Die Waldwicke wirkt überall im Garten dekorativ. Darüber hinaus ist sie eine wertvolle Nahrungspflanze für Tiere.

Kultur
Die Samen im Frühjahr oder Herbst an vorgesehener Stelle säen und dünn mit Erde bedecken oder in den Boden drükken. Zuvor zwischen Sandpapier reiben, um die Keimung zu beschleunigen.

Waldziest
Stachys sylvatica

Standort: Halbschattig; schattig.
Boden: Fett und feucht.
Blütezeit: Juli bis August.
Höhe: 30 bis 100 cm.
Ausdauernd; leicht zu ziehen.

Der Waldziest ist eine hohe, behaarte Pflanze mit herzförmigen Blättern, über denen in lockeren Scheinähren rotbraune Blüten stehen. Besonders hübsch sieht er, zusammen mit Schwarznessel, Heilbatunge und Blutampfer, vor einer Hecke aus.

Der Waldziest ist eine gute Bienenweide, darüber hinaus diente er lange als Heilpflanze, mit der Wunden behandelt und Blutungen gestillt wurden. Seine Blätter enthalten ätherisches Öl, das antiseptisch wirkt.

Kultur
Die Samen im Spätsommer oder Herbst an Ort und Stelle säen und dünn mit Erde bedecken. Die Aussaat kann auch im Frühjahr oder Herbst in Saatschalen erfolgen. Die Sämlinge auspflanzen, sobald sie groß genug sind. Der Waldziest sät sich üppig selbst aus.

Wasserknöterich
Polygonum amphibium

Standort: Wassergärten.
Boden: Naß.
Blütezeit: Juli bis September.
Höhe: An Land bis 50 cm, im Wasser bis 1 m.
Ausdauernd; leicht zu ziehen.

Der Wasserknöterich ist eine hohe Pflanze mit langstieligen Blättern und rötlichen Scheinähren. Am schönsten wirkt er, wenn man ihn in großen Gruppen zieht. Von diesem Knöterich gibt es auch eine Form, die an Land wächst.

Kultur
Da die Samen des Wasserknöterichs nicht überall erhältlich sind, kauft man am besten Pflanzen bei einem Spezialanbieter für Wasserpflanzen. Wasserknöterich läßt sich aber auch problemlos vermehren, indem man ein kleines Stück einer Pflanze abtrennt und in den Teich wirft.

Weidewegerich
Plantago media

Standort: Sonnig.
Boden: Fast alle Böden.
Blütezeit: Mai bis August.
Höhe: 15 bis 30 cm.
Ausdauernd; leicht zu ziehen.

Der Weidewegerich ist eine recht ungewöhnliche Pflanze mit zarten blaßrosa oder weißen Blütchen, die in dichten Ähren an langen Stielen stehen. Er wirkt sehr viel dekorativer als der häufiger vorkommende Spitzwegerich, dessen dunkelbraune Blütenköpfe einen cremefarbenen »Hof« haben. Die Blätter des Weidewegerichs bilden eine flache, grundständige Rosette und sind weiß behaart. Er lockt viele Bienen und Raupen an.

Der Weidewegerich sieht im Vordergrund einer Wildblumenrabatte hübsch aus, ebenso in Gruppen in natürlichen Grasflächen.

Kultur
Die Samen zwischen Februar und Mai oder August und November säen und sehr dünn mit Erde bedecken. Einmal angesiedelt, vermehren sich die Pflanzen üppig durch Selbstaussaat.

Weißdorn, Eingriffliger
Crataegus monogyna

Standort: Halbschattig.
Boden: Gedeiht in fast allen Böden.
Blütezeit: Mai bis Juni.
Früchte: August bis November.
Höhe: Bis 5 m.
Ausdauernd; leicht zu ziehen.

Das Pflanzen von Weißdorn lohnt sich; denn im Frühsommer bietet er mit einem Meer aus weißen Blüten einen wunderschönen Anblick, und im Herbst schmücken ihn dekorative rote Beeren. Die Blüten haben einen intensiven, süßen Duft. Der Strauch ist dornig und sehr widerstandsfähig, und einmal angewachsen, wird er rasch größer. Er eignet sich sowohl als Solitärpflanze als auch für eine Gartenhecke.

Kultur
Jungpflanzen bekommt man in Baumschulen. Die kleinen Sträucher werden zwischen Herbst und Frühjahrsbeginn gepflanzt. Sie benötigen einen Schutz gegen Kaninchen und Hasen.

Weißklee
Trifolium repens

Standort: Sonnig; halbschattig.
Boden: Durchlässig.
Blütezeit: Juni bis September.
Höhe: 5 bis 20 cm.
Ausdauernd; leicht zu ziehen.

Im Garten wird der hübsche Weißklee leider nur zu oft als »Unkraut« betrachtet. Seine weißen oder rötlich getönten Blüten stehen in lockeren Köpfchen über dreiteiligen Blättern. Weißklee ist Grundbestandteil vieler Wiesenblumen- und Weidesaatmischungen. Durch seine kriechenden Stengel, die sich bewurzeln, breitet er sich rasch aus. Weißklee enthält sehr viel Nektar und lockt vor allem Bienen an.

Kultur
Die Samen im Spätsommer oder Frühjahr an den vorgesehenen Standort säen und dünn mit Erde bedecken. Die Aussaat kann auch in Gras erfolgen, sofern es nicht zu dicht ist und die Erde vor dem Säen gut geharkt wurde.

Wermut
Artemisia absinthium

Standort: Sonnig; Küstengärten.
Boden: Durchlässig und fruchtbar; saure Böden.
Blütezeit: Juli bis August.
Höhe: 60 bis 120 cm.
Ausdauernd; braucht Pflege.

Der Wermut – oder Absinth – ist eine dekorative buschige Pflanze mit silbergrauem Laub. Er hat eine seidige Textur und winzige gelbe Blüten. Wermut eignet sich ausgezeichnet als Hintergrundpflanze; seine Form und Farbe sind in Naturgärten einzigartig. Die ganze Pflanze ist aromatisch und ein wirksames Abwehrmittel gegen Insekten, insbesondere Ameisen. Man verwendet *Artemisia absinthium* zur Herstellung von Wermutwein, einem alkoholischen Getränk, das im mittelalterlichen Europa geächtet war.

Kultur
Die staubfeinen Samen in eine Schale säen und leicht einwässern, aber nicht bedecken. Glas über die Schale legen, bis die Keimung erfolgt ist. Zwischen Herbst und Frühjahr auspflanzen.

Wicke, Viersamige
Vicia tetrasperma

Standort: Sonnig.
Boden: Fast alle, auch saure Böden.
Blütezeit: Mai bis August.
Höhe: 20 bis 30 cm.
Einjährig; leicht zu ziehen.

Die Viersamige Wicke ist eine sehr attraktive Blattpflanze, deren hellgrüne, schmale Blätter wie die Sprossen einer Leiter angeordnet sind. Die Blüten sind fliederfarben, aber sehr klein, und die Samenhülsen enthalten immer vier Samen. Dadurch unterscheidet sie sich von der Zitterwicke, in deren Hülsen sich meist nur zwei Samen befinden.

Es sieht besonders hübsch aus, wenn man einige Wicken zwischen andere Wildblumen in eine Rabatte sät. Sollten sie zu stark wuchern, kann man sie leicht wieder entfernen.

Kultur
Gewöhnlich werden die Samen in Blumenwiesen-Mischungen angeboten. Man drückt sie im Frühjahr oder Herbst in den Boden.

Zuvor zwischen Sandpapier reiben, um die Keimung zu beschleunigen.

Widerstoß
(Strandflieder) *Limonum vulgare*

Standort: Sonnig; Küstengärten.
Boden: Feucht und fruchtbar.
Blütezeit: Juli bis Oktober.
Höhe: 10 bis 40 cm.
Ausdauernd; braucht Pflege.

Der Widerstoß ist eine besonders reizvolle Küstenpflanze. Er hat winzige, bläulichviolette Blüten, die dicht gedrängt an sich verzweigenden Stengeln stehen, und große graue Blätter. Am schönsten sieht der Widerstoß in einer Gruppe aus. Der Boden muß feucht gehalten werden.

Die Blüten des Widerstoßes sind auch getrocknet sehr hübsch.

Kultur
Die Samen im Herbst in eine Saatschale säen und sehr dünn mit Erde bedecken. Eine Glasscheibe auf die Schale legen und sie den Winter über ins Freie stellen. Die Keimung erfolgt im Frühjahr. Sämlinge im Abstand von 10 cm auspflanzen.

Wiesenbocksbart
Tragopogon pratensis

Standort: Sonnig; Küstengärten.
Boden: Durchlässig.
Blütezeit: Juni bis Juli.
Höhe: 30 bis 70 cm.
Zweijährig; leicht zu ziehen.

Der Wiesenbocksbart ist eine leuchtende Blume mit langen, grasartigen Blättern, die in Wiesen und anderen unkultivierten Grasflächen wächst. Ihre gelben, löwenzahnähnlichen Blüten öffnen sich frühmorgens und schließen sich mittags. Wenn sie verwelkt sind, entwickeln sich attraktive rundliche Früchte, die mit langen, seidigen Haaren bedeckt sind und ähnlich wie Pusteblumen aussehen, aber länger halten. Die Wurzeln des Wiesenbocksbarts kann man (wie Pastinak) essen und die Blätter für Salate verwenden.

Kultur
Die großen Samen im Frühjahr oder Herbst an Ort und Stelle säen und mit Erde bedecken. Im Herbst gesäter Bocksbart blüht im folgenden Jahr. Er sät sich auch selbst aus.

Wiesenknopf, Kleiner
Sanguisorba minor

Standort: Sonnig; halbschattig.
Boden: Alle durchlässigen Böden.
Blütezeit: Mai bis August.
Höhe: 20 bis 45 cm.
Ausdauernd; leicht zu ziehen.

Der Kleine Wiesenknopf ist eine reizvolle Pflanze für kalkige Wiesen. Seine grünlichroten, pomponartigen Blütenköpfe und das feine immergrüne Laub wirken besonders dekorativ. Wenn man die Blätter zerdrückt, verströmen sie einen angenehmen Duft. Sie schmecken nach Gurke und können für Salate und Saucen verwendet werden.

Man kann den Kleinen Wiesenknopf zusammen mit Thymian und Kamille in den Kräutergarten pflanzen, damit sich viele verschiedene Farben und Düfte entfalten. Da dieses Kraut tief wurzelt, verträgt es Trockenheit sehr gut. Auch in Grasflächen fühlt es sich wohl.

Kultur
Die Samen im Frühjahr oder Frühherbst säen und dünn mit Erde bedekken. Ausgepflanzt wird mit 20 cm Abstand. Der Kleine Wiesenknopf sät sich selbst aus.

Wiesenlabkraut
Galium mollugo

Standort: Sonnig; halbschattig.
Boden: Bevorzugt durchlässigen Boden.
Blütezeit: Juni bis September.
Höhe: 45 bis 100 cm.
Ausdauernd; leicht zu ziehen.

Das Wiesenlabkraut ist eine aufsteigende Pflanze mit zarten, stachelspitzigen Blättern und kleinen, weißen Blüten. Im sommerlichen Heckengarten gedeiht es gut. Früher verwendete man es für die Käseherstellung, und aus seinen Wurzeln wird roter Farbstoff gewonnen.

Kultur
Die Samen im Frühjahr oder Herbst in eine Saatschale säen und dünn mit Erde bedecken. Herbstsaaten gehen zu Frühjahrsbeginn auf. Sobald die Sämlinge groß genug sind, im folgenden Frühjahr beziehungsweise Herbst auspflanzen.

Wiesenplatterbse
Lathyrus pratensis

Standort: Sonnig.
Boden: Fruchtbar.
Blütezeit: Mai bis August.
Höhe: 30 bis 120 cm.
Ausdauernd; leicht zu ziehen.

Die Wiesenplatterbse ist eine schlanke, laubreiche Pflanze mit kleinen, gelben Schmetterlingsblüten, die besonders Hummeln und Schmetterlinge anzieht. Sie rankt sich an anderen Pflanzen empor und bildet mit der Zeit dichte Büsche. Am schönsten sieht die Wiesenplatterbse in großen Gruppen in einer sommerlichen Gartenwiese oder einer unkultivierten Grasfläche aus.

Kultur
Die Samen im Frühjahr an vorgesehener Stelle säen und mit einer Schicht Erde in Samendicke bedecken. Zuvor zwischen Sandpapier reiben, um die Keimung zu beschleunigen. Pflanzen können während des Frühjahrs in Gras versetzt werden.

Wiesensauerampfer

Rumex acetosa

Standort: Sonnig; halbschattig.
Boden: Feucht und fruchtbar.
Blütezeit: Mai bis Juni.
Höhe: 30 bis 80 cm.
Ausdauernd; leicht zu ziehen.

Im Spätsommer bereichert der Wiesensauerampfer jeden Garten durch rote Farbtupfer, denn dann färben sich seine glänzenden, pfeilförmigen Blätter karminrot. Seine winzigen Blüten sind grünlichrot und papierartig. Der Sauerampfer eignet sich für die Sommerwiese oder einen Heckengarten. Seine Blätter verleihen Salaten einen herben Geschmack. Der kultivierte Gartensauerampfer, den man für Salate verwendet, hat größere Blätter und schmeckt angenehmer.

Kultur
Die Samen werden meist zusammen mit Wiesen-Saatmischungen gesät, doch wo Pflanzen zur Einbürgerung in Wiesen benötigt werden, sät man die Samen im Frühjahr in eine Schale und bedeckt sie dünn mit Erde. Sie keimen rasch. Im Frühjahr oder Herbst auspflanzen.

Wildlein

(Dauerlein) *Linum perenne*

Standort: Sonnig; Steingärten.
Boden: Durchlässig.
Blütezeit: Mai bis August.
Höhe: 30 bis 60 cm.
Ausdauernd; leicht zu ziehen.

Der Wildlein ist eine buschigwachsende Pflanze mit zahlreichen kleinen Blättern und hübschen himmelblauen Blüten, die an dünnen, wogenden Stengeln stehen. Am schönsten sieht er in großen, lockeren Gruppen aus, die den Rand einer Rabatte oder eines Weges auflockern, wo er sich durch Selbstaussaat ausbreitet.

Kultur
Die Samen im Frühjahr an vorgesehener Stelle oder in eine Saatschale säen und dünn mit Erde bedecken. Die Sämlinge auf 15 cm Abstand verziehen oder in grasbewachsenen kalkigen oder sandigen Boden umsetzen.

Wundklee

(Tannenklee) *Anthyllis vulneraria*

Standort: Sonnig; Küstengärten.
Boden: Durchlässig; verträgt auch geringe Fruchtbarkeit.
Blütezeit: Juni bis September.
Höhe: 25 bis 30 cm.
Ausdauernd; leicht zu ziehen.

Der schöne Wundklee hat große, rundliche Blütenköpfchen aus dichtstehenden, behaarten, gelben Blüten. Bei Pflanzen, die in Meernähe wachsen, können sie auch cremefarben bis rot sein. Seine Blätter sind blaßgrün und seidig.

Der Wundklee lockt zahlreiche Tiere an. Da er reich ist an Nektar, zieht er viele Bienen an, und Schmetterlinge legen ihre Eier an ihm ab. Für die Raupen des Zwergbläulings ist er eine wichtige Nahrungspflanze.

Kultur
Die Samen im Frühjahr oder Frühherbst an Ort und Stelle oder in Schalen säen. Zuvor zwischen Sandpapier reiben, um die Keimung zu beschleunigen. In trockenen Grasflächen bürgert sich der Wundklee gut ein.

Zaunrübe, Rotbeerige

Bryonia dioica

Standort: Sonnig; halbschattig.
Boden: Durchlässig.
Blütezeit: Mai bis September.
Früchte: August bis Oktober.
Höhe: Bis zu 3 m.
Ausdauernde Kletterpflanze; braucht Pflege.

Die Rotbeerige Zaunrübe kann in kurzer Zeit an Sträuchern, Bäumen und Hecken emporklettern, an denen sie sich mit Hilfe von Ranken festhält. Im Sommer entwickelt sie kleine Büschel grünlichweißer Blüten, die gern von Bienen besucht werden. Ihnen folgen im Herbst orange, gelbe und rote Beeren. Aber Vorsicht: Diese Beeren sind sowohl für Menschen wie für Tiere giftig.

Kultur
Die Beeren sollten über den Winter stratifiziert (s. S. 126) und dann im Frühjahr in eine Saatschale gesät werden. Dünn mit Erde bedecken.

Zaunwicke

Vicia sepium

Standort: Sonnig; halbschattig; schattig.
Boden: Durchlässig und fruchtbar.
Blütezeit: April bis September.
Höhe: 30 bis 100 cm.
Ausdauernd; leicht zu ziehen.

Die Zaunwicke ist eine attraktive, kletternde Pflanze für Hecken und natürliche Grasflächen. Gewöhnlich blüht sie von Frühjahr bis Frühsommer. Jeder der rundlichen Blütenstände besteht aus bis zu sechs bläulichvioletten Blüten, die Hummeln anlocken.

Die Zaunwicke breitet sich mit Hilfe von Blattranken rasch aus und braucht deshalb viel Platz.

Kultur
Die Aussaat erfolgt im Herbst in Schalen. Die Samen zwischen Sandpapier reiben, um die Keimung zu beschleunigen. Dünn mit Erde bedecken. Sämlinge im Frühjahr oder Herbst – beispielsweise in eine Grasfläche – auspflanzen. Einmal angesiedelt, sät sich die Zaunwicke selbst aus.

Zimbelkraut

Cymbalaria muralis

Standort: Sonnig; Steingärten.
Boden: Durchlässig.
Blütezeit: Mai bis September.
Höhe: 10 bis 75 cm.
Ausdauernd; leicht zu ziehen.

Das Zimbelkraut ist eine Kriechpflanze, die in Mauerfugen und Felsspalten wächst. Es entwickelt einen Wirrwarr aus glänzenden, efeuartigen Blättern und hellvioletten, löwenmaulähnlichen Blüten mit einem gelben Gaumen. Auch eine weißblühende Form ist recht häufig zu finden. Einmal eingebürgert, breitet es sich rasch aus und erscheint in Mauerritzen und Spalten von Steingärten.

Das Zimbelkraut ist eine gute Nektarpflanze für Bienen.

Kultur
Die Samen im Frühjahr an Ort und Stelle säen und dünn mit Erde bedecken. Die Keimung erfolgt innerhalb weniger Wochen.

Bäume für große Gärten

Eberesche, Vogelbeere (*Sorbus aucuparia*)
Klein (etwa 15 m), sehr dekorativ. Trägt im Frühjahr weiße Blüten, im Herbst rote Beeren und schöngefärbtes Laub. Spendet lichten Schatten und kann nahe von Gebäuden gepflanzt werden.

Feldahorn *(Acer campestre)*
Kleiner Baum oder Strauch mit wunderschönem Herbstlaub. Wird 4,5 bis 9 m hoch und eignet sich ausgezeichnet für Hecken. Auf den Stock gesetzt schlägt er sehr buschig aus.

Gemeine Esche *(Fraxinus excelsior)*
Erreicht 30 bis 40 m Höhe, kann auf den Stock gesetzt werden (das gefällte Holz eignet sich als Brennholz oder zum Tischlern).

Gemeine Kiefer, Föhre *(Pinus sylvestris)*
In jungen Jahren sehr dekorativ, wird aber bis 36 m hoch und eignet sich hauptsächlich für windgepeitschte Lagen.

Hainbuche *(Carpinus betulus)*
Erreicht bis 20 m Höhe, kann (auch wegen des Brennholzes) auf den Stock gesetzt werden und bildet gute Hecken. Färbt sich im Herbst sehr schön.

Rotbuche *(Fagus sylvatica)*
Erreicht bis 30 m Höhe, bildet aber auch schöne, dichte Hecken. Behält im Winter das bronzene Laub und entwickelt im Frühjahr neue blaßgrüne Blätter. Gut zum Tischlern und Drechseln geeignet.

Schwarzerle *(Alnus glutinosa)*
Steht gern feucht, wird bis 19 m hoch und kann auf den Stock gesetzt werden, damit sie gerade Stangen entwickelt. Das Holz ist besonders wasserresistent.

Stieleiche *(Quercus robur)*
Erreicht über 30 m Höhe, kann jedoch auf den Stock gesetzt werden. Lockt eine große Zahl von Insekten an.

Traubenkirsche *(Prunus padus)*
Ein hübscher kleiner Baum. Wird bis zu 15 m hoch und trägt im Frühjahr hängende weiße Blütenstände, die duften.

Vogelkirsche *(Prunus avium)*
Wächst zu einem reizvollen, mittelgroßen Baum von 18 m und mehr heran. Ist im Frühjahr mit weißen Blüten übersät, hat eine dekorative Rinde und eine herrliche Herbstfärbung.

Weide *(Salix-Arten)*
Es gibt zahlreiche sehr hohe Weiden, die bis 25 m Höhe erreichen. Alle sind für Tiere, insbesondere Insekten, wertvoll und können auf den Stock gesetzt werden, um gerade Stämme zu entwickeln. Die neuen Stämmchen sind schön gefärbt.

Weißbirke, Sandbirke *(Betula pendula)*
Schnellwüchsig mit reizvoller Rinde und schönen Kätzchen. Wirft nur lichten Schatten und wird 12 bis 18 cm hoch. Kann auf den Stock gesetzt werden und liefert gutes Brennholz.

Winterlinde *(Tilia cordata)*
Erreicht durchschnittlich 30 m Höhe und kann auf den Stock gesetzt werden, um gerade Stangen zu erhalten. Ihre Blüten locken Bienen an.

Bäume und Sträucher für kleine Gärten

Besenginster s. S. 157

Eberesche s. oben

Eingriffliger Weißdorn s. S. 178

Feldahorn s. oben

Gemeine Eibe *(Taxus baccata)*
Ein immergrüner Baum mit ausladenden waagrechten Ästen, der über 1000 Jahre alt werden kann. Er hat nadelartige, dunkelgrüne Blätter und rote Früchte, die giftige Samen enthalten. Das Laub ist, besonders welk und trokken, für Tiere giftig. Er erreicht bis 25 m Höhe und bildet eine dichte, aber langsam wachsende Hecke.

Gemeiner Liguster *(Ligustrum vulgare)*
Wird bis 5 m hoch und ist eine wertvolle Nahrungspflanze für den großartigen Ligusterschwärmer.

Gemeiner Schneeball (*Viburnum opulus*)
Seine roten Früchte locken Vögel an, seine weißen Blüten Schwebfliegen. Wird bis 5 m hoch.

Gemeiner Seidelbast s. s. 173

Gemeiner Wacholder (*Juniperus communis*)
Ein immergrüner Baum mit silbriggrünen, spitzen Nadeln, der bis 2 m Höhe erreicht. Es gibt aber auch niederliegende Formen. Weibliche Pflanzen tragen Beeren, die im ersten Jahr grün sind und sich im zweiten beim Reifen purpurn färben. (Um Beeren zu erhalten, muß man weibliche und männliche Pflanzen ziehen.)

Hainbuche (für Hecken) s. oben

Haselnuß *(Corylus avellana)*
Trägt köstliche Nüsse und eignet sich für Hecken. Wird 4 bis 6 m hoch und läßt sich gut auf den Stock setzen. Hier finden sich bis zu 70 Insektenarten ein.

Holzapfel *(Malus sylvestris)*
Entwickelt im Frühjahr reizvolle Blüten und im Herbst Früchte, aus denen herrliche Gelees zubereitet werden können. Wird bis 9 m hoch und färbt sich im Herbst sehr schön. Liefert gutes Brennholz.

Hundsrose s. S. 166

Kirschpflaume *(Prunus cerasifera)*
Dem Schlehdorn sehr ähnlich, doch die weißen Blüten erscheinen früher und sind größer. Trägt glänzende Blätter und Zweige sowie grüngelbe kirschgroße Früchte. Ein bis zu 3 m hoher ausladender Baum.

Kreuzdorn s. S. 167

Kriechrose, Feldrose *(Rosa arvensis)*
Eine kriechende Rose mit rötlichen Stämmen, weißen Blüten und kleinen roten Hagebutten. Wird bis 2 m hoch und eignet sich gut für Hecken.

Pfaffenhütchen s. S. 170

Purpurweide *(Salix purpurea)*
Braucht feuchten Boden und wird bis 3 m hoch. Hat reizvolle Kätzchen und rötliche Zweige. Wird auf den Stock gesetzt, damit sich schön gefärbte neue Triebe entwickeln.

Rotbuche (für Hecken) s. oben

Roter Hartriegel s. S. 164

Salweide *(Salix caprea)*
Muß feucht stehen. Entwickelt auffällige Kätzchen und erreicht bis 10 m Höhe oder kann auf den Stock gesetzt werden, damit sie buschig wächst. Lockt viele Bienen an.

Schlehdorn, Schlehe s. S. 172

Schwarzer Holunder s. S. 165

Stechpalme s. S. 174

Traubenkirsche s. oben

Weinrose s. S. 71

Weißbirke s. oben

Wolliger Schneeball s. S. 172

Wildpflanzen und das Gesetz

Aufgrund des seit 1.1.1987 geltenden Artenschutzrechts ist es verboten:

1. Wildlebende Pflanzen der besonders geschützten Arten oder ihre Teile oder Entwicklungsformen abzuschneiden, abzupflücken, aus- oder abzureißen, auszugraben, zu beschädigen oder zu vernichten;
2. Standorte wildlebender Pflanzen der vom Aussterben bedrohten Arten durch Aufsuchen, Fotografieren oder Filmen der Pflanzen oder ähnliche Handlungen zu beeinträchtigen oder zu stören.

Detaillierte Informationen über die unter Schutz gestellten Wildpflanzen finden Sie in den Anhängen der Bundesartenschutzverordnung vom 19.12.1986 (s. Bibliographie S. 184).

Liste allgemein bekannter Wildpflanzen, die geschützt oder gefährdet sind:

A

Akelei, Dunkle *Aquilegia atrata*
Akelei, Gemeine *Aquilegia vulgaris*
Alpenanemone (Petersbart) *Pulsatilla alpina*
Alpenbärlapp *Diphasium alpinum*
Alpenrose, Behaarte *Rhododendron hirsutum*
Alpenrose, Rostrote *Rhododendron ferrugineum*
Alpenveilchen *Cyclamen purpurascens*
Alpenzwergorchis *Chamorchis alpina*
Arnika *Arnica montana*
Aurikel *Primula auricula*

B

Bärlapp, Flacher *Diphasium complanatum*
Bärlapp, Sprossender *Lycopodium annotinum*
Bienenragwurz *Ophrys apifera*
Brandknabenkraut *Orchis ustulata*

D

Diptam *Dictamnus albus*

E

Edelraute *Artemisia laxa*
Edelweiß *Leontopodium alpinum*
Eibe *Taxus baccata*
Einblatt *Malaxis monophyllus*
Einknolle *Herminium monorchis*
Eisenhut, Blauer *Aconitum napellus*
Eisenhut, Gelber *Aconitum vulparia*
Enzian, Bayerischer *Gentiana bavarica*
Enzian, Deutscher *Gentianella germanica*
Enzian, Gefranster *Gentianella ciliata*
Enzian, Gelber *Gentiana lutea*
Enzian, Rauher *Gentianella aspera*
Enzian, Rundblättriger *Gentiana orbicularis*
Enzian, Stengelloser *Gentiana clusii*
Enzian, Ungarischer *Gentiana pannonica*
Enzian, Zarter *Gentianella tenella*

F

Federgras *Stipa pennata*
Feldenzian *Gentianella campestris*
Fetthennensteinbrech *Saxifraga aizoides*
Feuerlilie *Lilium bulbiferum*
Fingerhut, Großblütiger *Digitalis grandiflora*
Fliegenragwurz *Ophrys insectifera*
Frauenschuh *Cypripedium calceolus*
Frühlingsadonisröschen *Adonis vernalis*
Frühlingsenzian (Schusternagel) *Gentiana verna*
Frühlingsküchenschelle (Pelzanemone) *Pulsatilla vernalis*

G

Geißbart *Aruncus dioicus*
Glanzkraut *Liparis loeselli*
Grasschwertlilie *Iris graminea*

H

Haarfedergras *Stipa capillata*
Händelwurz, Wohlriechende *Gymnadenia odoratissima*
Heideküchenschelle *Pulsatilla patens*
Helmknabenkraut *Orchis militaris*
Herbstdrehwurz *Spiranthes spiralis*
Hirschzunge *Phyllitis scolopendrium*
Hohlzunge *Cocloglossum viride*
Hollunderknabenkraut *Dactylorhiza sambucina*
Hummelragwurz *Ophrys holosericea*

K

Karlszepter *Pedicularis sceptrum-carolinum*
Keulenbärlapp (Schlangenmoos) *Lycopodium clavatum*
Kiessteinbrech *Saxifraga mutata*
Knabenkraut, Blasses *Orchis pallens*
Knabenkraut, Breitblättriges *Dactylorhiza majalis*
Knabenkraut, Fleischfarbenes *Dactylorhiza incarnata*
Knabenkraut, Geflecktes *Dactylorhiza maculata*
Knabenkraut, Strohgelbes *Dactylorhiza incarnata*
Knabenkraut, Traunsteiners *Dactylorhiza traunsteineri*
Kohlröschen, Schwarzes *Nigritella nigra*
Korallenwurz *Corallorhiza trifida*
Kreuzenzian *Gentiana cruciata*
Küchenschelle, Gemeine *Pulsatilla vulgaris*
Kuckucksblume, Zweiblättrige *Platanthera bifolia*

L

Latsche (Bergkiefer) *Pinus mugo* (einschl. *Pinus uncinata)*
Leberblümchen *Hepatica nobilis*
Leimkraut, Stengelloses *Silene acaulis*
Lungenenzian *Gentiana pneumonanthe*

M

Maiglöckchen *Convallaria majalis*
Mannsknabenkraut *Orchis mascula*
Mannsschild, Schweizer *Androsace helvetica*
Mannsschildsteinbrech *Saxifraga androsacea*
Märzenbecher *Leucojum vernum*
Mehlprimel *Primula farinosa*
Moossteinbrech *Saxifraga bryoides*
Moschussteinbrech *Saxifraga moschata*
Mückenhändelwurz *Gymnadenia conopea*

N

Narzissenanemone *Anemone narcissiflora*
Nestwurz *Neottia nidus-avis*
Netzblatt *Goodyera repens*
Nieswurz, Grüne *Helleborus viridis*
Nieswurz, Schwarze (Christrose) *Helleborus niger*

P

Pfingstnelke *Dianthus gratianopolitanus*
Purpurenzian *Gentiana purpurea*
Purpurknabenkraut *Orchis purpurea*
Pyramidenhundswurz *Anacamptis pyramidalis*

R

Riemenzunge *Himantoglossum hircinum*
Rosmarinseidelbast *Daphne cneorum*

S

Schachbrettblume *Fritillaria meleagris*
Schlauchenzian *Gentiana utriculosa*
Schlüsselblume, Duftende *Primula veris*
Schlüsselblume, Hohe *Primula elatior*
Schlüsselblume, Schaftlose *Primula vulgaris*
Schnee-Enzian *Gentiana nivalis*
Schneeglöckchen *Galanthus nivalis*
Schwalbenwurzenzian *Gentiana asclepiadea*
Schwertlilie, Blaue *Iris sibirica*
Schwertlilie, Bunte *Iris variegata*
Seerose, Weiße *Nymphaea alba*
Seidelbast *Daphne mezereum*
Seidelbast, Gestreifter (Steinröschen) *Daphne striata*
Silberdistel (Eberwurz) *Carlina acaulis*
Sommerdrehwurz *Spiranthes aestivalis*
Sonnentau, Langblättriger *Drosera anglica*
Sonnentau, Mittlerer *Drosera intermedia*
Sonnentau, Rundblättriger *Drosera rotundifolia*
Spinnenragwurz *Ophrys sphecodes*
Stechpalme *Ilex aquifolium*
Steinbrech, Blattloser *Saxifraga aphylla*
Steinbrech, Blaugrüner *Saxifraga caesia*
Steinbrech, Bursers *Saxifraga burserana*
Steinbrech, Roter *Saxifraga oppositifolia*
Steinbrech, Sternblütiger *Saxifraga stellaris*
Steinbrech, Zweiblütiger *Saxifraga biflora*
Straußfarn *Matteuccia struthiopteris*
Sumpfbärlapp *Lycopodiella inundata*
Sumpfgladiole (Siegwurz) *Gladiolus palustris*
Sumpfknabenkraut *Orchis palustris*
Sumpfweichkraut *Hammarbya paludosa*
Sumpfwurz, Braunrote *Epipactis atrorubens*
Sumpfwurz, Breitblättrige *Epipactis helleborine*
Sumpfwurz, Echte *Epipactis palustris*
Sumpfwurz, Kleinblättrige *Epipactis microphylla*

T

Tannenbärlapp *Huperzia selago*
Tausendgüldenkraut *Centaurium erythraea*
Tausendgüldenkraut, Ästiges *Centaurium pulchellum*
Teichrose, Gelbe *Nuphar luteum*
Teichrose, Kleine *Nuphar pumilum*
Träubelhyazinthe, Kleine *Muscari botryoides*
Träubelhyazinthe, Schopfige *Muscari comusum*
Traubensteinbrech *Saxifraga paniculata*
Trollblume *Trollius europaeus*
Tulpe, Wilde *Tulipa sylvestris*
Türkenbundlilie *Lilium martagon*

W

Wacholder *Juniperus communis*
Waldvögelein, Rotes *Cephalanthera rubra*
Waldvögelein, Weißes *Cephalanthera damasonium*
Wanzenknabenkraut *Orchis coriophora*
Weißzüngerl *Pseudorchis albida*
Widerbart *Epipogium aphyllum*
Wiesenknabenkraut *Orchis morio*
Windröschen, Großes *Anemone sylvestris*
Winterlieb, Doldiges *Chimaphila umbellata*

Z

Zweiblatt, Großes *Listera ovata*
Zweiblatt, Kleines *Listera cordata*
Zwergalpenrose *Rhodothamnus chamaecistus*
Zwergprimel *Primula minima*

Botanische Gärten in Deutschland

Botanischer Garten der TH
Alte Maasrichterstr. 30
5100 Aachen

Botanischer Garten
Königin-Luise-Str. 6
1000 Berlin-Dahlem

Botanischer Garten
Am Kahlenberg 16
4800 Bielefeld

Botanischer Garten
Buscheystr. 132
4630 Bochum-Querenburg

Botanischer Garten der Universität
Meckenheimer Allee 171
5300 Bonn

Botanischer Garten der TH
Humboldtstr. 1
3300 Braunschweig

Botanischer Garten
Marensallee 60
2800 Bremen 33

Botanischer Garten
Schnittspahnstr. 5
6100 Darmstadt

Botanischer Garten
Am Rombergpark 49
4600 Dortmund

Botanischer Garten der Universität
Christophstr. 82
4000 Düsseldorf

Botanischer Garten der Stadt
Fürst-Pückler-Str. 10
4100 Duisburg 11

Botanischer Garten der Universität
Schloßgarten 4
8520 Erlangen

Botanischer Garten der Stadt
Kühlshammerweg 32
4300 Essen

Botanischer Garten der Universität
M. Siesmayerstr. 72
6000 Frankfurt/M.

Botanischer Garten der Universität
Schänzlestr. 9–11
7800 Freiburg

Botanischer Garten
Am Fasanengarten 2
7500 Karlsruhe 1

Botanischer Garten
Olshausenstr. 40–60
2300 Kiel

Botanischer Garten
Am Botanischen Garten
5000 Köln 60

Botanischer Garten der Universität
Saarstr. 21
6500 Mainz

Botanischer Garten der Universität
Senckenbergstr. 6
6300 Giessen

Botanischer Garten
Hesten 10
2000 Hamburg 52

Herrenhäuser Gärten
Herrenhäuserstraße
3000 Hannover-Herrenhausen

Botanischer Schulgarten
Brockenweg 5a
3000 Hannover-Herrenhausen

Botanischer Garten der Universität
Im Neuheimer Feld 340
6900 Heidelberg

Botanischer Garten der Universität
Untere Karspüle 1
3400 Göttingen

Neuer Botanischer Garten der Universität
Griesbachstr. 1
3400 Göttingen

Botanischer Garten der Universität
Auf den Lahnbergen
3550 Marburg

Botanischer Garten
Menzinger Str. 61–65
8000 München 19

Botanischer Garten
Schloßgarten 3
4400 Münster

Botanischer Garten
Philosophenweg 41
2900 Oldenburg

Botanischer Garten der Universität
Am Botanischen Garten
6600 Saarbrücken 15

Wilhelma
Bad Cannstadt
7000 Stuttgart 50

Botanischer Garten der Universität
Ulmer Str. 227
7000 Stuttgart

Botanischer Garten der Universität
Hartmeyerstr. 123
7400 Tübingen-Wanne

Botanischer Garten der Universität
Mittl. Dallenbergweg 64a
8700 Würzburg

Botanischer Garten der Stadt
Elisenhöhe 5
5600 Wuppertal 1

Botanischer Garten der Universität
Universitätsstr. 31
8400 Regensburg

Ökologischer Botanischer Garten
Universitätsstr. 30
8580 Bayreuth

Nützliche Adressen

Theoboldt-*Staudenkulturen*
Auf der Scheibe 2
7960 **Aulendorf**
Tel.: 07525/7616

Thysanotus-*Samenversand*
Uwe Siebers
Postfach 448 109
2800 **Bremen** 44

L. C. Nungesser KG
Samen für Wildpflanzen, Gewürze, Heilkräuter, Ziergräser, Wildblumen, Wildrasen
Postfach 110846
6100 **Darmstadt**
Tel.: 06151/81051-54

Schönemann
Baum- und Rosenschulen
Fellbacher Str. 142–148
7012 **Fellbach** bei Stuttgart
Tel.: 0711/511028

A. Düsing & Sohn
Samen
Postfach 6
4650 **Gelsenkirchen-Horst**

Wolfhart Lau
Samen und Pflanzen, Berg-Garten-Wildkräuter
Lindenweg 17
7881 **Großherrischwand**
Tel.: 07764-239

Hermann Näpfel
Pflanzen
Nürnberger Str. 99
8820 **Gunzenhausen**
Tel.: 09831/2070

Bayerwald-Seerosen, Oldehoff
Wasserpflanzen, Algen-Mückenfeind, Wasserschnecken
Sieglmühle 2
8395 **Hauzenberg**
Tel.: 08586/1693

Julius Wagner
Samenzucht
Eppelheimer Str. 20
Postfach 105880
6900 **Heidelberg** 1

Johann Lintner I
Nieder-Ofleidener-Staudenkulturen
6313 **Homberg/**Ohm 3
Tel.: 06429/319

Heinrich, Hagemann
Staudenkulturen
Walsroder Str. 324
3012 **Langenhagen** 6
Tel. 0511/737644

Botanischer Alpengarten
F. Sündermann
Winterharte Blütenstauden, Alpen-, Felsen- u. Mauerpflanzen, Polster-Rabattenstauden
Aeschacher Ufer 48
8990 **Lindau**/Bodensee

Gärtnerischer Pflanzenbau,
Dr. Hans und Helga Simon
Sortiments- und Versuchsgärtnerei
Georg-Mayr-Str. 70
8772 **Marktheidenfeld**
Tel.: 09391/3516

Tangermann, Willi
Staudenkulturen
Rauhe Wiese 17
3204 **Nordstemmen**
Tel.: 05069/548

Blauetikett-Bornträger GmbH
Kräuter, Stauden, Schmuck- und Bodendecker
6521 **Offstein**
Tel.: 06243/7060, 7079

Karl Heinz Marx
Pflanzen
Bahnhofstr. 36
8602 **Pettstadt**
Tel.: 09502/298

Werner Schöllkopf
Staudengärtnerei
Postfach 7113
7410 **Reutlingen**
Tel.: 07121/54941

Kayser & Seibert
Odenwälder Pflanzenkulturen
Inh.: Klaus Seibert
Wilhelm-Leuschner-Str. 85
6101 **Roßdorf** 1
Tel.: 06154/9068

Ernst-Otto Cohrs
Lebensfördernde Pflegemittel für Boden, Pflanze und Tier
Am Güterbahnhof
Postfach 1165
2720 **Rotenburg** (Wümme)
Tel.: 04261/3106, 3136

Hans Götz
Staudengärtnerei
Schrambergerstr. 65
7622 **Schiltach**
Tel.: 07836/2750

Fritz Häussermann
Pflanzen
Lindental 44
7000 **Stuttgart/Weilimdorf**
Tel.: 0711/882300

Dieter Köhler
Gärtnerische Sämereien, Produktion und Vertrieb von Wildpflanzensamen
Leonhardistr. 28
Biberg
8201 **Tuntenhausen**

Arends, Georg
Pflanzen
Inh.: U. Maubach-Arends,
Monschaustr. 76
5600 **Wuppertal** 21
Tel.: 0202/464610

Weiterführende Literatur

Aichele, Schwegler: *Der Kosmos-Pflanzenführer.* Blütenpflanzen, Farne, Moose, Flechten, Pilze, Algen, Stuttgart, 1984.

Amberger, A.: *Pflanzenernährung,* Stuttgart 1983.

Anhänger der Bundesartenschutzverordnung vom 19. Dez. 1986 (Bundesanzeiger Verlags GmbH), Bonn 1986.

Anhänger des Washingtoner Artenschutzübereinkommens in der in der EG enthaltenen Fassung (Amtsblatt der Europäischen Gemeinschaften L 231, 29.8.85). Verordnung EWG 2384/85 (Bundesanzeiger Verlags GmbH), Bonn 1985.

Bayer. Staatsministerium für Landesentwicklung und Umweltfragen (Hrsg.) *Schützen und blühen lassen,* München 1986.

Behrends, J.: *Wasser im Garten.* Bewässerung, Teiche, Feuchtgebiete, Bachlauf, Vogeltränken, Wasserspiele, Stuttgart 1985.

Berlanda, P.: *Der Steingarten.* Alpenpflanzen zu Hause, Berlin 1984.

Brohmer, P.: *Fauna von Deutschland.* Bestimmungsbuch der heimischen Tierwelt, Heidelberg 1984.

Chinery, M.: *Naturschutz beginnt im Garten,* Bayreuth 1985. *Kosmos-Familienbuch der Natur,* Stuttgart 1985. *Insekten Mitteleuropas,* Hamburg 1984.

Christiansen, M., Haucke, V.: *Gräser,* München 1983.

Dahl, J.: *Wildpflanzen im Garten.* Aussaat und Pflanzung, Pflege und Vermehrung. Mit Sonderteil Wildpflanzengemeinschaften, München 1985. Über Ökologie und über Ökologie hinaus. *Der unbegreifliche Garten und seine Verwüstung,* Stuttgart 1984.

Danzer, A.: *Fortpflanzung, Entwicklung, Entwicklungsphysiologie,* Heidelberg, Wiesbaden 1982.

Dörfler, H., Roselt, G.: *Heilpflanzen.* Die wichtigsten Heilpflanzen Europas, München 1984.

Encke, F.: *Pareys Blumengärtnerei,* Berlin und Hamburg 1961.

Encke, F., Buchheim, G., Seybold, S.: *Zander*-Handwörterbuch der Pflanzennamen, Stuttgart 1980.

Fitter, R. und A., Blamey, R.: *Parays Blumenbuch.* Wildblühende Pflanzen Deutschlands und Nordwesteuropas, Hamburg, Berlin 1986; Hamburg 1975.

Frahm, J. P., Frey, W.: *Moosflora,* Stuttgart 1983.

Franck, G.: *Gesunder Garten durch Mischkultur,* München 1980. *Blühender Wildgarten,* München 1985.

Franke, W.: *Gartenanlage* - Schritt für Schritt, München 1985.

Gabriel, J.: *Neuanlage eines Biogartens,* Wiesbaden 1984.

Gessner, O.: *Die Gift- und Arzneipflanzen von Mitteleuropa,* Heidelberg 1974.

Göbel, P.: *Alles über Gartenböden,* Stuttgart 1984.

Gottschall, R.: *Kompostierung,* Karlsruhe 1985.

Graff, O.: *Unsere Regenwürmer,* Hannover 1983.

Grunert, Chr.: *Das Blumenzwiebelbuch,* Stuttgart 1980.

Hansen, R., Stahl, F.: *Die Stauden und ihre Lebensbereiche in Gärten und Grünanlagen,* Stuttgart 1981.

Jäkel, E.: *Gärten nach der Natur,* Stuttgart 1984.

Jorck, N.: *Beispielhafte Gartenteiche,* Melle 1985.

Köhlein, F.: *Pflanzen vermehren,* Stuttgart 1980.

Könemann, E.: *Gartenbau-Fibel.* Grundsätze und Regeln für den biologischen Garten, Obst- und Gemüsebau, Wien 1986.

Kreuter, M. L.: *Biologischer Pflanzenschutz,* München 1985. *1 x 1 des Biogärtners,* München 1985.

Mengel, K.: *Ernährung und Stoffwechsel der Pflanze,* Stuttgart 1984.

Oberdorfer, E., Müller, T.: *Pflanzensoziologische Exkursionsflora,* Stuttgart 1983.

Rid, H.: *Das Buch vom Boden,* Stuttgart 1984.

Rothmaler, W., Meusel, H., Schubert, R.: *Exkursionsflora für die Gebiete der DDR und der BRD.* Gefäßpflanzen, Berlin 1978.

Schacht: *Der Steingarten.* Anlage von Steingärten, Trockenmauern, Steintrögen und Moorbeeten, Stuttgart 1984. *Blumen Europas.* Ein Naturführer für Blumenfreunde, Berlin 1976.

Schmeil, O., Fitschen, J.: *Flora von Deutschland und seinen angrenzenden Gebieten,* Heidelberg 1982.

Seifert, A.: *Gärtnern, Ackern - ohne Gift,* München 1982.

Snock, H.: *Nützlinge in Garten und Gewächshaus,* München 1983.

Stout, R.: *Mulch - Gärtnern ohne Arbeit,* München 1984.

TIME-LIFE-Serie: Handbuch der Gartenkunde, 18 Bde. (Stauden, Zwiebelgewächse, Rosen, Gemüse und Obst, Rasen und Bodendecker, Ziersträucher, Bäume, Sommerblumen, Immergrüne Bäume und Sträucher, Der Kräutergarten, Farne, Kakteen und Sukkulenten, Handwerksarbeiten im Garten, Orchideen, Pflanzen als Schmuck, Pfropfen und Beschneiden, Kletterpflanzen. Stein- und Wassergärten), Amsterdam 1977-1980.

Wohlschläger, J.: *Rasen- und Blumenwiese,* Stuttgart 1984.

Zeitschrift Gartenpraxis. Erscheint monatlich.

Register

Kursivierte Zahlen beziehen sich auf Abbildungslegenden, Aufzählungen etc.

A

B

C

H

I

J

K

P

Q

R

S

Danksagung

Der Autor und der Verlag danken folgenden Personen und Institutionen für ihre Mitarbeit an diesem Buch:
Caroline Stevens; Mike King vom British Trust of Conservation Volunteers London; Alec Bull; Patrick Hughes; Rosie Lean; Francie Mount; Geoff Oxburrow; Robin Ford, Warden of Cornard Mere; Terry Wells und Alan Frost vom Institute of Terrestrial Ecology; Monks Wood; Edgar Milne Redhead; John Chambers; Pat Bunch; Sylvia Cassell; Donna Minns; Angelika Stevens; Geoff Dann; Jerry Harpur; Roger Bristow; Jane Warring; Jane Birdsell; Heather Dewhurst; Jackie Douglas; Arthur Brown; Suzanna Longley; Sandra Archer; Lynn Bresler; Jenny Engelmann; Jane Heller; Fiona Macmillan; Tessa Richardson-Jones; Patrizia Semproni; John M. Birdsell; Joy George; George und Sylvia Innes; Joy und Philip Knox; J. K. Marston; Christopher Passmore; Peter Hall; Sue Middleton und Aaron Dutton vom Lavender Road Pond; Ray Busfield und Joe Kelly vom Gillespie Park, London Borogh of Islington Recreation Services Department.

Bildquellenverzeichnis

Abkürzungen: o = oben; u = unten; l = links; r = rechts; M = Mitte

Geoff Dann:	Sämtliche Fotos, ausgenommen die unten aufgeführten.
A–Z Collection:	69 r
Jane Birdsell:	12 M
Roger Bristow:	13 ur; 14 ul
Eric Chrichton:	65 l; 71 l; 87 l; 89 l; 99 l; 102 l; 104 l; 113 r
Andrew N. Gagg:	36 r; 38 l; 62 r; 66 l; 75 l; 90 l; 101 r; 105 l; 115 l
John Glover:	35 r; 43 l; 68 r; 75 r; 91 l
Jerry Harpur:	31 r; 32 l; 34 r; 37 r; 41 l; 42 l; 45 r; 46 l; 47 l; 64; 70; 71 r; 87 r; 90 r; 103 l; 106 l; 113 l; 114 r; 115 r; 116
David Lamb:	9 o + r; 120 u
John Stevens:	11 Mu; 85 u
Jane Warring:	8 ur; Vorsatzblatt

Illustratoren

David Ashby
Ray Brown
Ray Burrows
Vana Haggerty
Ron Hayward
Vanessa Luff
John Woodcock